Maik Philipp

**Lesen – Schreiben – Lernen**

Maik Philipp

# Lesen – Schreiben – Lernen

## Prozesse, Strategien und Prinzipien des generativen Lernens

*Prof. Dr. Maik Philipp* ist Professor für Deutschdidaktik mit dem Schwerpunkt Schreibförderung an der Pädagogischen Hochschule Zürich.

Dieses Buch ist erhältlich als:
ISBN 978-3-407-25841-0 Print
ISBN 978-3-407-25887-8 E-Book (PDF)

1. Auflage 2021


in der Verlagsgruppe Beltz · Weinheim Basel
Werderstraße 10, 69469 Weinheim

Umschlaggestaltung: Victoria Larsom
Umschlagabbildung: Alexandra Schwarz-Vuilleumier

Satz und Herstellung: Michael Matl
Druck und Bindung: Beltz Grafische Betriebe, Bad Langensalza
Printed in Germany

Weitere Informationen zu unseren Autoren und Titeln finden Sie unter: www.beltz.de

# Inhalt

# Teil 1: Grundlegendes

**Worum geht es?**

Der rezeptive und produktive Umgang mit Texten zum Zwecke des Lernens ist ein Dauerbrenner schulischen Lernens. Lesen und Schreiben haben eine wissensbezogene, eine »epistemische« Funktion: Sie dienen dazu, sich einerseits Wissen anzueignen, es zu vernetzen, zu vertiefen und anzuwenden, also dem Lernen. Andererseits bedingt Wissen über Themen in verschiedenen Domänen und in verschiedenen Wissensarten gelingendes Lesen und Schreiben. In dieser doppelten Verschränkung ist die im Titel des Buchs angesprochene Trias zu sehen.

Wenn in diesem Buch das Lernen und die zu ihm führenden Lese- und Schreibaktivitäten den Gegenstand bilden, dann erfolgt dies mit einer klar nötigen Eingrenzung, um ein lesbares Produkt herzustellen. Aus diesem Grund fokussieren das Buch und dieser erste Grundlagenteil auf einen Ausschnitt, nämlich das sogenannte »generative Lernen«. Hier wurde nicht nur ein schlankes, primär kognitionsbezogenes theoretisches Modell zu den drei Hauptprozessen des generativen Lernens (das SOI-Modell – SOI steht für *S*electing (Auswählen), *O*rganizing (Organisieren) und *I*ntegrating (Verknüpfen)) vorgelegt, sondern es gibt auch eine über 40-jährige und ausgesprochen reichhaltige Forschung dazu. Diese Forschung hat von Anfang an Lese- und Schreibaktivitäten als Grundlage des Lernens begriffen.

Dieser erste Teil des Buches besteht aus drei Kapiteln. Neben der Einleitung in Kapitel 1 mit Hinweisen zu Zielen, Inhalten und Verwendungsmöglichkeiten sind zwei bewusst im Umfang knapp gehaltene Grundlagenkapitel besonders wichtig. Von diesen beiden Kapiteln nimmt das erste (Kapitel 2) eine prozessbezogene Perspektive ein. Dafür klärt es, was das generative Lernen ist und in welchem Verhältnis dazu das Lesen und Schreiben stehen. Aus diesen Überlegungen heraus werden die drei Hauptprozesse des generativen Lernens als Bezugspunkt schriftsprachbasierter Strategien herausgearbeitet, auf welche der zweite Teil des Buches später als einem ersten Hauptdarstellungsprinzip eingeht.

Das Kapitel 3 ergänzt dies. In ihm stehen didaktische Design-Prinzipien im Vordergrund. Sie bilden tragende Grundsätze für die Gestaltung lerntheoretisch begründeter und größtenteils auch auf empirisch breiter Basis untersuchter instruktionaler Settings. Zentral sind dabei die Lernaktivitäten, die über die Gestaltung von instruktionalen Settings initiiert werden und in Lernoutcomes münden sollen. Diese drei Bestandteile – Instruktion, Lernaktivitäten und Lernoutcomes – werden in Design-Prinzipien über Explikationen der Wirkmechanismen miteinander verbunden. Nach welchem System solche Design-Prinzipien formuliert werden, bildet ein zweites Hauptdarstellungsprinzip.

# 1 Einleitung

## 1.1 Lesen, Schreiben, Lernen – ein Open-Access-Buch über ein strategisches Verarbeiten von Informationen zum Zweck des Lernens

Dass Lesen und Schreiben Schlüsselkompetenzen sind und dem Lernen dienen, gehört zum Kernbestand schulischer Binsenweisheiten. Wie dies konkret mit Leben gefüllt wird, wie sich Lese- und Schreibaktivitäten tatsächlich so fördern lassen, dass sie zu einer Dividende beim Lernen führen, das ist hingegen längst nicht zum Allgemeinplatz lese- und schreibdidaktischer Maßnahmen im Unterricht avanciert. Doch wie lassen sich Lesen und Schreiben so um- und einsetzen, dass sie tatsächlich dem Lernen dienen und nicht als Trojaner eines fremden Faches wahrgenommen werden? An dieser Frage setzt das vorliegende Buch an – aber es versucht gar nicht erst, sich an der Antwort auf diese Frage zu verheben. Was er aber konsequent anstrebt, ist ein unaufgeregter, knapper Blick auf das Lesen und Schreiben als strategische Werkzeuge des aktiven Fachlernens in Schule und Hochschule.

Dieses Buch ist insofern eine Premiere, als es als Open-Access-Publikation erscheint. Nicht nur ist die Wissenschaft inzwischen deutlich gefragt, ihren Nutzen und ihre Relevanz der (kritischen) Öffentlichkeit zu präsentieren, sie ist es auch in Zeiten des Zugangs zu vielen Informationen im Internet. Dieses Buch nimmt diese Herausforderung an: Es steht allen Interessierten kostenlos zur Verfügung. Dies hat die Pädagogische Hochschule Zürich mit einem großzügigen finanziellen Zuschuss unterstützt – vielen Dank dafür. Ebenfalls unterstützt hat diese Publikation Alexandra Schwarz-Vuilleumier vom Basler Geschäft »Vintage Letters« mit dem Zurverfügungstellen ihrer Leuchtbuchtstaben für das Buchcover – merci vielmal auch hier.

## 1.2 Ein Einstiegsbeispiel: Wie Sekundarschuljugendliche erfolgreich Informationen aus längeren Fließtexten aus Schulbüchern auswählen, verdichten und strukturieren

In diesem Buch geht es darum, wie das Lernen mithilfe von gezielt herbeigeführten Lese- und Schreibaktivitäten verbessert werden kann. Um die Anschaulichkeit zu erhöhen, gibt es an dieser Stelle ein echtes Beispiel zum »hierarchischen Zusammenfassen«. Es handelt sich um einen Förderansatz, mittels dessen Sekundarschuljugendliche eine anspruchsvolle, grafisch umgesetzte Variante des Zusammenfassens erlernt haben. Der Förderansatz enthält gleichsam en miniature vieles von dem, um das es im Buch gehen wird, nämlich eine Fokussierung auf drei zentrale kognitive Lernprozesse und darauf, wie sich diese drei Prozesse gezielt herbeiführen und für das Lernen von fachlichen Inhalten nutzen lassen.

### 1.2.1 Hierarchisches Zusammenfassen – was ist das und wie wurde es vermittelt?

Wie lässt sich das Behalten von Informationen aus längeren Sachtexten steigern? Eine Antwort auf diese Frage gibt ein Förderansatz, mittels dessen Lernerinnen und Lerner die Struktur von Fließtexten gezielt nutzen und diese Texte so sequenziell bearbeiten, dass sie am Ende hochstrukturierte zusammenfassende Notizen so verfasst haben, dass sie mit deren Hilfe die wichtigsten Inhalte in ihrer Verknüpfung untereinander lernen können. Dieser Förderansatz hat seine Effektivität vor allem für Leseleistungen in verschiedenen Studien unter Beweis gestellt (Taylor, 1982b, 1985; Taylor & Beach, 1984).

Das Ziel der Förderung hierarchischen Zusammenfassens bestand darin, den Jugendlichen eine Strategie zu vermitteln, mittels derer sie längere Sachtexte (zwischen 800 und 2.500 Wörtern im Original – das entsprach drei bis zehn Seiten; die jüngeren Schülerinnen und Schüler lasen kürzere Texte als die älteren) erfolgreich verstehen. Diese Sachtexte stammten aus Schulbüchern zu natur- und sozialwissenschaftlichen Themen und wiesen ihrerseits eine thematische Binnengliederung auf, die sich in einer Segmentierung zwischen drei und elf Abschnitten mit zusammengehörigen Absätzen und Untergliederung durch Zwischenüberschriften niederschlug. Die Textmenge war damit insgesamt recht groß, doch gab es eine prinzipielle Unterstützung durch die thematische Binnensegmentierung.

Diese Segmentierung ist für den Nachvollzug der Informationshierarchie der Lernmaterialien von hoher Relevanz. Gemäß dem Förderansatz sind es nämlich **vier Ebenen,** bei denen die Lernerinnen und Lerner Informationen finden, auswählen, verdichten und grafisch strukturieren müssen, wie es auch im Beispiel der hierarchischen Zusammenfassung in Abbildung 1 dargestellt ist. Auf allen vier Ebenen sind Prozesse des Zusammenfassens, also des gezielten Verknappens von textintern als wichtig signalisierten oder als wichtig erschließbaren Informationen nötig. Die folgenden vier Ebenen unterscheiden sich darin, welche und wie viele Informationen zu verarbeiten sind (je weiter oben in der Liste, desto mehr):

1. **Gesamtaussage** (Textebene: gesamter Text, d.h. Thema des Textes – Symbol in Abbildung 1: * – ganz zuoberst dargestellt, unterstrichen),

2. **zentrale Aussagen** (Textebene: mehrere Absätze übergreifend – Symbol in Abbildung 1: °, ganz links dargestellt und mit Linien mit weiteren Elementen der hierarchischen Zusammenfassung verbunden),
3. **Kernaussagen** (Textebene: Abschnitte und teils auch Absätze – Symbol in Abbildung 1: ^, im rechten Teil der Darstellung, mit vertikal aufsteigenden Großbuchstaben versehen und kursiv) sowie
4. **unterstützende Details** (Textebene: Abschnitte und teils auch Absätze – Symbol in Abbildung 1: #, jeweils unter den Kernaussagen befindlich).

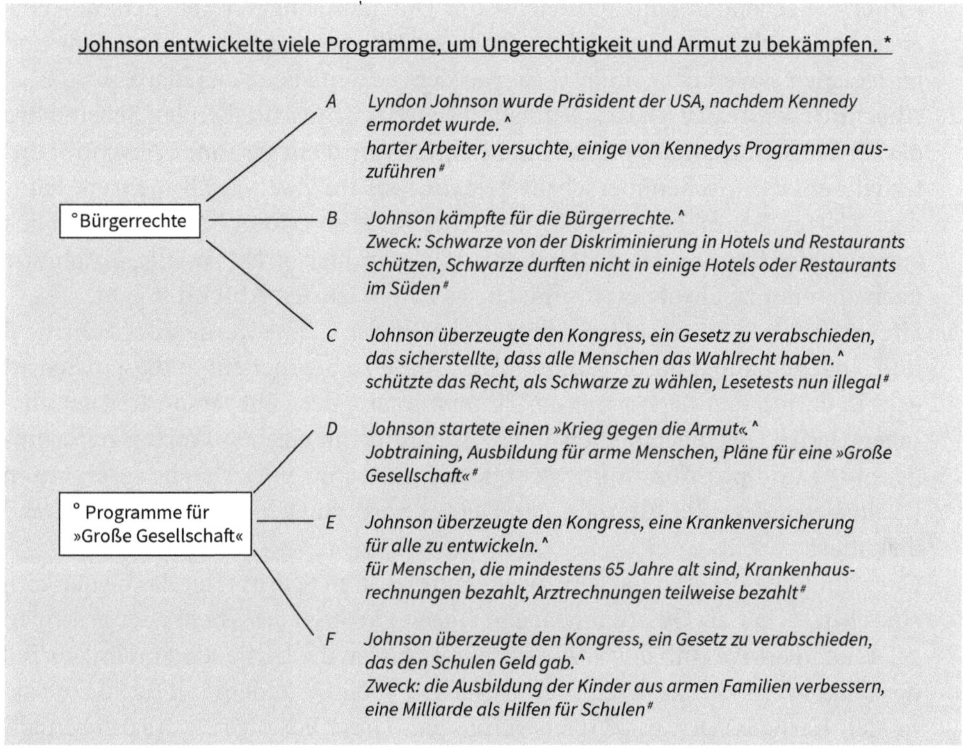


*Abbildung 1: Beispiel einer hierarchischen Zusammenfassung eines dreiseitigen sozialwissenschaftlichen Textes (Quelle: Taylor, 1982a, S. 204; Legende zur vier Ebenen umfassenden Hierarchie: * = Gesamtaussage des Textes passend zur Gesamtüberschrift; ° = abschnittsübergreifende, selbstständig zu bildende zentrale Aussage; ^ = Kernaussage einzelner Abschnitte passend zu den Zwischenüberschriften der Abschnitte; # = unterstützende Details aus den Abschnitten)*

Um zum einen zu den hierarchischen Zusammenfassungen wie jener in Abbildung 1 zu gelangen und diese zum anderen gewinnbringend für das Lernen zu nutzen, dienen **fünf Schritte,** welche die lernenden Personen sequenziell absolvieren (Taylor, 1982a, S. 203 f.; Taylor, 1982b, S. 326 f.; Taylor, 1985, S. 120 f.; Taylor & Beach, 1984, S. 139 f.): 1) Text vorbereitend überfliegen, 2) Text lesen, 3) Text hierarchisch zusammenfassen, 4) Inhalte aus der hierarchischen Zusammenfassung einprägen und 5) diese mündlich wiedergeben.

1. **Vorbereitendes Überfliegen:** Hinter dieser unscheinbaren Bezeichnung verbirgt sich eine komplexe vorstrukturierende Gesamtaktivität. Die Leserinnen und Leser bereiten hierbei die hierarchische Zusammenfassung auf einem Blankoblatt vor. Sie übertragen die Überschrift des Textes (* in Abbildung 1), schreiben in der alphabetischen Reihenfolge ausreichend viele Großbuchstaben für die mit Zwischenüberschriften segmentierten Textteile (^) und lassen Platz darunter. Sie schaffen damit – zunächst mit Unterstützung der Lehrperson – eine erste Strukturierung. Diese folgt sehr stark der vorhandenen Textstruktur und bildet einen skelettartigen Platzhalter in der rechten Hälfte des Blankoblatts.
2. **Abschnittsweises Lesen des Textes:** Im sich daran anschließenden Schritt wird der Text abschnittsweise gelesen, das heißt: Es wird ein gesamter Abschnitt unterhalb einer Zwischenüberschrift gelesen, was im Zweifelsfall mehrere Hundert Wörter Textmenge sein können. Dieses Lesen erfolgt bereits in Hinblick auf die Erfordernisse des dritten Schritts, die immer direkt für alle Abschnitte nacheinander zu absolvieren sind, ehe es zum nächsten Abschnitt geht.
3. **Hierarchisches Zusammenfassen:** Wie schon erwähnt werden die Schritte 2 und 3 nacheinander absolviert, um Abschnitte zu bearbeiten. In diesem Schritt geht es darum – zunächst mit der Unterstützung der Lehrperson Kernausaussagen an den jeweiligen Stellen eines Abschnitts mit eigenen Worten zu formulieren (^) und pro Abschnitt zwei bis vier unterstützende Details zu ergänzen (#). Insbesondere die Auswahl der Details wird zunächst im Klassenverband diskutiert.
   Ganz am Ende der Abfolge vom zweiten und dritten Schritt folgt das Generieren eines Satzes, der als Gesamtaussage in eigenen Worten das Thema der gesamten gelesenen Passage enthält (*). Außerdem verfassen die Lernenden im linken Teil des Blattes zentrale Aussagen stichwortartig (°), die sie zudem mit den dazu passenden Kernaussagen mit Linien verbinden. Diese Lösungen werden ebenfalls sowohl mit der Lehrperson als auch anderen Lernenden diskutiert. Dieses Vorgehen der Schritte eins bis drei wird als anleitungsbedürftig beschrieben und bedarf mehrerer Übungsdurchgänge: Eine Diskussion mit der Lehrperson über die Lösungen hält Taylor (1982a, S. 203) bis zu dreimal nötig, ein unabhängiges Herstellen erscheint ihr frühestens ab der sechsten hierarchischen Zusammenfassung möglich. Doch selbst dann bedarf es noch einer Musterlösung, die die Lernerinnen und Lerner mit ihrer eigenen Variante vergleichen sollen.
4. **Studieren der eigenen hierarchischen Zusammenfassung:** Nachdem die hierarchische Zusammenfassung fertig ist, sollen die Lernerinnen und Lerner sie gezielt mehrere Minuten studieren, um sich die Inhalte in ihrer Struktur einzuprägen.

5. **Mündliche Wiedergabe des Gelernten mit Peer-Unterstützung:** Im letzten Schritt erhält eine andere Person die eigene Zusammenfassung ausgehändigt. Die Person berichtet mündlich, was sie gelernt hat, und die Peer-Person erinnert an jene Bestandteile, die bislang noch nicht berichtet wurde, um dadurch den Abruf der Lerninhalte zu stimulieren.

Das hierarchische Zusammenfassen dient also dazu, die Inhalte längerer Texte in mehreren Schritten in ihrer Wichtigkeit zu erkennen, in eigenen Worten wiederzugeben, sie entsprechend ihrer Struktur zu hierarchisieren und darzustellen und auf dieser Basis Textinhalte ins Gedächtnis zu überführen. Es handelt sich um einen kognitiv anspruchsvollen und zugleich hochstrukturierten lernstrategischen Vorgang.

### 1.2.2 Wie hat sich das hierarchische Zusammenfassen beim Lernen bezahlt gemacht?

Wie hilfreich ist die beschriebene Fördermaßnahme in puncto Lernen? Die Effekte des Förderansatzes wurden in einer Reihe von Experimenten mit Kindern und Jugendlichen der Klassenstufen 5 bis 7 überprüft. Die Studien verglichen dabei Personen, die wie unter 1.2.1 dargestellt gefördert wurden, mit anderen Personen, die eine andere oder keine spezifische Förderung erhalten hatten, mit verschiedenen Tests. Diese Testungen erfolgten kurz nach dem Ende der Förderungen, geben also Auskunft über den unmittelbaren Kurzfristnutzen. Die über die einzelnen Experimente zusammengetragenen Ergebnisse lauten:

- Geförderte Personen übernahmen gegen Ende der Förderung einen *Großteil der wichtigen Informationen in ihre hierarchischen Zusammenfassungen* und erinnerten sich später auch an viele dieser Informationen, wenn sie Fragen zum Text beantworteten (Taylor, 1982b, Experiment 2 und vor allem Experiment 1). Die Aneignung des strukturierten Zusammenfassens wirkt damit als Voraussetzung für bessere Gedächtnisleistungen, sprich: das Überführen von Textinhalten in das Gedächtnis.
- Geförderte Personen erinnerten sich in offenen Aufgaben, in denen sie ohne Vorgabe ihre Erinnerungen an die Textinhalte in *Erinnerungsprotokollen* aufschreiben sollten, mehr an korrekte Inhalte der Texte, die sie gelesen hatten (Taylor, 1982b, Experiment 1; Taylor, 1985; Taylor & Beach, 1984). Das heißt, die Personen hatten mehr Fakten aus den Texten gelernt.
- Außerdem waren ihre Erinnerungsprotokolle anders organisiert, d. h. sie entsprachen stärker der *Struktur der Informationen,* wie sie in den gelesenen Texten dargeboten worden waren (Taylor, 1982b, Experiment 1). Die Personen hatten sich also nicht nur die Inhalte der Texte gemerkt, sondern auch deren Abfolge.

- Sie konnten zudem aus dem Gedächtnis solche *Kurzfragen* korrekter beantworten – je nach Studie betraf das entweder alle Fragen (Taylor & Beach, 1984) oder nur solche, die sich auf Hauptinhalte bezogen (Taylor, 1982b, Experiment 2), dafür aber weniger solche über Details (Taylor, 1982b, Experiment 1). Damit deutet sich an, dass geförderte Personen stärker auf die sogenannten »Makropropositionen« geachtet haben, also auf besonders wichtige Inhalte aus Texten, und an diese Inhalte erinnerten sie sich besser.
- Es gab sogar recht weite Transfereffekts auf das *Schreiben von argumentativen Texten,* deren Qualität bei geförderten Personen deutlich besser war (Taylor & Beach, 1984). Es ließen sich also Wirkungen selbst auf nicht geförderte Leistungsbereiche belegen.

Die Wirkungen des Förderansatzes sind zwar nicht in allen Experimenten nachgewiesen worden und die eingesetzten Instrumente fokussierten nur teilweise auf vernetztes, tiefes Verstehen. Immerhin aber zeigt sich die Wirkung recht homogen in verbesserten korrekten Erinnerungen an das Gelesene. Die kurze, insgesamt fünf bis sieben Lektionen umfassende Förderung wirkte also vor allem beim Faktenlernen, partiell gab es auch Vorteile beim Vernetzen von diesen Fakten.

### 1.2.3 Wofür steht das Beispiel innerhalb des Buchs?

Der beschriebene Förderansatz zur Vermittlung des hierarchischen Zusammenfassens ist hinsichtlich dessen, was er an kognitiven, also Denkprozessen erfordert und gefördert hat, instruktiv. Zu seinem offensichtlichen Ziel gehört das Lernen: Die geförderten Personen erlernten eine Strategie, mittels derer sie sich – nachweislich – darin verbessert haben, besonders wichtige Textinhalte zu lernen. Diese Informationen mussten sie finden und mehrstufig reduzieren, grafisch strukturieren und in eigenen Worten niederschreiben. Hierbei half ihnen einerseits der Text mit seiner Struktur, die man aus psycholinguistischer Sicht als Makrostruktur bezeichnet, aber vor allem mussten die Jugendlichen umfangreich ihr Vorwissen dazu nutzen, die komplexe Aufgabe der Informationstransformation lesend und schreibend zu bewältigen.

Mit dem, was die geförderten Jugendlichen im natur- und sozialwissenschaftlichen Kontext erlernt haben, ist zugleich der Rahmen abgesteckt, worum es in diesem Buch geht: um **ein zielgerichtetes Nutzen von Lese- und Schreibaktivitäten, um sich Wissen aus Lernmaterialien,** darunter die hier dominierenden schriftsprachlichen Texte, **zu erschließen, es sich anzueignen und möglichst dauerhaft ins Langzeitgedächtnis zu überführen.** Dafür braucht es **kognitive Prozesse,** von denen drei im Beispiel und in diesem Buch im Zentrum stehen:

1. **Auswählen:** So wie die geförderten Jugendlichen sich nicht ganze Texte einprägen sollten, geht es beim Wissenserwerb nicht um ein Auswendiglernen von Fakten. Die Jugendlichen waren hingegen gefragt, sich in einzelnen Textteilen für und gegen Details zu entscheiden, sie mussten bestimmen, was in Absätzen bzw. in Abschnitten mit mehreren Absätzen das Wichtigste war, und sie mussten sich darauf festlegen, welche der Informationen sie auf der linken Seite ihres Blattes miteinander kombinieren.
2. **Organisieren:** Um die Textinhalte zu lernen, wandten die Jugendlichen Verfahren an, die das Strukturieren und Organisieren von Informationen betreffen. Dies ist ein typischer und notwendiger Prozess schon beim Lesen: Leserinnen und Leser müssen differenzieren, welche Informationen anderen in der Wichtigkeit überlegen sind. Damit geht eine Reduktion einher, die sich mit dem Kern des hierarchischen Zusammenfassens auf gleich doppelte Weise demonstrieren lässt. Zum einen unterschieden die geförderten Jugendlichen zwischen unterstützenden Details, Kernaussagen, zentralen Aussagen und Gesamtaussagen. Zum anderen visualisierten sie die Informationsstruktur der Texte als geordnete grafische Darstellung mit bedeutungstragenden typografischen Gestaltungen.
3. **Verknüpfen:** All dies ist ohne die Anwendung des eigenen Vorwissens kaum denkbar. Dies betrifft die beim verstehenden Lesen auf Analyseleistungen basierenden Zuweisungen von Wichtigkeit einzelner Inhalte ebenso wie die reduktive Wiedergabe des Gelesenen in eigenen Worten. Die Wiedergabe in eigenen Worten stellt bereits eine Vorform der Aneignung dar, ist doch das glückende Paraphrasieren darauf angewiesen, den Inhalt semantisch verarbeitet und sprachlich transformiert zu haben. Hierzu zählt auch, dass auf der Basis von Schlussfolgerungen Abschnitte zusammengefügt werden müssen, um zentrale Aussagen bilden zu können. Diese Schritte dienen schließlich dazu, sich die Textinhalte besser zu merken, sie also mit dem Vorwissen systematisch zu vernetzen.

Nicht nur die soeben genannten drei im Exempel des hierarchischen Zusammenfassens lokalisierbaren Prozesse des Lernens sind prototypisch – die Prinzipien, wie der Förderansatz aufgebaut wurde, um die Prozesse gezielt zu fokussieren und zu trainieren, sind es ebenfalls. Man beginnt sich in der Bildungsforschung dafür zu interessieren, welche allgemeinen Bauprinzipien in Förderansätzen für eine angestrebte Wirkung sorgen, wie sich Förderansätze als Kombination von Wirkungsprinzipien beschreiben lassen und welche dieser Kombinationen besonders lernförderlich sind. Dabei geht es metaphorisch gesprochen darum, den Wald (die zugrundeliegenden Wirkmechanismen) trotz der vielen Bäume (zum Teil auf der Oberfläche der unterschiedlichen Förderansätze) wiederzuerkennen.

Das Beispiel begegnet Ihnen in den Kapiteln 2 und 3 wieder, wenn es darum geht, die dort präsentierten Inhalte mithilfe des hierarchischen Zusammenfassens zu illustrieren. Das hierarchische Zusammenfassen und die Art, wie es gefördert wurde, haben hierfür viel zu bieten. Das Exempel beinhaltet zum einen prototypisch den Kern dessen, was generatives Lernen meint. Deshalb wird das Beispiel insbesondere im Teilkapitel 2.1.2 mit der Theorie des generativen Lernens systematisch und knapp verquickt. Zum anderen kann man aus dem Förderansatz recht problemlos allgemeine Design-Prinzipien extrahieren und einen Großteil der wichtigsten Merkmale solcher Prinzipien mit dem Beispiel illustrieren (s. Teilkap. 3.1.1–3.1.4).

## 1.3 Überblick über die Inhalte

Im Teilkapitel 1.1 ist bereits das Ziel des Buches klar benannt worden: Lesen und Schreiben als strategisch zu gebrauchende Werkzeuge des Lernens zu betrachten und diese Lernwerkzeuge instruktiv und möglichst handlungsnah zu beschreiben. Damit dieses Ziel glücken kann, baut dieses Buch auf zwei Grundüberlegungen auf. Diese Überlegungen sollen in ihrer Kombination dabei helfen, im (Hoch-)Schulfeld mithilfe des Lesens und Schreibens fachliches Lernen zu unterstützen:

- Zum einen sind aus einer kognitionspsychologischen Perspektive *allgemeine Prozesse des Lernens* zentral, die dabei helfen, Informationen aufzunehmen, zu strukturieren und mit Gedächtnisinhalten dauerhaft zu vernetzen (s. Kap. 2).
- Zum anderen ist bedeutsam, auf welche Arten diese Prozesse durch konkrete didaktische Maßnahmen induziert und gezielt gefördert werden. Dies richtet den Blick auf sogenannte *Design-Prinzipien,* also Grundsätze einer möglichst lernförderlichen Gestaltung und Kombination von spezifischen Elementen zum Wissens- und Kompetenzerwerb (s. Kap. 3).

Auf dieser Basis werden dann im zweiten Teil des Buches eine Handvoll von Strategien charakterisiert. Dieser Aufbau folgt einem immergleichen Schema, um dadurch beim Lesen eine möglichst hohe Erwartbarkeit im Aufbau zu gewährleisten und als Nachschlagewerk zu fungieren. Für diese darstellerische Entscheidung waren die sehr gut lesbaren und sehr lesenswerten Texte von Dunlosky et al. (2013) und vor allem von Fiorella und Mayer (2015) Paten.

### 1.3.1 Ein Überblick über die Strategien

Die folgende Fokussierung auf die drei Hauptprozesse des generativen Lernens – das Auswählen, das Organisieren und das Verknüpfen – und das Herausarbeiten dieser Hauptprozesse innerhalb der sechs Strategien birgt die Gefahr, dass aufgrund inhaltlicher Ähnlichkeiten Verwirrung entsteht. Hierbei schafft die Systematisierung in Tabelle 1 Abhilfe. Diese Systematisierung verlässt die Logik der bisherigen Darstellung insofern, als die Hauptprozesse des generativen Lernens ausgeblendet werden.

Stattdessen unterscheidet die Darstellung drei Dimensionen, die sich gemäß Fiorella und Zhang (2018, S. 1117) entweder kognitiven oder verhaltensbezogenen Aktivitäten zuordnen lassen. Dadurch lassen sich gleichsam Profile der einzelnen Strategien in Bezug auf verschiedene Aktivitäten abstrahieren.

Doch welche Dimensionen sind es, anhand derer sich Strategien beschreiben lassen? Mit den **kognitiven Aktivitäten** ist hier gemeint, ob die einzelnen Strategien eher darauf abzielen, wesentliche Inhalte aus Lernmaterialien (Propositionen) in ihrer Verbindung zueinander zu (re-)konstruieren – eine stark das Organisieren fokussierende Aktivität, die in der Tabelle als »**Fokus Text**« bezeichnet wird. Alternativ geht es beim »**Fokus Modell**« darum, durch Verknüpfungsleistungen eine angereicherte Verstehensleistung des im Lernmaterial dargestellten Sachverhalts zu erlangen (ein mentales Modell, s. Abschnitt 2.1.3.2). Mit dieser Unterscheidung ist zugleich eine Differenz in dem Grad der Tiefenverarbeitung impliziert: Kognitive Aktivitäten mit Fokus Modell zielen auf ein besonders tiefes Verständnis ab, weil sie die rein extern vom Lernmaterial angebotenen Inhalte hinter sich lassen und diese mit eigenem Wissen anreichern.

Eine zweite Dimension betrifft die **verhaltensbezogenen Aktivitäten.** Solche Aktivitäten unterscheiden sich darin, ob es von außen beobachtbare Spuren der Aktivitäten gibt **(externale Aktivitäten)** oder ob diese Aktivitäten verdeckt und **internal** ablaufen – diese Unterscheidung ist wichtig vor allem für formatives Feedback bei der Vermittlung der Strategien. Die verhaltensbezogenen Aktivitäten lassen sich ferner danach scheiden, ob sie sich auf **Wörter** oder auf **bildliche Elemente** beziehen, also auf verschiedene Formen, wie Inhalte mit Zeichensystemen dargestellt werden.

| Strategie | Kognitive Aktivitäten | | Verhaltensbezogene Aktivitäten | | | |
|---|---|---|---|---|---|---|
| | Fokus: Text | Fokus: Modell | Internale | Externale | Wörter | Bilder |
| Notizen anfertigen | ✓ | | | ✓ | ✓ | |
| Hauptideen finden, Zusammenfassen und Synthetisieren | ✓ | | | ✓ | ✓ | |
| Concept-Maps erstellen | ✓ | | | ✓ | ✓ | |
| Zeichnungen anfertigen | | ✓ | | ✓ | | ✓ |
| Sich Sachverhalte vorstellen | | ✓ | ✓ | | | ✓ |
| Sich Sachverhalte selbst erklären | | ✓ | | ✓ | ✓ | |

*Tabelle 1: Kognitive und verhaltensbezogene Aktivitäten der Strategien generativen Lernens in diesem Band (Darstellung basierend auf Fiorella & Zhang, 2018, S. 1118, mit eigenen Ergänzungen)*

Die Zusammenschau der Strategien verdeutlicht, dass die textfokussierten Strategien allesamt in externale, textbezogene Zwischenprodukte für das Lernen münden. Bei den modellfokussierten Strategien ist das Muster komplexer. Diese Strategien sind spezifischer insofern, dass je nach Fokus andere Konstellationen bei den verhaltensbezogenen Aktivitäten zu attestieren sind. Dabei weisen die beiden Strategien, sich Sachverhalte entweder vorzustellen oder sie sich selbst zu erklären, die größte Differenz auf, weil die erste Strategie als einzige aus der Tabelle auf rein internale Aktivitäten fokussiert und sich (wie das Zeichen) gezielt auf bildliche Vorstellungen erstreckt.

### 1.3.2 Ein Überblick über die didaktischen Design-Prinzipien

Das Ziel des Bandes besteht darin, die Förderbarkeit von Prozessen des generativen Lernens mit allgemein formulierten didaktischen Design-Prinzipien zu verquicken. Die Essenz dieses Unterfangens stellt Tabelle 2 knapp vor. Sie enthält die durchnummerierten, knapp zusammengefassten Prinzipien nebst der zugehörigen Lernstrategie, das jeweils ausformulierte Prinzip und das jeweilige Teilkapitel zum einen und dessen Verbindung mit den bis zu drei forcierten Hauptprozessen des generativen Lernens.

| Didaktisches Design-Prinzip | Hauptprozesse des generativen Lernens | | |
|---|---|---|---|
| | Auswählen | Organisieren | Verknüpfen |
| **Didaktisches Design-Prinzip 1: Auswählen beim Notieren unterstützen** (Notizen anfertigen): *Wenn Lernende möglichst vollständige Notizen anfertigen sollen, d. h. ein möglichst gesamthaftes Auswählen stattfinden soll, dann unterstützen externale Anleitungen und Scaffoldings ein komplettierendes Notieren.* (Teilkap. 4.4.1) | ✓ | | |
| **Didaktisches Design-Prinzip 2: Organisieren und Verknüpfen beim Notieren unterstützen** (Notizen anfertigen): *Wenn aufgrund der eigenen Notizen das Organisieren und Verknüpfen der zu lernenden Informationen verbessert werden sollen, unterstützen dies instruktionale Maßnahmen zur expliziten Strukturierung und Elaboration von notierten Inhalten.* (Teilkap. 4.4.2) | | ✓ | ✓ |
| **Didaktisches Design-Prinzip 3: Hauptideen (in Absätzen) mittels Informationsanalysen erkennen** (Hauptideen finden, Zusammenfassen und Synthetisieren): *Wenn Lernerinnen und Lerner Hauptideen in schriftlichen Lernmaterialien erkennen (und damit vor allem Informationen auswählen und organisieren) sollen, dann müssen makrostrukturelle bzw. regelbasierte Prozesse der Analyse von Texten gefördert werden.* (Teilkap. 5.4.1) | ✓ | ✓ | |

| Didaktisches Design-Prinzip | Hauptprozesse des generativen Lernens | | |
|---|---|---|---|
| | Aus-wählen | Organi-sieren | Ver-knüpfen |
| **Didaktisches Design-Prinzip 4: Grafisches bzw. schriftliches Zusammenfassen (ganzer Texte) über das regelgeleitete Analysieren von Informationsstrukturen ermöglichen** (Hauptideen finden, Zusammenfassen und Synthetisieren): *Wenn Leserinnen und Leser – primär auf der Basis des Organisierens und Verknüpfens – schriftlich bzw. grafisch zusammenfassen sollen, dann müssen meso- und makrostrukturell fokussierte, auf Regeln basierende umfassende Informationsanalysen gefördert werden.* (Teilkap. 5.4.2) | | ✓ | ✓ |
| **Didaktisches Design-Prinzip 5: Internale integrierte mentale Modelle über externale Darstellungen aufbauen** (Hauptideen finden, Zusammenfassen und Synthetisieren): *Wenn Leserinnen und Leser internale integrierte mentale Modelle auf der Basis des intertextuellen Organisierens und Verknüpfens entwickeln sollen, dann müssen ihnen strategische Prozesse des externalen Darstellens dieser Modellbestandteile vermittelt werden.* (Teilkap. 5.4.3) | | ✓ | ✓ |
| **Didaktisches Design-Prinzip 6: Externe Steuerung des Concept-Mappings durch Strukturierung mithilfe von vorgegebenen Concept-Map-Bestandteilen** (Concept-Maps erstellen): *Wenn Lernerinnen und Lerner beim Erstellen von Concept-Maps Informationen organisieren und verknüpfen sollen, dann lässt sich dies auf indirekte Weise fördern, indem Bestandteile der Concept-Map vorgegeben werden, während andere aufzufüllen sind.* (Teilkap. 6.4.1) | | ✓ | ✓ |
| **Didaktisches Design-Prinzip 7: Selbstständiges Concept-Mapping über Schritte strategischer kognitiver Prozesse** (Concept-Maps erstellen): *Wenn Lernerinnen und Lerner beim Erstellen von Concept-Maps Informationen selbstständig auswählen, organisieren und verknüpfen sollen, dann müssen sie Strategien des schrittweisen Aufbaus von Concept-Maps erlernen.* (Teilkap. 6.4.1) | ✓ | ✓ | ✓ |
| **Didaktisches Design-Prinzip 8: Akkuratheit der Zeichnungen vor allem über Feedback mit Musterlösungen** (Zeichnungen anfertigen): *Wenn Lernerinnen und Lerner aus eigenen Zeichnungen mittels generativer Lernprozesse profitieren sollen, dann müssen didaktische Maßnahmen ergriffen werden, welche die Akkuratheit der Zeichnungen und der mentalen Modelle steigern.* (Teilkap. 7.4.1) | | ✓ | ✓ |
| **Didaktisches Design-Prinzip 9: Minimierung der (lernirrelevanten) kognitiven Belastung über Hinweise und vorgefertigte Zeichnungsbestandteile** (Zeichnungen anfertigen): *Wenn Lernerinnen und Lerner beim Zeichnen Informationen effektiv auswählen, organisieren und verknüpfen sollen, dann sind hierfür Unterstützungsleistungen unterschiedlicher Lenkungsgrade zur Minimierung der zusätzlichen, durch das Zeichnen selbst verursachten kognitiven Belastung nötig.* (Teilkap. 7.4.2) | ✓ | ✓ | ✓ |

| Didaktisches Design-Prinzip | Hauptprozesse des generativen Lernens | | |
|---|---|---|---|
| | Aus-wählen | Organi-sieren | Ver-knüpfen |
| **Didaktisches Design-Prinzip 10: Direkte Vermittlung von Imagery-Strategien** (Sich Sachverhalte vorstellen) *Wenn Lernerinnen und Lerner sich textuell beschriebene Sachverhalte mittels gezielt genutzter generativer Lernprozesse vorstellen sollen, kann dies über direkte, kleinschrittige Maßnahmen der Vermittlung von Imagery-Strategien erzielt werden.* (Teilkap. 8.4.1) | ✓ | ✓ | ✓ |
| **Didaktisches Design-Prinzip 11: Günstige Gestaltung der Umgebung und Hinweise zum Imaginieren** (Sich Sachverhalte vorstellen): *Wenn Lernerinnen und Lerner sich textuell beschriebene Sachverhalte vorstellen und dabei insbesondere Verknüpfungsprozesse nutzen sollen, dann lässt sich dies über indirekte Maßnahmen wie allgemeine Hinweise erzielen.* (Teilkap. 8.4.2) | | | ✓ |
| **Didaktisches Design-Prinzip 12: Unterstützte Selbsterklärungen über Lösungsbestandteile und spezifische Hinweise** (Sich Sachverhalte selbst erklären): *Wenn Lernerinnen und Lerner bei Selbsterklärungen vor allem organisieren und verknüpfen sollen, helfen hierbei stark lenkende externe Unterstützungen durch vorgegebene Wahlmöglichkeiten und informationsreiche Hinweise.* (Teilkap. 9.4.2) | | ✓ | ✓ |
| **Didaktisches Design-Prinzip 13: Einfordern bzw. Fördern von strategischen Selbsterklärungen** (Sich Sachverhalte selbst erklären): *Wenn Lernerinnen und Lerner möglichst eigenständige Auswahl-, Organisations- und Verknüpfungsprozesse beim Selbsterklären absolvieren sollen, dann helfen hierbei wenig lenkende Hinweise bzw. zur unabhängigen Anwendung befähigende Formen der Strategievermittlung.* (Teilkap. 9.4.2) | ✓ | ✓ | ✓ |
| **Didaktisches Design-Prinzip 14: Selbsterklärungen bei Lösungsbeispielen nutzen** (Sich Sachverhalte selbst erklären): *Wenn Lernende per Auswählen, Organisieren und Verknüpfen lernen sollen, welche regelgeleiteten Zusammenhänge zwischen konkreten, zu lösenden Fällen und zugrundeliegenden Prinzipien bestehen, dann bilden prinzipienbasierte Selbsterklärungen einen günstigen Einstieg.* (Teilkap. 9.4.3) | ✓ | ✓ | ✓ |

*Tabelle 2: Überblick über die didaktischen Design-Prinzipien zu den fokussierten Strategien in Verbindung mit den drei Hauptprozessen generativen Lernens (Legende: ✓ = Schwerpunkt)*

# 2 Lesen, Schreiben, Lernen – eine prozessbezogene Trias des aktiven Erwerbs und der aktiven Konstruktion von Wissen

In diesem zweiten Kapitel erhalten Sie komprimiert Informationen zum Zusammenhang von Lernen, Lesen und Schreiben, zur Eminenz der Strategien für das Lernen und zu den drei Hauptprozessen des generativen Lernens (mithilfe des Lesens und Schreibens) All dies erfolgt im ersten Teilkapitel zu den konzeptionellen Klärungen (2.1). Diese drei Hauptprozesse – das Auswählen, Organisieren und Verknüpfen – bilden eine erste tragende Säule für den Gesamtband (2.2).

## 2.1 Konzeptionelle Klärungen

### 2.1.1 Lernen, Lesen, Schreiben und Strategien – etwas zu den zentralen Begrifflichkeiten

Der Titel des Buchs beinhaltet drei zentrale Konzepte, die einer inhaltlichen Klärung bedürfen. Zwar werden diese Begriffe im Folgenden – zumal in ihrer Verbindung untereinander – noch weiter gefüllt, aber für einen ersten Überblick dient Tabelle 3. Wie aus den einzelnen Definitionen hervorgeht, eint die drei Konzept Lernen, Lesen und Schreiben, dass man für sie aktiv mehrere Prozesse der kognitiven Auseinandersetzung mit Inhalten bemühen muss.

| Konzept | Definition |
|---|---|
| **Lernen** | ein **mehrdimensionaler Prozess,** welcher in einer **relativ dauerhaften Änderung** innerhalb einer Person oder mehreren Personen mündet – diese Änderung führt **zu anderen Wahrnehmungen der Welt und zu damit verbundenen physischen, psychologischen und sozialen Reaktionen auf die Anforderungen** der Welt (Alexander, Schallert & Reynolds, 2009, S. 176) |
| **Lesen** | Fähigkeit, unter Rückgriff auf **diverse kognitive Prozesse und Ressourcen schriftlich fixierte Inhalte aktiv in ihrer Bedeutung zu rekonstruieren** (Lenhard, 2019, S. 47) |
| **Schreiben** | zielbezogene, komplexe Aktivität der **schriftlichen Bedeutungskonstruktion** unter Rückgriff auf **mehrere Wissensarten, Prozesse und mithilfe der Zerlegung in Teilschritte und -ziele** (Alamargot & Chanquoy, 2001, S. 2 f.) |

*Tabelle 3: Überblick über die titelgebenden Aktivitäten*

Die Definitionen aus Tabelle 3 suggerieren eine Intentionalität im Umgang mit (schriftlichen) Informationen, und dies ist für die Zwecke dieses Buchs hochgradig von Belang. Denn eine gezielte kognitive Beschäftigung mit Inhalten ist ganz typisch für ein Konzept, das quer liegt zu den drei genannten. Es handelt sich um die Strategien. Ein weiterer zentraler Begriff, der in diesem Buch entsprechend immer wieder verwendet wird, ist jener der **Lernstrategie** bzw. handelt es sich in ihrer lese- und schreibspezifischen Variante um die **Lese- und Schreibstrategien.** Lernstrategien als übergeordnetes Konzept zeichnen sich durch eine Vielzahl von Merkmalen aus, von denen für die Zwecke dieses Buches drei hervorzuheben sind (Mayer, 1996, S. 360):

- Erstens handelt es sich um *Aktivitäten der lernenden Person, welche das Lernen unterstützen* sollen. Damit haben Lernstrategien einen Zielbezug (das Lernen) und sind damit steuerbar.
- Zweitens ist mit den Aktivitäten angesprochen, dass *Verhalten und Gedanken aktive Prozesse* sind, die von der lernenden Person selbst ausgehen. Damit setzen Strategien aktives Lernen voraus.
- Drittens laufen diese strategischen Prozesse *neben jenen kognitiven Prozessen ab, die zur unmittelbaren Bewältigung der Aktivitäten nötig* sind. Sie generieren also eine zusätzliche kognitive Belastung, die sich beispielsweise in metakognitiven Steuerungsprozessen prototypisch zeigen.

Die Strategien können sich auf das Lernen allgemein beziehen *(Lernstrategien)*; dies entspricht der obigen Definition. Hinzu kommen weitere Binnenklassifikationen, von denen es unter anderem solche zu einzelnen Domänen wie dem Lesen und Schreiben gibt. Diese domänenspezifischen Lese- und Schreibstrategien haben teils eine Schnittmenge mit allgemeinen Lernstrategien, teils folgen sie deutlich eigenen Gepflogenheiten. Im Falle des Lesens dienen die *Lesestrategien* dazu, kognitive Aktivitäten vorzunehmen, welche dem Ziel des Leseverstehens folgen (Philipp, 2015, S. 42–46). *Schreibstrategien* haben die Funktion, schreibanlasssensible Textproduktionen mit einem Textprodukt als Ergebnis zu ermöglichen (Philipp, 2014, S. 50).

### 2.1.2 Generatives Lernen: aktive Sinnkonstruktion durch das Herstellen (Generieren) von bedeutungsvollen Verbindungen

#### *2.1.2.1 Was ist generatives Lernen und was sind seine drei zentralen Prozesse (Auswählen, Organisieren und Verknüpfen)?*

Ein Axiom der gegenwärtigen Bildungsforschung ist, dass glückendes Lernen einen aktiven Prozess der Verarbeitung von Informationen darstellt, wobei das Vorwissen eine prominente Rolle spielt. Besonders deutlich wurde das in der Theorie zum

**»generativen Lernen«** proklamiert (Wittrock, 1974, 1989; Lee, Lim & Grabowski, 2007). Einer der Hauptvertreter der Theorie des generativen Lernens ist Merlin Wittrock, der seiner Theorie die Prämisse zugrunde legt, dass jegliches Lernen als die Bemühung einer Person zu verstehen ist, neue Informationen und Erfahrungen mit bestehendem Wissen zu verbinden. Es geht darum, **unter Rückgriff auf das eigene Wissen bedeutungs- und sinnvolle Beziehungen zwischen den einzelnen Komponenten der Lernmaterialen und Vorwissen aktiv herzustellen (zu generieren)** (Wittrock, 1974, S. 89; Wittrock, 1989, S. 348 f.; Wittrock, 1992, S. 532).

Die Theorie des generativen Lernens geht von einem aktiven Lerner/einer aktiven Lernerin aus, Personen also, welche ihre Ressourcen, darunter auch die Motivation, die Aufmerksamkeit und das Wissen nutzen. Dabei nimmt das Modell gemäß seiner Betonung der aktiv agierenden lernenden Person eine **(strategische) Prozessperspektive** ein, wie es das folgende zentrale Zitat verdeutlicht (Wittrock, 1989, S. 348):

»Die gespeicherten Erinnerungen und Strategien der Informationsverarbeitung unseres kognitiven Systems interagieren mit den aus der Umwelt stammenden sensorischen Informationen, verarbeiten diese Informationen selektiv, verbinden sie mit dem Gedächtnis und konstruieren daraus aktiv Bedeutung.«

Wittrocks Zitat enthält bereits deutliche Hinweise zu den **drei zentralen Prozessen des generativen Lernens – Auswählen, Organisieren und Verknüpfen.** Diese Prozesse mitsamt ihren Definitionen sind in Abbildung 2 dargestellt und

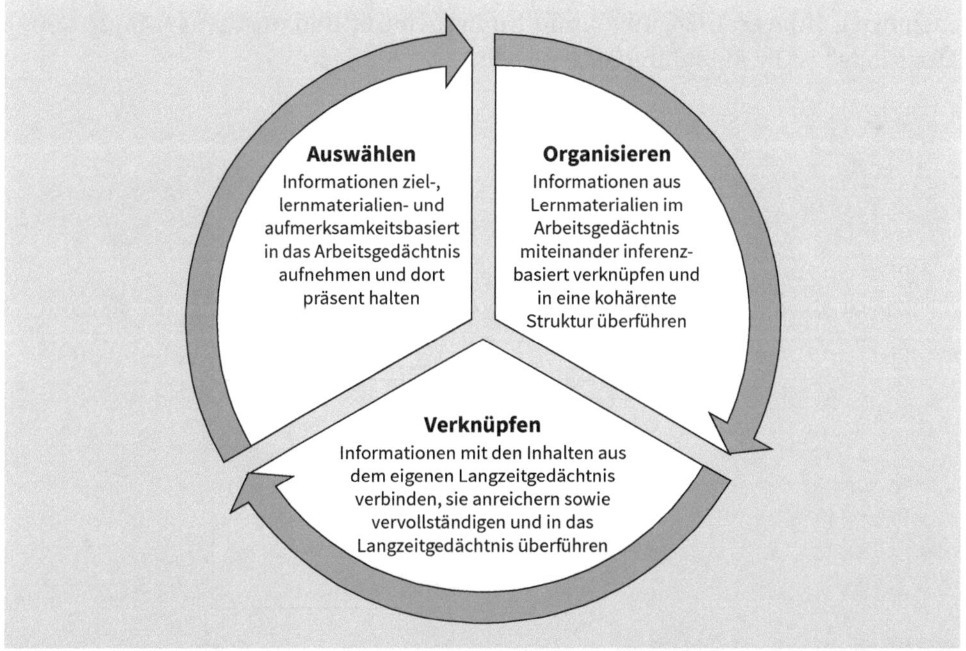


*Abbildung 2: Drei Prozesse des generativen Lernens (Quelle: eigene Darstellung nach Fiorella & Mayer, 2015, S. 7)*

tauchen in Theorien des Lernens immer wieder auf, sie sind damit als zentrale kognitive Prozesse in der Bildungsforschung breit etabliert (Chi & Wylie, 2014; Kiewra, 2009; Spivey, 1990).

Die Theorie zum generativen Lernen ist insofern wegweisend gewesen, als sie spätere Ergebnisse der empirischen Bildungsforschung antizipiert hat. Demnach macht es sich für das Lernen bezahlt, gezielt Informationen mithilfe von strategischen Prozessen kohärent zu strukturieren und systematisch mit dem eigenen Wissen zu verknüpfen, um dieses Wissen aufzunehmen und später erfolgreich in Leistungssituationen abzurufen (Dent & Koenka, 2016; Hattie, Biggs & Purdie, 1996; Hattie & Donoghue, 2016; Ohtani & Hisasaka, 2018; Purdie & Hattie, 1999; Schneider & Preckel, 2017).

#### *2.1.2.2 Eine Folge der Überlegungen zum generativen Lernen: das SOI-Modell*

Aus den Überlegungen zum generativen Lernen, welche zuvorderst die Prozesse und die Eigenaktivität der lernenden Person betont haben, ist ein Modell entstanden, welches noch genauer klärt, wie die Bestandteile des menschlichen Gedächtnisses mit dem Lernen zusammenhängen. Dieses Modell des generativen Lernens – SOI (*S*electing = Auswählen, *O*rganizing = Organisieren, *I*ntegrating = Verknüpfen) –, welches Richard Mayer vorgelegt und weiterentwickelt hat, hat sich als ein äußerst einflussreiches Modell erwiesen, z. B. im Verstehen von Sachtexten (Mayer, 1984, 1996) und im Lernen mit Bild und Text (Mayer, 2009). Das Modell ist in Abbildung 3 dargestellt.

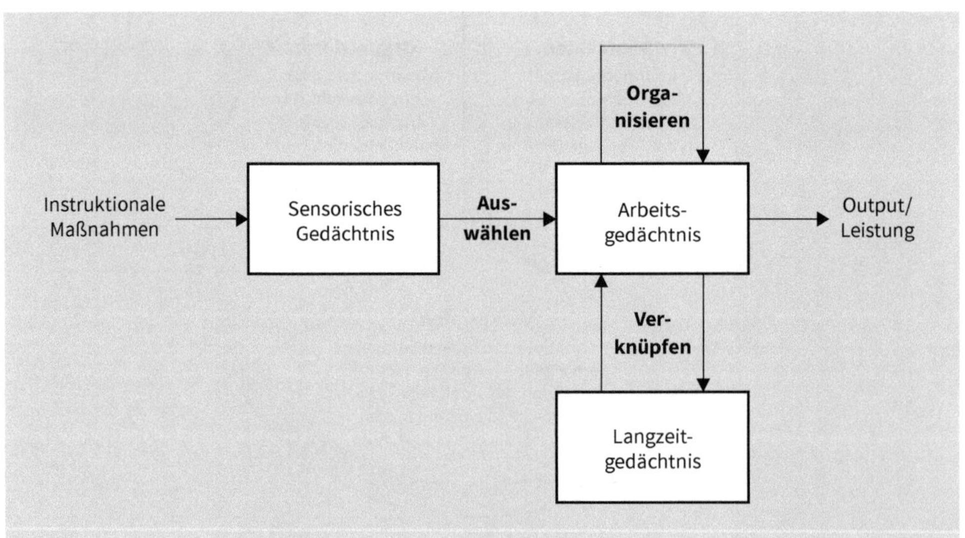


*Abbildung 3: Das SOI-Modell (**S**electing = Auswählen, **O**rganizing = Organisieren, **I**ntegrating = Verknüpfen) des generativen Lernens (Quelle: Übersetzung und leichte Modifikation von Fiorella & Mayer, 2015, S. 7)*

Das SOI-Modell baut auf der Funktionsweise des menschlichen Gedächtnisses auf und fokussiert darauf, das Gedächtnis und seine Bestandteile nebst deren Verarbeitungskapazitäten und der Fähigkeit, Informationen zu speichern, möglichst optimal zu nutzen. Das Modell geht auf das sensorische Gedächtnis, das Arbeitsgedächtnis und das Langzeitgedächtnis ein, die sich systematisch darin unterscheiden, wie viele Informationen (Verarbeitungskapazität) sie für wie lange (Speicherdauer) verfügbar halten können. Dabei wirkt das Arbeitsgedächtnis als Flaschenhals, weil es anders als sensorisches und Langzeitgedächtnis eine sehr geringe Verarbeitungskapazität hat und Informationen im Gegensatz zum Langzeitgedächtnis nur für kurze Zeit verfügbar hält. Der Fokus liegt beim SOI-Modell in der Nutzung von Arbeits- und Langzeitgedächtnis (Fiorella & Mayer, 2015, S. 6–9).

Das SOI-Modell legt in seiner Darstellung einen sequenziellen Ablauf nahe, weil die Pfeile überwiegend in eine Richtung weisen. Tatsächlich ist das Vorgehen aber iterativ und damit nicht als strikte Abfolge eines Durchlaufs von Schritten im Sinne eines »Erst auswählen, danach organisieren und zum Schluss verknüpfen« zu verstehen. Dass das so nicht der Fall ist, machte auch das Beispiel des hierarchischen Zusammenfassens aus dem Teilkapitel 1.2.1 deutlich, denn es enthält ein sequenzielles Abarbeiten von Schritten, bei denen Informationen immer weiter transformiert werden müssen.

Um das SOI-Modell noch etwas zu unterfüttern, wird es mit dem Beispiel des hierarchischen Zusammenfassens verknüpft. Dabei sind insbesondere die fünf Schritte von besonderem Belang, weil sie in Bezug auf die Hauptprozesse des generativen Lernens und ihren Bezugspunkten des Arbeits- und Langzeitgedächtnisses spezifische Profile aufweisen. Dies verdeutlicht die Darstellung in Tabelle 4.

| **Schritt des hierarchischen Zusammenfassens** | **Hauptprozesse des generativen Lernens** | | |
|---|---|---|---|
| | **Auswählen – Aufmerksamkeit lenken** | **Organisieren – kohärente Informationsstruktur schaffen** | **Verknüpfen – neue Informationen und Vorwissen verbinden** |
| Vorbereitendes Überfliegen | Gezieltes Suchen nach typografisch hervorgehobenen Textsegmentierungen durch Zwischenüberschriften | • Vorbereiten des Blankoblattes für die hierarchische Zusammenfassung aufgrund der gefundenen Zwischenüberschriften mithilfe von Großbuchstaben<br>• Nachvollzug der Struktur des Texts durch Nummerierungen | |

| **Schritt des hierarchischen Zusammenfassens** | **Hauptprozesse des generativen Lernens** | | |
|---|---|---|---|
| | **Auswählen – Aufmerksamkeit lenken** | **Organisieren – kohärente Informationsstruktur schaffen** | **Verknüpfen – neue Informationen und Vorwissen verbinden** |
| 2) Lesen | • Analyse der möglichen Textinhalte für die eigene spätere Zusammenfassung<br>• Unterscheidung in Details und Kernaussagen<br>• Auswahl der Inhalte für die spätere zu paraphrasierende Kernaussage mit unterstützenden Details | Vorbereitung des Zusammenfassens: Kernaussagen und Details als zusammengehörig erkennen und gleichwohl in der Informationshierarchie trennen | |
| 3) Hierarchisches Zusammenfassen | Gezieltes Suchen der Verbindungen zwischen Kernaussagen, um Gemeinsamkeiten zu abstrahieren | • Anordnen von Kernaussagen und unterstützenden Details<br>• Generieren von übergeordneten zentralen Aussagen in der linken Spalte<br>• Verbinden dieser zentralen Aussagen mithilfe der Linie | • Abschnittsweise Paraphrase der Hauptideen mithilfe eigener Worte<br>• Paraphrase der Details als Stichworte<br>• Herstellen von Verbindungen zwischen Kernaussagen für neue zentrale Aussagen |
| 4) Studieren der eigenen hierarchischen Zusammenfassung | Gezieltes und bewusstes Lesen der eigenen hierarchischen Zusammenfassung | Nachvollzug der hierarchischen Informationsstruktur | Gezieltes Enkodieren der Informationen und ihrer Struktur |
| 5) Mündliche Wiedergabe des Gelernten | | Wiedergabe des erinnerten Lernstoffs als möglichst kohärente Fassung | Abruf des Lernstoffs aus dem Langzeitgedächtnis |

*Tabelle 4: Überblick über die fünf Schritte des hierarchischen Zusammenfassens und der drei Hauptprozesse des generativen Lernens (Quelle: eigene Darstellung, basierend auf Taylor, 1982a, S. 203 f., und Mayer, 1996, S. 365 f.)*

Mit Blick auf die drei Hauptprozesse lassen sich die fünf Schritte aus dem hierarchischen Zusammenfassen abschließend noch einmal folgendermaßen bündeln:

- Das **Auswählen** ist im SOI-Modell dazu da, die Aufmerksamkeit auf Informationen zu richten. Im Fall des hierarchischen Zusammenfassens dient das Auswählen je nach Schritt immer wieder verschiedenen Zwecken, da unterschiedliche Informationen mit unterschiedlicher kognitiver Verwertungsabsicht benötigt werden. Diese Informationen müssen dann den Leserinnen und Lesern vor allem im Arbeitsgedächtnis zur Verfügung stehen.
- Das **Organisieren** ist als Hauptprozess in allen Schritten des hierarchischen Zusammenfassens dazu nötig, Informationen in ihrem Gefüge zu repräsentieren und zu strukturieren. Dies ist in den beiden namensgebenden Bestandteilen des hierarchischen Zusammenfassens buchstäblich angelegt, geht es doch darum, die Struktur der Inhalte aus den Texten aktiv zu nutzen und im Falle des Formulierens von zentralen Aussagen sogar neue Verbindungen zwischen den Informationen zu schaffen. Außerdem ist auch das Produkt, die selbstgeschaffene hierarchische Zusammenfassung, gleichsam Abbild der kognitiven Prozesse im Arbeitsgedächtnis und soll das Arbeitsgedächtnis gezielt entlasten.
- Das **Verknüpfen** schließlich ist für das Bilden von zentralen Aussagen ebenso nötig wie für die Wiedergabe verschiedenster Informationen in eigenen Worten – dies betrifft ausnahmslos sämtliche Hierarchieebenen der Zusammenfassungen. Bereits vor dem Studieren zum Zweck des Lernens als Übernahme von Informationen ins Langzeitgedächtnis sind Verknüpfungen von neuen Inhalten und bestehendem Vorwissen im Sinne des generativen Lernens nötig.

### 2.1.3 Zum Zusammenhang von strategischem Lesen, Schreiben und Lernen

#### *2.1.3.1 Generatives Lernen, Lesen und Schreiben*

Die Theorie des generativen Lernens ist nicht lese- oder schreibspezifisch. Vielmehr ist sie in ihrem Geltungsbereich sehr breit formuliert, und zu diesem Geltungsbereich zählt auch die (fehlende) Domänenspezifik. Das ist in diesem Band insofern kein Problem, als er sich nicht auf das Lernen in einzelnen Fächern bzw. Fachgruppen limitiert. Es ist zugleich erklärungsbedürftig, da in diesem Buch schriftsprachliches bzw. schriftsprachbasiertes Handeln im Fokus steht. Dabei ist weniger das Lesen ein Problem, da es von Anfang an die zentrale Domäne war, mittels derer das Lernen untersucht wurde (Mayer, 1996; Wittrock, 1989). Dies trifft auf das Schreiben bislang weniger zu, deshalb lohnt sich ein vertiefender Blick darauf. Was also lässt sich zu den Eigenheiten des Lesens und Schreibens in Bezug auf die generativen Prozesse des Lernens sagen? Darüber erteilt Tabelle 5 Auskunft.

| Hauptprozess des generativen Lernens | Erfordernisse beim Lesen | Erfordernisse beim Schreiben |
|---|---|---|
| Auswählen | • Von Texten/Lernmaterialien intern signalisierte Wichtigkeit der Informationen erkennen<br>• Relevanz von Informationen von außen aufgrund von (aufgabenbezogenen) Zielen zuweisen und zuschreiben | Gezielte Auswahl von wichtigen bzw. relevanten Informationen für den eigenen (Zwischen-)Text |
| Organisieren | Erkennen und (Re-)Konstruieren von Informationenstrukturen (Themen, Hauptideen, Details) | Informationsstrukturen der Lernmaterialien für eine (aufgabenspezifische) (Re-)Organisation der Inhalte mit verschiedenen Graden an Restrukturierungen nutzen |
| Verknüpfen | Verbinden der externen Inhalte mit eigenem Vorwissen auf der Basis lernmaterialien- und vorwissensbasierter Schlussfolgerungen | Verbinden von Vorwissen und Informationen aus den Lernmaterialien im Schreibprozess, dabei Hinzufügen neuer Informationen durch ausformulierte Schlussfolgerungen |

*Tabelle 5: Spezifikation der drei Prozesse generativen Lernens in Bezug auf das Lesen von Lernmaterialien und Schreiben über Lernmaterialien (Quelle: Philipp, 2019a, S. 166, nach Spivey, 1990, S. 265–281)*

Die Inhalte aus Tabelle 5 spezifizieren genauer, wie sich die Hauptprozesse des generativen Lernens beim Lesen und Schreiben beschreiben lassen. Vor allem geht es darum, die Inhalte lesend und schreibend so auszuwählen und zu verknüpfen, dass sie in eine kohärente, lernförderliche Struktur überführt werden. Entscheidend ist dabei, dass Lese- und Schreibprozesse eine erhebliche Schnittmenge mit denen des Lernens haben. Darauf hat Wittrock (1989, S. 346 f.) schon früh hingewiesen, und diesen Gedanken nimmt dieses Buch entsprechend auch systematisch auf, indem die Schnittmenge zwischen Lesen, Schreiben und generativem Lernen einen zentralen Grundgedanken bildet und die Strategien aus dem zweiten Teil des Buches generative Lese- und Schreibaktivitäten zum Zweck des Lernens nutzen.

### *2.1.3.2 Fokus 1: Lesen und Lernen*

Lesen und Lernen werden in der Forschungsliteratur als hochdynamische, wechselseitig abhängige und einander beeinflussende Konzepte behandelt (Beker, Jolles & van den Broek, 2017; Cervetti, Jaynes & Hiebert, 2009; Cromley & Azevedo, 2007; Dochy, Segers & Buehl, 1999; Kendeou, McMaster & Christ, 2016). Dies hat sich in auch in theoretischen Modellen niedergeschlagen, in denen die Nutzung des Vorwissens in variierenden Anteilen je nach Modell als wichtige und teils sogar als die zentrale Komponente gilt (McNamara & Magliano, 2009b). Umgekehrt gilt Lesen als Voraussetzung zum Wissenserwerb, was sich beispielsweise in Interventionsstudien deutlich zeigt, in denen das Vermitteln von Lesestrategien bei schwach lesenden Kindern und Jugendlichen positive Effekte auch im Fachlernen nach sich zog (Kaldenberg, Watt & Therrien, 2015; Swanson et al., 2014).

Lesen – also Texte/Lernmaterialien zu verstehen – und Lernen – mithin die Fähigkeit zu erfahrungsbasierten, längerfristigen Veränderungen bei Gedächtnisinhalten – werden also als wechselseitig einflussreich beschrieben. Allerdings gibt es auch eine wichtige Differenzierung zwischen beiden kognitiven Fähigkeiten, nach der das Leseverstehen als notwendige, aber nicht hinreichende Voraussetzung des Lernens gilt (Beker et al., 2017, S. 30–36):

- **Lesen** bedeutet vor allem, unter Rückgriff auf kognitive Ressourcen und Textmerkmale und -inhalte die Bedeutung aktiv zu konstruieren. Das Lesen bzw. das Leseverstehen ist damit vor allem an einen Text oder an Lernmaterialien gebunden, deren Inhalte unter Rückgriff auf eigenes Vorwissen rekonstruiert werden müssen, um ein mentales Modell aufzubauen, also eine interne geistige Vorstellung eines extern repräsentierten Sachverhalts. Lesen ist damit eine vorwissensbasierte, kontextspezifische Konstruktionsleistung eines mentalen Modells.
- **Lernen** bedeutet, dass längerfristige Veränderungen in Wissen und Verhalten auf der Basis von Erfahrungen erfolgen, die sich auch auf der Basis des Lesens vollziehen können. In diesem Falle werden Inhalte aus Texten und Lernmaterialien dauerhaft in das Gedächtnis integriert und sind nicht mehr an die Präsenz des Texts/der Lernmaterialien gebunden, um zur Verfügung zu stehen. Lernen ist damit eine (dauerhafte) Repräsentation (eines mentalen Modells) ohne Gebundenheit an einen Kontext.

Dieses komplementäre, reziproke und nicht deckungsgleiche Verhältnis von Lesen und Lernen ist in Abbildung 4 visualisiert. Die Grafik trennt die Repräsentation von lesebezogenen Inhalten und Wissen mithilfe der Dimension Dekontextualisierung und verdeutlicht im oberen Teil das wechselseitige Verhältnis von Wissen und Lesen durch die beiden produktbezogenen Repräsentationsformen. Die Grafik ist kein Modell wie das SOI-Modell, aber sie ist anschlussfähig an die Überlegungen des SOI-Modells und damit an die Hauptprozesse des generativen Lernens. Zwischen der Text- und Wissensrepräsentation ist das Integrieren zu verorten, und zwar als Wechselspiel. Die Leseprozesse, die von den externen Texten bzw. Lernmaterialien zur internen Textrepräsentationen im Arbeitsgedächtnis führen, basieren auf dem Organisieren ausgewählter und inferenziell angereicherter Inhalte – siehe zum Beispiel die zentralen Aussagen aus dem Beispiel des hierarchischen Zusammenfassens aus Teilkapitel 1.2.1 – aus den Texten/Lernmaterialien.

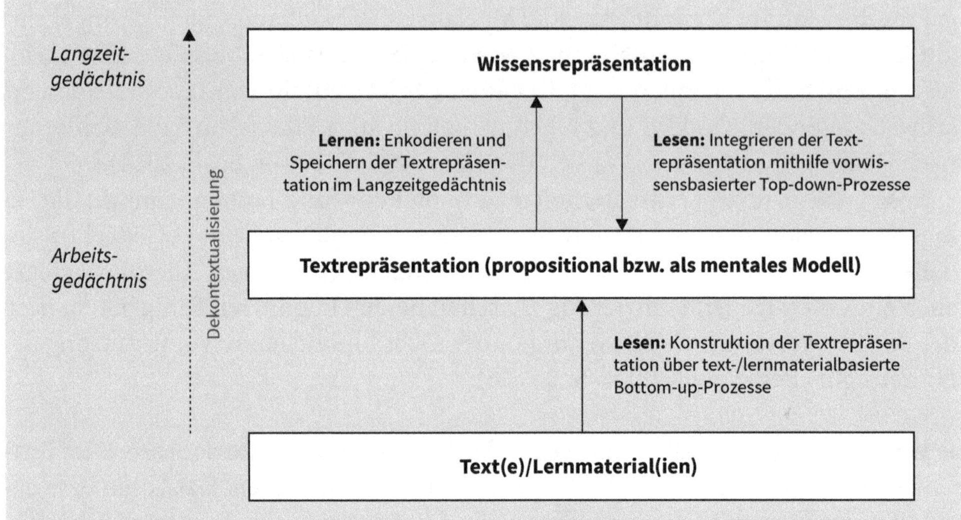


*Abbildung 4: Verhältnis von Lesen und Lernen (Quelle: Übersetzung und Modifikation von Beker et al., 2017, S. 36; ergänzt wurden die kurzen Prozessbeschreibungen)*

Damit lässt sich aus der Sicht des generativen Lernens sagen, dass die (dekontextualisierenden) Prozesse des **Verknüpfens** von gelesenen und verstandenen Inhalten innerhalb des Arbeitsgedächtnisses mit den Wissensbeständen im Langzeitgedächtnis die entscheidende Hürde darstellen. Damit Lernerinnen und Lerner diese Hürde erfolgreich nehmen können, helfen ihnen nicht nur nachgewiesenermaßen Lernstrategien wie jene aus diesem Buch (Hattie & Donoghue, 2016; Schneider & Preckel, 2017), sondern auch instruktionale Settings, die (angemessen) hohe Anforderungen an das konzeptionelle Verstehen im Sinne des generativen Lernens stellen (Simonsmeier, Flaig, Deiglmayr, Schalk & Schneider, 2019).

### *2.1.3.3 Fokus 2: Schreiben und Lernen*

Wie beim Lesen auch ist das Verhältnis von Schreiben und Fachlernen nicht unidirektional zu modellieren. Das heißt, dass es nicht nur positive Effekte vom Schreiben auf das Lernen bzw. das erworbene Wissen gibt. Vielmehr stellt inhaltliches Wissen eine Bedingung dafür dar, dass jemand qualitativ gehaltvolle Texte produziert (Newell & MacAdam, 1989; Olinghouse & Graham, 2009; Olinghouse, Graham & Gillespie, 2015; Wijekumar et al., 2019). Dieser Richtung vom Wissen auf die Texte steht eine andere, eine Gegenrichtung gegenüber, nämlich jene vom Schreiben auf das Wissen.

Für die positiven Effekte des Schreibens auf das Lernen in verschiedenen Fächern gibt es inzwischen gebündelte Hinweise zur Wirksamkeit. Die in drei Metaanalysen (Bangert-Drowns, Hurley & Wilkinson, 2004; Graham, Kiuhara &

MacKay, 2020; Graham & Perin, 2007b) bzw. einer Metasynthese (Graham & Harris, 2018) berichteten aggregierten Zuwächse im Fachlernen in verschiedenen Altersgruppen sind positiv, fallen bislang allerdings nicht sehr hoch aus. Ein Grund dafür ist auch in der ausgesprochen auffälligen Heterogenität der Primärstudien zu suchen, die zu widersprüchlichen und inkonsistenten Ergebnissen führen, sodass trotz intensiver Forschungsbemühungen immer noch reichlich ungeklärt ist, was genau die übergeordneten Wirkmechanismen sind (Prain & Hand, 2016, S. 433).

Dennoch hat die Bildungsforschung ihre Aktivitäten in Theorie und Empirie erheblich verstärkt. Aus den theoretischen Grundlagen für die Verbesserung des Lernens durch das Schreiben liegen beispielsweise eine Vielzahl von Überlegungen, Hypothesen und Modellen vor (Klein, 1999; Klein & van Dijk, 2019). Zwei von ihnen sollen hier stellvertretend skizziert werden:

- **Genre-Hypothese:** Die Genre-Hypothese geht von Genres bzw. Textsorten aus, die einzelne konventionalisierte Elemente enthalten, die ihrerseits einerseits spezifische kommunikative Funktionen erfüllen und andererseits die Inhalte in einer günstigen hierarchischen Struktur präsentieren. Solche Genres wie Argumentationen, Protokolle etc. erfordern damit von der schreibenden Person zahlreiche Entscheidungen, wie Informationshierarchie und Erfordernisse der Textsorte/des Genres zielführend bedient werden. Hierfür bedarf es vor allem des Überführens der Informationen aus den Lernmaterialien und dem Vorwissen in eine adäquate, andere und teils überhaupt neu zu schaffende Struktur, weshalb insbesondere das strategisch durchgeführte **Organisieren** als Hauptprozess des generativen Lernens erklärungsstark ist für den grundlegenden Wirkmechanismus der Genre-Hypothese (Klein, 1999, S. 230–242).
- **Selbstregulationsperspektive auf Schreibaktivitäten zum Lernen:** Diese Überlegung geht davon aus, dass das Schreiben dann das Lernen unterstützt, wenn kognitive und metakognitive Strategien für das Lösen von Aufgaben vermittelt oder durch die Aufgabenerfordernisse nötig werden (Klein & van Dijk, 2019, S. 269). Während die metakognitiven Strategien der Überwachung der eigenen kognitiven Prozesse dienen, setzen die kognitiven Strategien auf die inhaltliche Auseinandersetzung mit den Lerninhalten. Bei diesen kognitiven Strategien sind zwei Arten besonders wichtig. Zum einen handelt es sich um die »Organisationsstrategien«, die für ein optimales inhaltliches Strukturieren benötigt werden. Zum anderen sind die »Elaborationsstrategien« nötig, um (neue) Verbindungen zwischen Inhalten aus den Lernmaterialien und dem Vorwissen zu kreieren. Damit setzt dieser Erklärungsansatz vor allem auf die optimale, hier: selbstregulativ-strategische Gestaltung von generativen **Organisations- und Verknüpfungsprozessen.**

#### *2.1.3.4 Fokus 3: Lesen und Schreiben*

In den bisherigen Ausführungen waren Lesen und Schreiben getrennt. Tatsächlich aber mehren sich – nicht zuletzt im gegenwärtig erstarkenden Diskurs zum materialgestützten Schreiben – die integrativen Perspektiven auf das Lesen und Schreiben. Dies ist freilich nicht neu, denn bereits die Inhalte der Tabelle 5 in Teilkapitel 2.1.3.1 stammen ursprünglich aus einer systematisierenden Übersichtsarbeit mit dem bezeichnenden Titel »Transforming Texts«, in der es um die hybriden und interagierenden Prozesse des Lesens und Schreibens am Beispiel des materialgestützten Schreibens ging – und zwar ohne die explizite Nennung des generativen Lernens (Spivey, 1990). Gleichwohl beschreibt Spivey in ihrem Beitrag exakt die gleichen Prozesse. Das Verdienst ihres Übersichtsbeitrags besteht darin, die wechselseitige Verschränkung hervorgehoben zu haben, die durch die analytische Trennung in der Tabelle 5 darstellerisch aufgehoben ist.

Die drei Prozesse sind gerade unter der Perspektive instruktiv, wie gelesene Informationen aus Texten in eigenen Texten verwendet und dabei transformiert werden. Etwas holzschnittartig ausgedrückt nimmt Spiveys konstruktivistisch geprägte Darstellung genauer in den Blick, wie das Lesen eine dem Schreiben dienende Funktion übernimmt und das Schreiben eine das Lesen vertiefende Funktion hat, vieles ergibt sich dabei aus der Unterscheidung von lernmaterialimmanenter Wichtigkeit (z. B.: Welche Signale gibt beispielsweise ein Text aus sich heraus, die eine lesende Person (re-)konstruieren muss?) und aufgaben- bzw. personengesteuerter Zuschreibung von Relevanz (z. B.: Welche Information ist zentral bzw. wird sonst noch dafür benötigt, die Aufgabe zu bewältigen?; McCrudden & Schraw, 2007, S. 114):

- **Auswählen:** Die Selektion von gelesenen Informationen erfolgt mit Blick auf das Schreibziel, d. h. nicht alle Informationen, die für das Verstehen eines Sachverhaltes nötig sind, bedürfen auch der Verwendung beim Schreiben. Das kann beispielsweise dann der Fall sein, wenn man zwei Texte liest, die unterschiedlich viele Informationen enthalten und bei denen ein Text eine Information bereithält, die im anderen Text fehlt, welche als illustrierendes Beispiel dienen kann (Spivey, 1990, S. 271–276).
- **Organisieren:** Beim Organisieren im Schreiben geht es zuvorderst darum, die beim Lesen zum Verstehen nötige Art der Kohärenzherstellung einerseits zu nutzen, sie andererseits auch zu überwinden. Das ist weniger evident bei den Zusammenfassungen als beispielsweise bei Aufgaben, in denen das Aufgabenformat als Strukturgeber fungiert (etwa beim Argumentieren mithilfe von multiplen Dokumenten). In solchen Fällen müssen Schreiberinnen und Schreiber die Informationen aus Texten für eigene Strukturbildungen nutzen (Spivey, 1990, S. 265–271).
- **Verknüpfen:** Das Verknüpfen beim Schreiben besteht vor allem darin, inferenzbasierte Anreicherungen des Gelesenen vorzunehmen, also Bezüge herzustel-

len, die in variierendem Grad von Lernmaterialien angelegt, aber nicht vollzogen sind. Zusammenfassungen erfordern beispielsweise häufig das Generieren von »Themensätzen«, also kondensierenden Aussagen; das materialgestützte Schreiben setzt bei impliziten Bezügen zwischen Lernmaterialien voraus, dass konfligierende inhaltliche Aussagen als Widerspruch bzw. als Pro- und Gegenargumente oder aber dass komplementäre Informationen als Vertreter einer übergeordneten Kategorie erkannt werden (Spivey, 1990, S. 276–281).

Der Nutzen des Schreibens spezifisch für das Lernen und für das Lesen sei abschließend nochmals anders verdeutlicht. Die Argumente für den Einsatz des Schreibens fasst Tabelle 6 zusammen, indem die Argumente mit ihren Bezugspunkten zu den drei Hauptprozessen des generativen Lernens mit Häkchen dargestellt werden. Diese finale Visualisierung erfolgt vor allem deshalb, weil aktuelle Studien mit Lehrpersonen ein ums andere Mal zum Ergebnis gelangen, dass das Schreiben zum Zwecke des Fachlernens ein Nischendasein fristet (Decker & Hensel, 2019, S. 55–58; Drew & Thomas, 2018, S. 279–281; Drew, Olinghouse, Faggella-Luby & Welsh, 2017, S. 946; Gillespie, Graham, Kiuhara & Hebert, 2014, S. 1053–1059; Ray, Graham, Houston & Harris, 2016, S. 1052–1055).

| **Argument für den lern- und verstehensförderlichen Effekt des Schreibens über Lernmaterialien** | **Hauptprozesse des generativen Lernens** | | |
|---|---|---|---|
| | **Auswählen** | **Organisieren** | **Verknüpfen** |
| 1) Schreiben fördert *Explizitheit,* da Schreiberinnen und Schreiber auswählen müssen, welche Informationen aus Lernmaterialien Text am wichtigsten bzw. relevantesten sind. | ✓ | ✓ | |
| 2) Schreiben fördert die *Integration,* weil Schreiberinnen und Schreiber dazu ermutigt werden, Inhalte aus Lernmaterialien kohärent zu organisieren, indem die Beziehungen zwischen den Inhalten explizit hergestellt werden müssen. | ✓ | ✓ | |
| 3) Schreiben fördert die *Reflexion,* da das Schreiben es erleichtert, permanent die Inhalte des eigenen Textes zu überprüfen, zu verbinden, zu kritisieren und zu konstruieren. | | ✓ | ✓ |
| 4) Schreiben kann das *persönliche Involvement* mit dem Text fördern, weil es aktive Entscheidungen erfordert, was geschrieben werden soll und wie das Thema behandelt werden soll. | ✓ | | ✓ |
| 5) Schreiben beinhaltet, dass die *Sprache des eigenen Textes verändert und transformiert wird,* sodass die Schreiberinnen und Schreiber die Inhalte in ihren eigenen Worten ausdrücken, was sie darüber nachdenken lässt, was die Inhalte bedeuten. | | | ✓ |

*Tabelle 6: Fünf Argumente zur lern- und verstehensförderlichen Funktion des Schreibens in Anknüpfung zu den drei Hauptprozessen des generativen Lernens (Quelle der Argumente: Gillespie et al., 2014, S. 1044, für das Lernen, und Graham & Hebert, 2011, S. 712, für das Lesen; leichte Anpassungen; Legende: ✓ = explizite Anschlussfähigkeit)*

## 2.2 Säule 1: Drei Hauptprozesse des generativen Lernens und wie sie sich in Förderansätzen bzw. Lernstrategien wiederfinden lassen

In diesem zweiten Kapitel standen die Hauptprozesse des generativen Lernens im Vordergrund. Das generative Lernen – also das aktive, strategische und auf Bedeutungskonstruktion unter Rückgriff aus Lernmaterialien und eigenes Vorwissen abzielende Lernen – basiert auf drei Hauptprozessen: dem Auswählen von Informationen, dem Organisieren dieser Informationen und dem Verknüpfen der Inhalte mit dem Vorwissen. Diese drei Hauptprozesse, die im Wesentlichen zur optimalen Nutzung des Arbeits- und Langzeitgedächtnisses dienen, bilden im Buch, insbesondere in dessen zweitem Teil, eine tragende Säule der Darstellung. Denn es geht darum, wie es glückt, welche spezifischen Hauptprozesse des generativen Lernens mittels spezifischer Strategien zu fördern und zu nutzen.

Daher sind die Hauptprozesse in Tabelle 7 überblicksartig zusammengestellt. Insbesondere auf die Charakterisierung gehen die Teilkapitel mit der Ordnungsnummer 3 (also 4.3, 5.3 etc.) im Teil II des Buches ein, indem sie das Spezifische der jeweiligen Lernstrategie benennen, wobei es naturgemäß große Überschneidungen beim Auswählen gibt, während andere Hauptprozesse wie das Organisieren und Verknüpfen das Besondere und die Eigenheiten der jeweiligen Strategie deutlicher zutage treten lassen.

| Hauptprozesse des generativen Lernens | Charakterisierung in Form einer Leitfrage |
|---|---|
| Auswählen | Welche Art von Auswahlvorgängen müssen Lernerinnen und Lerner durchführen? |
| Organisieren | Welche Art von Organisations- und Strukturierungsleistungen müssen Lernerinnen und Lerner erbringen, indem sie die ausgewählten Informationen aufeinander beziehen? |
| Verknüpfen | Wie müssen Lernerinnen und Lerner ihr Vorwissen nutzen, um die Aufgabe zu bewältigen bzw. sich Wissen anzueignen? |

*Tabelle 7: Erster, prozessfokussierter Teil der steckbriefartigen Beschreibung von didaktischen Fördermaßnahmen – Fokus: Hauptprozesse des generativen Lernens*

# 3 Didaktische Design-Prinzipien des Lesens und Schreibens, um generativ zu lernen

Wer sich mit der Frage befasst, wie sich das Vermitteln von Strategien - darunter jenen zum generativen Lernen - effektiv fördern lässt, stößt schnell auf unübersichtliche Verhältnisse. Die Bildungsforschung hat eine kaum noch zu überschauende Zahl von Studien vorgelegt, die seit geraumer Zeit mit quantitativ arbeitenden Sekundäranalysen aufbereitet werden. Fiorella und Mayer (2015, S. 194) führen in ihrem Überblick über acht Strategien nicht weniger als 317 Studien an, die sie ausgewertet haben. Größere Metaanalysen - zum Beispiel diejenige von Hattie und Donoghue (2016), die ihrerseits auf 228 Metaanalysen fußt - haben Tausende Studien ausgewertet, die am Ende eine aggregierte Effektstärke produzieren, die dann aber nur noch begrenzten Wert für die Frage nach der Gestaltung der einzelnen Fördermaßnahmen hat. Hier braucht es andere Herangehensweisen, um die Erkenntnisse der Bildungsforschung zugänglich zu machen. Einen solchen Weg hat die lesenswerte Publikation von Fiorella und Mayer (2015) beschritten, und von diesem Buch hat der vorliegende Band immens profitiert.

In diesem Kapitel wird ein Weg vorgeschlagen, der die Erkenntnisse der empirischen Bildungsforschung zunächst außen vor lässt (um sie dann im zweiten Teil aber durchaus wieder gezielt aufzugreifen). Stattdessen geht es in diesem dritten Kapitel wieder aus einer theoriegeleiteten Perspektive darum, ein Beschreibungssystem vorzustellen, welches sich darum kümmert, auf eine erwartbare und regelhafte Weise zu erläutern, wie Lernaktivitäten - darunter solche zum generativen Lernen mittels Lesen und Schreiben - gezielt gefördert werden. Dieses Beschreibungssystem stammt aus einem Kontext der Bildungsforschung - genauer: der Schreibstrategievermittlung -, welcher darunter leidet, dass die für die Umsetzung und Replikation von Fördermaßnahmen entscheidenden Informationen nicht, unvollständig oder zu unsystematisch vorliegen. Der Umgang mit der Problematik - das Formulieren von sogenannten didaktischen Design-Prinzipien - erscheint als ein fruchtbarer Zugang auch für dieses Buch. Hierfür ist ein sparsames Vorgehen gewählt worden: Zunächst werden anhand von fünf Merkmalen die Design-Prinzipien charakterisiert (3.1), und danach wird dargelegt, wie sie als zweite Säule der Beschreibung der Förderung und Vermittlung von Strategien des generativen Lernens im Buch weiter verwendet werden (3.2).

## 3.1 Was didaktische Design-Prinzipien sind

Didaktische Design-Prinzipien bilden eine zweite tragende Säule des Bandes, denn sie helfen dabei, jeweils konkret gestaltete Fördermaßnahmen auf einer abstrahierten Ebene als Stellvertreter für didaktische Grundüberlegungen und diese gewissermaßen in ihrer Prototypik zu betrachten. Design-Prinzipien sind demnach dezidiert keine eigenständigen Lerntheorien, aber sie bedienen sich gezielt solcher Theorien und den Ergebnissen der Bildungsforschung (Reigeluth, 1999, S. 12f.; Rijlaarsdam, Janssen, Rietdijk & van Weijen, 2018, S. 295–297), um ihren Zweck zu erfüllen: **Didaktische Design-Prinzipien sind allgemeine Aussagen zum erwünschten Zusammenhang von instruktionalen Maßnahmen/Fördermaßnahmen und deren Ergebnis mit starkem Fokus auf die lernwirksamen Lernaktivitäten.** Diese Design-Prinzipien bilden eine Möglichkeit, die Förderung von Hauptprozessen des generativen Lernens mit einer angemessenen Flughöhe zu beschreiben. Solche Design-Prinzipien lassen sich mit mehreren Merkmalen fassen. Im nachstehenden Kasten werden daher die didaktischen Design-Prinzipien charakterisiert, und diese Merkmale werden dann im Verlauf des Teilkapitels weiter ausgeführt.

**Didaktische Design-Prinzipien**

- dienen dazu, einzelne didaktische Elemente im Sinne einer **Wirkkette** miteinander zu verknüpfen (s. Teilkap. 3.1.1);
- benennen klar die **Bedingungen** und die erwarteten bzw. wahrscheinlich eintretenden **Wirkungen** von didaktischen Maßnahmen im Sinne von Wenn-dann-Aussagen (3.1.2);
- sind **modular** zu denken, d. h. sie können in konkreten Fördermaßnahmen in Kombination und auf verschiedenen Aggregatebenen auftreten (3.1.3);
- haben eine dem Zweck angemessene **Korngröße,** d. h. sie beschreiben als Beschreibungssysteme weder einzelne konkrete Einzelmaterialien und Vorgehensweisen noch allgemeine Theorien, sondern dazwischenliegende Aggregate mittlerer Abstraktion (3.1.4);
- sind abstrahierte **Richtlinien,** die lerntheoretische und/oder empiriebasierte Wirkmechanismen explizieren und deshalb als begründete Kompasse der Unterrichtsentwicklung nutzbar sind (3.1.5).

### 3.1.1 Merkmal 1: Design-Prinzipien als Wirkkette von Fördermaßnahmen über Lernaktivitäten hin zu Outcomes

Einen für die Zwecke dieses Buches sehr fruchtbaren Zugang hat ein niederländisches Forschungsteam gewählt, das sich schon seit langer Zeit mit Schreibfördermaßnahmen beschäftigt (Rijlaarsdam et al., 2018). In ihrem Zugang plädieren die Forscherinnen und der Forscher dafür, Fördermaßnahmen so genau zu beschreiben, dass diese präzisen Beschreibungen für verschiedene bildungswissenschaftliche Zwecke dienen können. Unter diese Zwecke fallen Replikationsstudien genauso wie für die gezielte Nutzung der exemplarischen Beschreibungen für die Aus- und Weiterbildung. Das Herzstück der Ausführungen zu einem Beschreibungssystem, wie sie es nennen, bildet eine genaue Erläuterung der Lernaktivitäten in Verbindung mit der sie auslösenden Fördermaßnahme innerhalb eines Kontextes und der aus den Lernaktivitäten resultierenden Ergebnissen (Lernoutcome; s. Abbildung 5). Dabei wird dieser Zusammenhang der Erläuterung über wahrscheinliche, aber nicht immer zwangsläufig eintretende Folgen angenommen. Das bedeutet: Etwas Vorgelagertes führt mit hoher Wahrscheinlichkeit zu etwas Nachgelagertem, jedoch nicht als starre oder gar deterministische Reihenfolge.

*Abbildung 5: Überblick über Lernaktivitäten als vermittelnde Variable zwischen Förderung/Instruktion und Lernoutcome(s) (Darstellung basierend auf Rijlaarsdam et al., 2018, S. 286 f.; Elemente in Kästen erfordern Beschreibungen, die sie verbindenden Pfeile erfordern eine Erklärung des Zusammenhangs)*

Entscheidend ist dabei nicht nur eine genaue Beschreibung der angestrebten Lernaktivitäten in Abhängigkeit von der Fördermaßnahme, sondern auch eine Erklärung der Wirkmechanismen in Form von sogenannten *Schlüsselelementen.* Diese Verbindung von zu beschreibenden Elementen (dargestellt in Kästen im oberen Teil von Abbildung 5) und zu erklärenden Schlüsselelementen (unten dargestellt in der Grafik) macht den Kern des Zugangs aus den Niederlanden aus. Dieser Zugang bezieht sich zwar in seinem Erscheinungskontext genuin auf Schreibfördermaßnahmen, aber er lässt sich leicht ausweiten auf weitere Lernaktivitäten, etwa solche mit dem Lesen.

Auf den allgemeinsten Nenner gebracht beschreibt dieser im Kern alles andere als neue Zugang eine **allgemeine Explikation und Explikationsbedürftigkeit jeglicher Gestaltung von Lernsettings.** Daher wirkt er für die Zwecke und Ziele dieses Buchs besonders geeignet. In seiner intuitiven Überschaubarkeit über die Lernaktivitäten, ihre Auslöser, ihre Ergebnisse und die sie verknüpfenden Schlüsselelemente liegt zugleich eine recht hohe Komplexität. Denn es gilt nicht nur, Maßnahmen, Aktivitäten und Lernergebnisse zu beschreiben, sondern auch in ihrer Verbindung zu erklären. Insofern kommt man nicht ohne Bezüge zu Lerntheorien zum schrift- und textbasierten Lernen aus. Diese lerntheoretischen Bezüge sind zuvorderst in den Schlüsselelementen zu finden, weil sie die Wirkmechanismen betreffen und dort nötig sind, um plausible Effekte zu begründen. Und auch die empirische Bildungsforschung lässt sich bei den Schlüsselelementen gut verorten, weil sich einerseits Wirksamkeitsaussagen zu Effekten treffen und andererseits auch Wirksamkeitsmechanismen spezifisch überprüfen lassen. In den Schlüsselelementen haben also diverse theorie- und empiriegeleitete Zugänge ihren Ort und Platz.

Um das zentrale Merkmal der Wirkkette von Design-Prinzipien zu illustrieren, hilft das Beispiel des hierarchischen Zusammenfassens aus Teilkapitel 1.2.1. Die zentrale Lernaktivität besteht hierbei in der Konstruktion der hierarchischen Zusammenfassung, welche die Grundlage für das Lernen von vernetzten Inhalten aus den Texten (= das Lernoutcome) bildet. Hierfür sind die instruktionalen Maßnahmen bedeutsam, da sie die Konstruktion der hierarchischen Zusammenfassung hervorrufen. Dazu zählen zuvorderst die einzelnen Schritte, mittels derer die Lernerinnen und Lerner die Texte bearbeiten und Informationen extrahieren, ordnen und für das eigene Lernen aufbereiten. Der konstitutive Gedanke besteht hierbei darin, wie diese Schritte gereiht werden und wie sie ineinandergreifen. Hierfür sind wiederum die Merkmale der Fördermaßnahme von Bedeutung, die ihrerseits überhaupt dafür sorgen, dass die Zusammenfassungen entstehen und dann für das Lernen genutzt werden. Damit gibt es eine zweite, im Förderansatz aber nicht genauer spezifizierte, für die gesamte Wirkungskette dennoch hochbedeutende Lernaktivität: das gezielte Nutzen der Zusammenfassung für das Lernen, also das Verknüpfen mit dem eigenen Vorwissen zum Zweck der Wissensspeicherung (Kobayashi, 2006; Kiewra, 1989; Peverly & Wolf, 2019). Hierfür sieht der Förderansatz diverse Prinzipien vor, von denen drei zentrale im Folgenden dargestellt werden: 1) die systematische Transformation von Informationen auf mehreren Ebenen, 2) die Paraphrase von Inhalten in eigenen Worten und 3) die Nutzung personeller und produktbezogener Modelle.

#### *3.1.1.1 Beispielprinzip 1: Das Lernen aus Sachtexten wird gesteigert, wenn die Inhalte auf verschiedenen Ebenen des Textes systematisch transformiert werden*

Beim hierarchischen Zusammenfassen ist ein zugrundeliegender Gedanke, dass Inhalte aus längeren Sachtexten nicht nur verknappt, sondern auch in ihrer strukturanalogen und hierarchischen Organisation als zweidimensionale grafische Variante dargestellt werden. Das bedeutet, dass die Lernerinnen und Lerner diverse

Zyklen des generativen Lernens auf verschiedenen Aggregatebenen zu absolvieren haben. Am auffälligsten ist dies, indem die Lernerinnen und Lerner die propositionale Struktur des Textes mit seinen Hierarchieebenen (Gesamtaussage des Textes, Zwischenüberschriften, Kernaussagen, Details) typografisch nachvollziehbar visualisieren und dabei die unterschiedlichen Ebenen mit unterschiedlichen grafischen Elementen (wie der Nummerierung mittels Großbuchstaben) optisch trennen. Dafür müssen sie die Informationen auf verschiedenen Ebenen treffsicher lokalisieren und das Verhältnis dieser Ebenen präsent halten. Oder anders: Sie müssen Inhalte und ihre Struktur in einem längeren Text in ihrer hierarchischen Zusammenfassung externalisiert haben.

Hierfür müssen sie verschiedene Transformationen absolvieren, die das generative Lernen betreffen, sich aber auf unterschiedliche Informationsmengen erstrecken und jeweils spezifische Schwerpunkte vor allem beim Auswählen und Verknüpfen haben:

- Für das Schreiben der *Kernaussagen* und der *Gesamtaussage* müssen die Lernerinnen und Lerner – durchaus gestützt auf die Aussagen aus den verschiedenen Überschriften – knappe und abstrahierende Formulierungen über den Inhalt halber Seiten bis hin ganzer Texte verfassen.
- Für das Aufzählen von zwei bis vier *unterstützenden Details* müssen sie aus den vielen Informationen sinnvolle untergeordnete Inhalte wählen.
- Für das Notieren von *zentralen Aussagen* ist es nötig, sich auf die Kernaussagen zu konzentrieren und diese dahingehend zu analysieren, welche Gemeinsamkeiten diese aufweisen (also eine inhaltliche Organisation unter verknüpfenden Rückgriff auf das eigene Wissen), und diese auf einer abstrakten, vom Text angelegten, aber nicht zwingend expliziten Ebene vorgefundene Gemeinsamkeit zu benennen.

All diese Transformationen finden auf verschiedenen Ebenen statt und werden gezielt nacheinander im Sinne einer Bottom-up-Logik absolviert, wobei die Struktur des Textes als Rahmen fungiert. Zunächst geht es um die Abschnitte und deren Kernaussagen und Details, danach um die zentralen Aussagen und schließlich um das Gesamtthema, also die Gesamtaussage des Textes.

Mit diesem Vorgehen, dessen Effektivität sich sowohl theoretisch erklären (Spivey, 1990) als auch aus den Ergebnissen der empirischen Bildungsforschung extrapolieren lässt (Graham & Hebert, 2011), findet eine fokussierte Lenkung statt, die dem portionierten Abarbeiten von einzelnen Schritten folgt, die am Ende eine reduktiv gewonnene Lernunterstützung in den Worten der Lernerinnen und Lerner ergibt.

#### *3.1.1.2 Beispielprinzip 2: Das Lernen aus Sachtexten wird gesteigert, wenn die Wiedergabe von gelesenen Inhalten in eigenen Worten erfolgt*

Es ist auffällig, dass durchweg eigene Formulierungen in den hierarchischen Zusammenfassungen vorkommen sollen. Einige der Bestandteile der hierarchischen Zusammenfassungen machten das qua definitionem nötig, nämlich zuvorderst die zu bildenden zentralen Aussagen, die die Kernaussagen einzelner Abschnitte als Inferenzen kombinieren. Hierfür müssen die Lernerinnen und Lerner inhaltlich schlussfolgern und die Möglichkeiten der zulässigen Abstraktion prüfen. Die stichwortartige Verschriftung dieser Abstraktion ist ein zutiefst generativer Akt. Fördermaßnahmen, die das Fördern des Bildens von Inferenzen gefördert haben, gehen mit erheblich besseren Leistungen im Leseverstehen einher (Elleman, 2017).

Warum aber werden auch die anderen schriftlichen Bestandteile mit eigenen Worten gebildet? Die vordergründige Antwort darauf lautet, das rein verbatime Kopieren zu vermeiden, was streng genommen dem Auswählen zwar entspricht. Dennoch liegt dem Fokus auf eigene Worte die implizite Annahme zugrunde, dass insbesondere das Verknüpfen als kognitiver Hauptprozess die zentrale Lernaktivität bildet. Sie bildet den Flaschenhals zwischen Auswählen und Organisieren und dem Einprägen der Inhalte im Gedächtnis. Die instruktionale Maßnahme, nämlich die Aufforderung, Inhalte mit eigenen Worten wiederzugeben, soll eine gesteigerten Verknüpfungsaktivität – intern und extern als schriftliche Notizen – hervorrufen, was wiederum einer stärker vernetzten, generativen Aneignung der Textinhalte führen soll.

#### *3.1.1.3 Beispielprinzip 3: Das Lernen aus Sachtexten wird gesteigert, wenn es unterstützende Modelle zum Vorgehen und zur Lösung gibt*

Taylor (1985, S. 120 f.) berichtet davon, dass die Lernenden auf zweierlei Art Unterstützung erhielten. Dabei handelte es sich *erstens* um personelle Modelle in Form der Lehrperson, die anfänglich vollständig mit dem Modellieren demonstrierte, wie das hierarchische Zusammenfassen inklusive dem Lernen prototypisch erfolgt. Diese Form der Unterstützung stammt aus der sozial-kognitiven Lerntheorie, nach der Personen neue Fähigkeiten durch aufmerksames Beobachten von Modellpersonen erlernen. Die Lehrperson machte also vor, was sie tat, und kommentierte ihr Vorgehen. Dies ist deshalb so wichtig, weil Lese- und Schreibprozesse nicht direkt beobachtbar sind und deshalb von außen nicht direkt zugänglich sind. Deshalb müssen Lehrpersonen sie in situ erklären, wenn sie das Vorgehen modellieren (Philipp, 2015, S. 50–52). Die durch das Modellieren als instruktionale Maßnahme hervorgerufene Lernaktivität ist das aufmerksame Beobachten und Repräsentieren der Vorgehensweise, um prozedurales Wissen – nämlich zum Vorgehen beim hierarchischen Zusammenfassen – zu erwerben.

Nicht nur personelle Modelle in Form der kundigen Lehrperson sind im Förderansatz des hierarchischen Zusammenfassens vorgesehen. Vielmehr gab es – in Form einer *zweiten Unterstützung* – als stete Begleiter Musterlösungen als Grundlage für die Diskussion zur Gelungenheit der eigenen Lösungen. Als Benchmarks dienten also Produkte zur Kalibrierung, wie gut die eigene Zusammenfassung geglückt war. Diese produktbezogenen Modelle hatten eine andere Funktion, nämlich die einer Sicherheitsmaßnahme zur Überprüfung des eigenen Ergebnisses. Hierbei fungiert das ausgearbeitete Lösungsbeispiel als formatives Feedback (Atkinson, Derry, Renkl & Wortham, 2000; Renkl, 2014a, 2014b; Shute, 2008). Die Lernaktivität ist demnach ein metakognitiver Vergleich der beiden Lösungsvarianten im Abgleich mit dem gelesenen Text.

### 3.1.2 Merkmal 2: Design-Prinzipien als Wenn-dann-Wirkungsrelationen

Eng mit dem ersten Merkmal verwandt ist das zweite Merkmal der Design-Prinzipien. Dieses Merkmal besteht darin, dass die Wirkungen einerseits von instruktionalen Maßnahmen auf die Lernaktivitäten und andererseits von den Lernaktivitäten auf das Lernoutcome/die Lernoutcomes als eine formallogische Verbindung formuliert werden (Rijlaarsdam et al., 2018, S. 284–286). Hierfür verwendet das Beschreibungssystem eine Wenn-dann-Formulierung. Damit ist nicht nur eine Kausallogik enthalten, nämlich dass einer Folge eine Bedingung vorausgeht. Vielmehr handelt es sich um wissenschaftliche Hypothesen im Sinne von **gerichteten Aussagen, welche spezifizieren, unter welchen Voraussetzungen welches Ereignis mit hoher Wahrscheinlichkeit eintritt.**

Darauf verweisen Rijlaarsdam et al. (2018, S. 285) explizit auf eine Publikation von van den Akker (1999, S. 9). In dieser Publikation werden Design-Prinzipien als heuristische Aussagen nach dem folgenden Schema verstanden: »*Wenn man eine Intervention X (für die Ziele/Funktion Y im Kontext Z) gestalten will, dann ist man gut damit beraten, dieser Intervention die Merkmale A, B, und C (substantielle Betonung) zu geben, indem man die Prozeduren K, L und M (prozedurale Betonung) wählt, weil die Argumente P, Q und R gelten.*«

Diese komplexe Aussage, welche im Kern bereits die Inhalte aus Abbildung 5 beinhaltet, lässt sich vereinfacht darstellen: »*Wenn eine Fördermaßnahme in einem definierten Kontext das Ziel Y hat, dann führen die instruktionalen Merkmale A mit den begründeten Umsetzungen K mit hoher Wahrscheinlichkeit zu dem anvisierten Ziel.*« Noch stärker vereinfacht liest sich das Ganze so: »*Wenn man Y fördern will, sollte man zu A greifen und es auf die Art K durchführen.*«

Damit ist eine Wenn-dann-Formulierung den Design-Prinzipien absolut wesenseigen. Sie dient der Klärung, was in einer Fördermaßnahme herauskommen soll und was dafür zu tun ist – und ragt damit tief hinein in ganz grundsätzliche Überlegungen zu jedwedem von außen unterstütztem Lernen (Reigeluth, 1999, S. 8–10). Deshalb ist es nicht trivial, dass die Prinzipien die Funktion haben, genaue Wirkungsaussagen zu postulieren, welche der Planung, Gestaltung und Überprüfung des Lernerfolges dienen. Im Zentrum der Wenn-dann-Aussagen stehen die Lernaktivitäten, welche den Dreh- und Angelpunkt der Design-Prinzipien ausmachen, weil sie gezielt herbeigeführt werden sollen und weil sie dann zu den angestrebten Wirkungen führen sollen (Rijlaarsdam et al., 2018, S. 295).

Im Teilkapitel zuvor sind drei Prinzipien des hierarchischen Zusammenfassens extrapoliert und benannt worden. Die Formulierung der Prinzipien folgte dabei nur implizit dem zweiten Merkmal der Design-Prinzipien. Daher enthält die Tabelle 8 sprachlich präziser gefasste Varianten (rechts) der zuvor noch etwas ungenauen Formulierungen (links), die im Teilkapitel 3.1.1 einen anderen darstellerischen Zweck hatten.

| Exemplarisches Prinzip des hierarchischen Zusammenfassens | Darstellungsvariante des Prinzips als strikte Wenn-dann-Formulierung |
|---|---|
| Beispielprinzip 1: Das Lernen aus Sachtexten wird gesteigert, wenn die Inhalte auf verschiedenen Ebenen des Textes systematisch transformiert werden. | Wenn Personen Inhalte aus Sachtexten hierarchisch zusammenfassen sollen, dann muss ihnen vermittelt werden, wie sie die Textinhalte in ihrer Struktur regelgeleitet transformieren. |
| Beispielprinzip 2: Das Lernen aus Sachtexten wird gesteigert, wenn die Wiedergabe von gelesenen Inhalten in eigenen Worten erfolgt. | Wenn Personen Inhalte aus Sachtexten lernen sollen, dann ist es günstig, diese Inhalte durchgehend in eigenen Worten zu paraphrasieren. |
| Beispielprinzip 3: Das Lernen aus Sachtexten wird gesteigert, wenn es unterstützende Modelle zum Vorgehen und zur Lösung gibt. | Wenn Personen hierarchisches Zusammenfassen als Strategie erwerben sollen, dann müssen flankierende prozess- und produktbezogene Modelle zur Verfügung stehen. |

*Tabelle 8: Formulierungen von drei Beispielen für didaktische Design-Prinzipien des hierarchischen Zusammenfassens als streng gefasste Wenn-dann-Formulierungen*

### 3.1.3 Merkmal 3: Design-Prinzipien als modulare Komponenten

Wenn es darum geht, mittels Lesen und Schreiben das Fachlernen zu fördern, liegt es gerade in der Verbindung von Lese- und Schreibaktivitäten nahe, dass die Förderansätze hybrid sind, also aus mehreren Bestandteilen bestehen. Dies zeigt zum Beispiel eine ausführliche Beschreibung eines Schreibförderansatzes von zwei belgischen Schreibforscherinnen (de Smedt & van Keer, 2018, S. 229–232 und 250 f.). Sie haben in einer Studie zwei Varianten von Fördermaßnahmen in der Domäne

Schreiben in ihrer Wirksamkeit miteinander verglichen. Entscheidend ist hierbei, dass sich beide Schreibanlässe in bestimmter Hinsicht ähnelten und in anderer Hinsicht unterschieden. Daher machten die Forscherinnen darauf aufmerksam, dass didaktische Design-Prinzipien auf der einen Seite als Schnittmenge und als geteilte bzw. überlappende Prinzipien formuliert werden sollten und zum anderen auch als separate bzw. divergierende Prinzipien fungieren. Sie begründen dies auch mit inklusionspädagogischen »Response-to-Intervention«-Überlegungen, die dahingehen, allgemeine Förderprinzipien mit spezifischen, angepassten Förderprinzipien und -maßnahmen als Verhältnis von geteiltem Kernbestand und adaptierungsbedürftigen Bestandteilen je nach (fehlender) Reaktion auf eine Förderung zu modellieren.

Auf eine weitere Trennung von Prinzipien machen Koster und Bouwer (2018, S. 193) aufmerksam. Sie trennen zwischen Inhalt (Fokus der Vermittlung) und Art (Modus der Vermittlung), also Gegenstand und didaktische Wege zur Gegenstandsaneignung. Damit ergibt sich eine weitere Form der Differenzierung, nämlich mehr oder minder sinnvolle Kombinationen von Lerngegenstand und Vermittlungsart – und mit ihr die Notwendigkeit, für beide Bezugspunkte die anwendbaren Prinzipien genau zu explizieren, zumal auch in der Kombination. In der Essenz führt dies in einer von den beiden Forscherinnen vorgelegten Form von Beschreibungen der Lern- und Lehraktivitäten, die aufeinander abgestimmt werden, was sie am Beispiel eines Schreibstrategieprogramms (mit Fokus der Vermittlung auf selbstreguliertes Schreiben und Fokus der Vermittlung auf explizite Vermittlung mithilfe sozial-kognitiv begründeter didaktischer Maßnahmen) erläutern.

Diese Trennung von geteilten und spezifischen Komponenten bzw. von gegenstandsbezogenen Lern- und vermittlungsbezogenen Lehraktivitäten macht zuvorderst darauf aufmerksam, dass es im weitesten Sinne Kombinationsmöglichkeiten gibt und damit einen **modularen Charakter der Prinzipien.** Je nach Abstraktionsgrad und Spezifität (s. dazu Teilkap. 3.1.4) beschreiben sie damit kombinierbare Komponenten. Das bedeutet, dass man die jeweils in einer bestimmten Verfasstheit erscheinenden konkreten Fördermaßnahmen zerlegen kann in ihre Bestandteile. Diese Bestandteile haben – jeweils innerhalb ihres Kontexts, also ihrer Position in einer Sequenz, ihren konkreten flankierenden Maßnahmen, den verwendeten Lernmaterialien und Sozialformen etc. – eine spezifische, benennbare Funktion. Zum Teil bestehen solche Komponenten in Förderansätzen aus weiteren Subkomponenten, es geht also nicht nur um eine horizontale und zeitliche Modularität, sondern auch um eine vertikal-hierarchische Verknüpfung von einzelnen Elementen zu unterschiedlich komplexen Gebilden (Reigeluth, 1999, S. 10 f.). Hinzu kommt außerdem, dass in einzelnen Elementen der Fördermaßnahme mehr als ein Prinzip adressiert werden kann oder aber Prinzipien mit unterschiedlichen konkreten didaktischen Maßnahmen umsetzbar sind, es also zu einer Konvergenz von Prinzipien bzw. von didaktischen Maßnahmen kommt, was ebenfalls für eine Modularität spricht.

Aus der Modularität der didaktischen Design-Prinzipien ergibt sich als eine weitere Implikation, dass ihre Kombinationsmöglichkeit nicht mit einer Beliebigkeit verwechselt werden darf. **Ziel und Zweck von Fördermaßnahmen sollte es sein, in ihrem Gesamt möglichst kohärente und stringente instruktionale Maßnahmenkombination und -sammlungen zu ersinnen.** Das bedeutet, dass inhaltlich oder auf sonstige Weise inkompatible Prinzipien, welche technisch kombinierbar scheinen, es aber aufgrund ihrer divergierenden Ziele, im- oder explizit unvereinbaren Logiken oder auch konträren Voraussetzungen faktisch nicht sind, besser nicht vereint werden. Dieser Hinweis betrifft freilich nicht nur mehr oder minder erkennbare Unverträglichkeiten, sondern auch die Sequenz und Chronologie von kompatiblen Prinzipien, die durch die Art der Kombination erst die angestrebte Kohärenz erhalten und erwartete Wirkung entfalten.

Diese Modularität der Prinzipien lässt sich auch am Beispiel des hierarchischen Zusammenfassens illustrieren. So fassen die drei im Teilkapitel 3.1.1 extrahierten und im Teilkapitel 3.1.2 als Wenn-dann-Relationen präzisierten Aussagen spezifische Aspekte auf unterschiedlichen Flughöhen ins Auge. Zwei der Prinzipien haben nur mit dem eigentlichen Förderansatz zu tun. Das erste Design-Prinzip (»Wenn Personen Inhalte aus Sachtexten hierarchisch zusammenfassen sollen, dann muss ihnen vermittelt werden, wie sie die Textinhalte in ihrer Struktur regelgeleitet transformieren«) ist besonders spezifisch und enthält auf eine abstrahierte Weise den Kern des hierarchischen Zusammenfassens. Das zweite Design-Prinzip ist sowohl in seiner Aussage zur Bedingung als auch in den Folgen der Formulierung zu den Inhalten gezielt allgemeiner gehalten: »Wenn Personen Inhalte aus Sachtexten lernen sollen, dann ist es günstig, diese Inhalte durchgehend in eigenen Worten zu paraphrasieren.« Hier geht es also um ein allgemeineres Lernen aus Sachtexten, und dieses Prinzip könnte genauso oder ähnlich gut auf das Anfertigen von Notizen angewendet werden (s. Teilkap. 4.4). Das dritte Design-Prinzip (»Wenn Personen hierarchisches Zusammenfassen als Strategie erwerben sollen, dann müssen flankierende prozess- und produktbezogene Modelle zur Verfügung stehen«) ist im Kern ebenfalls sehr allgemein gehalten, weil es hier um einen Wesenszug der effektiven Strategievermittlung allgemein geht, nämlich um Mechanismen des sozial-kognitiven Lernens und des Einsatzes von Scaffolds bei der Strategievermittlung (Clark & Graves, 2005; MacArthur, 2018). Damit zeigt sich eine Modularität von Prinzipien nicht nur als Spezifikation der Funktionsweise der Elemente von Förderansätzen in den Zielgrößen, sondern auch in den Bezugspunkten im Sinne der Ebenen, die touchiert werden. Dies leitet bereits zum nächsten Merkmal über.

### 3.1.4 Merkmal 4: Design-Prinzipien als mittelabstrakte Aussagen

Die Beschreibung von Fördermaßnahmen in der Forschungsliteratur, auf die sich auch dieses Buch abstützt, weist die Besonderheit auf, dass Fördermaßnahmen auf höchst unterschiedliche Weise in der Nachvollziehbarkeit beschrieben werden. Dies monieren explizit beispielsweise Bouwer und de Smedt (2018, S. 120), indem sie den mangelnden Wert von zu abstrakten, knappen Beschreibungen in puncto unzureichender Transparenz, Vergleichbarkeit und Nützlichkeit als klare Schwachpunkte und mögliche Folgen benennen.

Didaktische Design-Prinzipien streben per definitionem eine allgemeine Aussagekraft an. Damit verbirgt sich ein Anspruch, welcher zugleich eine Janusköpfigkeit aufweist. Einerseits sollen die Prinzipien erst durch die konkrete Gestaltung spezifischer didaktischer Settings eine Manifestation und Ausarbeitung erfahren. Andererseits sollen die Prinzipien aber auch nicht derart abstrakt sein, dass ihre Umsetzung allzu offen und unbestimmt ist. Es geht hier um das, was in der Bildungsforschung als »ökologische Validität« bezeichnet wird, nämlich die Umsetzbarkeit und Anschlussfähigkeit unter Realbedingungen im (Hoch-)Schulfeld. Es ist damit auch im ureigensten Interesse der Bildungsforschung, dass ihre Innovationen in die Klassenzimmer und Seminarräume übertragbar sind, wozu es entsprechend angemessene Beschreibungen bzw. genauer: Beschreibungssysteme braucht (Bouwer & de Smedt, 2018, S. 122–129; Rijlaarsdam et al., 2018, S. 309–311).

Hierfür wiederum schlagen Bouwer und de Smedt (2018, S. 122 und 127 f.) eine sinnvolle Unterscheidung zwischen zwei nötigen und komplementären Beschreibungsebenen vor, welche sich als vor allem um (Hoch-)Schulfeldnähe bemühende Ergänzung der Überlegungen von Rijlaarsdam et al. (2018) versteht:

- **Makroebenen-Prinzipien:** Diese Prinzipien sind theoriebasierte Klärungen des instruktionalen Fokus (also der Hauptziele und Inhalte), der Vermittlung (Welche Formen und Bestandteile der Vermittlung gibt es?) sowie der Sequenz von Komponenten bzw. der Schritte in der Vermittlung. Hier geht es also erst einmal um ein globales Verständnis des jeweiligen Förderprogramms als Ganzes aus einer lerntheoretischen Perspektive.
- **Mikroebenen-Beschreibungen:** Dies entspricht einer Operationalisierung und Konkretisierung, also einer Übersetzung der Prinzipien in konkrete Lehr- und Lernaktivitäten nebst nötigen Lernmaterialien. Diese Beschreibungen auf der Mikroebene sind besonders nötig für die Wiederholung und Verbreitung von spezifischen, konkreten Förderansätzen.

Um die Unterscheidung und Anforderungen an verschiedene zu beschreibende Elemente noch einmal im Sinne einer Gegenüberstellung darzustellen, enthält Tabelle 9 die wichtigsten Inhalte.

| Design-Prinzipien auf Makroebene | Beschreibungen auf der Mikroebene |
| --- | --- |
| 1) *Begründeter Zusammenhang von Fördermaßnahme, zentrale Lernaktivität(en) und erwartetem Output*<br>2) Separate Schilderung von *Hauptinhalten und deren Vermittlung*<br>3) Beschreibung der *Abfolge* von einzelnen Schritten/Lektionen in der Vermittlung in Hinblick auf das übergeordnete Ziel | Konkretisierungen des Zusammenhangs von Inhalten und deren Vermittlung durch<br>a) Klärung spezifischer *Lehraktivitäten* von Lehrpersonen<br>b) Beschreibung der *Aktivitäten der Lernenden*<br>c) Explikation der *Lernmaterialien* (Texte, Hilfsmittel, Produkte) inkl. illustrierender Beispiele |

*Tabelle 9: Unterscheidung von Beschreibungsebenen von Fördermaßnahmen (gemäß Bouwer & de Smedt, 2018, S. 125–128)*

Die Trennung der Ebenen ist nicht nur wegen der analytischen Trennbarkeit von Beschreibungen hilfreich, sondern hilft auch dabei, die Korngröße aus Sicht der Didaktik zu bestimmen. Dafür ist das Verhältnis von Makro- und Mikroebene von Belang: Die Beschreibung der Design-Prinzipien auf der Makroebene ist möglich, ohne die Mikroebene genauer zu beschreiben, weil einige Prinzipien so abstrakt und allgemeingültig sind, dass sie den Charakter von Axiomen haben, z. B. dass Lernen dadurch gefördert wird, realweltliche Probleme zu lösen (Merrill, 2002, S. 43 und 45). Allerdings ist das Gegenteil schon erheblich schwieriger: Mikroebenen-Beschreibungen ohne Bezug zum übergeordneten Design-Prinzip fehlt ein Orientierungspunkt und die Möglichkeit, die Konkretisierung anhand eines Maßstabs zu beurteilen.

Bislang war von der Makroebene und der Mikroebene die Rede – gleichzeitig taucht aber in der Überschrift dieses Teilkapitels der Ausdruck der mittelabstrakten Aussagen auf. Wie lässt sich dies mit den Design-Prinzipien auf recht hoher Aggregatebene vereinen? Dies erklärt sich darüber, dass nicht übergeordnete, ganz allgemeine und letztlich kaum inhaltlich zu füllende Aussagen hilfreich sind, sondern solche mit einem **hinreichenden Bestimmtheitsmaß.** Diesen Punkt haben beispielsweise auch Bouwer und de Smedt (2018, S. 122–128) aufgegriffen, indem sie ein informationsreiches System der Beschreibung von Fördermaßnahmen fordern und die Anforderungen daran erklären. Auf den allgemeinsten Nenner gebracht ist ihr Anliegen eine Beschreibung, welche die **Grundzüge der Förderung ausreichend konturiert und damit den Rahmen und das Gerüst erkennen lässt, in den bzw. in das sich die Mikroebenen-Beschreibungen kohärent einfügen lassen.** Es geht also um präzise, rahmende Informationen, die den Geltungsbereich klären, um abzuschätzen, ob konkrete Prinzipien auf spezifische Lernerinnen und Lerner, konkrete Lernziele und gegebene Kontexte adaptierbar wirken.

So lassen sich auch die Prinzipien des hierarchischen Zusammenfassens betrachten: Sie geben nicht vor, mit welchen Texten geübt wird. Sie lassen es offen, das hierarchische Zusammenfassen mithilfe einer App durchzuführen, aber sie implizieren eine sequenzielle Auseinandersetzung mit den Lernmaterialien. Solange die Texte lernrelevant sind und eine gewisse Länge aufweisen, die eine Reduktion als strategischen Umgang mit der Textmenge nahelegen, offeriert das hierarchische Zusammenfassen in den drei extrahierten Design-Prinzipien (s. Tabelle 8 in Teilkap. 3.1.2) sehr viel Spielraum innerhalb eines weit gestreckten Rahmens.

Was bedeutet das Merkmal mittelabstrakter Formulierungen der Design-Prinzipien für dieses Buch? Es bedeutet, dass die Mikroebene teils im Buch behandelt wird und zwar vor allem in den konkreten Beispielen, welche zuvorderst der Veranschaulichung dienen, aber nicht das erklärte Ziel der unmittelbaren Umsetzung haben. Dafür bedarf es nämlich gemäß der oben beschriebenen Logik der Mikroebene einer feinteiligen und angemessen ausführlichen Beschreibung. Diese liegt schon allein aus Platzgründen außerhalb der Möglichkeiten dieses Buches – und auch jener Fokussierung des ersten Teils der Beschreibung von didaktischen Design-Prinzipien. Stattdessen werden Makroebenen-Prinzipien mit so viel Informationen angereichert, dass sie für das (Hoch-)Schulfeld ausreichend konkret genug wirken.

### 3.1.5 Merkmal 5: Design-Prinzipien als Richtlinien

Die didaktischen Design-Prinzipien haben einen präskriptiven Charakter. Das heißt: Ihnen wohnt per definitionem inne, dass bei ihrer Anwendung eine wünschenswerte Folge – eine Lernaktivität mit einem aus ihr erwachsenden Resultat, dem Lernoutcome – eintritt bzw. eintreten soll (Merrill, 2002, S. 44). Oder anders: Es ist Sinn und Zweck der Prinzipien, den Weg zu einer bestimmten, definierten Art des Lernerfolgs zu weisen. Nicht umsonst enthält ihr Beschreibungssystem die Explikationsnotwendigkeit einer angenommenen Wirkkette von der Instruktion über die von ihr hervorgerufenen Lernaktivitäten hin zu den Ergebnissen dieser Aktivitäten. Damit stiften sie insofern Orientierung, dass eine anvisierte Wirkung erzielt werden kann (aber nicht immer zwangsläufig eintreten muss). Das ist ihr Verdienst, wenn es beispielsweise darum geht, Unterricht zu planen oder infrage kommende neue Elemente für den Unterricht auszuwählen, sie zu adaptieren, sie begründet zu verwerfen etc.

Zugleich sind Prinzipien keine Rezepte, erst recht nicht Patentrezepte für erfolgreiches Unterrichten oder Fördern, selbst wenn sie einen recht weiten Geltungskreis beanspruchen. Sie mögen zwar die Richtung weisen für eine günstige Gestaltung, aber allein aus ihrer Restunschärfe heraus (die erst durch die Beschreibungen auf Mikroebene mindestens teilweise beseitigt wird) lassen sie vieles offen. Das ist ein neutrales Merkmal von Design-Prinzipien, kein Mangel, denn so gewährleisten die Design-Prinzipien einen adaptiven Umgang mit ihnen im jeweils konkreten Einzelfall.

Man kann sich metaphorisch gesprochen didaktische Design-Prinzipien wie einen Kompass vorstellen, mittels dessen man ein Navigationsinstrument hat. Wie man diesen Kompass mit welchem individuellen Ziel, mit welchem Weg und in welchem Terrain einsetzt, liegt außerhalb dessen, was der Kompass leisten kann. Was er aber leisten kann, ist die Anzeige einer Himmelsrichtung – und damit die Möglichkeit, einen eigenen Weg zu finden, wenn man dieses Instrument zu nutzen in der Lage ist.

## 3.2 Säule 2: Didaktische Design-Prinzipien zur Förderung der drei Hautprozesse des generativen Lernens

Was bedeuten die didaktischen Design-Prinzipien für diesen Band? Wie zu Beginn des Kapitels geschrieben, bilden sie die zweite Säule dieses Bandes neben der ersten, den drei Hauptprozessen des generativen Lernens (s. Teilkap. 2.2). Diese drei Hauptprozesse geben – lerntheoretisch gut begründbar – vor, welche Lernaktivitäten fördernswert erscheinen. Deshalb stehen sie in der Mitte der Abbildung 6 und sind in der Diktion der didaktischen Design-Prinzipien Gegenstand der Dann-Formulierung (s. Teilkap. 3.1.2). Die Instruktion, mittels derer sich diese Hauptprozesse optimieren lassen, und die Erklärung, auf welche Art dieses Optimieren erzielt werden soll, bilden in der Logik der Prinzipien den Inhalt der Wenn-Formulierungen, und verbunden werden beide Bestandteile über eine Erläuterung der Schlüsselelemente.

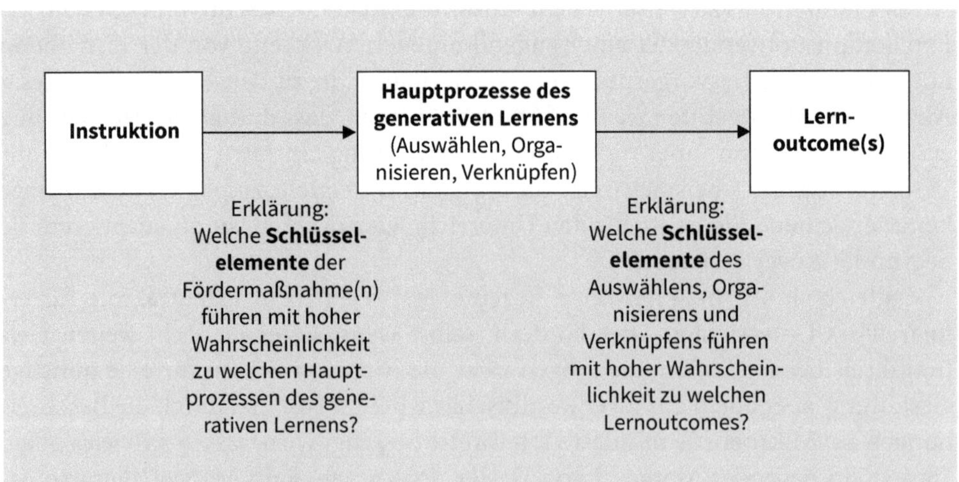


*Abbildung 6: Fokussierung auf Instruktion und generative Lernprozesse in den didaktischen Design-Prinzipien (Darstellung basierend auf Rijlaarsdam et al., 2018, S. 286f., und Fiorella & Mayer, 2015, S. 13)*

Aus dieser Schilderung ergibt sich ein Bestandteil der Beschreibung zur Förderung von Strategien des generativen Lernens im zweiten Teil des Buches. Dieser Bestandteil ist als steckbriefartige Beschreibung in der Tabelle 10 dargestellt. Er nimmt die Hauptprozesse auf und verbindet diese mit den instruktionalen Maßnahmen, indem die Zusammenhänge erläutert werden müssen. Da dies für jeden der drei Hauptprozesse auf strukturanaloge Art und Weise erfolgt, enhält die Tabelle in der mittleren und rechten Spalte den selben Text, der für alle Hauptprozesse gleichermaßen gilt. Diese Tabelle, die eine andere Darstellung der Inhalte aus Abbildung 6 ist, wird im zweiten Teil des Buches immer an der gleichen Stelle bei den einzelnen Strategien auftauchen, und zwar in den Teilkapiteln mit der Ordnungsnummer 4 (also beispielsweise 4.4, 5.4 usw.). Erst mit dieser zweiten Säule ist die Darstellung für die Zwecke des vorliegenden Buchs vollständig.

| **Hauptprozesse des generativen Lernens** | **Instruktionale Maßnahmen** | **Erklärung/Begründung des Wirkzusammenhangs** |
|---|---|---|
| Auswählen | Welche Schwerpunkte gibt es bei der Gestaltung instruktionaler Fördermaßnahmen, d. h. welches sind die Schlüsselelemente? | Wie erhöhen bzw. fördern die jeweiligen instruktionalen Maßnahmen mit ihren Schlüsselelementen jeweils das Auswählen, das Organisieren bzw. das Verknüpfen? |
| Organisieren | | |
| Verknüpfen | | |

*Tabelle 10: Zweiter, prinzipienfokussierter Teil der steckbriefartigen Beschreibung von didaktischen Fördermaßnahmen – Fokus: didaktische Design-Prinzipien (eigene Darstellung, basierend auf Rijlaarsdam et al., 2018, S. 292 und 310 f.)*

# Teil 2: Didaktische Anwendungsbeispiele

**Worum geht es?**

Im ersten Teil des Bandes sind zwei Säulen für diesen Band beschrieben worden. Auf der einen Seite handelt es sich um drei generische Prozesse des Lernens inklusive Anbindung an das Lesen und Schreiben. Hinzu kommt auf der anderen Seite ein Beschreibungssystem für die Verknüpfung von Fördermaßnahmen und ihrem Ertrag im Sinne eines (messbaren) Outputs, nämlich die didaktischen Design-Prinzipien. Dieser zweite Teil führt die analytisch getrennten Bestandteile nun zusammen. Das tut er anhand sechs zentraler Strategien:

1. *Notizen anfertigen* (Kap. 4) – Informationen aus Lernmaterialien werden in eigenen Worten ausgewählt, paraphrasiert und möglichst lernförderlich so angeordnet, dass sie vernetzt ins Gedächtnis überführt werden.
2. *Hauptideen finden, Zusammenfassen und Synthetisieren* (Kap. 5) – Lernmaterialien werden abstrahierend thematisch geordnet in kürzerem Umfang und in eigenen Worten aufgabenspezifisch wiedergegeben bzw. genutzt.
3. *Concept-Maps erstellen* (Kap. 6) – wichtige Informationen aus Lernmaterialien werden zweidimensional visuell arrangiert.
4. *Zeichnungen anfertigen* (Kap. 7) – wichtige verbale Informationen werden in visueller Form extern dargestellt.
5. *Sich Sachverhalte vorstellen* (Kap. 8) – wichtige verbale Informationen werden intern visuell repräsentiert.
6. *Sich Sachverhalte selbst erklären* (Kap. 9) – vorgängig unklare Inhalte aus Lernmaterialien werden mit eigenem Wissen und eigenen Worten so erklärt, dass man sie selbst versteht.

Diese Strategien werden in einem immergleichen achtschrittigen Schema entfaltet: In den Teilkapiteln geht es erstens um einen Überblick, dann zweitens um eine genauere Charakterisierung der Strategie, und es folgen Anbindungen der Strategie an – drittens – die drei Hauptprozesse des generativen Lernens sowie – viertens – die didaktischen Design-Prinzipien. Ein fünfter Block fokussiert auf studienübergreifend festgestellte Effekte auf das Lernen, ein sechster auf Beispiele. Der siebte Teil diskutiert die Voraussetzungen und Grenzen der jeweiligen Strategie, und am Ende folgt als letzter Teil eine Synopse.

# 4 Notizen anfertigen

## 4.1 Überblick über die Strategie

| **Definition** | Strategisches Auswählen von Informationen, um ein eigenes schriftliches, externes Zwischenprodukt für das Lernen selbst herzustellen und dieses Zwischenprodukt später erneut aktiv zu (re-)prozessieren |
|---|---|
| **Begründung aus Sicht des generativen Lernens** | • *Auswählen:* Notwendigkeit, teils simultan zum sensorischen Input verschiedene zentrale Informationen zu erkennen und für das schriftliche Festhalten auszuwählen<br>• *Organisieren:* teils eigenständige, teils vorgegebene Struktur der Inhalte (re-)konstruieren<br>• *Verknüpfen:* Transformieren der zu notierenden Inhalte in eigenen Worten für das eigentliche Notieren und Enkodieren für das Lernen |
| **Anwendungssituationen und Grenzen** | • *Anwendung:* beim zuhörenden bzw. lesenden Verarbeiten von (schrift-) sprachlichen Lerninhalten zur Informationsreduktion<br>• *Grenzen:* alleiniges Notieren führt zu geringen Nettoeffekten des Lernens, höhere Effekte erst in der Kombination mit strategischem Verknüpfen; Bedarf, optimale vollständige Notizen mit den Limitationen des Arbeitsgedächtnisses einerseits simultan zur Informationspräsentation anzufertigen und diese andererseits als Grundlage für (generatives) Lernen zu nutzen |
| **Didaktische Design-Prinzipien** | • Wenn Lernende möglichst vollständige Notizen anfertigen sollen, d. h. ein möglichst gesamthaftes Auswählen stattfinden soll, dann unterstützen externale Anleitungen und Scaffoldings ein komplettierendes Notieren. (Didaktisches Design-Prinzip 1, S. 61)<br>• Wenn aufgrund der eigenen Notizen das Organisieren und Verknüpfen der zu lernenden Informationen verbessert werden sollen, unterstützen dies instruktionale Maßnahmen zur expliziten Strukturierung und Elaboration von notierten Inhalten. (Didaktisches Design-Prinzip 2, S. 62) |
| **Wirksamkeit** | *ES* = 0,18–1,07 |

*Starter-Box 1: Strategie Anfertigen von Notizen (ES = **E**ffekt**s**tärken laut Metaanalysen)*

## 4.2 Charakterisierung der Strategie

Das Notieren ist eine Strategie, die verschiedenen Funktionen dient und generell mit Fachleistungen positiv korreliert (Purdie & Hattie, 1999, S. 80). Allgemein wird mit dem Anfertigen von Notizen eine **Aktivität** beschrieben, innerhalb derer **jemand wichtige (bzw. relevante) Informationen auswählt und in eine eigene Form eines (Zwischen-)Produkts überführt, die als Gedächtnisstütze fungiert.** Dieses Zwischenprodukt kann später für Bezugnahmen, nochmaliges Überfliegen oder Einprägen von der Notizen anfertigenden Person genutzt werden. Die Notizen können sowohl external gewonnene Informationen (zum Beispiel aus Vorträgen, Dokumenten, Gesprächen etc.) enthalten als auch internal gewonnene Inhalte wie Reflektionen, Beurteilungen, Meinungen oder Hypothesen (Peverly & Wolf, 2019, S. 320). Das bedeutet: Das mit variierenden schriftsprachlichen Anteilen auskommende Notieren beinhaltet **vor allem eine Auswahl von Informationen, die in reduktiver Form fremde Anteile ebenso enthalten wie eigene.**

Dabei ist der **Kontext** von Belang: Bei Inhalten, die beispielsweise mündlich dargeboten sind und einer wiederholten Konsultation nicht mehr zugänglich sind, besteht ein erhöhter Druck für die notierenden Personen, und es gibt hier dann Effekte der **individuellen Beschränkungen** wie der Fähigkeit, flüssig handschriftlich, mit der Tastatur oder sonstwie Notizen parallel zur Informationsaufnahme herzustellen, dem Vorwissen, oder aber sprachlichen Fähigkeiten für die angemessene Transformation (Kiewra, 1989, S. 164f.; Peverly & Wolf, 2019, S. 325–328). Dies wiederum verweist darauf, dass die Fähigkeit, (unter Druck) effektiv Notizen anzufertigen, ihrerseits Voraussetzungen hat.

Aus der Sicht der Verstehensforschung sind Notizen anschlussfähig an Modellierungen, wie Menschen verbale Informationen verstehen (van Dijk & Kintsch, 1983). Solche Modelle beschreiben das Verstehen als interaktiven Prozess der Auswahl und Unterdrückung von Informationen (Bottom-up-Prozesse) und der vorwissensbasierten Verknüpfung und Organisation der Informationen aus Texten und mündlichen Äußerungen (Top-Down-Prozesse; s. Teilkap. 2.1.3.2). Die Notizen haben hierbei die unterstützende Funktion, auf verschiedenen Ebenen des Verstehens die Informationen mit verschiedenen Graden an Transformationen festzuhalten (Kiewra, 1988, S. 46):

- Auf *propositionaler Ebene* enthalten Notizen einzelne Ideen.
- In Bezug auf *lokale Kohärenz* verknüpfen Personen beim Notieren die Propositionen und verallgemeinern deren Inhalt zu übergeordneten Aussagen.
- Darauf setzen Notizen auf der Ebenen der *globalen Kohärenz* auf: Hier abstrahieren die Lernenden in ihren Aussagen nochmals die Inhalte, um übergeordnete, allgemeine Aussagen zum Thema eines Textes, eines Vortrags etc. zu bilden.

Der hier beschriebene Mechanismus ist damit im Wesentlichen strukturgleich zu dem, was im Eingangsbeispiel des Bandes – dem hierarchischen Zusammenfassen aus Teilkapitel 1.2 – beschrieben wurde.

## 4.3 Bezug zum Auswählen, Organisieren und Verknüpfen in der Strategie

Das Notizenanfertigen ist eine komplexe Strategie, die diverse einzelne Prozesse umfasst. Dieser Komplexität trägt dieses Teilkapitel Rechnung. Es verknüpft zunächst allgemein die Strategie – bzw. wohl besser: Strategie*familie* – mit den drei Hauptprozessen des generativen Lernens in Form einer Tabelle (s. Abschnitt 4.3.1). Danach erfolgt eine strategiespezifische Vertiefung, weil das Lernen mit Notizen als Verbund von zwei komplementären Funktionen betrachtet wird (4.3.2), welche offenbar unterschiedlich stark wirken (4.3.3).

### 4.3.1 Ein erster, tabellarischer Überblick

Die Fähigkeit, lernförderliche Notizen eigenständig anzufertigen und später auf dieser Basis zu lernen, basiert auf den drei Hauptprozessen des generativen Lernens (s. Tabelle 11). Für das Anfertigen der Notizen ist die **Auswahl** der notierenswerten Inhalte ausschlaggebend. Die Notizen anfertigende Person muss beim verstehenden Rezipieren der Lernmaterialien wie einem Vortrag oder einem Text simultan entscheiden, welche der Inhalte sie schriftlich konservieren will. Das können zum einen Inhalte sein, die in der Informationshierarchie eine bestimmte Funktion haben (etwa eine Definition eines zentralen Inhaltes darstellen oder ein wichtiges Beispiel sind) bzw. aufgrund einer Aufgabenbearbeitung eine hohe Relevanz aufweisen (Staub, 2006, S. 66–68).

Das Anfertigen von Notizen kann ohne besondere Strukturierungsmaßnahmen als reine Kolonne von Notizen erfolgen, was ein Problem ist, weil dann die Struktur der Information unklar bleibt. Daher müssen notierende Personen die Informationen in ihrer erkannten Struktur auch typografisch abbilden und die Kohärenz der Informationen (teils unter Rückgriff auf die Lernmaterialien) prüfen und ggf. noch modifizieren. All dies betrifft das **Organisieren** der selektierten Informationen.

Für das Anfertigen der Notizen ist die sprachliche Transformation nötig, also ein **Verknüpfen** mit dem eigenen Vorwissen und ein Übersetzen der Informationen in eigene Worte. Hinzu kommt, dass bei Kommentierungen der Inhalte ohnehin das eigene Vorwissen in Anschlag gebracht werden muss. Für das effektive Notieren ist die Anreicherung der Inhalte aus den Lernmaterialien auf die effektive Nutzung der eigenen Wissensbestände angewiesen.

| Prozess des generativen Lernens | Charakterisierung |
|---|---|
| Auswählen | Unterscheiden und Erkennen zentraler Informationen in Lernmaterialien, d. h. Rekonstruktion der Informationshierarchie bei teils simultaner Entscheidung für oder gegen Inhalte |
| Organisieren | • Kohärenz der Notizen mit Ebenen der Informationen herstellen und im Abgleich mit dem gelesenen Text oder dem mündlichen Input überprüfen, um eine sinnvolle Reduktion zusammengehöriger Inhalte vorzunehmen<br>• zusätzlich bei grafischer Strukturierung der Notizen als zweidimensionale Anordnung: Visualisieren der Informationsstruktur |
| Verknüpfen | • für das Notieren: Paraphrase und Reduktion der Inhalte mit eigenen Worten und damit vorwissensbasiert, um die rein verbatime Reproduktion zu verhindern<br>• für das Lernen auf der Basis der Notizen: erneute (Re-)Konstruktion der Inhalte auf der Basis des eigenen Vorwissens, der beim erstmaligen Notieren enkodierten Inhalte und der externalen Notizen |

*Tabelle 11: Auswählen, Organisieren und Verknüpfen als generative Prozesse des Lernens bei der Strategie Anfertigen von Notizen (Fokus: prozessbezogene Enkodierungsfunktion)*

### 4.3.2 Notizen anfertigen: Herstellen von Zwischenprodukten (prozessbezogene Enkodierungsfunktion) und Nutzen solcher Zwischenprodukte für das Lernen (produktbezogene Speicherfunktion)

Das Lernen mit Notizen wird zurückgehend auf die allerersten Studien (Di Vesta & Gray, 1972) als Kombination von zwei Funktionen verstanden (Peverly & Wolf, 2019, S. 321–324; Staub, 2006, S. 60–62):

- Die **erste Funktion, die prozessbezogene,** fokussiert auf das **Enkodieren, also den Prozess der verarbeitenden Aufnahme der Informationen.** Die dahinterliegende Hypothese besagt, dass Memorierungs- und Verstehensleistungen durch die im weitesten Sinne durch die Hauptprozesse generativen Lernens beschriebenen kognitiven Aktivitäten erklärt und gefördert werden. Die Auswahl, Organisation und Verknüpfung der Informationen bilden das Rückgrat des Enkodierens, wobei die verbesserten Erinnerungsleistungen sich vornehmlich auf die Informationen erstrecken, welche tatsächlich zum Gegenstand der Notizen avanciert sind.
- Die **zweite, produktbezogene Funktion** bezieht sich auf den **externen (Zwischen-)Speicher, welchen die Notizen für das Lernen bilden** – und im Falle des Lernens mit eigenen Notizen die zweite Auseinandersetzung mit bereits zuvor enkodierten Informationen. Es finden hier also auch Prozesse des Lernens statt, sodass die in der Forschung etablierte Bezeichnung »produktbezogene

Funktion« etwas missverständlich ist. Die Notizen bilden also eine selbstgeschaffene Grundlage zur erneuten Konsultation der Inhalte, die zuvor bereits erstmalig verarbeitet wurden.

Die analytische Trennung in zwei Hauptfunktionen hat inzwischen auch zu reichhaltigen Forschungsaktivitäten geführt, um der Frage nachzugehen, ob eine der beiden Funktionen empirisch besonders bedeutsam ist. Dieser Frage geht der folgende Abschnitt nach.

### 4.3.3 Die Frage nach den effektiven Bestandteilen des Anfertigens und Nutzens von Notizen für das Lernen

Eine der Fragen, die sich beim Notieren schon aus theoretischer Warte ergibt (s. Abschnitt 4.3.2), dreht sich um die Klärung, ob die prozessbezogene Funktion des Enkodierens oder die produktbezogene Funktion des nochmaligen Durchgehens der Notizen wichtiger für das Lernen ist. Die sich daran anschließende empirische Frage lautet dann, **welche der kognitiven prozess- oder produktbezogenen Aktivitäten eigentlich für den Lernerfolg verantwortlich ist.** Diese Frage hat der japanische Psychologe Keiichi Kobayashi (2005, 2006) mit zwei Metaanalysen zu beantworten begonnen (s. dazu auch Tabelle 12 in Teilkap. 4.5). In der ersten Metaanalyse aus dem Jahr 2005 prüfte der Forscher, inwieweit das Herstellen von Notizen einem Lernen überlegen ist, welches ohne Notizen auskommt. Die zweite, ein Jahr später erschienene Metaanalyse vertiefte dies. Sie überprüfte, ob die Kombination von Notizenanfertigen und Studieren dieser Notizen einer von zwei Vergleichsgruppen überlegen war. Die erste Vergleichsgruppe durfte weder Notizen anfertigen noch die Notizen anderer Personen zum Lernen nutzen. Die Vergleichsgruppe las bzw. hörte demnach zu. Die zweite Vergleichsgruppe durfte zwar keine Notizen anfertigen, dafür aber vor der Testung die präsentierten Inhalte nochmals zum Lernen nutzen. Die Unterscheidung verlief hier darin, ob die Effektivität sich eher aus dem Notieren und dem Lernen speiste oder ob das Notieren ein eher entbehrlicher Teil war.

Die Ergebnisse sind in ihrem Gesamt instruktiv. Ein alleiniges Notieren war nur schwach mit Lernzuwächsen vor allem im Faktenwissen assoziiert (Effektstärke (*ES*) = 0,22; Kobayashi, 2005, S. 249). Demgegenüber war das Notieren in Kombination mit dem Lernen/nochmaligen Durchsehen der eigenen Notizen sowohl dem Lernen gänzlich ohne Notizen (*ES* = 0,75) bzw. mit dem erneuten Studieren des Lernmaterials (*ES* = 0,77; Kobayashi, 2006, S. 470) überlegen. Kobayashi (2006, S. 470) ermittelte außerdem, dass der Effekt sich noch verbessern lässt, wenn den Lernerinnen und Lernern eigens vermittelt wird, wie sie gezielt Notizen anfertigen können (*ES* = 0,36).

Gerade die höchst ungleichen Effektstärken führen dazu, dass manche Forscher die Funktion des nochmaligen Durchgehens/Lernens für die wichtigste Funktion halten (Peverly & Wolf, 2019, S. 322). Peverly und Wolf (2019) heben hervor, dass die Wichtigkeit des nochmaligen Konsultierens aus einer kontextuell selbstgesteuerten Situation heraus erfolgt, die Lernerinnen und Lerner dabei Zeit haben, fehlende Informationen zu ergänzen und etwaige Fehler zu korrigieren (Kiewra, 1985).

Damit deutet sich das **metaanalytisch gewonnene Muster** an, dass erst **die Kombination von Notieren und sich darauf stützendem Lernen den Ausschlag gibt.** Demnach genügt im Licht der Befunde das alleinige Notieren nur sehr begrenzt dem Ansinnen, Inhalte aus Lernmaterialien zu lernen. Entscheidender scheint es, die Notizen aus einer Produktperspektive heraus zum generativen Lernen zu nutzen. Deshalb ist es nicht nur von Belang, effektives Notieren zu vermitteln, sondern insbesondere und darüber hinaus das effektive Lernen mit Notizen zu fokussieren. Doch genau dieser Bereich der Forschung ist extrem unterbelichtet (Peverly & Wolf, 2019, S. 322–324 und 337–340). Peverly und Wolf (2019, S. 339) führen trotz der schmalen Basis dennoch zwei Wege an, die sie angesichts des Forschungsstandes aus didaktischer Sicht für vielversprechend halten. Erstens bietet es sich an, die Inhalte beim Lernen solange für sich selbst aus dem Gedächtnis abzurufen, bis sie sicher und vor allem schnell zugänglich sind (sogenannter »Testeffekt«; Adesope, Trevisan & Sundararajan, 2017; Rowland, 2014; Schwieren, Barenberg & Dutke, 2017). Zweitens empfehlen sie, Notizen von Anfang an in Form von Concept-Maps anzufertigen, um so ein generatives Lernen zu ermöglichen (s. Kap. 5).

## 4.4 Didaktische Design-Prinzipien

Die Design-Prinzipien dieses Bandes, von denen diejenigen zum Notieren den Auftakt bilden, haben – wie in Kapitel 3 entfaltet wurde – eine orientierende Funktion und formulieren als allgemein gehaltene Wenn-dann-Aussagen, wie die Prozesse des generativen Lernens gezielt hervorgerufen bzw. optimiert werden können. Solche allgemeiner formulierten Prinzipien werden in diesem und in den Folgekapiteln nicht nur genannt, sondern auch noch mit Hintergrund versehen und erläutert. Die Beispiele im Teilkapitel 4.6 verdeutlichen dann, wie die Prinzipien konkretisiert werden.

### 4.4.1 Didaktisches Design-Prinzip 1: Auswählen beim Notieren unterstützen

> **Didaktisches Design-Prinzip 1:**
>
> Wenn Lernende möglichst vollständige Notizen anfertigen sollen, d. h. ein möglichst gesamthaftes Auswählen stattfinden soll, dann unterstützen externale Anleitungen und Scaffoldings ein komplettierendes Notieren.

Im Kern des ersten didaktischen Design-Prinzips geht es um die Vollständigkeit der notierten Inhalte, die vor allem Defiziten im Auswählen geschuldet sind. Dieses Problem ist notorisch in der Forschung zum Notizenanfertigen bekannt. Diverse Studien haben wieder und wieder demonstriert, dass es ohne spezifisches Training Personen verschiedener Altersgruppen und Bildungsetappen nicht glückt, die Informationen aus schriftlichen und mündlichen Texten ausreichend quantitativ abzudecken (Armbruster, 2009, S. 225; Staub, 2006, S. 64). Das heißt, beim aufmerksamkeitsbasierten Auswählen von Inhalten für die Notizen und Niederschreiben der Notizen bestehen Hindernisse.

Wie groß diese Hindernisse sind, hat Kiewra (2016, S. 379) zusammengefasst. Er berichtet, dass er 16 seiner eigenen Experimentalstudien reanalysiert hat. In sämtlichen dieser Studien ging es um in ihrem Tempo nicht von den Versuchspersonen (Studierenden) steuerbare mündliche Präsentationen, also entweder um Live-Vorträge, Ton- oder audiovisuelle Aufnahmen. Das bedeutet, es handelte sich um eine Variante des Inputs, bei der Notizen besonders hilfreich für das Lernen sind (Kobayashi, 2005, S. 250 f., s. u., Teilkap. 4.5). Über alle diese Studien hinweg betrug der **Vollständigkeitsgrad an wichtigen Informationen** zwischen 20 und 70 Prozent. **Im Mittel** waren es **35 Prozent.** Das heißt: In diesen Studien fehlten zwei von drei Inhalten, auf die es aus der Sicht des Lernens angekommen wäre.

Ein Abdeckungsgrad von Informationen im Sinne einer geringen Vollständigkeit hat sich freilich nicht nur als Problem erwiesen, sondern auch im Positivfall bei hoher Vollständigkeit als **Verbündeter des Lernens.** Je vollständiger nämlich Notizen in Hinblick auf zentrale Informationen waren,

- desto besser verstanden Personen Texte gemäß *Multiple-Choice-Tests* (Baker & Lombardi, 1985, S. 30; Boyle, 2010a, S. 536; Boyle & Forchelli, 2014, S. 12; Fisher & Harris, 1973, S. 324; Kiewra, Benton & Lewis, 1987, S. 114; Oefinger & Peverly, 2020, S. 182; Oyzon & Olmos, 2009, S. 14 f.; Williams & Eggert, 2002, S. 236), und hier sowohl in Bezug auf explizit vorhandene Informationen (Cohn, Cohn & Bradley, 1995, S. 300; Morehead, Dunlosky & Rawson, 2019, S. 764 und 770; Peverly & Sumowski, 2012, S. 111) als auch bzgl. impliziter Informationen (Morehead et al., 2019, S. 764; Peverly, Brobst, Graham & Shaw, 2003, S. 342);

- desto mehr dieser Informationen verwendeten Personen *in eigenen (Kurz-)Texten* später oder nutzten die Inhalte *in offenen Antworten* richtig (Einstein, Morris & Smith, 1985, S. 525 und 530; Kiewra et al., 1991, S. 244; Kiewra & Fletcher, 1984, S. 279; Peverly et al., 2007, S. 173 und 176; Peverly et al., 2013, S. 121; Peverly, Garner & Vekaria, 2014, S. 17; Reddington, Peverly & Block, 2015, S. 1172; Rinehart, Stahl & Erickson, 1986, S. 432; Titsworth & Kiewra, 2004, S. 457), insbesondere, wenn sie ihre Notizen nochmals zusammenfassten (Hadwin, Kirby & Woodhouse, 1999, S. 10);
- desto besser *erinnerten* sich die Personen später an die Inhalte (Lorek, Centifanti, Lyons & Thorley, 2019, S. 7, 11 und 16; Rosenhan, Eisner & Robinson, 1994, S. 59);
- desto besser schnitten sie in *Abschlusstests* von Kursen ab (Baker & Lombardi, 1985, S. 30; Kiewra et al., 1987, S. 114; Kiewra & Benton, 1988, S. 39; Locke, 1977, S. 97; Nye, 1978, S. 199; Williams & Eggert, 2002, S. 236).

Wenn die Vollständigkeit der Notizen in Bezug auf essenzielle verstehens-, weil für das spätere Lernen notwendige Inhalte notorisch ohne Anleitung leidet, dann besteht die **didaktische Aufgabe** darin, den **Abdeckungsgrad der Notiz-Inhalte zu erhöhen.** Das macht den zweiten Teil des Prinzips aus. Er fokussiert darauf, dass externe Anleitungen und Scaffoldings, also Lerngerüste, dafür genutzt werden, die **Aufmerksamkeit gezielt auf die Notation von Inhalten zu lenken und aufrechtzuerhalten.** Mit dieser Weichenstellung auf externe Unterstützungen ist zugleich markiert, dass es weniger um das selbstregulierte, also alleinig von der lernenden Person gesteuerte Notieren geht. Dies stellt zwar einen erstrebenswerten Zustand jedweder Strategieanwendung dar, allerdings rechtfertigt der Umstand, dass im (Hoch-)Schulkontext die Lückenhaftigkeit der notierten Inhalte – insbesondere bei mündlichen Darbietungen – ein gravierendes Problem darstellt, einen gewissen Grad an Fremdsteuerung. Solche Unterstützungsmaßnahmen bilden allerdings ganz im Wortsinn eines temporären Lerngerüsts (Scaffolds) ein transitorisches Angebot.

### 4.4.2 Didaktisches Design-Prinzip 2: Organisieren und Verknüpfen beim Notieren unterstützen

**Didaktisches Design-Prinzip 2:**

Wenn aufgrund der eigenen Notizen das Organisieren und Verknüpfen der zu lernenden Informationen verbessert werden sollen, unterstützen dies instruktionale Maßnahmen zur expliziten Strukturierung und Elaboration von notierten Inhalten.

Dieses zweite Prinzip ergibt sich aus einer weiteren Dimension der Forschung zu den Notizen, die sich eher den qualitativen Aspekten von Notizen widmet, nämlich den **Spuren generativer Transformationsprozesse,** die sich in den Notizen finden lassen. Anders als bei der im Teilkapitel 4.4.1 genannten Vollständigkeit beim ersten Prinzip geht es hier nicht um den Grad der quantitativ ermittelbaren Abdeckung, sondern um individuelle Verarbeitungsprozesse des Organisierens und des Verknüpfens (Armbruster, 2009, S. 226; Staub, 2006, S. 64).

Solche Zugänge zu qualitativen Merkmalen der Notizen sind in der Forschung jedoch bei Lichte betrachtet immer noch eher selten anzutreffen. Einige ermutigende Befunde lassen sich dennoch bündeln, und sie stammen – anders als jene zum Abdeckungsgrad an wichtigen Informationen mit dem Fokus auf mündliche Präsentationen als Basis – vor allem aus Studien, in denen die Personen gelesen haben. *Je stärker transformative Züge die Notizen aufwiesen* (durch zusammenfassende Paraphrasen oder grafische Restrukturierung der Inhalte),

- desto besser waren Lernerinnen und Lerner darin, *Kohärenz zwischen weit entfernten Textteilen herzustellen* (Prozess: Organisieren) *und Texte kritisch zu beurteilen* (Prozess: Verknüpfen; Slotte & Lonka, 1999, S. 13);
- desto besser verstanden Personen die *Beziehungen zwischen Inhalten* aus verschiedenen Texten, sie konnten also besser intertextuelle Organisations- und Verknüpfungsleistungen erbringen (Kobayashi, 2009, S. 133);
- desto *mehr Inhalte enthielten längere Prüfungstexte* (Lahtinen, Lonka & Lindblom-Ylänne, 1997, S. 10 f.; Slotte, Lonka & Lindblom-Ylänne, 2001, S. 262) und desto *kohärenter* waren diese Texte außerdem (Lahtinen et al., 1997, S. 10 f.) – es gab also Effekte bei Auswahl- und Organisationsprozessen;
- desto *qualitativ besser gerieten eigene Texte* über mehrere gelesene Fremdtexte (Risemberg, 1996, S. 377).

Das zweite didaktische Design-Prinzip setzt auf das erste Prinzip auf. Das ergibt sich sachlogisch daraus, dass extrahierte (und teils bereits transformierte) Informationen die Basis der kognitiven Organisation und des kognitiven Verknüpfens bilden. Dies ist bereits eine Grundvoraussetzung laut dem SOI-Modell aus Teilkapitel 2.1.2.2, und konsequenterweise setzt das zweite Prinzip an dieser Stelle an. Es unterscheidet sich allerdings vom ersten dadurch, dass es bereits sehr deutlich in Richtung der produktbezogenen Funktion orientiert ist, also das Verknüpfen nicht nur als für das Organisieren und das Auswählen von Inhalten unterstützende Leistung fokussiert, sondern auch die möglichst dauerhafte Speicherung dieser strukturierten Inhalte im Gedächtnis. Man kann daher das Bild einer Treppe bemühen, nach welchem das Prinzip 1 die erste Stufe für das Prinzip auf Stufe 2 bildet.

## 4.5 Effektivität der Strategie

Die Lernstrategien dieses Bandes sind bereits häufiger in (quasi-)experimentellen empirischen Studien untersucht worden. Um aus der Vielzahl eine verständliche und schlanke Form der Ergebnisdarstellung zu ermöglichen, wird in diesem Teilkapiteln und seinen Parallelteilkapiteln in den folgenden Kapiteln eine Variante mit Tabellen gewählt. In diesen Tabellen – wie der Tabelle 12 – werden die Ergebnisse aus Metaanalysen bzw. bei Vorhandensein aus der aggregierten Zusammenfassung von metaanalytischen Befunden in einer quantifizierenden Metasynthese als Aggregation diverser Metaanalysen (Siddaway, Wood & Hedges, 2019) von Hattie und Donoghue (2016) dargestellt. Die Tabellen enthalten Angaben zur Anzahl von Studien und weisen in der Spalte ganz rechts die Effektstärke *(ES)* aus. Je höher dieser Wert ist, desto höher war der durchschnittliche, einzelstudienübergreifende Fördererfolg in bisher durchgeführten Untersuchungen. Im Falle der Strategievermittlung des Notierens lagen die Effektstärken zwischen 0,18 und 1,07, was ein sehr breites Spektrum ist und sich über die verschiedenen Erkenntnisinteressen erklären lässt. Gleichwohl sind die Werte in ihrer Ausprägung positiv, was summa summarum dafür spricht, dass die Förderung der Lernaktivität Notizen-Anfertigen zu gesteigerten Lernoutcomes führt.

| Kurzbeleg | Art der Forschungssynthese: MA, MS | Anzahl Studien (Metaanalysen bei Metasynthesen) | Effektstärken |
|---|---|---|---|
| Fiorella & Mayer (2015) | MA | 8 | 1,07 |
| Graham & Hebert (2011) | MA | 25 | 0,45 |
| Graham, Kiuhara & MacKay (2020) | MA | 17 | 0,18 |
| Hattie & Donoghue (2016) | MS | 186 (7) | 0,50 |
| Kobayashi (2005) | MA | 57 | 0,22 |
| Kobayashi (2006) | MA | 33 | 0,75/0,77* |
| Larwin & Larwin (2013) | MA | 12 | 0,55 |
| Reed, Rimel & Hallett (2016) | MA | 9 | 0,54 |

*Tabelle 12: Studienübergreifende Effektivität der Strategie Anfertigen von Notizen (MA = Metaanalyse, MS = Metasynthese; * zwei unterschiedliche Interventionsarten: Der erste Wert steht für die Überlegenheit des Anfertigens von Notizen und deren Gebrauch für das Lernen gegenüber Personen ohne Notizen – der zweite Wert steht für Überlegenheit solcher Personen, die zwar keine Notizen angefertigt hatten, aber das Lernmaterial nochmals studieren durften)*

Das Anfertigen von Notizen ist eine besonders intensive erforschte Strategie des (generativen) Lernens. Das ist einerseits erfreulich, weil es dadurch möglich ist, in »Moderatoranalysen« innerhalb der Metaanalysen gezielt zu überprüfen, ob sich bestimmte instruktionale Merkmale in Effektstärken systematisch niederschlagen. Ist das (konsistent) der Fall, ergeben sich daraus Hinweise für eine optimale Nutzung der Strategie. Außerdem zeigt sich in solchen Moderatoranalysen auch, dass beispielsweise bestimmte Arten von Tests zur Überprüfung besonders häufig von Effekten betroffen sind, z. B. die nur begrenzt generative Fähigkeiten erfassenden Erinnerungstest an reine Fakten (Kobayashi, 2005, S. 253). Andererseits führen viele Studien nicht zwangsläufig zu eindeutigen Moderatoreffekten, was damit zu tun hat, dass die konkret untersuchten Förderansätze eine Kombination verschiedener Merkmale sind. Diese nachträglich zu entwirren, ist eine besondere Herausforderung, zumal die interessierenden Merkmale sehr häufig eben nicht unabhängig voneinander bestehen (Kobayashi, 2006, S. 371 f.).

In den Metaanalysen zum Anfertigen von Notizen gibt es also Moderatoranalysen, und es werden im Folgenden einige der Befunde berichtet, die spezifisch den Hauptgegenstandsbereich der Strategie und ihrer didaktischen Vermittlung betreffen. Deshalb ist die folgende Darstellung bewusst selektiv und fokussiert, sie basiert auf den Metaanalysen von Kobayashi (2005, 2006) sowie Larwin und Larwin (2013).

### 4.5.1 Effekte der Vermittlung von Strategien und Strukturen des Notierens

Eine erste wichtige Moderatoranalyse stammt von Kobayashi (2005, S. 248 und 250). Er verglich vier Arten von Fördermaßnahmen, die sich in unterschiedlichen Effektstärken niederschlugen. Diese Fördermaßnahmen unterschieden sich darin, wie sie **inhaltlich das generative Lernen durch Lenkungen und Scaffolds unterstützten oder unterminierten.** In der absteigenden Reihenfolge waren dies:

1. *Positive Verhaltensschwerpunkte* (*ES* = 0,53): Studien dieses Typus setzten entweder auf aktives Vermitteln von Fähigkeiten des Notierens oder aber lieferten vorbereitete angeleitete Notizen. Es handelt sich um stark prozedural unterstützende Maßnahmen, die allerdings eine Sammelkategorie von zwei sehr unterschiedlich gelagerten Förderarten darstellen.
2. *Neutrale verbale Hinweise zum Notieren* (*ES* = 0,26): Hiermit ist gemeint, dass es keine eigentliche Fördermaßnahme gab. Stattdessen erhielten die Lernenden den expliziten Hinweis, Notizen anzufertigen.
3. *Positive verbale Hinweise* (*ES* = 0,14): Geringfügig effektiv war es, wenn mündliche Hinweise zum Vorgehen beim Herstellen von Listen, kurzen Notizen bzw. Kurzzusammenfassungen erteilt wurden.
4. *Negative verbale Hinweise* (*ES* = −0,11): Sogar negativ waren die Folgen, wenn negative, d. h. hier das generative Lernen behindernde Anweisungen gegeben wurden, etwa dass man wortwörtliche Inhalte in den Notizen aufnehmen sollte.

Diese ersten moderatoranalytischen Befunde illustrieren, wie wichtig es ist, dass Fördermaßnahmen ganz gezielt einen Rahmen stecken, innerhalb dessen generatives Lernen tatsächlich stattfinden kann. Die Vermittlung von Vorgehensweisen zum Notieren nebst verbalen Verstärkungen und Unterstützungen erscheinen demnach geboten.

Eine für die **angeleiteten Notizen** (s. Teilkap. 4.6.1) besonders wichtige Analyse haben Larwin und Larwin (2013, S. 54) vorgenommen, und dieses Ergebnis ist anschlussfähig an das soeben berichtete. Sie verglichen die Effektivität der angeleiteten Notizen, also vorbereiteten, teils bereits ausgefüllten Notizen zum Vervollständigen durch erwachsene Lernerinnen und Lerner mit zwei Alternativmethoden:

- Die erste Alternative bestand darin, dass die Lernerinnen und Lerner selbstständig Notizen anfertigten. Verglichen damit war der Vorsprung der Personen mit angeleiteten Notizen immens (*ES* = 0,78).
- Die zweite Alternative bestand in den vollständigen Notizen, also ganzen Handouts oder anderweitig vollständigen Notizen. Hier war der Vorsprung zu den angeleiteten Notizen geringer (*ES* = 0,27), doch es gab immer noch einen gewissen Vorteil.

Dieser Befund wird von einer zweiten Metaanalyse gestützt: Kobayashi (2006, S. 472) ermittelte zum Beispiel in einer Metaregression, dass es günstig für das Lernen mit Notizen war, wenn die Lernerinnen und Lerner zur Verfügung gestellte (un)vollständige Notizen als zusätzliche Grundlage erhalten hatten. Der Effekt war ausgesprochen stark (*ES* = 0,82).

### 4.5.2 Die Bedeutsamkeit des Präsentationsmodus'

Eine bedeutsame weitere Moderatoranalyse stammt erneut von Kobayashi (2005, S. 250 f.). Sie widmete sich der Frage, ob das Notizenanfertigen in puncto **Präsentationsmodus** unterschied. Damit ist gemeint, dass sich der Input, auf dessen Basis die Notizen angefertigt werden, entweder sprachlich auditiv, schriftsprachlich-textuell oder audiovisuell war. Es geht also um die Frage, ob die Personen zuhören, lesen oder parallel hören und sehen mussten. Tatsächlich gab es hier (große) Unterschiede. Den höchsten Effekt hatte es, wenn die Lernerinnen und Lerner beim Zuhören Notizen anfertigten (*ES* = 0,43), gefolgt vom Lesen schriftlicher Texte (*ES* = 0,27). Beim Betrachten von audiovisuellen Inhalten ergab sich hingegen ein Nulleffekt (*ES* = −0,02), das Notieren hatte hier also keine Auswirkung auf das Lernen. **Notieren zahlt sich** im Lichte dieser Moderatoranalyse also **vor allem bei rein sprachbasierten Texten aus, und zwar insbesondere bei den mündlichen.**

### 4.5.3 Zusammenfassung

Zusammengenommen sprechen die Ergebnisse dafür, dass in den Prozessen des Auswählens und Organisierens weder ein überforderndes Vorgehen (vollständig selbstständiges Notieren) noch sein extremes Gegenüber in Form nicht mehr nötigen Notierens zielführend sind. Diese Effekte betreffen vor allem mündliche und schriftliche Texte als Grundlage des Lernens. Aus den Moderatoranalysen leitet sich daher ab, dass das **Anfertigen von Notizen effektiver wird, wenn Lernerinnen und Lerner verschiedener Altersgruppen vor allem beim Organisieren unterstützt werden und ihre Aufmerksamkeit im Prozess des Notierens auf das Auswählen richten können.**

## 4.6 Beispiele für die Strategie

Die Forschung zu den Effekten des Anfertigens von Notizen wird schon seit geraumer Zeit durch teils methodische, teils auch aus den Ergebnissen stammende Unklarheiten geplagt, die es erschweren, allgemeingültige Aussagen zu treffen (Kiewra, 1985). Dies hat sich schon teils in den Metaanalysen aus Teilkapitel 4.5 gezeigt, die nur zum Teil Über- und Unterlegenheiten auf breiterer empirischer Basis in Bezug auf die instruktionalen Elemente haben nachweisen können. Da es also trotz jahrzehntelanger Forschung immer noch kaum möglich erscheint, spezifische notationstechnische Wirkmechanismen zu entwirren, werden die Beispiele in diesem Teilkapitel nach recht groben Kategorien sortiert. Außerdem dominieren in den Beispielen deutlich Förderansätze mit dem Fokus auf mündliche Texte. Dies ist einerseits der Forschungstradition geschuldet, ergibt sich andererseits auch aus der Sache: Für mündliche Vorträge sind stärkere Wirksamkeiten in der Forschung belegt (s. Teilkap. 4.5). Auch besteht hier im Gegensatz zum Notieren bei schriftlich fixierten Lerninhalten eine doppelte Besonderheit: Das Verarbeiten erfolgt zum einen simultan statt sequenziell, und der mündliche Text ist zum anderen flüchtig, also nicht mehr zugänglich, wenn es nicht technische Hilfsmittel anders erlauben (Kiewra, 1991, S. 39 f.). Die Beispiele stammen zudem vermehrt aus dem hochschulischen Kontext, der besser erforscht ist, bei dem aber auch weniger starke Effekte konsistent nachgewiesen werden konnten (Kobayashi, 2005, S. 250; Kobayashi, 2006, S. 471).

Drei Kategorien des Notierens stehen im Folgenden im Vordergrund, und sie lassen sich sachlogisch danach sortieren, ob und in welchem Maße die Notationsansätze strikt den vorgegebenen Inhalten der zu verarbeiten Inhalte folgen bzw. ob sie sich als allgemeinere Ansätze begreifen lassen:

1. **angeleitete Notizen** – also Formulare mit den von den Notizen anfertigenden Zuhörerinnen und Zuhörern zu füllenden Leerstellen, die eine Engführung entlang der geplanten Inhalte eines mündlichen Vortrags erlauben (4.6.1);
2. **SOAR** – ein System, bei dem Kategorien und Themen eine matrixartige Struktur ergeben, in der Personen Inhalte notieren und diese später durch Inferenzen miteinander verbinden (4.6.2);
3. ein strategisches **Notiz-Papier** – ebenfalls ein Formular, das allerdings viel offener gehalten ist und deshalb sinnvoll mit einer zusätzlichen Strategie des Notierens flankiert wird (4.6.3).

Aus dieser Reihung ergibt sich auch, dass *alle Beispiele das didaktische Design-prinzip 1 bedienen.* Das *didaktische Design-Prinzip 2 fokussieren aber vor allem die Beispiele 2 und 3* aus der oben angeführten Liste.

## 4.6.1 Angeleitete Notizen (didaktisches Design-Prinzip 1)

### *4.6.1.1 Eng geführtes Notieren mittels vordefinierter Handouts – das Wesensmerkmal angeleiteter Notizen*

Die angeleiteten Notizen werden vor allem für Personen mit erheblichen Schwierigkeiten im Festhalten und Auswählen von Inhalten in mündlichen Vorträgen als Option behandelt (Haydon, Mancil, Kroeger, McLeskey & Lin, 2011; Konrad, Joseph & Itoi, 2011). Ein Grund dafür ist, dass sie die Vollständigkeit der inhaltlichen Abdeckung bei gleichzeitiger Aktivierung der Aufmerksamkeit adressieren. Sie tun dies mit formularartigen Handouts für die Lernenden, die eine entlastende Funktion haben.

**Angeleitete Notizen** sind

- **von Lehrpersonen vorbereitete Handzettel** (oder digitale Äquivalente),
- die **mit dem Lernmaterial zur Verfügung gestellt** werden und
- in denen **an vorab definierten Stellen** – nebst etwaigen Handlungsanweisungen – **eigens Raum gelassen** wird für die **von Lernerinnen und Lernern zu ergänzenden Inhalte, wobei die Schreibmenge in aller Regel gering ist** (Larwin & Larwin, 2013, S. 47).

Das bedeutet: Die angeleiteten Notizen stellen eine Form des geführten, durchaus grafisch organisierten Notierens dar, bei der die Aufmerksamkeit der Lernenden auf Leerstellen gelenkt wird, die sie füllen müssen. Es korrespondiert damit, was das **didaktische Design-Prinzip 1** postuliert (s. Teilkap. 4.4.1). Damit **erleichtert das angeleitete Notieren das Auswählen, vor allem aber das Organisieren,** welches buchstäblich vorweggenommen wurde. Das **Verknüpfen** allerdings müssen die Lernerinnen und Lerner nach wie vor selbstständig leisten. Was angeleitete Notizen *nicht* sind, sind Arbeitsblätter, auch wenn sie auf den ersten Blick ähnlich aussehen und auch wenn die angeleiteten Notizen analog zu Arbeitsblättern eine zeitliche Strukturierung vornehmen. Ein Beispiel für ein Blanko-Formular des angeleiteten Notierens enthält Abbildung 7. Es enthält ganz protoypisch jene Bestandteile des angeleiteten Notierens: Einen Textrumpf – in diesem Fall: eine Sammlung von Sätzen – mit Leerstellen, welche de Lernerinnen und Lerner selbstständig mit den adäquaten Konzepten zu füllen haben. Erst dadurch ergibt der vervollständigte Text einen Sinn und kann als Lerndgrundlage genutzt werden.

- Tiere ohne Wirbelsäule nennt man ______________.
- Die armähnlichen Teile von Quallen und Tintenfischen sind bekannt als ______________.
- Ein Lebewesen, das in einem anderen Lebewesen lebt, ist ein ______________.
- Muscheln und Schnecken sind Beispiele für ______________.
- Sich häuten bedeutet ______________.
- Ein Krebstier ist ein ______________ mit verschiedenen Paaren gelenkiger Beine und einer harten Schale.
- Ein Regenwurm ist KEIN Beispiel für ein ______________.
- Spinnen und Skorpione nutzen ______________, um Insekten oder Nahrung zu töten.
- Die Öffnung, durch welche Wasser in einen lebenden Schwamm gelangt, ist eine ______________.

*Abbildung 7: Beispiel für ein Blanko-Handout für angeleitete Notizen (Quelle: Übersetzung von Patterson, 2005, S. 314)*

#### 4.6.1.2 Der empirisch bestimmte Nutzen angeleiteter Notizen

Inzwischen liegen Forschungsüberblicke dazu vor, wie effektiv das Anfertigen von angeleiteten Notizen ist, wobei diese Überblicke in aller Regel mehr oder weniger den gleichen Pool an Studien ausgewertet haben (Boyle & Rivera, 2012; Konrad, Joseph & Eveleigh, 2009; Larwin & Larwin, 2013). Über alle Studien hinweg lassen sich folgende Vorteile festhalten: Personen, die angeleitete Notizen anfertigten,

- erstellten erheblich **vollständigere und korrektere Notizen** (Austin, Lee & Carr, 2004, S. 318; Hamilton, Seibert, Gardner & Talbert-Johnson, 2000, S. 138; Horton, Lovitt & Bergerud, 1990, S. 18–20; Patterson, 2005, S. 316; Rahmani & Sadeghi, 2011, S. 124);
- zeigten ein **verändertes Notiz-Verhalten** von linearen hin zu grafisch organisierten, also zweidimensionalen strukturierten Notizen (Robinson et al., 2006, S. 107);
- erreichen höhere Leistungen in regelmäßigen **quizartigen Formaten** zur Überprüfung der Erinnerungsleitungen (Armbruster, Anderson & Meyer, 1991,

S. 408 f.; Austin, Lee, Thibeault, Carr & Bailey, 2002, S. 249; Hamilton et al., 2000, S. 138; Lawson, Bodle & McDonough, 2007, S. 92; Patterson, 2005, S. 317; Robinson et al., 2006, S. 107);
- **erinnerten sich mehr an Inhalte** aus den Lernmaterialien (Rahmani & Sadeghi, 2011, S. 123; Lawson, Bodle, Houlette & Haubner, 2006, S. 32) und
- erzielten höhere Werte in **Lesetests** (Rahmani & Sadeghi, 2011, S. 122; Kreiner, 1997, S. 184 f.) und **Wissenstests** (Narjaikaew, Emarat & Cowie, 2009, S. 82 f.).

Zusammengenommen zeigen die Ergebnisse zur Effektivität des angeleiteten Notierens positive Effekte in zwei Bereichen: zum einen verändern sich Merkmale der Notizen bzw. des Notierens selbst, zum anderen macht sich das Notieren in gesteigerten Leistungen in kognitiven Tests bezahlt.

### 4.6.2 SOAR – ein System zum systematischen Anfertigen von Notizen zum Lernen (didaktische Design-Prinzipien 1 und 2)

#### *4.6.2.1 Was ist SOAR?*

Die Strategie SOAR wurde vom Psychologen Kenneth Kiewra entwickelt, um vier häufige Probleme von Lernerinnen und Lernen beim Lernen mit Notizen produktiv anzugehen. Dabei handelt es sich erstens um unvollständige Notizen, die zweitens rein linear angeordnet sind, drittens als isolierte, fragmentarische Faktensammlungen zum Lernen genutzt werden und viertens auf eine ineffektive, nämlich oberflächliche Weise der Aneignung von Wissen dienen (Jairam, Kiewra & Ganson, 2012).

Diese Probleme haben größtenteils damit zu tun, dass das Auswählen, Organisieren und Verknüpfen von Informationen für das Lernen misslingen. Der SOAR-Ansatz greift als Kombination von vier verschiedenen aufeinander aufbauenden Schritten diese Probleme gezielt auf. Einen Überblick über die vier Schritte und wie sie bei den genannten Problemen Abhilfe verschaffen, zeigt Tabelle 13. SOAR ergibt sich als Akronym der vier Schritte.

Um die Schritte von SOAR in ihren Zwecken anhand eines Beispiels zu illustrieren, fungiert der Beispieltext 1 als Grundlage. Dieser Sachtext beinhaltet eine Sammlung von Informationen zu vier verschiedenen Wildkatzen, die allerdings nicht in derselben Reihenfolge vorkommen und teils sprachlich unterschiedlich ausgedrückt sind. Texte wie jener über Wildkatzen sind in SOAR-Studien sehr häufig zum Einsatz gekommen. In ihnen wurden Themen behandelt, für die es gleiche Kategorien von Informationen gab, und die jeweiligen Themen enthielten spezifische Informationen. Im Beispiel des Wildkatzen-Texts geht es darum, dass ein solcher Text Merkmale für jeden einzelnen Vertreter als Detail enthält, etwa

| SOAR-Schritt | Selection (Auswählen) | Organization (Organisieren) | Association (Verknüpfen) | Regulation (Überwachen) |
|---|---|---|---|---|
| Kognitiver Prozess | Aufmerksamkeitsbasiertes Auswählen | Strukturierendes Aufnehmen von Informationen | Verknüpfen/ Anreichern mit Vorwissen | Metakognitives Überwachen des Verstehens |
| Problem der Lernenden | Unvollständige Notizen anfertigen | Listenartiges Notieren | Fragmentarisches, unvernetztes Auswendiglernen | Mangelnde Überwachung des Lernerfolges |
| Unterstützung des SOAR-Ansatzes | Gezieltes Auswählen und Notieren aller wichtigen Inhalte | Organisieren der Inhalte in systematisierenden, die Zusammenhänge zwischen Informationen darstellenden Tabellen | Verknüpfen der neuen Inhalte durch selbstständig gebildete Inferenzen | Lernerfolg über selbstgenerierte Fragen überprüfen |
| Förderbarkeit | • Vorgefertigte Notizen als Anschauungsmaterial<br>• Leere Strukturen wie Blanko-Tabellen für das Anfertigen von Notizen<br>• Hervorhebungen in Texten zur Steigerung der Aufmerksamkeit<br>• Hinweise auf Signalwörter und Textstrukturen nebst dem Vermitteln von der jeweiligen Art, Informationen in eigenen Notizen/ Schaubildern auszuwählen | • Wie bei dem Selektieren, aber vor allem vorstrukturierte, passende Blanko-Schaubilder als Platzhalter für Informationen<br>• Vermitteln des prozeduralen Wissens zum Anfertigen von Graphic Organizers bzw. strukturierten Notizen | • Ausgefüllte Matrizen mit Listen von Verknüpfungen, die man finden muss<br>• Farbliche Hervorhebung von zueinander gehörigen Elementen aus den Matrizen<br>• Vermitteln des Bildens von Inferenzen | Ableitung von Fakten-, Verbindungs- und Konzeptfragen aus der Matrix |

*Tabelle 13: Vier Schritte von SOAR mit ihrem Bezug zu kognitiven Prozessen, typischen Problemen von Lernenden zur günstigen Gestaltung ihres Lernprozesses und der dazugehörigen Unterstützungsleistung durch die einzelnen SOAR-Schritte (Quelle: Übersetzung und leichte Adaption von Jairam, Kiewra & Ganson, 2012, S. 75–79 und 84–86)*

zum Lebendgewicht oder zum Sozialverhalten. Diese Merkmale sind zugleich die Basis für übergeordnete Kategorien, für die die Lernenden zunächst die korrekten Bezeichnungen finden müssen, also inferenzbasierte Abstraktionsleistungen erbringen. Aus diesen Details wie dem maximalen Lebendgewicht müssen die

Lernenden sodann korrekte kategoriale Zuordnungen vornehmen (etwa wenn die Informationen wie im Beispieltext 1 nicht gleichförmig und erwartbar vorliegen, sondern durchaus auch unterschiedlich sprachlich und in ihrer Reihenfolge divergiered dargeboten werden), die überhaupt erst die Basis für alles weitere bilden. Daher bietet sich SOAR insbesondere für solche Einsatzgebiete an, in denen der dimensionale Vergleich von zwei oder mehr Ereignissen, Phänomenen, Personen etc. im Vordergrund steht.

**Wildkatzen**

Der Tiger wird der Gattung Panthera zugeteilt. Sein häufigster Ruf ist sein wildes Brüllen. Das Sozialverhalten des Tigers ist einzelgängerisch, und sein Lebensraum ist der Dschungel. Der Tiger hat eine Lebensdauer von 25 Jahren und kann bis zu 200 Kilogramm wiegen.

Der Löwe gehört zur Gattung Panthera und sein häufigster Ruf wird als mächtiges Brüllen bezeichnet. Löwen durchstreifen in ihrer 25-jährigen Lebensdauer den Lebensraum Steppe. Der erwachsene Löwe wiegt etwa 180 Kilogramm. Es ist ein soziales Tier, das in einer Gruppe lebt.

Der Gepard gehört zur Gattung Acinonyx. Er lebt in sozialen Gruppen, und sein Lebensraum ist die Steppe. Der Gepard hat eine Lebensdauer von acht Jahren. Seine häufigsten Rufe sind das Zischen und Schnurren, und sein maximales Gewicht beträgt 55 Kilogramm.

Die Lebensdauer des Rotluchses in seinem Dschungelhabitat beträgt sechs Jahre. Sein Sozialverhalten ist von seinem Einzelgängertum geprägt. Der Rotluchs gehört zur Gattung Lynx, seine Hauptrufe sind das Zischen und Schnurren, und sein Höchstgewicht beträgt 13 Kilogramm.

*Beispieltext 1: Wildkatzen (Quelle: Übersetzung und leichte Adaption von Kauffman & Kiewra, 2010, S. 680)*

Der **erste Schritt – Selection** – setzt hier an, die wichtigen Informationen aus dem Text vollständig zu extrahieren. Diese Informationen erlangen ihre Wichtigkeit auf der Basis der textimmanenten Makropropositionen, etwa dem Gewicht jeder Raubkatze oder deren Lebensraum. Diese Kategorien bilden gleichsam Sammelbehälter zu spezifischen Informationen über jede einzelne Wildkatze und werden für den **zweiten Schritt – Organization** – als Strukturierungshilfe benötigt. Dies erfolgt beispielsweise mithilfe einer Tabelle wie im Beispiel der Tabelle 14. Es sind grundsätzlich auch andere Formen von Organisationshilfen wie die Graphic Organizer oder Concept-Maps (s. Kap. 5) denkbar, die SOAR-Methode wird allerdings vor allem in Form der Matrix, also einer Tabelle, proklamiert, die eine besonders große Strenge aufweist, da die Kategorien und Themen in ihrer Verschränkung vorgegeben sind und als Strukturierungshilfe definieren, welche Art von Information die Lernenden ergänzen müssen. Die Informationen sind durch den zweiten Schritt bereits inhaltlich geordnet, aber sie sind deshalb noch nicht gelernt (Jairam, Kiewra & Ganson, 2012).

Deshalb setzt der **dritte Schritt – Association** – darauf, die Informationen aus der Tabelle zu verknüpfen, indem die Lernenden Muster suchen und finden. Es geht vor allem darum, aufgrund der gestifteten Ordnung der Fakten nach Themen und Kategorien mittels Inferenzen mehrere Informationen sinnvoll zu kombinieren, um Beziehungen zwischen den singulären Fakten zu extrahieren (Jairam, Kiewra & Ganson, 2012), was dem Selbst-Erklären (s. Kap. 9) sehr nahe kommt.

Der Mehrwert der Darstellung der im Text dargestellten Informationen als Matrix besteht darin, dass das Bilden von vorwissensbasierten Inferenzen erleichtert wird. Dies betrifft den Prozess des Verknüpfens, und einige dieser Verknüpfungen im Fall des Wildkatzentexts und seiner Überführung in eine tabellarische Form sind die folgenden Aussagen:

- Je schwerer Wildkatzen werden können, desto länger leben sie.
- Wildkatzen der Gattung Panthera werden besonders alt und erzielen ein hohes Gewicht.
- Gewicht und Ruf stehen in einem Verhältnis: Schwere Katzen brüllen, leichtere Katzen schnurren und zischen.
- Wildkatzen, die im Dschungel leben, sind Einzelgänger, und Wildkatzen, die in der Steppe vorkommen, leben in Gruppen.

| | Tiger | Löwe | Gepard | Luchs |
|---|---|---|---|---|
| **Gewicht** | 200 kg | 180 kg | 55 kg | 13 kg |
| **Lebensdauer** | 25 Jahre | 25 Jahre | 8 Jahre | 6 Jahre |
| **Ruf** | Brüllen | Brüllen | Zischen, Schnurren | Zischen, Schnurren |
| **Gattung** | Panthera | Panthera | Acinonyx | Lynx |
| **Lebensraum** | Dschungel | Steppe | Steppe | Dschungel |
| **Sozialverhalten** | einzelgängerisch | lebt in Gruppen | lebt in Gruppen | einzelgängerisch |

*Tabelle 14: Eine matrixartige Darstellung der Fakten zu den Wildkatzen in einer besonders verstehensförderlichen Anordnung, nämlich geordnet nach Subthemen (jeweilige Wildkatzenart in den Spalten) und Informationskategorie (in den Zeilen; Quelle der Darstellung: eigene Darstellung gemäß dem Wildkatzentext und dem Muster der Tabelle aus Kauffman & Kiewra, 2010, S. 703)*

Um Lernenden eine Möglichkeit der Lernerfolgskontrolle zu offerieren, gibt es einen finalen Schritt. Der **vierte Schritt – Regulation** – entspricht dem Selbst-Testen, ob man das Gelernte verstanden hat. Diese effektive metakognitive Strategie (Fiorella & Mayer, 2015; Hattie & Donoghue, 2016) dient dazu, dass man sich des Lernens vergewissert. Die dazu nötigen Fragen können sich auf Fakten beziehen (z. B. welchen Laut welche Wildkatze geben), Beziehungen zwischen Konzepten fokussieren (Welche Gemeinsamkeiten haben Löwen und Tiger?), sich aber auch auf Konzepte erstrecken, um die Wissensanwendung zu überprüfen (z. B. ob eine große Wildkatze wie der Jaguar auch brüllt).

Alles in allem handelt es sich bei SOAR um mehr als eine reine Strategie des Notierens. Das Notieren bildet vielmehr bei SOAR nur den Auftakt in den ersten beiden Schritten Selection und Organization. Diese beiden Schritte stehen prototypisch für die Prozesse Auswählen und Organisieren. Danach kommen das Verknüpfen (Schritt: Association) nebst den ebenfalls das Verknüpfen adressierende metakognitiv gesteuerte Prüfen der Lernleistung (Schritt: Regulation) hinzu.

#### *4.6.2.2 Auf der Suche nach den SOAR-Wirkmechanismen*

##### Ein Set von Studien zu SOAR

Ist SOAR ein effektives Vorgehen, um Informationen aus Sachtexten zu lernen? Dieser Frage nach dem Mehrwert der SOAR-Matrix, hat sich eine Forschungsgruppe rund um den Psychologen Kenneth Kiewra in einer Reihe aufeinander aufbauender Studien mit Studentinnen und Studenten gewidmet. Diese inhaltlich komplementären Experimente mit ihren Fragestellungen, Vorgehensweisen und vor allem den Hauptergebnissen sind in Tabelle 15 zusammengetragen. Das Besondere ist, dass hier vor allem echte Experimente durchgeführt wurden, um den Wirkmechanismen möglichst unverzerrt nachzuspüren.

| Nr. | Erkenntnisinteresse (Kurzbeleg der Studie) | Methodisches Vorgehen bei den experimentellen Studien | Wichtigste Ergebnisse in den Leistungstests |
|---|---|---|---|
| 1 | Wie sind textuelle Informationen in verschiedenen Darbietungsformen besonders lernförderlich? (Kauffman & Kiewra, 2010) | • Experiment 1: identische Inhalte in vier Formen dargeboten (a) normaler Text, b) als Extrakt (hervorgehobene Stichwörter), c) als Liste und d) als Matrix)<br>• Experiment 2: Matrix in 2 x 2 Versionen: Kombination von (un-)geordneten Themen in Spalten und (un-)geordneten (Vergleichs-) Kategorien in Zeilen; Inhalt in allen Versionen identisch | • Experiment 1: bessere Lernleistungen in drei Tests vor allem für Variante c) und d); Variante d) in den Tests auch Variante c) überlegen<br>• Experiment 2: bessere Lernleistungen in drei Tests bei logisch nach Themen geordneter (also sinnvoll in den Spalten nachvollziehbar organisierter) Matrix |
| 2 | Auf welche Weise ist es am effektivsten, eine Matrix zum Lernen zu nutzen? (Jairam, Kiewra, Kauffman & Zhao, 2012) | Experiment mit drei Bedingungen:<br>a) nacheinander zeilenweise lesen,<br>b) nacheinander spaltenweise lesen,<br>c) zeitgleich Zeilen und Spalten (gesamte Matrix) lesen | • bessere Lernergebnisse in drei von vier Tests für Varianten b) und c)<br>• bessere Strategienutzung (mehr Verknüpfungen zwischen Informationen bei b) und c)) |

| Nr. | Erkenntnisinteresse (Kurzbeleg der Studie) | Methodisches Vorgehen bei den experimentellen Studien | Wichtigste Ergebnisse in den Leistungstests |
|---|---|---|---|
| 3 | Sind verschiedene vorgefertigte Zwischenprodukte einer modular aufgebauten, vierschrittigen Matrix-Strategie (SOAR) einander und einer Kontrollgruppe ohne SOAR überlegen? (Analog-Version mit gedruckten Texten) (Jairam & Kiewra, 2009) | Experimenteller Vergleich von vier Gruppen – mit jeweils unterschiedlichen, vorgefertigten Bestandteilen von SOAR (*S*election, *O*rganization, *A*ssociation und *R*egulation, gruppiert als S, SO, SOA, SOAR) als Lernmaterialien als Zusatz zum eigentlichen Text – mit einer Kontrollgruppe (KG) ohne Lernmaterialien (nur Textausdruck) | • Gruppe SO in reinem Faktentest (Lückentest) den Gruppen SOA und SOAR sowie KG überlegen<br>• Gruppen SOAR, SOA und SO in Tests zu Verbindungen zwischen Fakten überlegen (vor allem KG und S), beste Testwerte bei SOAR-Gruppe |
| 4 | Welche SOAR-Bestandteile sind überlegen? (wie Nr. 3, aber als Digital-Version) (Jairam & Kiewra, 2010) | Wie in Nr. 3, allerdings Durchführung mithilfe eines Computers und damit mit digitalen Texten und digitalen, anklickbaren SOAR-Bestandteilen; Kontrollgruppe (KG) fertigte nach eigenem Gusto Notizen an und bearbeitete Texte mit eigenen Strategien | • Überlegenheit der SOAR-Gruppe beim Faktentest (Multiple-Choice-Test), gefolgt von SO-Gruppe<br>• deutliche Überlegenheit der SOAR-Gruppe im Test zu Verbindungen zwischen Fakten, gefolgt von SOA-Gruppe und – bereits mit deutlichem Abstand – SO-Gruppe |
| 5 | Wie effektiv ist die die SOAR-Strategie im Vergleich mit der Strategie SQ3R? (Jairam, Kiewra, Rogers-Kasson, Patterson-Hazley & Marxhausen, 2014) | Experimenteller Vergleich von vierschrittiger SOAR-Strategie mit einer anderen Strategie (SQ3R; *S*urvey, *Q*uestion, *R*ead, *R*ecite, *R*eview), wobei die Lernenden nach der Instruktion selbstständig die Strategieanwendung an einem ausgedruckten Text trainierten | Überlegenheit der SOAR-Strategie gegenüber der SQ3R-Strategie in drei Lerntests (Multiple-Choice-Tests) |
| 6 | Wie effektiv ist die SOAR-Strategie, wenn man mehrere digitale Texte liest und daraus lernt? (Daher & Kiewra, 2016) | Experimenteller Vergleich, bei dem Lernerinnen und Lerner die SOAR-Materialien selbstständig bei der Lektüre von mehreren digitalen Texten anfertigten (im Vergleich mit einer Kontrollgruppe (KG), die nach eigenen Strategiepräferenzen vorging) | Überlegenheit der SOAR-Strategie gegenüber der KG in drei Lerntests (Multiple-Choice-Tests und offene Fragen) |

| Nr. | Erkenntnisinteresse (Kurzbeleg der Studie) | Methodisches Vorgehen bei den experimentellen Studien | Wichtigste Ergebnisse in den Leistungstests |
|---|---|---|---|
| 7 | Verbessert SOAR die Fähigkeit zum schriftlichen Synthetisieren? (Luo & Kiewra, 2019) | Experiment 1: Lernerinnen und Lerner der Experimentalgruppe erhielten SOAR-Materialien (Tabelle mit Fakten – Schritte Select und Organize – nebst Hinweisen zum Schritt Associate und einer schreibbezogenen Checkliste für den Schritt Regulate), Kontrollgruppe (KG) ging nach eigenen Strategiepräferenzen vor<br>Experiment 2: analog zu Nr. 6 | • Experiment 1: Vorteile der SOAR-Gruppe bei der a) Übernahme von Informationen aus Texten in den eigenen Text, b) mehr Verknüpfungen zwischen den Informationen und c) stärker vergleichende Textstruktur<br>• Experiment 2: Überlegenheit der SOAR-Gruppe bei stärker vergleichender Textstruktur, nicht aber bei Informationsauswahl und -verknüpfungen |

*Tabelle 15: Überblick über sieben SOAR-bezogene Studien zum Nutzen von Informationen in Matrix-Form für das Lernen (Quelle: Philipp, 2019b, Zusatzmaterial, ergänzt um die Angaben zu Luo & Kiewra, 2019)*

Die studienübergreifenden Ergebnisse, die mittels sehr eng an der Strategie angelehnten Maßen bestimmt wurden, lauten:

- Erstens ließ sich ermitteln, dass die streng organisierten Tabellen lernförderlicher als textliche Darstellungen von Inhalten sind.
- Zweitens war die Kombinationen der SOAR-Schritte in der Nutzung von Matrixartigen Informationen besonders lernwirksam – und zwar in einer Vielzahl von Tests.
- Dieser Nutzen bestand im Umgang mit einzelnen und mehreren Texten ebenso wie im Umgang mit analogen Print- und digitalen Bildschirmtexten und außerdem im Vergleich zu anderen Strategien bzw. zu den von den Lernerinnen und Lerner sonst präferierten Strategien.
- Zu guter Letzt lässt sich SOAR in kurzen Sequenzen gezielt vermitteln, wie es die späten Studien mit eigenem Anfertigen von Notizen nach dem SOAR-Schema unterstrichen haben.

Aus der Perspektive, welchen Mehrwert das Studieren und SOAR-gemäße Anfertigen von Notizen in einer tabellarischen Matrix-Form hat, lassen sich die Studien noch etwas genauer auswerten. Dies geschieht im Folgenden, und die in Spiegelstrichen zusammengefassten Befunde enthalten in hochgestellten Zahlen den Querverweis auf die entsprechende(n) Studie(n) aus Tabelle 15. Hier sind zwei Bereiche untersucht worden, nämlich Produkte des Lernens und Zwischenprodukte der Aneignung und der Anwendung.

### Effekte auf die Produkte des Lernens

Der Erfolg einer Fördermaßnahme wie SOAR wird klassisch über Leistungstests bestimmt. Die Experimentalstudien aus Tabelle 15 kamen zu folgenden nach Prozessen sortierten, studienübergreifenden Mustern in den Befunden:

- **Auswählen:** Das Auswählen von Informationen ist nicht direkt in den Studien erfasst worden. Deshalb wird an dieser Stelle eine Annäherung an diesen Prozess vorgeschlagen, indem die Tests fokussiert werden, mittels derer das Erinnern an singuläre Fakten erfasst wurde. Das Studieren von tabellarisch organisierten Notizen erhöht das Erinnerungsvermögen an einzelne Fakten, sei es in Multiple-Choice-Tests, sei es in offenen Aufgabenformaten. [1, 2, 4–7] Besonders von Interesse ist hierbei, dass das Lernen von Inhalten in Tabellen hier besonders effektiv zu sein scheint, also die ersten beiden Schritte von SOAR eine Überlegenheit aufweisen. [3]
- **Organisieren:** Organisationsleistungen als Testleistungen sind noch sehr selten untersucht worden, was auch an bestimmten Zugängen der Testkonzeption liegt, da sich hier expressive, offene (schriftliche) Aufgaben besonders anbieten (Primor & Katzir, 2018). Die Leistungen zum Organisieren SOAR-Strategien münden bei schriftlichen Textprodukten in eine stärker dem Textmuster Vergleich entsprechende Textstruktur. [7]
- **Verknüpfen:** Das Verknüpfen ist neben dem Erinnern an einzelne Fakten ein sehr oft in den Blick geratener Bereich, und es wurde auf verschiedene Weise operationalisiert. Wer Informationen aus Tabellen zum Lernen nutzt, kann bessere *lokale Inferenzen* über einzelne Kategorien anstellen. Das heißt, dass die Personen dazu besser in der Lage sind, zwischen einzelnen Informationen bezogen auf eine Kategorie ein Muster zu finden. [1, 2, 6, 7] Die Personen, die thematisch sortierte Informationen in Tabellen zum Lernen verwenden, sind erfolgreich darin, *allgemeinere, globale Zusammenhänge* zwischen den verschiedenen Kategorien zu abstrahieren, sie finden also aufgrund ihrer Verknüpfungsleistungen Muster in den Daten. [1–6] Hierzu zählt auch, die Informationen korrekt auf neu beschriebene Situationen anzuwenden, sie also zu transferieren. [5, 6]

Alles in allem ergibt sich aus den Daten eine deutlich dokumentierte Überlegenheit von SOAR bzw. dem SOAR-basiertem Umgang mit Matrizen an zwei Stellen: der Auswahl von Daten und dem Verknüpfen, also dem, was vor allem in den SOAR-Schritten »Selection« und »Association« forciert wird.

### Effekte bei den Zwischenprodukten der Aneignung und der Anwendung

Die Zwischenprodukte der Aneignung und Anwendung von SOAR sind primär über die angefertigten Notizen oder andere Spuren von Strategien bei der Be- und Verarbeitung von Texten analysiert worden. Echte Prozessdaten stehen noch aus. Doch die Notizen gelten als wertvolle und auch belastbare Indikatoren für strategische Prozesse, die über sich manifestierende Spuren rekonstruieren lassen (Mason & Florit, 2018). Im Vergleich zu den Leistungstests sind Zwischenprodukte seltener zum Gegenstand von Auswertungen avanciert, und diese Ergebnisse sind auch nicht eigens in Tabelle 15 aufgeführt. Doch dort, wo das der Fall war – nämlich in zwei Trainingsstudien mit multiplen Texten (Daher & Kiewra, 2016; Luo & Kiewra, 2019, Experiment 2) –, gab es folgende Ergebnismuster, die analog zu den Leistungsdaten berichtet werden:

- **Auswählen:** Mit SOAR geförderte Studentinnen und Studenten hatten in ihren Notizen deutlich mehr Inhalte notiert, die innerhalb des Lernmaterials als wichtig eingestuft worden. (6, 7) Dies entspricht einer Anwendung des SOAR-Schritts »Selection«.
- **Organisieren:** Geförderte Personen nutzten in deutlich stärkerem Maße als nicht-geförderte Personen strukturierte Notizen. (6, 7) Diese Ergebnisse betreffen den SOAR-Schritt »Organization«.
- **Verknüpfen:** Die geförderten Personen generierten in ihren Notizen mehr Verknüpfungen sowohl auf lokaler als auch globaler Ebene. (6, 7) Sie waren auch besser darin, verstehensüberprüfende Fragen zu formulieren, (6) und planten auch mehr den synthetisierenden Text, den sie später verfassten. (7) Davon sind also die SOAR-Schritte »Association« und »Regulation« tangiert.

Die Effekte in den SOAR-Schritten unterschieden sich. In der Studie von Daher und Kiewra (2016) waren die Vorsprünge im Vergleich der vier SOAR-Schritten besonders prononciert in den letzten drei Schritten, also am wenigsten beim Auswählen bzw. Notieren von Informationen. Die Resultate von Luo und Kiewra (2019, Experiment 2) gehen, auch wenn die Vergleiche mit der Vorgängerstudie nicht direkt möglich sind, in eine ähnliche Richtung.

### Zusammenfassung

Resümierend lässt sich damit festhalten: Das Set der SOAR-Studien aus der Grundlagenforschung und der angewandten Forschung hat vielversprechende, ermutigende Ergebnisse erbracht. Freilich muss man konstatieren, dass diese Studien mit erwachsenen bildungsaffinen Personen durchgeführt wurden, die allerdings ihrerseits immer noch nicht optimale Lernstrategien anwenden (Daher &

Kiewra, 2016; Jairam & Kiewra, 2010; Luo & Kiewra, 2019; Miyatsu, Nguyen & McDaniel, 2018).

In seinen Wirkungen auf die Behaltensleistungen sind positive Erinnerungsleistungen durchgängig in den Studien belegt, die auf das Herzstück des SOAR-Ansatzes – die zweidimensionale Anordnung von Informationen in Subthemen und Informationskategorien – abzielten. Auch das inferenzbasierte Verknüpfen von Textinformationen auf lokaler und globaler Ebene hat SOAR unterstützt. Diese produktbezogenen Erträge flankieren in jüngerer Vergangenheit Analysen der Zwischenprodukte – und der hier nicht fokussierten motivationalen Einschätzung der SOAR-Schritte und -Strategie – mit ebenfalls positiven Mustern. Bereits in kürzeren Experimenten glückt es, dass Studierende die vier Schritte korrekt anwenden und dabei eine in den Lerneffekten überlegenere und ihnen sinnvoll erscheinende Herangehensweise mit multiplen Texten im Gebrauch wertschätzen.

### 4.6.3 Das Notiz-Papier zum strategischen Notieren bei mündlichen Vorträgen – ein Beispiel aus der Förderung von Heranwachsenden mit Lernschwierigkeiten (didaktische Design-Prinzipien 1 und 2)

Eine Variante, das Notieren einerseits zwar angeleitet, aber andererseits weniger inhaltlich vorgesteuert als bei den angeleiteten Notizen zu ermöglichen, stammt aus dem Bereich der sonderpädagogischen Forschung. Ursprünglich für Jugendliche mit Lernschwierigkeiten gedacht, ist ein Förderansatz auch in der Primarstufe zum Einsatz gelangt und inzwischen weiterentwickelt worden (Boyle, Forchelli & Cariss, 2015, S. 189 f.).

#### *4.6.3.1 Das Herzstück: ein Notationsformular mit Handlungsanweisungen*

Das Herzstück und der Ausgangspunkt dieses Ansatzes, das Notiz-Papier zum strategischen Notieren, ist in Abbildung 8 dargestellt. Es handelt sich um ein Formular, das wiederkehrende Inhalte als Handlungsanweisungen enthält. Im Gegensatz zu den angeleiteten Notizen (s. Teilkap. 4.6.1) bestehen die Leerstellen im Formular nicht zu strikt definierten Inhalten, sondern dienen vielmehr dazu, dass die Lernerinnen und Lerner selbstständig entscheiden müssen, was wichtig ist.

| **Füll diesen Teil aus, bevor der Vortrag beginnt.**<br><br>a) Was ist das heutige Thema?<br><br>b) Beschreib, was du über das Thema weißt. | Seite 1 |
|---|---|
| **Wenn die Lehrperson spricht, nutz diese Seiten, um Notizen zum Vortrag zu machen.**<br><br>a) Heutiges Thema?<br><br>b) Nenne zum heutigen Thema drei bis sieben Hauptideen mit Details, die besprochen wurden.<br><br>c) Zusammenfassung: Beschreib kurz, wie die Ideen untereinander zusammenhängen:<br><br>d) Neue Wörter oder Fachausdrücke: | Seite 2 |
| a) Nenne zum heutigen Thema drei bis sieben Hauptideen mit Details, die besprochen wurden.<br><br>b) Zusammenfassung: Beschreib kurz, wie die Ideen untereinander zusammenhängen:<br><br>c) Neue Wörter oder Fachausdrücke: | Seite 3 ff. |
| **Am Ende des Vortrags**<br><br>Schreib fünf Hauptideen des Vortrags auf und beschreibe jede Hauptidee:<br><br>1)<br><br>2)<br><br>3)<br><br>4)<br><br>5) | Letzte Seite |

*Abbildung 8: Präpariertes Notiz-Papier für strategisches Notieren bei mündlichen Vorträgen (Quelle: Boyle & Weishaar, 2001, S. 136, mit leichter Umsortierung und Kürzung; Prinzip der Seite 3 wiederholt sich auf weiteren Seiten des vorbereiteten Notiz-Papiers; Abbildung ist aus Platzgründen optisch verkürzt dargestellt)*

Die erste und die letzte Seite des Notiz-Papiers fungieren als Mantel: Der obere Teil der ersten Seite geht auf das zu aktivierende Vorwissen ein und klärt das Thema. Die letzte Seite am Ende des Sets an präparierten Notiz-Seiten dient dazu, die Essenz des Vortrags nochmals im Sinne einer Sichtung von Hauptinhalten und einer Paraphrase in eigenen Worten festzuhalten. Die Seiten dazwischen folgen dem gleichen Muster: dem Aufschreiben von Hauptideen nebst verstehensförderlichen Details (Punkt b) auf S. 2 bzw. a) auf S. 3 ff.), dem Zusammenfassen der Zusammenhänge (c) bzw. b)) und der Notation von neuem (Fach-)Vokabular. Insgesamt rhythmisiert das Notizpapier das Notizen-Anfertigen, indem es Platzhalter für verschiedene generative Prozesse enthält, die vor allem beim Notizenanfertigen dem Auswählen und Organisieren der neuen Inhalte dienen. Hierfür müssen die Lernenden insbesondere ihr Vorwissen nutzen, um die Inhalte verknüpfend zu paraphrasieren. Besonders wichtig erscheint noch, dass das Organisieren und Verknüpfen doppelt erfolgen: einerseits beim Zusammenfassen der drei bis sieben Hauptideen pro Notizseite und andererseits darauf aufbauend ganz am Ende.

Der Gebrauch des Notiz-Papiers ist anspruchsvoll. Deshalb wurde den Lernerinnen und Lernern mithilfe der **expliziten Strategievermittlung** (Lehrperson erklärt und demonstriert den Gebrauch des Notiz-Papiers anhand eines Beispiels ausführlich und ausdrücklich, die Schülerinnen und Schüler beobachten das modellhaft von der Lehrperson gezeigte Verhalten, ein Üben findet im Anschluss statt, bei dem es um Verhaltensreplikation geht) die Nutzung vermittelt (Boyle & Weishaar, 2001, S. 137 f.; Boyle, 2010b, S. 100–103, Boyle, 2013, S. 83, Lee, Lan, Hamman & Hendricks, 2008, S. 195). Das heißt: Das Notiz-Papier zum strategischen Notieren erhielten die Kinder und Jugendliche nicht ohne weitere Unterstützungsleistung, sondern lernten anhand einer versierten Person, welche mithilfe des Papiers in situ didaktisiert demonstrierte, wie man das Formular angemessen nutzte.

#### *4.6.3.2 Eine Erweiterung: »CUES+« als Strategie des gezielten Notierens*

Das strategische Notiz-Papier ist in jüngeren Studien (Boyle, 2010b, S. 100–102; Boyle, 2013, S. 81; Boyle, Rosen & Forchelli, 2016, S. 167) flankiert worden von einer eigenen Strategie – CUES+, s. Tabelle 16 –, welche eng an das Formular des Strategie-Papiers angelehnt ist. CUES+ lässt sich den zu bearbeitenden Leerstellen im Notiz-Papier zuordnen, wenngleich die im Akronym aufgeführten Schritte nicht derselben Reihenfolge entsprechen.

- Der Schritt »*Cluster*« korrespondiert mit der Aufforderung »Nenne zum heutigen Thema drei bis sieben Hauptideen mit Details, die besprochen wurden«.
- »*Use*« bezieht sich darauf, explizite Hinweise dafür zu nutzen, wichtige Inhalte zu notieren. Dies hängt ebenfalls mit den Hauptideen zusammen.
- Der Schritt »*Enter*« weist auf neues Fachvokabular hin, und

- »*Summarize*« (später gezielt verändert in »Study«) hängt mit dem Formulareintrag »Zusammenfassung: Beschreib kurz, wie die Ideen untereinander zusammenhängen« zusammen.
- Der letzte und jüngst erst hinzugefügte Schritt (Boyle et al., 2016, S. 167), »+« – das Plus –, dient der Verknüpfung und Organisation, indem die Lernerinnen gezielt mit Abkürzungen, Symbolen etc. operieren, um dadurch die Aneignung, also das Verknüpfen zu erleichtern.

In der Vermittlung wurde CUES+ vor dem Formular aus Abbildung 8 eingeführt, um zu zeigen, wie die Strategieschritte separat als allgemeine Schritte funktionieren, ehe sie dann mit der Tabelle verbunden wurden. Dies stellt eine sinnvolle Modifikation und Erweiterung des ursprünglichen Förderansatzes dar.

| Bestandteile des Akronyms | Schritte |
|---|---|
| C - Cluster | Füge die die drei bis sechs Hauptideen des Vortrags zusammen. (»Cluster together 3 to 6 main points of the lecture.«) |
| U - Use | Nutz die Hinweise der Lehrperson, die Inhalte zu notieren. (»Use teacher cues to record ideas.«)<br>1) Nummerische Hinweise, z. B. »Es gibt sechs Teile einer Zelle.«<br>2) Wichtigkeitshinweise, z. B. »Es ist wichtig, dass ihr euch daran erinnert.« |
| E - Enter | Notier wichtige Wörter. (»Enter important vocabulary.«) |
| S - Summarize bzw. Study | Fass schnell und wo immer möglich zusammen. (»Summarize quickly and whenever possible.«) bzw.<br>Betrachte deine Notizen dreimal zum Lernen. (»Look over your notes three times.«) |
| + - Use Symbols | Verwende wo immer möglich Symbole oder Abkürzungen. (»Use symbols or abbreviations whenever possible.«) |

*Tabelle 16: Die Strategie »CUES+« zum Notieren (Quelle: Darstellung basierend auf Boyle, 2010b, S. 100; Boyle et al., 2015, S. 189 f.)*

#### *4.6.3.3 Die Effektivität des Ansatzes*

Diese Strategie wurde inzwischen in mehreren Studien empirisch untersucht, darunter mit Drittklässlern im Naturwissenschaftsunterricht (Lee et al., 2008), Sechst- bis Achtklässlern (Boyle, 2010b, 2013), Siebtklässlern (Boyle et al., 2016) und Zehnt- bis Zwölftklässlern (Boyle & Weishaar, 2001). Zu den Studien, an denen Boyle beteiligt war, ist noch anzumerken, dass es sich (überwiegend) um Schülerinnen und Schüler mit Lernschwierigkeiten handelte, die an den Studien teilgenommen haben.

Positive Effekte in den genannten Studien stellten sich bei den folgenden Maßen ein:

- Geförderte Personen hatten *vollständigere Notizen* angefertigt. Dies betraf Inhalte, die die Lehrperson sowohl schriftlich als auch mündlich präsentiert hatte (Lee et al., 2008, S. 196) bzw. die mit oder ohne Hinweis zur Wichtigkeit der Information präsentiert worden waren (Boyle, 2010b, S. 103 f.; Boyle, 2013, S. 85; Boyle et al., 2016, S. 169 f.).
- Geförderte Personen konnten sich sowohl nach dem Notieren (Boyle, 2010b, S. 103 f.; Boyle, 2013, S. 86) als auch zwei Tage später besser an *Inhalte aus einem mündlichen Vortrag erinnern* (Boyle, 2010b, S. 103 f.). Außerdem enthielten die Notizen der geförderten Personen auch mehr solcher Inhalte, an die sie sich unmittelbar oder wenige Tage nach dem Notieren erinnerten (Boyle, 2010b, S. 103 f.).
- Geförderte Jugendliche der Sekundarstufe I und II schnitten bei *anspruchsvollen Multiple-Choice-Verstehenstests* zu den Inhalten der Vorträge besser ab (Boyle, 2013, S. 86; Boyle & Weishaar, 2001, S. 138).

Geförderte Schülerinnen und Schüler sind im Lichte der studienübergreifenden Befundmuster besser dazu in der Lage, Inhalte aus mündlichen Vorträgen zu notieren, sie aus dem Gedächtnis abzurufen und in Leistungstests Fragen korrekt zu beantworten. Dabei ist besonders hervorhebenswert, dass der Großteil der Effekte Heranwachsende mit Lernschwierigkeiten betraf – also aus einer Gruppe stammt, welche vor besonderen Herausforderungen des selbstregulierten generativen Lernens steht.

## 4.7 Bedingungen und Grenzen der Strategie

Notieren ist eine kognitiv anspruchsvolle, das Arbeitsgedächtnis ähnlich wie Schreiben und Profi-Schachspielen beanspruchende Aktivität (Piolat, Olive & Kellogg, 2005, S. 299), und es trägt deutliche Züge des Lesens und Schreibens, sodass es sich auf einem Kontinuum von Lesen und Schreiben verorten lässt (Peverly & Wolf, 2019, S. 332 f.): Es sind nämlich ähnliche, aber von der Richtung her gegenläufige Prozesse der Transformation nötig, die ihrerseits bereits jeweils für sich beim Lesen und Schreiben als kognitiv anspruchsvoll gelten. Verschärfend kommt nun beim Notizenanfertigen bei mündlichen Vorträgen hinzu, dass diese Prozesse zeitgleich bzw. minimal zeitversetzt ablaufen müssen, um kontinuierlich dem Inhalt zu folgen und dabei keine oberflächlich-verbatimen Notizen anzufertigen, sondern bereits solche, welche Spuren und Grade von generativen Transformationsprozessen enthalten. All dies ist entscheidend: Seine lese- und schreibbezogene Hybridität nebst dem Umstand, dass bei mündlichen Vorträgen simultan zum Zuhören Informationen ausgewählt und partiell bereits organisiert werden müssen, verleiht dem Notieren seinen hohen kognitiven Anspruchsgrad. Oder anders und kürzer formuliert: **Man darf das Notieren hinsichtlich dessen, was Personen bei der prozessbezogenen Funktion kognitiv zu leisten haben, keineswegs unterschätzen, sondern sollte es eher überschätzen.**

Diesem Gedanken folgend lassen sich viele der in der Fachliteratur genannten Empfehlungen primär als Ansatzpunkte der kognitiven Entlastung lesen, um das Auswählen von Informationen zu erleichtern, also die **prozessbezogene Funktion** betreffen. Damit wären solche **Erleichterungen als instruktionale Bedingungen zu werten.** Solche Empfehlungen, die sich im Gesamt auffällig eben nicht auf die Produktfunktion beziehen, lauten beispielsweise:

- *gezielte, explizite Hinweise* für das Notieren von Inhalten geben, also mündliche Handlungsanweisungen einbauen, wichtige Inhalte hervorheben, ggf. selbst etwas sichtbar notieren;
- *typografisches Hervorheben* zur Steigerung der Salienz von Informationen als Pendant bei schriftlichen Lernmaterialien (s. dazu Schneider, Beege, Nebel & Rey, 2018);
- *didaktisierte Handouts* (z. B. angeleitete Notizen oder Blanko-Matrizen wie bei SOAR, s. Teilkap. 4.6.2) anbieten, die ein gezieltes, selektives Notieren erleichtern;
- *gezieltes Pausieren* bei mündlichen Vorträgen, um Zeitfenster für das Notieren zu schaffen;
- bezüglich der Produktfunktion werden noch wahlweise gelieferte *vollständige Fremdnotizen* als Grundlagen für das Lernen oder aber das *Vermitteln von Strategien* zur gezielten Nutzung von eigenen oder fremden Notizen angeführt (Armbruster, 2009, S. 231–242; Jairam, Kiewra & Ganson, 2012, S. 82–88; Kiewra, 1989, S. 150–162; Kiewra, 1991, S. 40–49; Peverly & Wolf, 2019, S. 333–340).

Es ist auffällig, dass die Maßnahmen sich vor allem auf das didaktische Design-Prinzip 1 (s. Teilkap. 4.4.1) beziehen. Die darauf aufbauende Stufe, das didaktische Design-Prinzip 2 (4.4.2), wird hingegen nur bislang wenig explizit thematisiert und sehr randständig erforscht (Peverly & Wolf, 2019, S. 337). Eine Ausnahme ist auch hier SOAR, denn dieser strategische Ansatz zeigt – zumindest für Inhalte, in denen Themen dimensional miteinander verglichen werden –, wie aufgrund vorwissensbasierter Schlussfolgerungen implizite Zusammenhänge aus den Lernmaterialien für das Lernen genutzt werden können. Diese Maßnahmen zielen auf die Vollständigkeit von Notizen, welche zwar im Zusammenhang mit Leistungsmaßen beim Lernen stehen, aber im Vergleich zum Notieren und Lernen mithilfe der Notizen deutlich geringere Leistungssteigerungen erbracht haben (s. Teilkap. 4.5), wie es insbesondere der Vergleich der beiden komplementären Metaanalysen von Kobayashi (2005, S. 249, 2006, S. 470) eindrucksvoll unter Beweis stellt. Offensichtlich kommt das reine Notieren trotz positiven Effekten an **Grenzen** dessen, was es für das generative Lernen leisten kann. Das gilt umso mehr, als die positiven Effekte vor allem mit Tests zu Erinnerungs- oder Wiedererkennungsleistungen von explizit gegebenen Informationen erfasst wurden (Kobayashi, 2005, S. 253). Dort fielen die Effektstärken besonders hoch aus, die Test messen aber ausgerechnet nicht das, worum es beim generativen Lernen geht, nämlich um die Vernetzung neuer Informationen mit dem eigenen Vorwissen.

Deshalb ist es von hohem Belang, welche Effekte **das kombinierte Notieren mit dem Lernen mithilfe dieser Notizen** hat. Erkennbar ist hier die kognitive Testleistung stärker ausgeprägt als beim reinen Notieren (*ES* = 0,22 vs. ≥ 0,75; Kobayashi, 2005, 2006). Die sich daraus ergebende Frage lautet: Welche Mechanismen stecken dahinter – und damit auch: welche Grenzen und Bedingungen gibt es? Kobayashi (2006, S. 471) zeigte, dass es – ganz im Einklang mit den obigen Ausführungen – günstig ist, wenn die Lernerinnen und Lerner Fremdnotizen erhalten. Doch dieser Befund ist ambivalent, da er die Produktperspektive unterstützt, aber die Prozessperspektive unterminiert. Deshalb ist momentan ausgesprochen schwer abzuschätzen, welche Art des Lernens mithilfe eigener Notizen hilfreich ist. Hinweise vermag wiederum ein Förderansatz wie SOAR zu geben, was günstig für das Lernen ist: ein nach dem Organisieren stattfindendes Verknüpfen mithilfe von logischen Inferenzen, also Schlussfolgerungen zum sinnvollen Zusammenhang von Informationen aus Texten (Lorch, 2015), und metakognitiven Fragen zur Verstehensüberwachung.

## 4.8 Zusammenfassung und Schluss

Dieses erste Kapitel zu einer konkreten Strategie hat einen weiten Bogen geschlagen. Notieren als Strategie hat auf den ersten Blick wenig mit generativem Lernen zu tun, geht es doch scheinbar zuvorderst alleinig um das Auswählen von Informationen, die jemand schriftlich festhält. Doch auch das Notieren von Stichwörtern, wenn es denn nicht als wortwörtliche Übernahme erfolgt, trägt Züge des generativen Lernens in sich. Das gilt dann, wenn die notierende Person bereits entweder parallel zum Zuhören oder im Wechsel von Lesen und Notieren im Falle schriftsprachlicher/fixierter/wiederholbarer Lernmaterialien mit eigenen Worten Inhalte paraphrasiert und kommentiert sowie strukturiert.

**Notieren ist eine notwendige, aber noch nicht hinreichende Bedingung für das (generative) Lernen.** Hierfür bedarf es neben den schon angesprochenen beiden weiteren Hauptprozessen des generativen Lernens auch einer aktiven Nutzung der Notizen für das Lernen. Die empirische Forschung hat deutlich demonstriert, dass hier erheblich größere Effekte zu beobachten waren, die mehr als dreimal so hoch waren. Es scheint also die Kombination von Notieren und Nutzen der Notizen – oder anders: eine Mischung aus aufeinander aufbauender Prozess- und Produktfunktion des Notizenanfertigens – zu sein, die den Ausschlag gibt.

Deutlich ist im Sinne eines Ungleichgewichts, dass in der wissenschaftlichen Diskussion bisher vor allem jene Ansätze dominieren, bei denen von außen durch Lehrpersonen die Inhalte und Notationssysteme steuern können. Unterbelichtet ist allerdings, wie diese Notizen später konkret mit welchen Maßnahmen am besten unterstützt werden können. Oder anders gesagt: Während der Nachweis einer im Vergleich zur reinen Produktfunktion höheren Wirkung für Prozess- und Produktfunktion im Verbund erbracht ist, ist immer noch zu unklar, wie genau die Produktfunktion eigentlich didaktisch funktioniert.

In diesem Zusammenhang wurden **zwei didaktische Design-Prinzipien** postuliert. Das erste forciert die Vollständigkeit von Notizen in Abhängigkeit von dem Input. Hier helfen Maßnahmen, die – etwa durch angeleitete Notizen (formularartige Notationssysteme mit Leerstellen), systematisierende Anordnungen von Notizen oder aber durch offenere und zugleich stark rhythmisierende Notizsysteme mit einem Fokus auf Hauptideen – verschiedene Lenkungsgrade und Offenheiten haben. Optimalerweise werden diese Maßnahmen von der Vermittlung von Strategien zum strategischen Notieren flankiert.

Während das erste Prinzip vor allem den Prozess des Auswählens fokussiert, setzt das zweite und komplementäre didaktische Design-Prinzip primär beim Organisieren und Verknüpfen an. Es geht hierbei darum, die angefertigten Notizen systematisch aufgrund eigener Wissensbestände miteinander zu verknüpfen und anzureichern. Das kann beispielsweise über eine Zusammenfassung und Vernetzung erfolgen und nicht zuletzt über das systematische Suchen nach Verbindungen zwischen Informationseinheiten nebst dem Formulieren verständnisüberprüfender Fragen.

Die Essenz ist damit: Das Notizenanfertigen (bei dem hier fokussierten mündlichen Input als besonders von der Wirksamkeit betroffener Bereich) erscheint steuerungsbedürftig, um möglichst optimal vollständige Zwischenprodukte zu erstellen, die den Lernerinnen und Lernern später für das Lernen als Reservoir zur Verfügung stehen. Dies bildet ab, dass Notizen eine Prozess- und eine Produktfunktion haben, die nach gegenwärtigem Wissenstand in ihrer Kombination besonders lernförderlich sind.

# 5 Hauptideen finden, Zusammenfassen und Synthetisieren

## 5.1 Überblick über die Strategie

| | |
|---|---|
| **Definition** | Erkennen von zentralen Propositionen (Hauptideen) in Lernmaterialien (entweder Einzeltexte für Zusammenfassungen oder multiple Texte für Synthesen) aufgrund der Analyse der Propositionen/Inhalte, um diese Ideen für paraphrasierende, im Umfang verknappte, sprachlich bzw. grafisch transformierte eigene Darstellungen des Inhalts zu nutzen |
| **Begründung aus Sicht des generativen Lernens** | • *Auswählen:* Zentrale Ideen (Hauptideen) als solche erkennen, um sie für die Bildung von Makrostrukturen zu nutzen<br>• *Organisieren:* Bilden einer kohärenten, thematisch und/oder der Textsorte folgenden Informationsstruktur durch intra- und intertextuelle Makroregeln<br>• *Verknüpfen:* Anreicherung des Gelesenen durch vorwissensbasierte Inferenzen, Paraphrase größerer Textmengen, teils Umwandeln von sprachlichen in visuelle Strukturen |
| **Anwendungssituationen und Grenzen** | *Anwendung*<br>• *Finden von Hauptideen:* prinzipiell bei allen Texten, weil es sich um einen konstitutiven Vorgang des Leseverstehens handelt<br>• *Zusammenfassen:* bei ausreichend makrostrukturell organisierten Texten und Lernmaterialien, die so reduzierbar sind, dass ihre verknappte Darstellung sinnvoll leistbar ist<br>• *Synthetisieren:* intertextuell sinnvoll erschließbare Zusammenhänge zwischen den verschiedenen Dokumenten<br>*Grenzen*<br>• Beim Finden von *Hauptideen:* hohe konzeptuelle Dichte/Komplexität, überfordernde Lexik<br>• Beim *Zusammenfassen:* Texte mit hoher konzeptueller Dichte, welche das Vorwissen der lesenden Person so überschreiten, dass sie Makroregeln nicht anwenden kann, oder so komplexer makropropositionaler Struktur, dass sich bspw. Concept-Maps anbieten<br>• Beim *Synthetisieren:* in ihren intertextuellen Relationen semantisch unverbundene oder hochgradig implizit verbundene Dokumente |
| **Didaktische Design-Prinzipien** | • Wenn Lernerinnen und Lerner Hauptideen in schriftlichen Lernmaterialien erkennen (und damit vor allem Informationen auswählen und organisieren) sollen, dann müssen makrostrukturelle bzw. regelbasierte Prozesse der Analyse von Texten gefördert werden. (Didaktisches Design-Prinzip 3, S. 92)<br>• Wenn Leserinnen und Leser – primär auf der Basis des Organisierens und Verknüpfens – schriftlich bzw. grafisch zusammenfassen sollen, dann müssen meso- und makrostrukturell fokussierte, auf Regeln basierende umfassende Informationsanalysen gefördert werden. (Didaktisches Design-Prinzip 4, S. 95) |

| | |
|---|---|
| **Didaktische Design-Prinzipien** | • Wenn Leserinnen und Leser internale integrierte mentale Modelle auf der Basis des intertextuellen Organisierens und Verknüpfens entwickeln sollen, dann müssen ihnen strategische Prozesse des externalen Darstellens dieser Modellbestandteile vermittelt werden. (Didaktisches Design-Prinzip 5, S. 97) |
| **Wirksamkeit** | *ES* = 0,50–0,97 |

*Starter-Box 2: Strategie Hauptideen finden/Zusammenfassen/Synthetisieren*

## 5.2 Charakterisierung der Strategie

In diesem Kapitel werden zwei verwandte, einander ähnelnde Strategien gebündelt fokussiert: das (oftmals schriftliche) *Zusammenfassen* (meist eines Textes) und das *Synthetisieren* (meist mehrerer Lernmaterialien). Die Differenz besteht darin, dass beim Synthetisieren eine größere Menge an Lernmaterialien bzw. Texten zugrundeliegt und die Lernerinnen und Lerner intertextuelle Kohärenz in Bezug auf Hauptideen aktiv selbst herstellen müssen, was selbst erwachsenen Personen in großen Teilen nicht gelingt (Philipp, 2019c, S. 172–187). Man kann

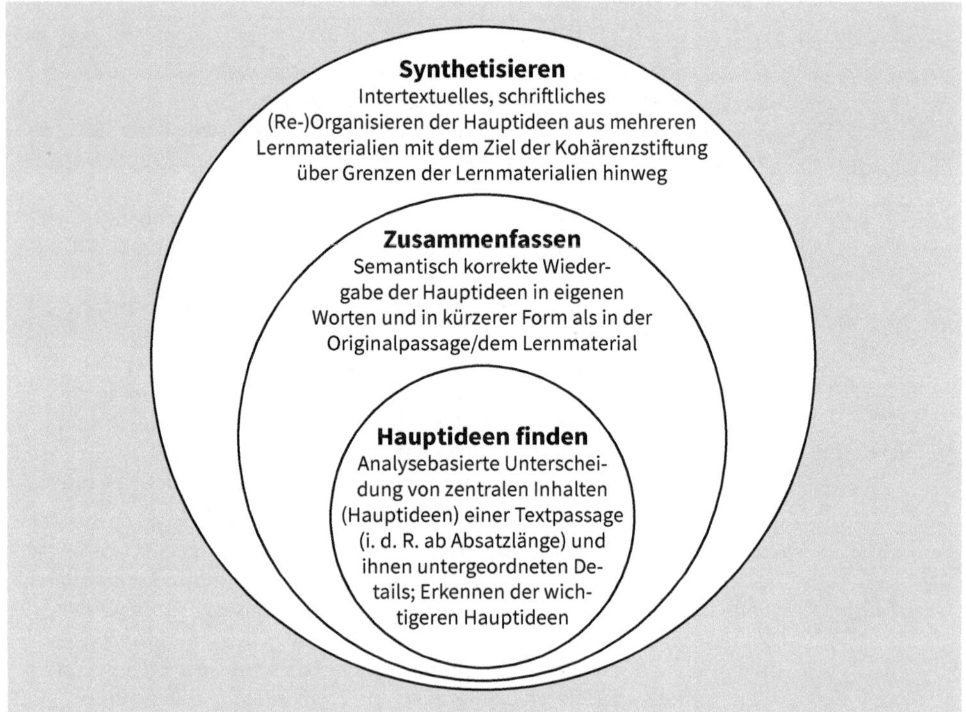


*Abbildung 9: Definition und Verhältnis von Zusammenfassen und Synthetisieren unter Rückgriff auf das Finden und Nutzen von Hauptideen (eigene Darstellung, basierend auf Fiorella & Mayer, 2015, S. 23; Nelson, 2001, S. 379; Stevens, Park & Vaughn, 2019, S. 133)*

deshalb annehmen, dass das Zusammenfassen von Texten, das der inhaltlichen Struktur der Informationen eines Textes folgen kann, eine Schnittmenge mit dem Synthetisieren aufweist. Das intratextuelle Zusammenfassen wirkt in diesem Licht als ‚verkleinerte' Variante des intertextuellen Synthetisierens (Segev-Miller, 2007, S. 240–243). Für beide Arten, Informationen in eigenen Worten zu bündeln, bedarf es der Fähigkeit, die in den eigenen Text zu integrierenden wichtigen Informationen als solche überhaupt zu erkennen, was in der Forschung als *Finden von Hauptideen* bezeichnet wird (Jitendra & Gajria, 2011). Das Verhältnis dieser drei kognitiven Fähigkeiten, die eine Familie von Strategien bilden (Pressley, Johnson, Symons, McGoldrick & Kurita, 1989, S. 5), nebst den zugehörigen Definitionen stellt Abbildung 9 dar.

Die aufeinander aufbauenden Fähigkeiten basieren primär auf einer Theorie des Verstehens, welche als »Konstruktions-Integrations-Modell« bezeichnet wird (van Dijk & Kintsch, 1983). Diese Theorie beschreibt mit ihrem Fokus auf kognitive Prozesse, wie Leserinnen und Leser vor allem mit Rückgriff auf ihr Vorwissen verbale Texte verstehen. Dabei sind die beiden namensgebenden Prozesse von hoher Bedeutung. **Konstruktionsprozesse** als Bottom-up-, also vom mündlichen bzw. schriftlichen Text aus zu denkende Prozesse laufen bei geübten Leserinnen und Lesern automatisiert und als wenig steuerbare Verarbeitungen ab. Sie dienen dazu, Informationen aus Texten und Vorwissen in einem ersten Schritt so zu verarbeiten, dass innerhalb der Person eine lose strukturierte, eher oberflächliche Verknüpfung von Informationen vorliegt, die aber noch nicht ausreicht für ein Verstehen. Hier setzen ordnende und kohärenzstiftende **Integrationsprozesse** an, mittels derer die Personen Informationen in ihrer Hierarchie erkennen und vorwissensbasierte Anreicherungen (Inferenzen) so vornehmen, dass Zentrales und Peripheres, Über- und Untergeordnetes erkennbar werden:

- Es sind entsprechend die Integrationsprozesse, auf die es bei den Leistungen ankommt, welche im Fokus dieses Kapitels stehen. Denn es geht darum, die übergeordneten Informationen (sogenannte »**Makropropositionen**«) zu finden, welche man als **Hauptideen** bezeichnet. Solche Aussagen bilden in aller Regel Inhalte auf eher lokaler (Meso-)Ebene abstrakt ab, also zum Beispiel auf Absatzebene oder über mehrere Absätze hinweg, um dort **lokale Kohärenz** zu stiften (van Dijk & Kintsch, 1983, S. 150; McNamara & Magliano, 2009b, S. 343; Winograd & Bridge, 1986, S. 25–27). Im Eingangsbeispiel aus dem Teilkapitel 1.2 sind dies die Kernaussagen, welche von den unterstützenden Details getragen werden, etwa den einzelnen Programmen eines US-amerikanischen Präsidenten. Solche Hauptideen muss man als lesende Person entweder finden oder aber, wenn sie nicht explizit im Text gegeben wurde, selbst unter Rückgriff auf Vorwissensbestände über Schlussfolgerungen (Inferenzen) eigenständig bilden.
- Wird die Textmenge größer, gilt es insbesondere, die Verknüpfungen zwischen den Hauptideen zu verstehen, was man als »**Makrostruktur**« – gleichsam das

texttragende Gerüst der Hauptideen untereinander – bezeichnet. Innerhalb dieser Makrostruktur lassen sich Makropropositionen zu noch stärker hierarchisch übergeordneten Aussagen bündeln, wobei die Textstruktur hilft – sei es als allgemeine und konventionalisierte Textsorte, sei es als spezifische Form der Themenentfaltung in einem konkreten Text (Winograd & Bridge, 1986, S. 27 f.). Im Beispiel aus Teilkapitel 1.2 waren das die »zentralen Aussagen«, die Makropropositionen zusammenfassen, etwa zu den Programmen für eine »Große Gesellschaft« oder das Subthema »Bürgerrechte«. Dies wird auch als Herstellen von **globaler Kohärenz** bezeichnet (van Dijk & Kintsch, 1983, S. 189; McNamara & Magliano, 2009b, S. 343). Diese Makrostruktur ist besonders wichtig für das Zusammenfassen.

- Und auch diese Aggregate lassen sich nochmals zum **Gesamtthema** eines Textes, eines Lernmaterials oder eines Vortrags abstrahieren – also zur »Gesamtaussage« im Sinne des Teilkapitels 1.2 bis hin zu dem, was als **»mentales Modell«** bezeichnet wird, nämlich eine nicht mehr sprachliche eigene Vorstellung des im Lernmaterialies beschriebenen Sacherhalts (van Dijk & Kintsch, 1983, S. 11 f.; McNamara & Magliano, 2009b, S. 343). Dieses mentale Modell stellt die höchste Verarbeitungsstufe des Lesens dar: eine internale, also innerhalb der Person vorliegende Vorstellung davon, was im externalen Text bzw. Lernmaterial beschrieben wurde.
- Im Falle nicht mehr nur eines einzigen Lernmaterials, sondern von mehreren Lernmaterialien genügt dies nicht mehr. Stattdessen müssen Leserinnen und Leser **intertextuelle Kohärenz** über die Grenzen der einzelnen Lernmaterialien herstellen, indem sie die informatorischen Bezüge aktiv herstellen und ein sogenanntes **»Dokumentenmodell«** synthetisieren, für das sie als ein Bestandteil des Dokumentenmodells ein intertextuelles, **»integriertes mentales Modell«** aufbauen (Perfetti, Rouet & Britt, 1999, S. 102–113; Britt & Rouet, 2012, S. 284–292). Sie können sich nicht mehr darauf verlassen, dass Texte eine gewisse Kohärenz versprechen, sondern müssen diese aktiv bilden. Hierfür bedarf es intertextueller Schlussfolgerungen, die im fiktiven Anschlussbeispiel an das Exempel aus Teilkapitel 1.2 beispielsweise einen Vergleich der Sozialpolitik zweier US-Präsidenten ermöglicht. Hierfür müssen Leserinnen und Leser erkennen, welche Informationen sich berechtigt aufeinander beziehen lassen, was die Schnittmenge ist, welche Informationen aus welchem Lernmaterial stammen und welches Verhältnis die Lernmaterialien untereinander aufweisen (Philipp, 2019c, S. 40–54).

Das Finden von Hauptideen und die darauf aufbauenden generativen Strategien des Zusammenfassens einzelner Lernmaterialien sowie des noch übergeordneten Synthetisierens mehrerer Lernmaterialien sind essenziell darauf angewiesen, Information zu integrieren. Es geht damit um das **Erkennen von informatorischen**

**Bezügen und Strukturen,** und damit sind vor allem die Hauptprozesse **Organisieren und Verknüpfen** innerhalb des generativen Lernens angesprochen.

## 5.3 Bezug zum Auswählen, Organisieren und Verknüpfen in der Strategie

Theorien des Textverstehen, darunter das im Teilkapitel 5.2 schon genannte »Konstruktions-Integrations-Modell«, beschäftigen sich damit, wie Personen Textinhalte angemessen verstehen. Die dabei gegenwärtig unstrittig wirkenden Prozesse (bzw. eher Prozessgruppen) mit ihrer Fokussierung auf Erkennen und Nachvollziehen textseitiger Informationen zum einen und Anreicherungen und Verknüpfung mit eigenem Vorwissen zum anderen sind kompatibel mit den drei Hauptprozessen des generativen Lernens. Mayer (1984, S. 32 f.) hat dies besonders pointiert formuliert, indem er eine Kette von verbundenen Prozessen und deren (Lern-)Ergebnissen postuliert:

- Ihm zufolge ist ein Lesen ohne Auswählen gleichbedeutend mit keinem Lernen.
- Ein Lesen mit Auswählen, aber ohne Organisieren führt zu keinem bedeutungsvollen Lernen mit Texten.
- Ein Lesen mit Auswählen und Organisieren, doch ohne Verknüpfen mündet in ein partiell bedeutungsvolles Lernen.
- Erst die Kombination aus Auswählen, Organisieren und Verknüpfen ermöglicht das bedeutungsvolle Lernen.

Diese Listung bzw. Verknüpfung der notwendigen Bestandteile für das Erreichen einer tiefenorientierten Aneignung von Textinhalten ist noch unspezifisch in Bezug auf das, was in diesem Kapitel im Zentrum steht und was in Tabelle 17 zusammengefasst ist. Beim Finden von Hauptideen, dem (schriftlichen bzw. grafischen) Zusammenfassen und Synthetisieren geht es darum, dass jemand regelgeleitet die propositionale Struktur der Inhalte vor allem auf der Meso- und Makroebene durch Analysevorgänge nachvollzieht und dadurch zu begründeten Auswahlentscheidungen gelangt. Deshalb sind das **Auswählen und Organisieren** als wechselseitige Prozesse im Falle dieser Strategie kaum sinnvoll zu trennen, da das Auswählen auf der strukturierenden Organisation der Inhalte erfolgt. Hinzu kommt das **Verknüpfen,** das insbesondere für das Anwenden von sogenannten *Makroregeln* nötig ist, welche als zentral für das Zusammenfassen gelten (Hidi & Anderson, 1986, S. 480–485), und in denen bei anspruchsvollen Prozessen das Vorwissen eine entscheidende Rolle beim Schlussfolgern und Formulieren von generalisierenden Aussagen spielt. Das Verknüpfen benötigt eine lesende Person, um implizite Hauptideen oder Makrostrukturen von Informationen zu erkennen und zu benennen.

| Prozess des generativen Lernens | Charakterisierung |
|---|---|
| Auswählen | Regelgeleitetes Entscheiden, welche Informationen so zentral sind, dass sie in eine eigene Zusammenfassung/Synthese gehören bzw. die Hauptideen bilden |
| Organisieren | Verbinden von ausgewählten fremden Informationen zu einer kohärenten Makrostruktur, die in einer Notiz oder einem eigenen Text bzw. einer grafischen Darstellung von Inhalten hergestellt wird |
| Verknüpfen | Vorwissensbasierte Informationseinschätzung, Paraphrase sowie Generalisierung des Gelesenen, um eine Reduktion bei gleichzeitiger inhaltlicher Adäquanz zu gewährleisten |

*Tabelle 17: Auswählen, Organisieren und Verknüpfen als generative Prozesse des Lernens bei der Strategie Hauptideen finden/Zusammenfassen/Synthetisieren (Darstellung nach Fiorella & Mayer, 2015, S. 25)*

## 5.4 Didaktische Design-Prinzipien

Die didaktischen Design-Prinzipien werden in diesem Falle als dreigeteilte Variante entfaltet, nämlich zunächst zum makroregelbasierten Finden und Erkennen von Hauptideen (5.4.1). Das darauffolgende Prinzip (5.4.2) greift dies auf, indem das Nutzen von regelgeleiteten Analysen bei längeren Texten für das Erkennen von Makrostrukturen sorgt. Das letzte Prinzip mit Fokus auf mehrere Texte/Lernmaterialien (5.4.3) basiert darauf, dass externale Organisationsschritte dabei helfen, intertextuelle Kohärenz zu stiften.

### 5.4.1 Didaktisches Design-Prinzip 3: Hauptideen (in Absätzen) mittels Informationsanalysen erkennen

**Didaktisches Design-Prinzip 3:**

Wenn Lernerinnen und Lerner Hauptideen in schriftlichen Lernmaterialien erkennen (und damit vor allem Informationen auswählen und organisieren) sollen, dann müssen makrostrukturelle bzw. regelbasierte Prozesse der Analyse von Texten gefördert werden.

Das Finden von Hauptideen in Absätzen – und darüber hinaus in ganzen Texten bzw. in größeren Textteilen – bildet den Ausgangspunkt des Zusammenfassens und des Synthetisierens. Dabei sind für das Finden von Hauptideen Organisations- und Selektionsprozesse besonders wichtig. Diese erfolgen gemäß lesetheoretischen Modellierungen regelgeleitet, nämlich vor allem im Sinne des kognitiven Integrierens. Entsprechend setzt die Förderung ganz gezielt an dem an, was man als Makroregeln bezeichnet.

Das Konzept der »**Makroregeln**« ist im einflussreichen Modell des Verstehens von van Dijk und Kintsch (1978, S. 365; 1983, S. 190; van Dijk, 1980, S. 46–49) prominent vorgestellt worden. Kurz gesagt geht es darum, dass Personen aus den strukturierten Informationen (Propositionen) auf einer lokalen (Satz-)Ebene – der sogenannten Mikrostruktur mit ihren Mikropropositionen – die übergeordnete Struktur zentraler Informationen – Makropropositionen auf der Makroebene – auf einer Gesamttext- oder einer Teilmenge des Textes nachvollziehen. Dabei helfen die Makroregeln, die als kognitiv zu leistende Prozesse erst die *analysebasierten Verbindungen zwischen Mikro- und Makroebene* schaffen. Hierfür bedarf es vor allem leserseitiger Integrationsprozesse.

Die Makroregeln lassen sich zu drei allgemeinen, nicht nur für das Zusammenfassen, sondern für jegliches Textverstehen nötige Prozessgruppen des Inferenzen-Bildens verdichten (Kintsch & van Dijk, 1978, S. 366; van Dijk, 1980, S. 75), und in der folgenden Liste sind die spezifischen Makroregeln des Zusammenfassens aus Tabelle 20 im Teilkapitel 5.6.1.1 ergänzt:

1. **Regeln zum Ignorieren/Löschen von Propositionen** (unwichtige und überflüssige Informationen übergehen),
2. **Regel zum Subordinieren/Kategorisieren von Propositionen** (Informationen unter übergeordnete Kategorien subsumieren) und
3. **Regeln zum Finden von Hauptideen/Konstruieren von Makropropositionen** (Themensätze entweder bei Vorhandensein auswählen bzw. bei Nichtvorhandensein selbst konstruieren).

Den Regeln ist gemein, dass sie einerseits eine Reduktion von Informationen forcieren und andererseits eine inhaltlich-konzeptuelle Ordnung stiften (van Dijk & Kintsch, 1983, S. 190). Damit diese beiden Funktionen erfüllt werden können, müssen Leserinnen und Leser inferenzbasierte Analysen von Informationen vornehmen, die ihrerseits die Grundlagen der Makroregeln darstellen. Dabei haben die Makroregeln unterschiedliche Schwierigkeitsgrade, die sich auch empirisch immer wieder zeigen:

- Zum einen unterscheiden sich Personen nachweislich darin, ob sie diese *Regeln kennen.* Gute sowie in Interventionsstudien geschulte Leserinnen und Leser führen die Regeln häufiger an, insbesondere diejenigen zum Kategorisieren von Propositionen und zum Finden/Konstruieren von Hauptideen (Garner, 1982, S. 278; Garner, Belcher, Winfield & Smith, 1985, S. 148; Hare & Borchardt, 1984, S. 74). Hier deuten sich also **Probleme** an, dass **Makroregeln nur zum Teil vertraut sind.**
- Zum anderen gibt es im *Können der Regeln,* also im Anwenden, Auffälligkeiten. Dies zeigt sich immer wieder in den Zusammenfassungen selbst: Inhaltliche Auslassungen – also Anwendungen der ersten Regel – werden am häufigsten

angewendet, während (ab)satzübergreifende Informationskombinationen, wie sie für die letzten beiden Regeln wichtig sind, seltener vorkommen (Brown & Day, 1983, S. 5 f. und 11; Cordero-Ponce, 2000, S. 341; Hare & Borchardt, 1984, S. 73 und 75; Sherrard, 1986, S. 336 f.). **Die Makroregeln scheinen damit unterschiedlich anspruchsvoll zu sein.**

- Hinzu kommen Alterseffekte und fähigkeitsbedingte Merkmale der Personen, die sich dahingehend zusammenfassen lassen, dass **Personen auf unterschiedlichen Fähigkeitsniveaus unterschiedlich gut darin sind, die Makroregeln von sich aus zielführend anzuwenden – nämlich zuungunsten jüngerer und leistungsschwächerer Personen** (Garner, 1987, S. 303–306). Dies zeigt sich in weniger effizienten Unterstreichungen und Notizen bei wichtigen Inhalten (Brown & Smiley, 1978, S. 1081–1085; Winograd, 1984, S. 410 f.), weniger aufgenommenen oder erkannten Hauptideen/Makropropositionen (Armbruster, Anderson & Ostertag, 1987, S. 342; Garner, 1985, S. 554 f.; Garner et al., 1985, S. 148; Hare, Rabinowitz & Schieble, 1989, S. 78 und 83 f.; Kintsch, 1990, S. 171 f. und 178; Thomas & Bridge, 1980, S. 72 f.; Williams, 1984, S. 877; Williams, Taylor & de Cani, 1984, S. 1069 f.) und den rekonstruierten Anwendungen von Makroregeln innerhalb der Zusammenfassungen (Brown & Day, 1983, S. 5 f. und 11; Brown, Day & Jones, 1983, S. 974; Day, 1986, S. 203 und 205; Kintsch, 1990, S. 170; Rivard, 2001, S. 177; Winograd, 1984, S. 415 f.). Doch die angesprochenen Alterseffekte dürfen nicht den Blick darauf verstellen, dass selbst (lernschwache) Studierende teils noch erhebliche Probleme damit haben, Hauptideen in Zusammenfassungen aufzunehmen (Perin, Bork, Peverly & Mason, 2013, S. 30; Perin, Keselman & Monopoli, 2003, S. 33; Perin, Lauterbach, Raufman & Kalamkarian, 2017, S. 898; Wang, 2009, S. 41).
- Ein weiteres Problem besteht darin, was Garner (1985, S. 550) als »**Bewusstseins-Produktions-Defizit**« bezeichnet hat. Damit ist der hybride Charakter des Zusammenfassens als genuin lese- und schreibbasierte Aktivität angesprochen. Das Bewusstseins-Produktions-Defizit setzt hier an, indem geprüft wird, ob als wichtig von Personen erkannte Hauptideen aus Texten (ein Indikator für das Bewusstsein für Informationsstrukturen) auch tatsächlich in den Zusammenfassungen auftauchen (als Indikator für die Fähigkeit zur Produktion). Eine hohe Schnittmenge von als wichtig für eine Zusammenfassung erachteten Informationen und deren tatsächlicher Aufnahme erzielen erst ältere Personen (Garner, 1985, S. 554–556; Winograd, 1984, S. 414) bzw. bessere Leserinnen und Leser (Winograd, 1984, S. 414).

Die Essenz lautet damit in puncto Makroregeln: Sie sind unterschiedlich leicht in der Ausführung, und sie sind insbesondere jüngeren und schwächeren Leserinnen und Lesern weniger bekannt. Textprodukte illustrieren markant, dass diese Effekte von Alter und Fähigkeit sich in schriftlichen Zusammenfassungen manifestieren.

Einen besonderen Fall stellen Ergebnisse aus Studien dar, die auf das Bewusstseins-Produktions-Defizit verweisen, nämlich einen Bruch zwischen Auswählen und glückendem Organisieren und Verknüpfen. Dies verdeutlicht, dass die Makroregeln förderbedürftig wirken, da selbst bei vermeintlich guten Leserinnen und Lesern noch viel Optimierungsbedarf besteht, was das schriftliche Zusammenfassen und Nutzen von Makroregeln angeht. An dieser Stelle setzt das didaktische Design-Prinzip 3 an, indem es die Vermittlungsbedürftigkeit der Makroregeln betont, die zu mehr Selektions- und Organisationsleistungen (teils auch eigenständigen verbalen Verknüpfungen) führen.

### 5.4.2 Didaktisches Design-Prinzip 4: Grafisches bzw. schriftliches Zusammenfassen (ganzer Texte) über das regelgeleitete Analysieren von Informationsstrukturen ermöglichen

**Didaktisches Design-Prinzip 4:**

Wenn Leserinnen und Leser – primär auf der Basis des Organisierens und Verknüpfens – schriftlich bzw. grafisch zusammenfassen sollen, dann müssen meso- und makrostrukturell fokussierte, auf Regeln basierende umfassende Informationsanalysen gefördert werden.

Dieses Prinzip baut auf dem vorherigen aus dem Teilkapitel 5.4.1 auf, geht aber dadurch weiter, als die Textmenge sich ausweitet und dass – noch wichtiger – die Makrostruktur der Informationen komplexer wird. Die genannte Makrostruktur betrifft nun nicht mehr nur die Kohärenzerschließung innerhalb weniger mehr oder minder didaktisierter Textmengen, sondern **Aggregate höherer Ordnung,** nämlich vor allem kommunikativ konventionalisierte **Textsorten und teils einzeltextspezifische Textstrukturen.** Das Wissen über Textsorten lässt sich durch verschiedene Maßnahmen erfolgreich für das bessere Leseverstehen didaktisch vermitteln und aufbauen (Hebert, Bohaty, Nelson & Brown, 2016, S. 619; Pyle et al., 2017, S. 489). Das Wissen über Textstrukturen wirkt sich auch in Maßen des schriftlichen und grafischen Zusammenfassens positiv aus (Pyle et al., 2017, S. 490). Auch wenn das Vermitteln von Textstrukturwissen einen anderen lesedidaktischen Zugang darstellt als das schriftliche Zusammenfassen, nutzen doch beide Zugänge gezielt die Makrostruktur von Texten.

Betrachtet man rein das Zusammenfassen, so lässt sich das obige Prinzip aus zweierlei ableiten. Zum einen gibt es typische Vorgehensweisen von jüngeren Leserinnen und Leser, die sie an ihre Grenzen führen, was das sinnvolle Zusammenfassen längerer Texte und Textpassagen betrifft. Zum anderen ist nicht nur das Überwinden dieses Vorgehens geboten, sondern das Zusammenfassen korrespondiert auch mit verbesserten Leistungen im Umgang mit Texten. Diese beiden Begründungen legitimieren dieses Prinzip, welches sich auf die **Ausführung anspruchsvollerer Makroregeln des Textverstehens** erstreckt.

Zunächst zur ersten Begründungsfigur des Alters-/Fähigkeitseffekts: Die Funktionalität von verschiedenen Vorgehensweisen für das schriftliche Zusammenfassen hat eine bislang noch überschaubare Zahl von Studien mit verschiedenen Altersgruppen demonstriert (Brown & Day, 1983, S. 5f.; Brown et al., 1983, S. 974). Diesen Studien zufolge neigen **Lernerinnen und Lerner bis zur Klassenstufe 7** dazu, die sogenannte »**Copy-Delete-Strategy**« (Übernehmen-Löschen-Strategie) anzuwenden. Dieses Vorgehen zeichnet sich dadurch aus, sequenziell Textteile zu lesen, innerhalb dieser Textteile sich für das Übernehmen (Copy) oder das Löschen (Delete) zu entscheiden und sich im Falle der Entscheidung für das Übernehmen darauf zu konzentrieren, Gelesenes verbatim zu übernehmen, um dann mit dem nächsten Textteil weiterzuverfahren. Dieses durchaus in gewissen Bereichen funktionale Vorgehen zeigt sich beispielsweise darin, dass die Anwendung der Makroregel, Überflüssiges oder Triviales auszulassen, es also zu löschen, selbst von jüngeren Schülerinnen und Schülern der Sekundarstufe im Gros problemlos beherrscht wird (Brown & Day, 1983, S. 5; Cordero-Ponce, 2000, S. 341).

Für ein glückendes schriftliches Zusammenfassen reicht ein lokales, sequenzielles Bearbeiten im Sinne der **Übernehmen-Löschen-Strategie** nicht mehr aus. Dieses auf längere Textteile angewendete Vorgehen ist – analog zum rein wortwörtlichen Notizenanfertigen – nicht zielführend, und hier deuten sich Alters-/Fähigkeitseffekte an. **Ältere und versiertere Leserinnen und Leser** legen ein anderes Vorgehen an den Tag, das sich stärker an den Makroregeln des **Kategorisierens von Propositionen** und des **Findens von Hauptideen bzw. Konstruieren von Makropropositionen** orientiert (Brown & Day, 1983, S. 2). Sie nutzen verstärkt das Transformieren von Textinhalten in eigene Worte und entlang thematisch zusammengehöriger Informationseinheiten, die sie durchaus anders arrangieren, als es der Bezugstext getan hat (Armbruster et al., 1987, S. 343; Brown & Day, 1983, S. 5f. und 11; Brown et al., 1983, S. 974; Day, 1986, S. 203 und 205; Kintsch, 1990, S. 170; Winograd, 1984, S. 415f.). Dieses Vorgehen ist anspruchsvoller als die Übernehmen-Löschen-Strategie und basiert darauf, die **Makroregeln korrekt anzuwenden**. Diese Makroregeln jenseits des Löschens von Inhalten zu erlernen, bildet das Förderziel gemäß dem Prinzip.

Der Nutzen solcher Makroregeln ergibt sich – so die zweite Begründungsfigur – zusätzlich aus den **positiven Zusammenhängen des schriftlichen Zusammenfassens mit anderen Lernleistungen.** Dabei dominiert in der Forschung der Zugang zur Makroregel, wichtige Informationen als Makropropositionen zu erkennen (Themensätze/Makropropositionen erkennen):

- Die Fähigkeit, *objektiv wichtige Themensätze in längeren Texten als zentrale Informationsträger zu erkennen bzw. solche Sätze korrekt zuzuordnen*, korrespondiert mit besseren Verstehensleistungen sowohl in eigenentwickelten Lesetests (Kozminsky & Kozminsky, 2001, S. 197; Winograd, 1984, S. 419) als auch in standardisierten Lesetests (Winograd, 1984, S. 420).

- Wer *wichtige Inhalte aus Texten in eigene Zusammenfassungen integriert*, versteht auch Sachtexte besser (Leopold, Brückner & Dutke, 2019, S. 740; Pečjak, Podlesek & Pirc, 2011, S. 60), erinnert sich besser an Hauptinhalte (Bednall & Kehoe, 2011, S. 215; Bretzing & Kulhavy, 1979, S. 150; Dyer, Riley & Yekovich, 1979, S. 5; Garner, 1982, S. 277; Rinehart & Thomas, 1993, S. 27 f.) und erbringt bessere Leistungen in Multiple-Choice-Tests (Anderson & Thiede, 2008, S. 115; Thiede & Anderson, 2003, S. 140 und 148) sowie Transfertests (Bednall & Kehoe, 2011, S. 215; Leopold, Brückner & Dutke, 2019, S. 739).

Das Prinzip zur Förderung des Zusammenfassens längerer Texte – sei es grafisch, sei es verbal – ist eine Erweiterung des Prinzips 3. Wegen der teils erheblich größeren Menge an Informationen, die nachweislich höhere Anforderungen an das erfolgreiche Nutzen von Makroregeln stellen, die insbesondere jüngere Lernerinnen und Lerner noch nicht erfolgreich selbstständig absolvieren, bedarf es einer Förderung regelgeleiteter Kognitionen. Daher setzt das didaktische Design-Prinzip 4 daran an, die Makrostruktur von Texten mithilfe von regelgeleiteten Informationsanalysen zu erkennen und diese Makrostruktur dann in eigenen Textprodukten abzubilden.

### 5.4.3 Didaktisches Design-Prinzip 5: Internale integrierte mentale Modelle über externale Darstellungen aufbauen

**Didaktisches Design-Prinzip 5:**

Wenn Leserinnen und Leser internale integrierte mentale Modelle auf der Basis des intertextuellen Organisierens und Verknüpfens entwickeln sollen, dann müssen ihnen strategische Prozesse des externalen Darstellens dieser Modellbestandteile vermittelt werden.

Das oben aufgeführte didaktische Design-Prinzip (paraphrasiert übernommen aus Philipp, 2019c, S. 263) geht über dasjenige im Teilkapitel 5.4.2 hinaus, weil es vor allem darauf abzielt, intertextuelle Inferenzen zu fokussieren und intertextuelle Kohärenz zu stiften. Das obige Prinzip adressiert dabei zwei Linien von Ergebnissen aus der Leseforschung. Die Notwendigkeit, den Aufbau von integrierten mentalen Modellen – also vernetzten Repräsentationen des Inhalts aus mehreren Lernmaterialien innerhalb der lesenden Personen (deshalb auch der Ausdruck »internal«) – ergibt sich aus diversen empirischen Auffälligkeiten, die sich in der Grundlagenforschung deutlich erkennbar abzeichnen. Eine wachsende Zahl von Untersuchungen zum Integrieren von Informationen über die Grenzen einzelner vornehmlich schriftlicher Dokumente zeigt nämlich vier Problemlagen (s. für einen Überblick Philipp, 2019c, S. 171–189):

1. **Unvollständig ausgewählte Informationen aus Dokumenten für eigene Texte bzw. schriftliche Antworten:** Analog zu den Befunden zur Vollständigkeit beim Notizenanfertigen (s. Teilkap. 4.4.1) gibt es auch in Untersuchungen zum intertextuellen Integrieren das Vorgehen, das Ausmaß genutzter Informationen zu bestimmen. Die Studien unterscheiden sich stark, und es gibt durchaus viele Studien, nach denen Personen maximal ein Drittel bis zur Hälfte als wichtig erachteter Informationen ausgewählt haben (Philipp, 2019c, S. 174).
2. **Unvollständig korrekt gebildete intertextuelle Inferenzen:** Ein Maß, um intertextuelles Verstehen zu erfassen, ist die sogenannte »intertextuelle Inferenzverifikationsaufgabe«. Bei dieser Aufgabe geht es darum, gegebene Aussagen daraufhin zu überprüfen, ob sie Zusammenhänge zwischen gelesenen Texten adäquat wiedergeben, indem die Aussage als korrekt/wahr oder falsch/unwahr zu beurteilen ist. Solche Aufgaben werden als Batterien von Aussagen präsentiert, und eine Sichtung von 18 Studien (Philipp, 2019c, S. 175) ergab, dass der Mittelwert richtiger Antworten 60 Prozent betrug. Dieser Wert liegt nur knapp über der Ratewahrscheinlichkeit, und die Werte schwankten in den Studien zwischen 35 und 71 Prozent.
3. **Nicht erkannte intertextuelle Konflikte:** Eine Sonderform intertextueller Inferenzen betrifft die intertextuellen Konflikte bzw. inhaltlichen Widersprüche. Auch diese Aufgabe wird mit einer Aufgabe erfasst, bei der sich die Personen für den Wahrheitsgehalt von Aussagen über gelesene Texte festlegen müssen. Bei diesem Test werden von den richtigen Antworten falsche Antworten abgezogen, es gibt also eine Art Ratekorrektur. Entsprechend sind die Werte erwartbar geringer. Sie liegen gemäß sieben Studien, in denen das Instrument zum Einsatz kam (Philipp, 2019c, S. 177, ergänzt um die Befunde von Stadtler, Scharrer und Bromme, in press), bei 39 Prozent (Minimum: 22 Prozent, Maximum: 55 Prozent). Nicht detektierte Konflikte sind vor allem deshalb ein Problem, weil sie zu falsch angenommener Kohärenz führen.
4. **Nur zum Teil faktisch integrierte mentale Modelle:** Studien, in denen die Teilnehmerinnen und Teilnehmer Texte über multiple Dokumente schrieben, haben mit variierenden Ansätzen die Texte danach untersucht, ob die Textprodukte echte intertextuelle Integrationsleistungen erkennen ließen. Die Anteile von Texten, auf die das zutraf, lag in Studien ohne Fördermaßnahmen zwischen 11 und 36 Prozent (Hemmerich & Wiley, 2002, S. 457; List, 2019, S. 511; List & Alexander, 2019, S. 234 und 239; Mateos, Martín, Villalón & Luna, 2008, S. 689; Mateos & Solé, 2009, S. 443; Wiley et al., 2009, S. 1076). Das sind insgesamt sehr gering wirkende Quoten, da zum Teil nur sehr wenige zu lesende Texte das Ausgangsmaterial bildeten.

Die Grundlagenforschung unterstreicht, dass die Defizite beim Synthetisieren direkt mit den drei Hauptprozessen zusammenhängen, vor allem mit dem Organisieren und dem Verknüpfen. Das Organisieren wird zuvorderst bei der Schwierigkeit deutlich, das Verhältnis von Informationen zu klären, und das Verknüpfen misslingt vor allem dann, wenn es gilt, die Informationen möglichst stimmig in ein übergreifendes mentales Modell zu integrieren.

Wie kommt der Bestandteil des Prinzips zustande, in welchem es um die Nutzung externaler Visualisierungen bzw. Darstellungen geht? Hierfür ist der zweite Forschungszweig von Bedeutung, nämlich die Interventionsforschung. Vorliegende Überblicksarbeiten über empirische Interventionsstudien (Barzilai, Zohar & Mor-Hagani, 2018, S. 999; Philipp, 2019d, S. 14; van Ockenburg, van Weijen & Rijlaarsdam, 2019, S. 415 f.) zeigen, dass **ein Großteil erfolgreicher Fördermaßnahmen sich des grafischen Organisierens bedient.** Barzilai et al. (2018) benennen in ihrem Überblick über 21 Interventionsstudien, dass in drei Fünfteln der Veröffentlichungen grafische Visualisierungen verwendet wurden – unter den 15 Interventionen mit besonders hoher Effektivität betrug der Anteil sogar fast drei Viertel. Mit teils demselben Studienpool kommt Philipp (2019d) auf eine Quote von 54 Prozent. Außerdem sind laut beiden Überblickarbeiten auch das **Anfertigen von Notizen und Zusammenfassungen,** die sich mit dem grafischen Organisieren gut kombinieren lassen, als Bestandteile effektiver Fördermaßnahmen auf breiter Basis nachweisbar gewesen (je nach Fokussierung: 58–73 Prozent).

Mit solchen externalen Formen, Inhalte aus verschiedenen Lernmaterialien im Sinne eines strategisch genutzten Zwischenspeichers zu deponieren, erarbeiten sich Leserinnen und Leser die Inhalte und entlasten zugleich ihr Arbeitsgedächtnis. Deshalb lohnt sich aus didaktischer Sicht, dieses Nutzen von externalen, grafisch strukturierten Speichern gezielt zu instruieren, zumal es sich ähnlicher Mechanismen bedient, die bereits bei geringeren Textmengen funktioniert haben.

## 5.5 Effektivität der Strategie

Das Finden und Nutzen von Hauptideen als Förderschwerpunkt wurde in zahlreichen Studien bereits untersucht, es gibt also diverse Belege für die Effektivität von Fördermaßnahmen, welche im Teilkapitel 5.5.1 behandelt werden. Moderatoranalysen sind mit Blick auf für das generative Lernen verwertbare Indikatoren aber nicht durchgeführt worden. Deshalb fungieren zwei inhaltliche Beschreibungen der effektiven Fördermaßnahmen als eine Alternative in diesem Kapitel. Die erste (5.5.2) geht auf abstrahierte Gemeinsamkeiten von Fördermaßnahmen mit schwachen Leserinnen und Lesern ein, indem Förderschwerpunkte der Studien benannt wurden. Die zweite Auswertung (5.5.3) stellt eine Synopse von Förderelementen aus Studien zum schriftlichen Synthetisieren dar.

### 5.5.1 Die Effektivität im Allgemeinen

Das schriftliche Zusammenfassen ist eine breit untersuchte und insgesamt in ihrer Effektivität breit abgestützte Strategie des generativen Lernens. Dies schlägt sich in der hohen Anzahl verschiedener Metaanalysen nieder, die in Tabelle 18 zusammengetragen sind. Die Effektstärken sind mit einer Range von 0,50 bis 0,97 mittel bis sehr hoch. Umso mehr erstaunt, dass Moderatoranalysen bislang eher die Ausnahme gebildet haben. Sie wurden zwar durchaus durchgeführt (Graham & Hebert, 2011, S. 730; Stevens et al., 2019, S. 143), allerdings sind die in den Studien fokussierten Moderatorvariablen hinsichtlich der didaktischen Design-Prinzipien zu weit entfernt, um hier berücksichtigt zu werden, da beispielsweise Altersgruppen als Einflussgröße fokussiert wurden, nicht aber genuine Merkmale der Interventionen selbst.

| Kurzbeleg | Art der Forschungssynthese: MA, MS, SR | Anzahl Studien (Metaanalysen bei Metasynthesen) | Effektstärken |
|---|---|---|---|
| Donker et al. (2014) | MA | 50 | 0,75 |
| Fiorella & Mayer (2015) | MA | 30 | 0,50 |
| Graham & Hebert (2011) | MA | 19 | 0,54 |
| Graham & Perin (2007a) | MA | 4 | 0,82 |
| Hattie & Donoghue (2016) | MS | 70 (2) | 0,50 |
| Stevens et al. (2019) | MA | 23 | 0,97 |
| Van Ockenburg et al. (2019) | SR | 19 | 0,63* |

*Tabelle 18: Studienübergreifende Effektivität der Strategiefamilie Hauptideen finden sowie Zusammenfassen/Synthetisieren (MA = Metaanalyse, MS = Metasynthese, SR = Systematischer Review; * eigene Berechnung des Mittelwerts)*

### 5.5.2 Die Effektivität im Besonderen 1: Hauptideen finden und Zusammenfassen (bei schwach lesenden Personen)

In der Metaanalyse von Stevens et al. (2019, S. 138) wertete das Forschungsteam aus, welche Schwerpunkte die Förderansätze haben. Wichtig ist hier, dass sich die berücksichtigten Primärstudien auf Schülerinnen und Schüler der Klassenstufen 3 bis 12 bezogen und dass diese Personen entweder eine diagnostizierte Lernschwierigkeit aufwiesen oder aber das Risiko in sich trugen, zu besonders schwachen Leserinnen und Lesern zu zählen. Die Studien ließen sich – ohne freilich gänzlich trennscharf nur einer Kategorie zuzugehören – den folgenden Schwerpunkten zuordnen, die im Laufe des Kapitels auch wieder aufgegriffen werden und daher mit Querverweisen auf Teilkapitel versehen sind:

1. **Makroregeln des Zusammenfassens** (Regeln auf der Makro- und Mesoebene von Texten; s. Teilkap. 5.6.2): In diesen Förderansätzen werden mehrstufig ablaufende Regeln steigender Komplexität vermittelt, welche kognitionspsychologische Wurzeln im Konstruktions-Integrations-Modell haben. Diese inferenzbasierten Regeln lassen sich auf größere Textmengen übertragen. Beides – Anzahl der Schritte und die Textmenge – stellen einen wesentlichen Unterschied zu den Paraphrasierungsstrategien aus dem folgenden Spiegelstrich dar.
2. **Paraphrasierungsstrategien bei Absätzen** (Regeln auf der Mesoebene von Texten; s. Teilkap. 5.6.1.1 und 5.6.1.2): Dieser Förderansatz sieht vor, dass Leserinnen und Leser eine überschaubare Anzahl von Regeln wiederholt bei kurzen Textteilen dazu nutzen, die Hauptidee des jeweiligen Textteils in eigenen Worten zu formulieren.
3. **Nutzen der Textstruktur**: In solchen Studien lernten die Schülerinnen und Schüler, wie sie den Aufbau von Sachtexten, das Vorhandensein von Signalwörtern oder Bestandteile wie Themensätzen nutzen können (s. Teilkap. 5.6.2.2).
4. **Zusatz von Selbstregulation und Selbstüberwachung:** Bei diesem Förderansatz kommen zur Verwendung von kognitiven Strategien noch Maßnahmen hinzu, welche einer Überwachung der Verstehensleistung und/oder der Strategieanwendung dienen. Hierfür helfen eigene metakognitive Strategieschritte, die teils als ausgelagerte Hinweise auf Kärtchen vorlagen. Dieser Förderansatz rahmt damit die Strategienutzung beim generativen Lernen aus und mit Texten.

Bedauerlicherweise wurde nicht geprüft, ob es zu Leistungsunterschieden in den vier Gruppen von Förderansätzen kam. Dennoch zeigt die reine Existenz verschiedener Ansätze in einer der echten Sorgengruppen in puncto Leseverstehen, dass es mehrere probate Mittel gibt, das Finden von Hauptideen und das Zusammenfassen erfolgreich zu verbessern.

### 5.5.3 Die Effektivität im Besonderen 2: Synthetisieren

Auch das Synthetisieren von Inhalten aus multiplen Dokumenten, also mehrheitlich schriftsprachlichen Texten mit Metadaten zu den Texten, wurde bereits in diversen Studien geprüft. Hier ist eine niederländische Überblicksarbeit (van Ockenburg et al., 2019) von hohem Nutzen, die sich zwar nicht explizit, aber doch deutlich implizit an den Prämissen des generativen Lernens orientiert und die Förderung der drei Hauptprozesse zum Gegenstand der Analyse erkoren hat. Prinzipiell anschlussfähig ist diese Überblicksarbeit auch an dieses Buch deshalb, weil es erklärtes Ziel war, didaktische Design-Prinzipien abzuleiten, die sich auf die Förderung des Auswählens, Organisieren und Verknüpfens beziehen. Die Befunde dieser qualitativen Analyse sind in Tabelle 19 versammelt.

| Lernaktivitäten | Auswählen von Informationen | Organisieren durch Analyse von | | Verknüpfen von Informationen |
|---|---|---|---|---|
| | | Metadaten | Dokumenteninhalten | |
| **a) Fokus Integrieren** | | | | |
| *Analyse fremder Texte:* Beispielsynthesetexte durch Vergleich und Kontrast reihen | ✓ | | ✓ | ✓ |
| *Fragen zur Organisation und zu Hauptinhalten der einzelnen Dokumente beantworten* | ✓ | | ✓ | |
| *Dokumenteninhalte grafisch organisieren* (Tabellen, Concept-Maps, Graphic Organizers, mithilfe von Notizen auf verschiedenfarbigen Zetteln (Color Coding)*) | ✓ | | ✓ | ✓ |
| *Verknüpfen von Informationen üben* | ✓ | | ✓ | ✓ |
| **b) Fokus Sourcing** | | | | |
| *Metadaten kategorisieren und evaluieren:* Metadaten erkennen, ordnen und zur Zuverlässigkeitsbeurteilung nutzen | | ✓ | | ✓ |
| *Fragen zu Autoren und zum Titel einzelner Dokumente beantworten* | | ✓ | ✓ | |
| **c) Kombinierter Fokus Integrieren und Sourcing** | | | | |
| *Metadaten und Inhalte analysieren und miteinander kombinieren* | ✓ | ✓ | ✓ | ✓ |

*Tabelle 19: Empirisch extrahierte Lernaktivitäten des erfolgreichen Schreibens von Synthesen (Quelle: Übersetzung von van Ockenburg et al., 2019, S. 416, entnommen aus Philipp, 2019c, S. 285; * Methode Color-Coding zählte nicht zu den ursprünglichen effektiven Lernaktivitäten, wurde aber mit einem liberaleren Cut-off-Wert als aufnahmefähig ergänzt; Legende: ✓ = Passung gegeben)*

Die Tabelle enthält neben den drei Prozessen – das Organisieren wird nach Inhalten und Metadaten zusätzlich untergliedert – in der Spalte links außen die einzelnen Lernaktivitäten. Diese Lernaktivitäten sind zu drei Blöcken zusammengefasst, nämlich je nachdem, ob sie das Integrieren, das Sourcing oder beides fokussieren. Diese Binnengliederung hat damit zu tun, dass es sich hierbei um die beiden konstitutiven Hauptprozesse des Verstehens multipler Dokumente handelt (s. Philipp, 2019d, S. 3–6). Wegen der Fokussierung auf Integrationsprozesse stehen die Lernaktivitäten unter dem Punkt a) in der Tabelle 19 im Vordergrund. Unter diesen Lernaktivitäten sticht jene hervor, bei der es darum geht, die *Dokumenteninhalte grafisch zu organisieren.* Denn es handelt sich einerseits tatsächlich um eine der wenigen Lernaktivtäten, die von mehreren ausgewerteten Förderansätzen genutzt worden ist (van Ockenburg et al., 2019, S. 413–416). Sie steht damit also für ein übergreifendes Muster und nicht für einen Einzelfall. Andererseits berücksichtigt diese Lernaktivität alle drei Prozesse des generativen Lernens und bietet sich daher auch für die Zwecke dieses Buches für eine vertiefende Betrachtung exemplarischer Förderansätze an (s. Teilkap. 5.6.3). Dies steht im Einklang zu dem, was im Teilkapitel 5.4.3 als didaktisches Design-Prinzip entfaltet wurde.

## 5.6 Beispiele für die Strategie

Die Beispiele in diesem Teilkapitel folgen der Logik der bislang etablierten Darstellungslogik. Ausgehend von dem Finden von Hauptideen (5.6.1) werden sodann das Zusammenfassen einzelner Texte (5.6.2) und das Synthetisieren von multiplen Lernmaterialien fokussiert (5.6.3).

### 5.6.1 Hauptideen finden (didaktisches Design-Prinzip 3)

Mit dem Finden von Hauptideen ist in aller Regel die Mesoebene von Texten angesprochen, also Textteile von einem bis einigen wenigen Absätzen, bei denen es um das Erkennen von lokaler Kohärenz geht. Hierfür sind Informationsanalysen vonnöten, welche in den Beispielen aus diesem Teilkapiteln entlang eines Kontinuums zu verorten sind. Sie reichen von starker, psycholinguistisch grundierter Lenkung durch Regeln und der Förderung im Sinne der direkten Vermittlung (5.6.1.1) hin zu offeneren (5.6.1.2) und teils nur durch Rhythmisierung gesteuerten didaktischen Settings (5.6.1.3).

#### *5.6.1.1 Makroregeln zum Zusammenfassen nutzen*

Makroregeln – regelgeleitetes Ergründen der Makrostruktur (nicht nur) auf Absatzebene

Wer Texte und Textteile zusammenfasst, muss Makropropositionen nutzen – und sie dazu erst einmal finden (Kintsch, 2018, S. 192). Hierbei helfen die **Makroregeln** genannten Prozesse, welche einerseits eine reduktiv-strukturierende Funktion haben, andererseits auch eine elaborativ-generative Funktion besitzen. Mit Makroregeln erschließen sich Leserinnen und Leser per schlussfolgerndem Verarbeiten von Informationen die Struktur und die Hierarchie der Informationen/Propositionen. Van Dijk und Kintsch (1983, S. 190) benennen drei Makroregeln, die bereits im Teilkapitel 5.4.1 Gegenstand waren:

1. Löschen von Propositionen, die keine weiteren Informationen erklären, beinhalten, spezifizieren – kurzum trivial oder redundant sind;

2. Generalisieren von Propositionen, d. h. Nutzen von übergeordneten, rubrizierenden Ausdrücken, mit denen sich andere Propositionen bündeln und abstrahierend ersetzen lassen;
3. Konstruieren von Makropropositionen/Hauptideen/Kernaussagen, also das Erkennen oder Formulieren von Aussagen, die sich auf eine längere Sequenz von Propositionen erstrecken. Beim Erkennen geht es um explizit vorhandene Hauptideen, beim Formulieren um implizite Hauptideen.

Die Makroregeln sind in verschiedenen Studien zum schriftlichen Zusammenfassen immer wieder aufgegriffen worden. Dabei erwies sich eine Ausdifferenzierung der drei Gruppen von Makroregeln von Brown und Day (1983, S. 2) als besonders fruchtbar. Diese Makroregeln enthält (stellvertretend für diverse Formen in verschiedenen Studien) die Tabelle 20. Die ersten beiden Regeln entsprechen der Makroregel 1 in der Liste von van Dijk und Kintsch in der obigen Auflistung, Regel 3 bildet das Äquivalent zu Makroregel 2 für das Finden von übergeordneten Kategorien, und die letzten beiden Regeln aus der Tabelle entsprechen der kognitiv anspruchsvollsten Makroregel des Konstruierens von Makropropositionen.

| Regel | Beschreibung |
| --- | --- |
| 1) Unwichtige Informationen löschen | Weil eine Zusammenfassung das Hauptthema eines Textes wiedergibt, sollte sie keine unwichtigen Informationen enthalten. |
| 2) Triviale/redundante Informationen löschen | Weil Zusammenfassungen kurz sein sollen, sollten sie keine überflüssigen Informationen beinhalten. |
| 3) Informationen unterordnen | Um Wörter zu sparen, sollte man übergeordnete Begriffe verwenden, welche einzelne Wörter ersetzen können. |
| 4) Themensatz auswählen | Ein Themensatz ist eine zusammenfassende Aussage/die Hauptidee eines Absatzes. Er kann für eigene Zusammenfassungen verwendet werden. |
| 5) Themensatz erfinden | Nicht alle Absätze enthalten Themensätze. Deshalb muss man sie dann selbst erstellen, um sie für die Zusammenfassung zu verwenden. |

*Tabelle 20: Makroregeln für das schriftliche Zusammenfassen (Quelle: Übersetzung und Modifikation von Day, 1986, S. 195)*

Um die Anwendung der Makroregeln einmal zu illustrieren, enthält der Beispieltext 2 einen Absatz, der in einer Studie zum Einsatz gelangt ist, um die Leistungen im Finden von Hauptideen zu messen. Im Beispieltext stehen die durchgestrichenen Sätze für die Anwendung der Regeln 1 und 2. Die unterstrichenen beiden Sätze beinhalten die Hauptideen des Absatzes (stehen also eher für die Regel 3), und der erste, kursiv gesetzte Satz ist der Themensatz. Die Überschrift, die ursprünglich nicht enthalten war und für die Zwecke dieses Buchs hinzugefügt wurde, steht für die Regel 5.

> **Natürliche Ressourcen in den Bundesstaaten der USA**
>
> *Die verschiedenen Staaten in den Vereinigten Staaten unterscheiden sich in ihren natürlichen Ressourcen – Dinge, die in und auf der Erde gefunden werden und für die Menschen nützlich sind.* Bäume sind eine wichtige natürliche Ressource für die Herstellung von Gebäuden und Papierprodukten. ~~Die Bundesstaaten Oregon, Kalifornien und Washington sind die führenden Hersteller von Schnittholz. Oregon produziert mehr als 600 Millionen Kubikfuß Holz pro Jahr, und Kalifornien produziert fast 500 Millionen Kubikfuß.~~ Eine weitere wichtige natürliche Ressource ist Öl, aus dem Kraftstoffe für den Betrieb unserer Autos und die Beheizung unserer Häuser hergestellt werden. ~~Texas, Alaska und Louisiana sind die führenden Ölproduzenten. Texas pumpt jährlich 1.000 Millionen Barrel Öl und Alaska produziert 600 Millionen Barrel pro Jahr.~~

*Beispieltext 2: Beispieltext für das Anwenden von Makroregeln (Quelle: Weisberg & Balajthy, 1990, S. 135; Legende: kursiv = Themensatz, unterstrichen = Hauptideen, durchgestrichen = Details)*

In den Studien wurden die Regeln aus Tabelle 20 (oder vergleichbare Formen dieser Regel) auf verschiedene Arten vermittelt, wobei die direkte Vermittlung mit explizitem Erklären, Modellieren durch die Lehrperson, (kooperativem) Üben und Feedback häufig Bestandteil waren. Neben diesem allgemeinen Vermittlungsschema kamen einige Merkmale, die genuin mit der Fähigkeit des Findens von Hauptideen zu tun haben, in mehreren Studien vor:

- *farbiges oder sonstiges Hervorheben* von Details, Hauptideen etc. bzw. *Durchstreichen* von zu löschenden Informationen, um die Informationshierarchie optisch zu kennzeichnen (Bean & Steenwyk, 1984, S. 300; Day, 1986, S. 198; McNeil & Donant, 1982, S. 216; Merchie & van Keer, 2013, S. 65; Pečjak & Pirc, 2018, S. 574; Weisberg & Balajthy, 1990, S. 119, 122 und 127);
- *sukzessives Absolvieren der Makroregeln* nach Schwierigkeitsgrad, nicht nur in puncto Abfolge, sondern auch in der Fähigkeit, bei den anspruchsvolleren Regeln selbstständig Hauptideen bzw. Makropropositionen in eigenen Worten zu generieren (Bean & Steenwyk, 1984, S. 301; Cordero-Ponce, 2000, S. 334; Gajria & Salvia, 1992, S. 510 f.; Head, Readence & Buss, 1989, S. 5; Pečjak & Pirc, 2018, S. 574; Sjostrom & Hare, 1984, S. 115; Weisberg & Balajthy, 1990, S. 119 f., 122 f. und 128);
- *prozedurale Hinweise* in Form von zugänglichen Schrittabfolgen und auch Beispielen für die korrekte Anwendung der Makroregeln (Cordero-Ponce, 2000, S. 335; Day, 1986, S. 197; Hare & Borchardt, 1984, S. 66 f.; Head et al., 1989, S. 5; Rinehart et al., 1986, S. 429).

Diese unterstützenden Maßnahmen dienten als Scaffolds im Vermittlungsprozess. Sie flankierten die anspruchsvollen Kognitionen, die die Lernenden zu absolvieren hatten. Dass dies gelang, darauf verweisen die empirischen Ergebnisse aus den Studien zum Vermitteln der Makroregeln deutlich.

Und was sagt die Forschung konkret? Das Anwenden von Makroregeln steht in deutlich positivem Verhältnis zur Qualität von Zusammenfassungen im Sinne von berücksichtigten Hauptideen und Details (Wood, Winne & Carney, 1995, S. 614), allerdings sind die Zusammenhänge zwischen Makroregeln und Zusammenfassungen erstaunlich selten untersucht worden. Dafür wurde die **Wirksamkeit der Makroregeln** an verschiedenen Personengruppen erprobt: Viertklässler (Pečjak & Pirc, 2018), Fünftklässler (McNeil & Donant, 1982); Sechstklässler (Bean & Steenwyk, 1984; Head et al., 1989; Rinehart et al., 1986), Siebtklässler mit Lernschwierigkeiten (Weisberg & Balajthy, 1990), Sechst- bis Neuntklässler mit Lernschwierigkeiten (Gajria & Salvia, 1992), Neunt- und Zehntklässler (Sjostrom & Hare, 1984), Elftklässler (Hare & Borchardt, 1984), Elft- und Zwölftklässler (Wood et al., 1995) sowie Studierende (Cordero-Ponce, 2000; Day, 1986; King, Biggs & Lipsky, 1984).

Die Interventionsstudien mit den Makroregeln des Findens von Hauptideen (bzw. darüber hinausgehend: zum schriftlichen Zusammenfassen auch längerer Texte) ergaben positive Effekte bei folgenden Maßen:

- *korrektere Anwendung der anspruchsvollen Makroregeln* – also vor allem dem Unterordnen und dem Auswählen bzw. Erfinden eines Themensatzes – in eigenen Zusammenfassungen, wobei es bei den letztgenannten Regeln teils von Vorteil war, wenn sie mit Selbstregulationsprozeduren gekoppelt waren (Cordero-Ponce, 2000, S. 341 f.; Day, 1986, S. 201–205; Hare & Borchardt, 1984, S. 74 f.; Weisberg & Balajthy, 1990, S. 121 f. und 123 f.; Wood et al., 1995, S. 614);
- *bessere Zusammenfassungen*, welche wichtigere Inhalte gelesener Texte abbildeten – und entsprechend weniger unwichtige Information inkludierten (Bean & Steenwyk, 1984, S. 303; Cordero-Ponce, 2000, S. 339 f.; Hare & Borchardt, 1984, S. 72; Head et al., 1989, S. 7; Pečjak & Pirc, 2018, S. 575; Rinehart et al., 1986, S. 432; Sjostrom & Hare, 1984, S. 116; Weisberg & Balajthy, 1990, S. 125);
- *höhere Werte bei Erinnerungstests,* also mehr wiedergegebene Informationen aus den gelesenen Testtexten (Cordero-Ponce, 2000, S. 338; King et al., 1984, S. 213 f.);
- *bessere Testwerte in standardisierten und selbstkonstruierten Lesetests* (Bean & Steenwyk, 1984, S. 304; Gajria & Salvia, 1992, S. 512–514; Rinehart et al., 1986, S. 433).

### Der Sprung von der Meso- auf die Makroebene des Textes: ein Absatz vs. mehrere Absätze

In den bisherigen Ausführungen dominierte ein auf geringere Textmengen abzielendes Vorgehen, nämlich eines mit dem Bezugspunkt Absätze. Dies ist aus der Perspektive der Förderung bei zunächst kleineren Einheiten und mit Blick auf kognitive Fähigkeiten in puncto Zusammenfassen durchaus einleuchtend (Baumann, 1986, S. 145–147), genügt aber nicht den Anforderungen des Lesens längerer Texte. Denn das Finden von Hauptideen auf lokaler Ebene erscheint als nötige, aber nicht hinreichende Voraussetzung für das Zusammenfassen längerer Texte. Denn: Hauptideen sind nicht auf Absätze limitiert, vielmehr können sie verschiedene Aggregatstufen und Textteile betreffen. Ein deutliches Beispiel dafür ist das hierarchische Zusammenfassen aus dem Teilkapitel 1.2.1, für dessen Vorgehen die Informationshierarchie konstitutiv war.

Entscheidend ist nun, wie der Sprung von der Absatz- und damit der Mesoebene hin zur Gesamt- und damit Makroebene des Textes glücken kann. Hier gehen diverse Förderansätze davon aus, dass sie die Makroregeln zunächst auf (Satz- und) Absatzebene trainieren und dann auf Passagen mit mehreren Absätzen ausweiten (Baumann, 1984, S. 97 f.; Hammann & Stevens, 2003, S. 739; Pečjak & Pirc, 2018, S. 574; Rinehart et al., 1986, S. 429; Sjostrom & Hare, 1984, S. 115). Hier verschieben sich die Betrachtungsweisen, indem die Themensätze und Hauptideen von Absätzen den Ausgangspunkt für weitere inferenzbasierte Generalisierungen und das Finden bzw. Generieren von Themensätzen avancieren. Damit werden die **Makroregeln wiederholt auf verschiedenen Textebenen angewendet**.

Ein Beispiel dafür hält die Tabelle 21 bereit: Zunächst erlernten die Sekundarschuljugendlichen das Zusammenfassen von Absätzen, ehe sie dazu übergingen, aus den absatzbezogenen Zusammenfassungen dann Gesamtzusammenfassungen zu erstellen, von denen eine Variante in der Tabelle ganz rechts dargestellt ist. Der entscheidende reduktive und organisierende Vorgang ist zweiphasig: Auf lokaler Absatzebene sind die Hauptideen extrahiert (Spalte »Zusammenfassungen Einzelabsätze«), und in der Spalte ganz rechts mit der Gesamtzusammenfassung sind Nutzungen von Tieren restrukturiert dargestellt, etwa die lokale Zusammenführung aller Tiere unter dem Thema Transport. Zugleich wurden die Eigenheiten des Nutzens von Hunden ans Ende der Zusammenfassung gestellt, obwohl dieses Tier als zweites von dreien im Originaltext beschrieben wurde. Darin zeigen sich im Produkt die Spuren der generativen Prozesse recht deutlich.

| Originalabsätze | Zusammenfassungen Einzelabsätze | Gesamtzusammenfassung aller Absätze |
|---|---|---|
| Der Mensch hat einige Tiere sehr hilfreich in seiner Arbeit gefunden. Das Pferd ist einer der besten Arbeiter. Für viele Jahre war es notwendig, Pferde auf einer Farm zu haben, um den Boden zu pflügen und andere schwere Arbeit zu leisten. Pferde zogen Postkutschen, welche Menschen und Post von einem Ort zum nächsten brachten. | Einige Tiere haben dem Menschen wirklich geholfen. Das Pferd half bei der Arbeit auf Farmen und mit Postkutschen und Briefzustellung. | Einige Tiere haben dem Menschen wirklich geholfen. Das Pferd wurde für die Arbeit und für den Transport genutzt. Der Hund und das Kamel wurden auch für den Transport eingesetzt. Der Hund wurde außerdem für spezielle Hilfe für verschwundene und blinde Menschen genutzt. |
| Ein weiteres Tier, das ein harter Arbeiter war, ist der Hund. In kalten Ländern zogen Hunde Schlitten. Sie wurden auch verwendet, um verschwundene Leute zu finden. Blinde Menschen haben häufig trainierte Hunde, die fähig sind, sie von Ort zu Ort zu führen. | Der Hund hat mit Schlitten und bei verschwundenen und blinden Menschen geholfen. | |
| Menschen aus der Wüste haben die Nützlichkeit des Kamels entdeckt. Dieses Tier transportiert Menschen und Güter über das heiße, trockene Land. Wenn sie umziehen, werden alle Habseligkeiten auf den Rücken des Kamels gepackt, und das Kamel bringt sie überallhin. | Das Kamel ist ein weiteres Beispiel. Es wurde zum Transport genutzt. | |

*Tabelle 21: Übungspassage mit drei Absätzen mit zusammenfassenden Themensätzen und einer Kernaussage über die Absätze hinweg (Quelle: eigene Darstellung, Texte in der Übersetzung von Rinehart et al., 1986, S. 438)*

### *5.6.1.2 Hauptideen und unterstützende Details in Absätzen finden: die RAP-Strategie (geringe Lenkung)*

Auf kognitiven Prozessen wie bei den Makroregeln fußen auch andere Fördermaßnahmen, die zum Teil identische oder vergleichbare kognitive Prozesse des Auswählens, Organisierens und Verknüpfens erfordern. Eine solche, bereits in den 1980er Jahren entwickelte Strategie hat inzwischen recht große Verbreitung in der Leseforschung erlangt. Ursprünglich wurde diese mit dem Akronym RAP (*R*ead, *A*sk, *P*ut in your words/*P*araphrase – s. Tabelle 22) abgekürzte dreischrittige Strategie für Heranwachsende mit Lernschwierigkeiten entwickelt. Diese Strategie wird wiederholt angewendet, nämlich für jeden Absatz. Damit strukturiert RAP den Leseprozess, indem das Lesen portionsweise erfolgt und die immergleichen Schritte wiederholt werden, welche den analytischen Umgang mit dem Lesematerial strukturieren und rhythmisieren.

| | |
|---|---|
| **R** - Read a paragraph. | Lies einen Absatz. |
| **A** - Ask yourself, »What was the main idea and two details?« | Frag dich: Was ist die Hauptidee, und was sind zwei Details? |
| **P** - Put information into your own words. | Beantworte die Frage in eigenen Worten. |

*Tabelle 22: RAP-Strategie zum Finden von Hauptideen und unterstützenden Details in Absätzen (Quelle: Hagaman, Luschen & Reid, 2010, S. 23)*

Die drei Schritte der RAP-Strategie haben spezifische Funktionen, von denen aus der Warte des generativen Lernens der Schritt A und der Schritt P von hohem Belang sind:

- Der **Schritt A** – die Frage nach der Hauptidee und nach den Details – fokussiert auf das **Organisieren,** weil die Personen auf Absatzebene erkennen können müssen, welche Informationshierarchie vorliegt, und drei Elemente auf zwei Ebenen (die übergeordnete Makroproposition und untergeordnete zwei Mikropropositionen) benennen.
- Diese Benennung in eigenen Worten im **Schritt P** ist dann tatsächlich dem **Verknüpfen** zuzuordnen, weil es um die Wiedergabe in eigenen Worten geht, also um die gezielte Nutzen des Vorwissens für die angemessene (mündliche) Wiedergabe von Hauptideen und Details.

Die RAP-Strategie wurde wie oben schon erwähnt in ihrer Effektivität in einer Reihe von Studien überprüft. Die Altersgruppen waren dabei Drittklässler mit Lernschwierigkeiten (Hagaman, Casey & Reid, 2012), Fünft- bis Siebtklässler mit und ohne Lernschwierigkeiten (Ellis & Graves, 1990; Hagaman & Reid, 2008; Katims & Harris, 1997) sowie Neunklässler mit Lernschwierigkeiten (Lauterbach & Bender, 1995). Geübt wurde die RAP-Strategie sowohl an narrativen Texten (Ellis & Graves, 1990; Hagaman et al., 2012) als auch an Sachtexten (Hagaman & Reid, 2008; Katims & Harris, 1997; Lauterbach & Bender, 1995). In aller Regel erfolgte die Vermittlung gerade wegen der Zielgruppe nach dem Verlaufsschema der direkten Instruktion. Positive Effekte der RAP-Strategie ließen sich bei folgenden Leistungen bestimmen:

- in der *richtigen Anwendung der Strategie* bei kontinuierlich erfassten Leseleistungen (Lauterbach & Bender, 1995, S. 62);
- dem *Finden von Hauptideen* in narrativen Texten (Ellis & Graves, 1990, S. 7);
- besseren *Erinnerungen an Gelesenes,* und zwar sowohl in Bezug auf die Hauptideen als auch Details (Hagaman et al., 2012, S. 119; Hagaman & Reid, 2008, S. 230) und
- in diversen *Lesetests* – darunter auch solche mit inferenzbasierten Fragen – zum einen bei Sachtexten (Katims & Harris, 1997, S. 121; Hagaman et al., 2012, S. 119; Hagaman & Reid, 2008, S. 231; Lauterbach & Bender, 1995, S. 62), zum anderen bei narrativen Texten (Hagaman et al., 2012, S. 119).

Nicht genau wie die RAP-Strategie im Wortlaut, aber doch strukturanalog im Kern sind andere Strategien, die ebenfalls mit stets gleichlautenden Handlungsanweisungen bzw. Fragen das sukzessive Bearbeiten von Absätzen bzw. längeren Textpassagen strukturieren. Diese Ansätze seien an dieser Stelle der Vollständigkeit halber noch erwähnt:

- *Paraphrasierung mit Leitfragen (1) Wer/was? 2) Was passierte?):* Eine Variante der RAP-Frage aus deren Schritt 2 wurde für narrative Texte angewendet (Jenkins, Heliotis, Stein & Haynes, 1987, S. 55 f.; Malone & Mastropieri, 1992, S. 273 f.). Im Falle der erstgenannten Studie sollten die Leserinnen und Leser nach dem Lesen jedes Absatzes die Person aus dem Absatz benennen und was ihr zugestoßen/mit ihr passiert war. Nach zunächst mündlichem Beantworten der Frage schrieben die Leserinnen und Leser das Wichtigste in möglichst wenigen Worten selbst auf (Jenkins et al., 1987, S. 55 f.).
- *Finden von Gemeinsamkeiten und Generalisieren der Aussagen bei längeren narrativen Passagen:* In eine etwas andere Richtung ging ein Förderansatz, in welchem das Finden von Hauptideen jeweils auf Absatzebene geübt wurde. Dieser in mehreren Studien erprobte Ansatz (Schunk & Rice, 1986, 1987, 1992) bestand aus mehreren Schritten, die hier übernommen wurden aus Schunk und Rice (1992, S. 54 f.): a) Lies die Fragen (= Multiple-Choice-Fragen zu dem Text); b) Lies den Text, um herauszufinden, worüber er am meisten handelt; c) Denk darüber nach, was die Informationen eint; d) Denk darüber nach, was ein guter Titel für den Text wäre; e) Lies die Geschichte erneut, wenn du die Fragen nicht beantworten kannst.

Die RAP-Strategie und die anderen angeführten, strukturell verwandten Ansätze eint, dass sie mit allgemein gehaltenen Handlungsanweisungen versuchen, Organisations- und Verknüpfungsprozesse gezielt zu induzieren. Diese Art von Lesestrategie wurde zudem als modularer Bestandteil auch in Peer-Tutoring-Förderansätzen genutzt, in denen in Dyaden Absatz für Absatz RAP-ähnliche Vorgehensweisen trainiert wurden (Fuchs, Fuchs, Mathes & Simmons, 1997; Mastropieri, Scruggs, Spencer & Fontana, 2003; Philipp, Brändli & Kirchhofer, 2014; Spörer & Brunstein, 2009).

#### *5.6.1.3 Minimale Lenkung: Aufforderung/Platz für eine kurze Zusammenfassung eines einzelnen Absatzes*

Eine Variante, das Finden von Hauptideen auf Absatzebene mit geringer Lenkung zu fördern bzw. eher zu fordern, besteht darin, **über, neben oder unter Absätzen Platz für das Benennen des Absatz-Inhalts in maximal einem Satz Umfang zu lassen oder am Ende ganzer Seiten Platz für eigene Zusammenfassungen zur Verfügung zu stellen.** Solche allgemeinen Anweisungen kamen in verschiedenen Studien zum Einsatz und verbesserten das Einschätzen von Informationen und

Beurteilen von Zusammenhängen von Informationen in Multiple-Choice-Tests (Annis, 1985, S. 7 f.). Ferner erinnerten sich Personen besser an Inhalte aus längeren Texten, die sie absatzweise zusammengefasst hatten (Wittrock & Alesandrini, 1990, S. 496 f.). Hinzu kommen Effekte auf das Verstehen auf Satz- und Absatzebene (Doctorow, Wittrock & Marks, 1978, S. 114 f.) bzw. strukturanaloge und vollständigere Texte über gelesene Passagen, welche die Testpersonen mit einigen Tagen Abstand schrieben (Spurlin, Dansereau, O'Donnell & Brooks, 1988, S. 200 f.). Diese Art von Förderung ist damit zwar durchaus wirksam, sie erstreckt sich allerdings nur auf die Rhythmisierung des Zusammenfassens, indem sie dafür buchstäblich Raum schafft. Wie die Leserinnen und Leser zu den zusammenfassenden Aussagen kommen und ob die Zusammenfassungen adäquat sind, lässt dieses Vorgehen vonseiten der Lehrperson völlig offen.

## 5.6.2 Zusammenfassen einzelner Texte (didaktisches Design-Prinzip 4)

Das Finden von Hauptideen – mit oder ohne explizite Vermittlung der dafür benötigten Makroregeln – kann als Vorstufe dafür betrachtet werden, wenn es darum geht, eigene Zusammenfassungen zu erstellen. Das betrifft zum einen die Textmenge, die beim Finden von Hauptideen auf Absatzebene naturgemäß geringer ausfällt. Zum anderen können analysierte und verdichtete Inhalte auch ganz buchstäblich die Basis für das Zusammenfassen bilden, sei es als notizenartige Grundlagen für Zusammenfassungen (King, 1992; Weisberg & Balajthy, 1989), sei es als modulare Inhalte für eigene grafische oder schriftliche Zusammenfassungen. Um diesen modularen Charakter geht es in diesem Teilkapitel, das sich aus drei Richtungen dem Thema annähert. Zunächst stehen Ansätze im Vordergrund, in denen auf der Basis bearbeiteter Absätze die Makrostruktur längerer Texte bzw. Textteile grafisch herausgearbeitet wird (s. Teilkap. 5.6.2.1). Danach geht es um textsortenspezifische Formen der Visualisierung von Textsorten-Inhalten (5.6.2.2).

Einer gänzlich anderen Logik folgt das finale Teilkapitel 5.6.2.3. Es behandelt, wie längere Sequenzen von Schritten – seien es prozedurale Hinweise, seien es längere Abfolgen einzelner Lese- und Schreibstrategien – zum Verfassen einer schriftlichen, nicht-grafischen Zusammenfassung genutzt werden können. Aus Platzgründen wird aus der Vielzahl der Ansätze nur ein einziger präsentiert.

### *5.6.2.1 Makrostrukturen von Textinhalten erkennen und grafisch darstellen – textsortenunspezifische Strategien*

Das Erkennen von Hauptideen (Makropropositionen) und ihrer Verknüpfung untereinander (Makrostruktur) ist ausführlicher Gegenstand im Teilkapitel

5.6.1.1 geworden, beschränkte sich dort aber meistenteils auf kürzere Texte wie einzelne, didaktisierte (Übungs-)Absätze. Dieses Manko, das bei längeren Texten überdeutlich zutage tritt, nehmen andere Förderansätze gezielt auf, die mittelbar oder unmittelbar auf den Makroregeln basieren. In solchen Ansätzen werden längere (Sach-)Texte verwendet, und die Makrostruktur wird visualisiert. Die innerhalb einer lesenden Person vorliegende Repräsentation wird somit external in Form grafischer Anordnungen von Propositionen auf verschiedenen Ebenen des Gelesenen ausgelagert. Dabei gibt es Unterschiede in den Förderansätzen. Einige von ihnen sind stark textsortenspezifisch und orientieren sich an der Logik der Textsorte, andere hingegen eher generisch und folgen der Chronologie des Textes. Um solche letztgenannten allgemeinen Strategien geht es in diesem Teilkapitel.

#### Variante 1: Texte absatzweise bearbeiten und Makrostruktur extrahieren

Ein erstes Beispiel für diesen Förderansatz ist in diesem Buch bereits sehr früh vorgekommen, nämlich das hierarchische Zusammenfassen im Teilkapitel 1.2.1. Neben dem hierarchischen Zusammenfassen gibt es weitere, strukturell verwandte Förderansätze (Berkowitz, 1986; Boyle, 1996; Boyle & Weishaar, 1997; Gallini & Spires, 1995; Gallini, Spires, Terry & Gleaton, 1993; Merchie & van Keer, 2013, S. 65, 2016b, S. 131). Ein solches Beispiel, die TRAVEL-Strategie, enthält die Tabelle 23. Die TRAVEL-Strategie wurde in zwei Studien mit Personen mit Lernschwierigkeiten erprobt. An der ersten Studie nahmen Jugendliche sechster bis achter Klassen teil (Boyle, 1996). In der zweiten Studie wurden Zehnt- bis Zwölftklässler gefördert (Boyle & Weishaar, 1997).

| | |
|---|---|
| **T** - Topic | Write down the topic and cirle it. - Schreib das Thema auf und zeichne einen Kreis darum. |
| **R** - Read | Read a paragraph. - Lies einen Absatz. |
| **A** - Ask | Ask what the main idea and three details are and write them down. - Frag dich, was die Hauptidee und drei zugehörige Details sind, und schreib sie auf. |
| **V** - Verify | Verify the main idea by circling it and linking its details. - Heb die Hauptidee durch einen Kreis hervor, den du um sie zeichnest, und verbinde die Hauptidee mit den dazugehörigen Details. |
| **E** - Examine | Examine the next paragraph and ask and verify again. - Prüf die weiteren Absätze, indem du die Schritte »Ask« und »Verify« wiederholst. |
| **L** - Link | When finished with the story, link all circles. - Wenn du mit dem gesamten Text fertig bist, verbinde alle eingekreisten Hauptideen mit dem Thema des Texts. |

*Tabelle 23: TRAVEL-Strategie zum Anfertigen von grafisch strukturierten Notizen (Quelle: Boyle & Weishaar, 1997, S. 230, mit Ergänzung der Übersetzungen)*

Das sechsteilige Akronym aus TRAVEL in Tabelle 23 enthält die sechs Schritte, mittels derer sich die Leserinnen und Leser Absatz für Absatz Texte erschließen und deren Inhalte in drei Hierarchieebenen (Thema auf der höchsten Ebene, darunter die Hauptidee aus jedem Absatz auf der zweiten Ebene und zuunterst die Ebene von drei Details). Dieses Erschließen leiten die Schritte »T« (Topic) und »A« (Ask) an, wobei der Schritt »A« in Verbindung mit dem Schritt »R« (Read) nicht zufällig deutlich der RAP-Strategie aus Teilkapitel 5.6.1.2 ähnelt. Zur grafischen Zusammenfassung avanciert das Vorgehen, indem eingekreiste Makropropositionen (Thema und Hauptideen) mithilfe von Linien jeweils mit Propositionen auf untergeordneter Ebene verbunden werden. Am Ende steht dann eine quantitativ erheblich reduzierte Makrostruktur des Textes. Um dieses Vorgehen zu illustrieren, fungiert der Beispieltext 3 als Ausgangsbasis, das auf ihm basierende Ergebnis der Anwendung von TRAVEL ist in Abbildung 10 dargestellt. Der Beispieltext 3 besteht aus drei Absätzen, von denen nur der zweite recht eindeutig ein Thema, nämlich die Augen, behandelt. Die anderen Absätze sind teils auf starke Inferenzleistungen der lesenden Person angewiesen, um die Hauptideen zu erkennen, etwa das Fluchtverhalten im letzten Absatz. Damit steht das Beispiel mit seiner ganz konkreten thematischen Entfaltung zugleich für die Schwierigkeiten, auf die Lernende stoßen, wenn sie sich mit TRAVEL detailreiche Texte erschließen wollen. Das Resultat zeigt Abbildung 10 insofern, als die hier aus den vielen Informationen des ersten Absatz stammenden Details gezielt nur jene beinhalten, welche mit dem Aussehen zu tun haben.

**Krake**

Der Krake ist eine Kreatur mit acht Tentakeln und einem Kopf, der hauptsächlich aus Schnabel und seelenvollen Augen besteht. Er kommt überall dort vor, wo es schäumende Meere und Felsküsten gibt, besonders aber entlang der Pazifikküste und der Florida Keys. Die Mehrheit der 140 Arten ist weniger als einen Meter groß, und dazu gehört auch eine große Fläche mit spindelförmigen Armen. Einige winzige Kraken oder Tintenfische, wenn man diesen Ausdruck bevorzugt, sind mit etwas mehr als einem Zentimeter ausgewachsen. Eine interessante Art im Pazifischen Ozean wird 8,50 Meter groß. Erschreckende Geschichten über größere Kraken sind wahrscheinlich das Ergebnis einer Verwechslung mit dem Kalmar.

Diese seelenvollen Augen, die wir zuvor erwähnt haben, sind seltsam menschlich und eine der ungewöhnlicheren körperlichen Eigenschaften des Kraken. Sie sind so hoch entwickelt wie die des Menschen und das Merkmal, das die Menschen am meisten an dem Kraken stört. »Es ist nicht das Aussehen der Krake«, erklärte ein Fischer mit einem Schauder, »es ist, wie der Krake schaut.« Die Augen lassen verschiedene Schattierungen von Emotionen erkennen. Sie können so sanft erscheinen wie die Augen einer hingebungsvollen menschlichen Mutter, wenn die sich um ihr Kind kümmert. Sie können mit leidenschaftlichem Eifer lodern, wenn sie einen Partner suchen. Sie können vor Wut glühen, wenn Gefahr droht.

Wenn der Krake berührt wird, stößt er einen Strom von Tintenflüssigkeit in Richtung seiner Verfolger aus, während er sich mit unglaublicher Geschwindigkeit in eine andere Richtung stößt. Die Tinte ist harmlos; sie hat keine negativen Auswirkungen auf die menschliche Haut oder auf Fische. Früher galt sie als eine clevere Nebelwand, hinter der das Tier versuchte, sich in Sicherheit zu bringen, doch der Pigmentausstoß ins Wasser ist zu gering, um den Tintenfisch vollständig zu verbergen. Eine interessante mögliche Erklärung für den Zweck der Tintenbarrikade ist, dass sie genau wie der Tintenfisch selbst geformt ist und ungefähr dieselbe Größe hat. Daher kann der sogenannte Rauchschutz ein Trick sein, um Feinde oder Verfolger mit schwachen Augen abzulenken. Wissenschaftler haben jedoch festgestellt, dass die Tinte die Geruchssinne des hartnäckigsten Feindes des Kraken, der tödlichen Muräne, zu lähmen scheint. Und dies könnte sicherlich der Grund sein, da die Muräne in verschiedenen Experimenten die Anwesenheit des Kraken nach einem Spritzen nicht zu bemerken schien.

*Beispieltext 3: Kraken (Quelle: Übersetzung von Gallini et al., 1993, S. 178, mit leichten Modifikationen)*

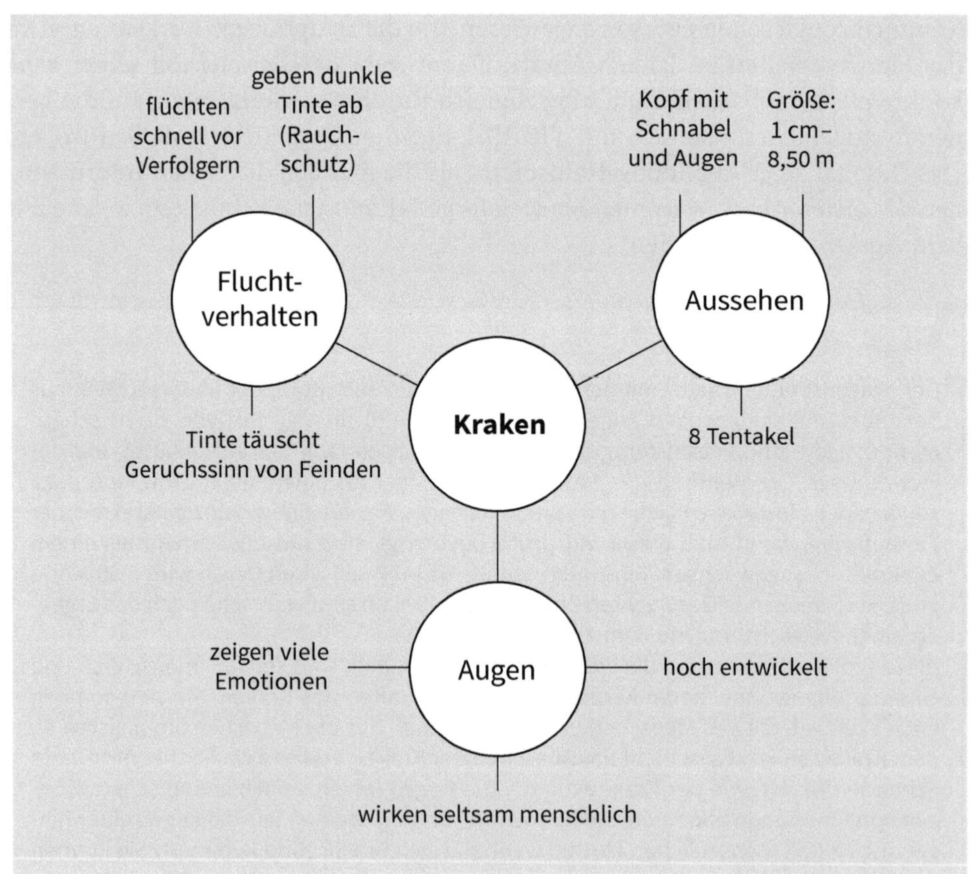


*Abbildung 10: Beispiel für eine Anwendung der TRAVEL-Strategie am Beispieltext 3 (Quelle: eigene Darstellung)*

### Variante 2: Makropropositionen generieren und die Makrostruktur mit hierarchischen Darstellungsformen abbilden

Die erste Variante zum Nutzen von generischen Strategien des Visualisierens von Makrostrukturen ist nicht die einzige Variante, eine Makrostruktur von Texten darzustellen. Es gibt Verfahren wie das hierarchische Zusammenfassen (s. Teilkap. 1.2.1), die noch darüber hinaus gehen. Denn Strategien wie TRAVEL aus der Variante 1 orientieren sich stark an der Original-Makrostruktur des Textes, andere erweitern dies, weil sie nicht nur absatzweise vorgehen, sondern allgemeinere Makropropositionen – in der Diktion des hierarchischen Zusammenfassens »zentrale Aussagen« – kreieren lassen. Dies verdeutlicht die Darstellung einer Makrostruktur in Abbildung 11.

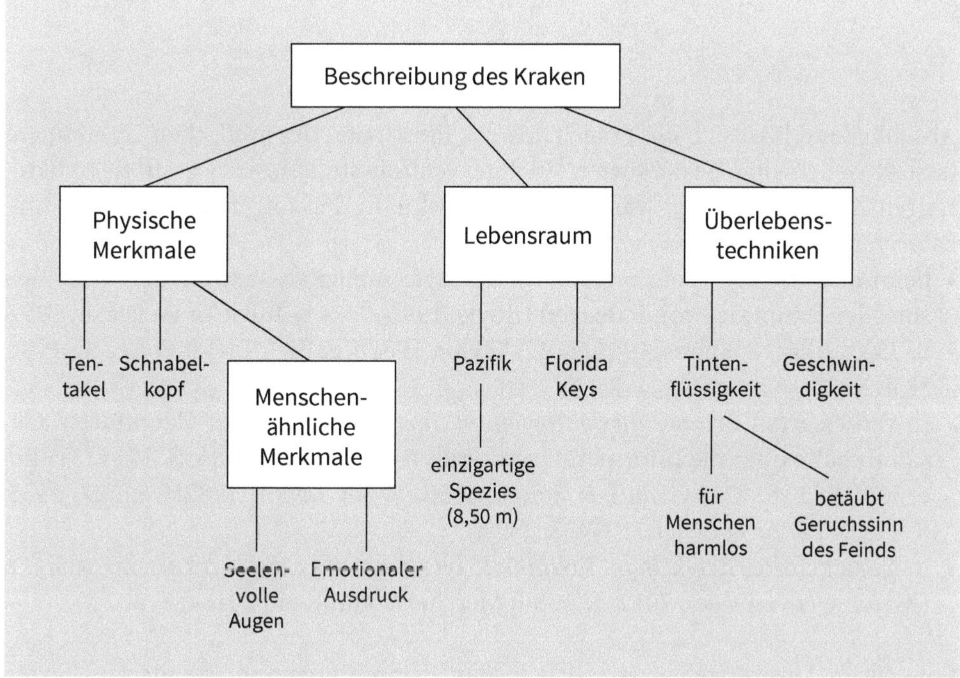


*Abbildung 11: Beispiel für die Anwendung von Makroebenen-Strategien am Beispieltext 3 (Quelle: Gallini et al., 1993, S. 167, mit leichten Modifikationen)*

Die Basis für die grafischen Zusammenfassungen wie das Beispiel zum Oktopus sind das, was Gallini et al. (1993, S. 167), »*Makroebenen-Strategien*« genannt haben. Hierbei lernten die Sekundarschuljugendlichen, wie sie Fragen formulieren, die sie zum Erstellen von grafischen Zusammenfassungen nutzten (Gallini et al., 1993, S. 167):

1. Formulieren von *übergeordneten Themen* von Textpassagen (in der Abbildung 11 »Beschreibung des Kraken«);
2. Identifikation der *übergeordneten Makropropositionen*, welche in der Abbildung 11 darunter dargestellt sind und in viereckigen Kästen erscheinen;
3. Identifikation der *untergeordneten Makropropositionen* (in Abbildung 11 auf einer weiteren Ebene);
4. Klärung der *Beziehungen zwischen über- und untergeordneten Makropropositionen* (welche im Beispiel klar dem Text folgt).

Die Besonderheit dieses Ansatzes zeigt sich in dem, was in den eckigen Kästen dargestellt wird und was Ergebnis angewandter Makroregeln ist: Die in den Kästen enthaltenen Aussagen sind nicht mit reine Übernahmen aus dem Beispieltext 3 herstellbar, sondern bilden ihrerseits Anwendungen dessen, was die Makroregel zum Formulieren eines Themensatzes erfordert.

### Effekte des grafischen Zusammenfassens auf Produkte und Prozesse

Abschließend lässt sich die Frage nach der Effektivität des grafischen Zusammenfassens stellen und beantworten. In Interventionsstudien zum grafisch strukturierten Zusammenfassen waren positive Effekte in den folgenden Leistungsindikatoren feststellbar:

- beim *Leseverstehen* bei Fragen nach ex- und impliziten Textinhalten, zum Beispiel der Hauptidee von Passagen (Boyle, 1996, S. 94 f.; Boyle & Weishaar, 1997, S. 233; Gallini & Spires, 1995, S. 32; Taylor, 1982b, S. 329; Taylor & Beach, 1984, S. 142);
- in verbesserten *Erinnerungsleitungen an Textinhalte*, seien es Hauptideen, Gesamtinhalte oder die Informationsstrukturen (Berkowitz, 1986, S. 173 f.; Gallini et al., 1993, S. 171; Gallini & Spires, 1995, S. 30; Taylor, 1982b, S. 327, 1985, S. 122 f.; Taylor & Beach, 1984, S. 142);
- in gesteigerten *Fähigkeiten, Textinhalte angemessen grafisch zusammenzufassen* (Merchie & van Keer, 2012, S. 1390; Merchie & van Keer, 2016c, S. 502 f.).

Sowohl im Leseverstehen als auch in den Erinnerungen an Inhalte aus Texten zeigten sich mithin Erträge. Der im letzten Spiegelstrich aufgeführte Befund, dass sich ebenfalls die Leistungen des schriftlichen Zusammenfassens verbessern, verdient noch eine gesonderte Betrachtung. Denn die Studien von Merchie und Keer (2012, S. 1390, 2014, S. 197) verweisen darauf, dass es nicht auf die Quantität oder das reine Anfertigen von grafischen Zusammenfassungen ankommt, wenn es um den Lernerfolg geht. Vielmehr ist das Anfertigen eines bestimmten Typus' von grafischer Zusammenfassung zielführend, nämlich das anfängliche Strukturieren von zentralen Textthemen und Hauptideen aus Absätzen, dem das allmähliche Auffüllen von Hauptideen mit Details folgt und dabei die Eigenheiten der Informationsdichte in den Absätzen berücksichtigt (Merchie & van Keer, 2016a, S. 356 f.). Dieses sinnvolle, durch Intervention gezielt herbeiführbare Vorgehen (Merchie & van Keer, 2016a, S. 356) folgt einer makrostrukturellen Gestaltung eines grafischen Rahmens bei gleichzeitiger Sensibilität für einzelne Textteile, die textsensitiv aufgefüllt werden.

#### *5.6.2.2 Textstrukturen und (grafisches) Zusammenfassen – verdeutlicht an sechs Superstrukturen/Textsorten*

Die Darstellungen aus dem Teilkapitel zuvor fokussierten auf ein absatzbezogenes und teils darüber hinausgehendes Schlussfolgern von Hauptideen bzw. zentralen Aussagen in längeren Texten. Bei den beschriebenen Vorgehensweisen war es unerheblich, ob der Text ein Sachtext oder ein narrativer Text war. Selbiges galt für die Darstellung des Findens von Hauptideen (s. Teilkap. 5.6.1). Damit bleibt freilich eine Ressource ungenutzt, die für das Makrostrukturieren von Textinhalten eine wichtige Unterstützung leisten kann: das **Wissen über Textsorten.**

Mit Textsorten sind **Muster der Informationsanordnung gemeint, die dazu dienen, eine spezifische (schriftsprachliche) kommunikative Absicht effizient zu erfüllen** (Heinemann, 2000, S. 513). Es handelt sich hierbei um konventionalisierte, erwartbare Bestandteile (nebst ihrer sprachlich mehr oder minder expliziten Markierung), welche der lesenden Person dabei helfen, die kommunikative Absicht leichter zu erkennen und zu verstehen (Meyer, 1987). Das Wissen über solche schematischen, funktional-abstrakten Textstrukturen **(Superstrukturen)** ist zudem wichtiger Bestandteil des Construction-Integration-Modells und dient als vorwissensseitige Ressource der lesenden Person zum Bilden von Inferenzen auf der Ebene der semantischen Makrostruktur (van Dijk, 1980, S. 108 f.; van Dijk & Kintsch, 1983, S. 236). Superstrukturen fungierten damit als Behältnisse für bestimmte Zwecke, die mit Inhalten (Propositionen) aufgefüllt werden.

Es gibt erste Hinweise darauf, dass das semantische Verstehen von Hauptideen und das Verstehen von Superstrukturen positiv zusammenhängen (Carriedo & Alonso-Tapia, 1996, S. 140; s. a. Goldman & Rakestraw, 2000, S. 321–325). Außerdem verweist auch die Interventionsforschung – und zwar auf durchaus beachtlicher Datenbasis – darauf, dass die Vermittlung von Wissen über (Sach-)Textsorten und die für sie typischen Superstrukturen oftmals Hand in Hand geht mit dem Einsatz von grafischen Darstellungen (Hebert et al., 2016, S. 615; Pyle et al., 2017, S. 489): In der Metaanalyse von Hebert et al. (2016, S. 615) nutzten drei Viertel aller Studien grafische Darstellungen, um das Textsortenwissen bei fünf expositorischen Textsorten zu lehren.

In der Leseforschung wurden neben den dominierenden narrativen Texten vor allem **fünf verschiedene expositorische Superstrukturen** betrachtet. Diese fünf

| Textsorte | Merkmale und Beispiele | Signalwörter/-ausdrücke |
|---|---|---|
| Beschreibungen | • *Merkmale:* Beschreibende Darstellung, welche über ein Thema Merkmale, Einzelheiten oder andere Informationen beinhaltet. Die Funktionsweise ist, dass zugehörige Bestandteile eines Themas – teils hierarchisch – dargestellt werden.<br>• *Beispiel:* ein Zeitungsartikel, der zu einem Thema das Wer, Was, Wann, Wo und Wie beschreibt. | zum Beispiel, besonders diese, speziell, so wie, Merkmale sind, nämlich, Eigenschaften von, Besonderheiten sind |
| Vergleich | • *Merkmale:* Verknüpft Ideen auf der Grundlage von Unterschieden und Ähnlichkeiten. Der Text ist in Teile gegliedert, welche einen Vergleich, einen Kontrast oder eine alternative Perspektive auf ein Thema vor- bzw. einnehmen.<br>• *Beispiel:* Politische Reden, insbesondere wenn eine Ansicht eindeutig gegenüber der anderen bevorzugt wird | sondern, im Gegensatz dazu, alle außer, ähneln, auf der einen/anderen Seite, während, im Gegensatz zu, gleich, gemeinsam haben, teilen, das Gleiche wie, anders, Unterschied, unterscheiden, im Vergleich zu, obwohl, trotz |
| Sequenz | • *Merkmale:* Inhalte gruppiert nach Reihenfolge oder Zeit. Die Darstellung bezieht sich auf ein Verfahren/eine Abfolge oder auf geschichtliche Reihenfolgen<br>• *Beispiele:* Rezepte, geschichtliche Darstellung, Darstellungen von Veränderungen wie Entstehung, Wachstum etc. | danach, später, endlich, zuletzt, früh, zuerst, um anzufangen, dann, am Ende, vor Jahren, vor, erstens/zweitens/drittens, vor, nach, bald, in jüngerer Zeit, zu guter Letzt |
| Ursache-Wirkung | • *Merkmale:* kausale oder Ursache-Wirkungs-ähnliche Beziehungen zwischen Inhalten, die als Wenn-dann-Relationen verknüpft sind | infolgedessen, weil, da, zum Zwecke, verursacht, führte zu, Konsequenz, also, um, das ist, warum, wenn/dann, der Grund, so, die Erklärung dafür, deshalb, daher |
| Problem-Lösung | • *Merkmale:* Die Hauptinhalte sind in zwei Teile gegliedert: 1) einen Problemteil und einen Lösungsteil, der auf das Problem reagiert, indem er versucht, das Problem zu beseitigen, bzw. 2) einen Frage- und einen Antwortteil, der auf die Frage zu antworten versucht.<br>• *Beispiel:* Wissenschaftliche Artikel benennen häufig zuerst eine Frage oder Problem und versuchen dann, eine Antwort oder Lösung zu finden | • Problem: Problem, Frage, Rätsel, offenes Problem<br>• Lösung: Lösung, Antwort, Ausweg, um das Problem zu lösen |

*Tabelle 24: Überblick über fünf informierende Sachtext-Superstrukturen (Quelle: Übersetzung von Meyer, 1999, S. 233; Meyer & Poon, 2001, S. 143; Schraw & Paik, 2013, S. 103, mit Adaptionen des Originalinhalts)*

Strukturen mit unterschiedlichen Graden an Konventionalisierungen sind in Tabelle 24 dargestellt. Insbesondere die Spalte rechts ist aus lesedidaktischer Sicht von Belang, da die darin enthaltenen Signalwörter eine Möglichkeit bilden, an der Textoberfläche Indikatoren der Superstrukturen zu erkennen, worauf Fördermaßnahmen tatsächlich häufig zurückgreifen, welche Textsortenwissen explizit vermitteln (Hebert et al., 2016, S. 615). Diese Superstrukturen sind Idealtypen, die häufig als Mischformen, also als Hybride in (hoch-)schulischen Kontexten auftauchen, wo es dann nahezu unvermeidlich ist, komplexere Formen des grafischen Zusammenfassens zu nutzen oder gleich auf das Anfertigen von Concept-Maps auszuweichen (s. Kap. 6).

### Textstruktur 1: Narration

Narrative, also Erzähltexte spielen in diesem Buch mit seinem Fokus auf das Lernen eine untergeordnete Rolle. Doch haben auch sie in puncto Superstrukturen eine intensive Zuwendung in der Leseforschung erfahren – insbesondere und gerade bei schwach lesenden Kindern und Jugendlichen (Boon, Paal, Hintz & Cornelius-Freyre, 2015; Dimino, Taylor & Gersten, 1995). Die Forschung zu den **Story Grammars/Geschichtengrammatiken** nimmt Superstrukturen narrativer Texte auf, da Erzählungen einige erwartbare Elemente beinhalten. Es ist keineswegs zufällig, dass viele (effektive) Schreibstrategietrainings zu narrativen Texten genau darauf aufbauen und diese Elemente beinhalten, für die Schreiberinnen und Schreiber – quasi in der Umkehr von Verknüpfen und Organisieren – potenzielle Inhalte für den eigenen narrativen Text provisorisch auf sogenannten Denkblätter festhalten (Graham, Harris & McKeown, 2013. S. 416 f. und 419 f.).

Eine Geschichtengrammatik ist eine Sammlung von für Geschichten typischen Bestandteilen, darunter ein Setting mit Ort und Zeit, eine Hauptfigur nebst weiteren Figuren, eine Komplikationshandlung mit einem Problem, eine Auflösung und die dazwischen liegenden Handlungen. Dies greifen die **Geschichten-Karten (Story Maps)** auf, welche diese Bestandteile in der einen oder anderen Form beinhalten (Boon et al., 2015, S. 118). Ein Beispiel hierfür enthält die Abbildung 12. In diese Geschichten-Karte trugen die Leserinnen und Leser die Inhalte zu den einzelnen Bestandteilen ein, und regelmäßige Verstehensfragen halfen dabei, die Richtigkeit der Antworten sicherzustellen (Idol, 1987, S. 198).

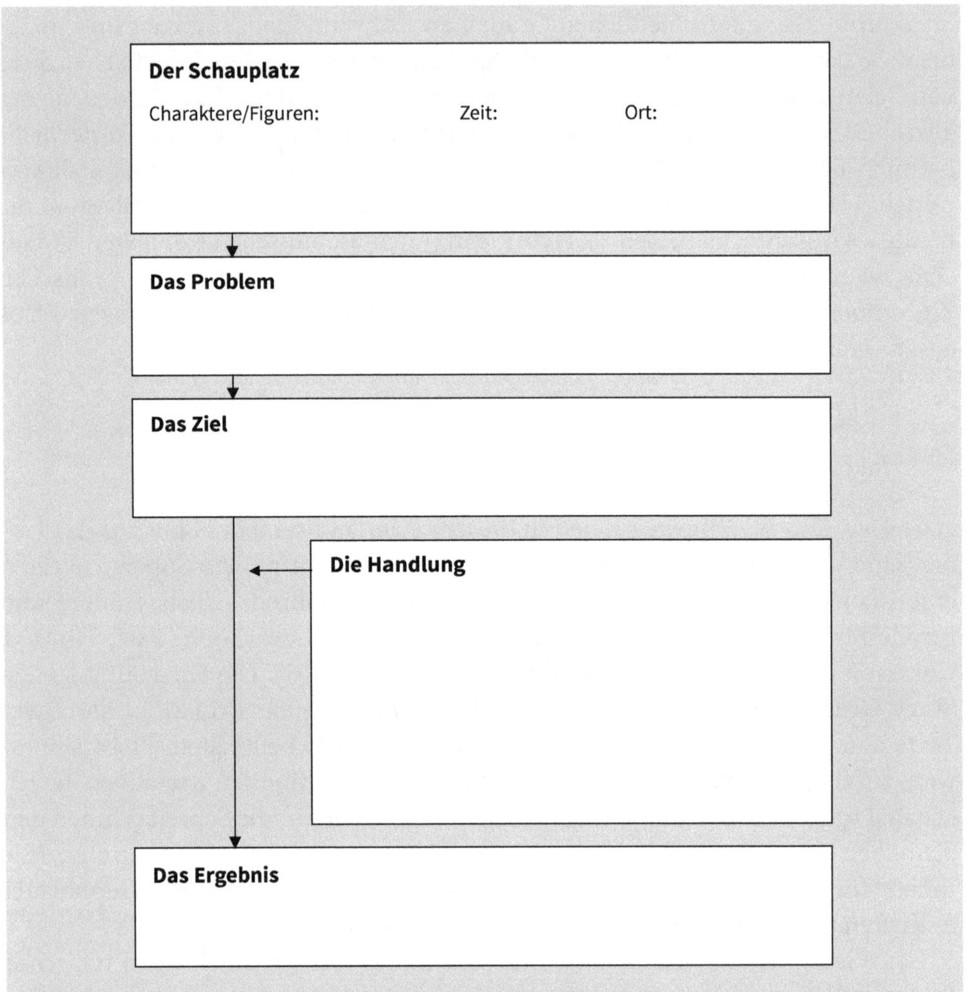


*Abbildung 12: Prototypische Geschichten-Karte (Quelle: Übersetzung von Idol, 1987, S. 199)*

Eingesetzt wurden solche Geschichten-Karten bereits erfolgreich mit Erstklässlern (Baumann & Bergeron, 1993), Kindern und Jugendlichen mit Lernschwierigkeiten (Boon et al., 2015; Boulineau, Fore, Hagan-Burke & Burke, 2004; Idol, 1987), allein oder in kooperativen Settings (Mathes, Fuchs & Fuchs, 1997). In diesen Settings haben sie ihre Wirkung unter Beweis gestellt und den Leserinnen und Lesern beim Verstehen altersangemessener Narrationen geholfen (Boon et al., 2015, S. 135–137).

### Textstruktur 2: Beschreibung

Mit der Beschreibung ist eine Superstruktur angeführt, die eine sehr hohe Offenheit aufweist und die hochgradig anschlussfähig ist an das, was für das grafische Zusammenfassen beschrieben wurde (s. Teilkap. 5.6.2.1). Entsprechend geht es beim grafischen Darstellen der Inhalte darum, **die Hierarchie von Propositionen und Makrostruktur mithilfe auf verschiedenen Ebenen grafisch angeordneten Elementen angemessen abzubilden** (Baker, Gersten & Grossen, 2002, S. 743). Die grafischen Zusammenfassungen nehmen dies auf, und entscheidend ist damit für ihre Adäquanz, wie das Netzwerk der Propositionen einerseits der Reduktion dient und andererseits ausreichend Informationen in ihrem Verhältnis zueinander abbildet.

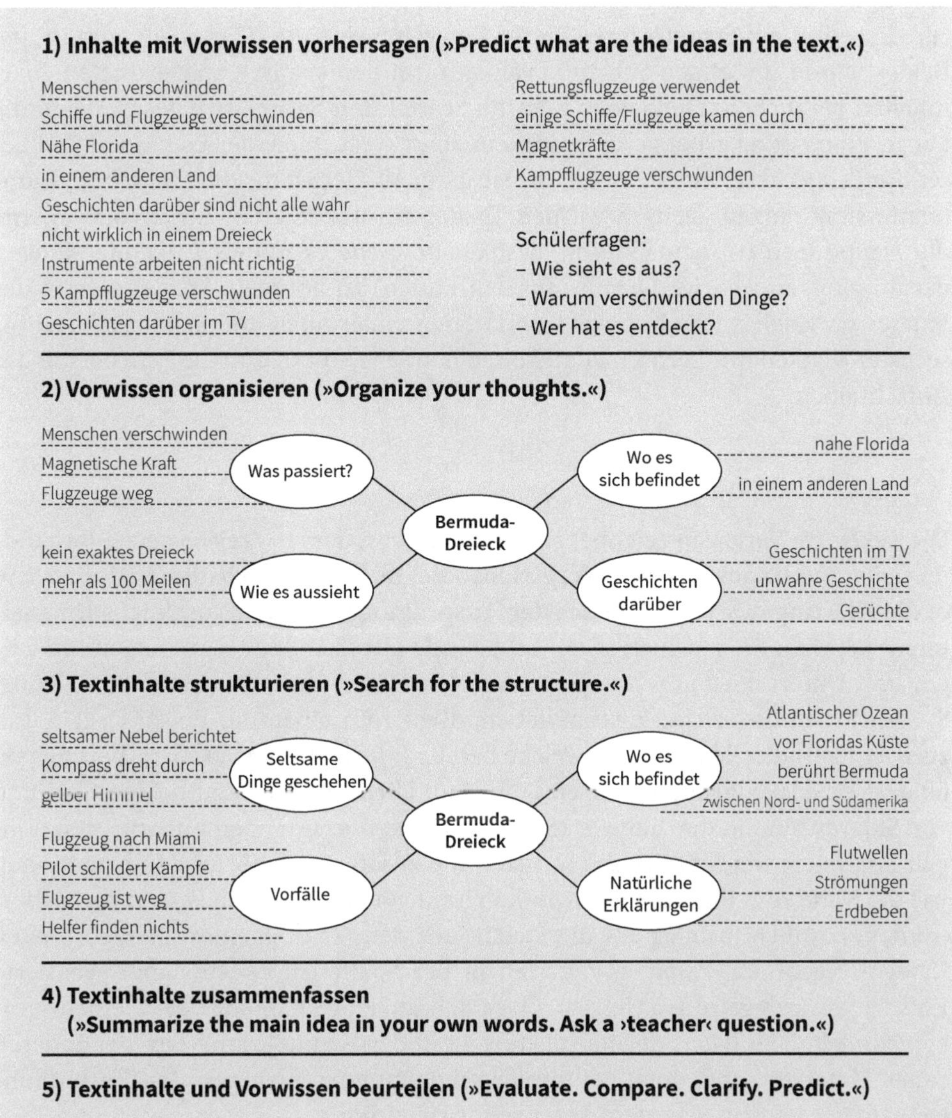


*Abbildung 13: Ausgefülltes Strategieblatt zu POSSE zu einem Text über das Bermudadreieck (Quelle: Englert & Mariage, 1991, S. 129, modifiziert)*

Ein Beispiel für das grafische Zusammenfassung von Beschreibungen ist die **POSSE-Strategie** (*P*redict, *O*rganize, *S*tructure, *S*ummarize, *E*valuate; Englert & Mariage, 1991, S. 127). Diese Strategie ist im Kern ein Bündel verschiedener Strategieschritte, welche mit Lernerinnen und Lernern in Kleingruppen bei Sachtexten geübt werden (s. dazu Englert & Mariage, 1991, S. 128–130) und bei denen ein Denkblatt dazu dient, die Inhalte bzw. die Schritte vor Augen zu haben (s. Abbildung 13). Den Kern des (grafischen) Zusammenfassens machen die beiden Schritte »Search« und »Summarize« aus, denen ein gezieltes Aktivieren des Vorwissens (Predict) und ein Strukturieren dieser Vorwissensinhalte (Organize) vorausging. Beides wurde im letzten Schritt (Evaluate) mit den grafisch angeordneten Textinhalten verglichen. Die beiden Schritte Search und Summarize bearbeiteten die Lernerinnen und Lerner gemeinsam. Zunächst versuchten die Leserinnen und Leser die Textstruktur zu erkennen, die sie dann als Gerüst für die grafische Zusammenfassung nutzen. Danach wurden Textteil für Textteil (ein Absatz oder mehr) die Hauptideen (in den Ellipsen) festgehalten, ehe es mittels lenkender Fragen darum ging, zugehörige Details (auf den Linien) zu notieren. Weil es sich in der Studie von Englert und Mariage (1991) um Schülerinnen und Schüler vierter bis sechster Klassen mit Lernschwierigkeiten handelte, übernahm die Lehrperson das Aufschreiben.

### Textstruktur 3: Vergleich

Die Textsorte Vergleich zeichnet sich dadurch aus, dass es drei vernetzte Bestandteile gibt: **a) mindestens zwei Vergleichsobjekte, b) Vergleichsdimensionen und c) die Klärung des Verhältnisses der Ausprägungen in den Vergleichsdimensionen** – sprich: die auf Inferenzen basierende Explikation, ob es Gemeinsamkeiten und Unterschiede im jeweiligen Vergleichsmerkmal gibt (Baker et al., 2002, S. 744 f.). Um dies zu veranschaulichen, dient zum einen der Beispieltext 4 und zum anderen die Tabelle 25, in welche bereits Informationen aus dem Beispieltext über zwei Sklavengruppen eingetragen sind. Die Details zu den beiden Gruppen von Sklaven sind in der Tabelle 25 aus dem Text übernommen und mussten doppelt analysiert werden. Erstens mussten die zusammengehörigen Informationen wie die Nähe zum Plantagenbesitzer kohärent von der lesenden Person organisiert werden, nämlich insofern als die Details aus dem Text zu einer übergeordneten Kategorie gehören. Zweitens mussten in der Spalte ganz rechts analysebasierte Entscheidungen getroffen werden, ob es sich um eine Differenz oder Gemeinsamkeit handelt. Hier leistet der Beispieltext 4 mit der Formulierung »auf der anderen Seite« Unterstützung, doch bei impliziteren Zusammenhängen sind Verbindungen von der Leserin bzw. dem Leser selbst zu leisten.

Dieses Vorgehen, Vergleichsdimensionen mittels Tabellen oder strukturanaloger Darstellungsformen – bis hin zu Venn-Diagramen mit Schnittmengen als

Gemeinsamkeiten und jenseits der Schnittmengen befindliche Informationen als Unterschiede – ist in den Interventionsstudien häufig zum Einsatz gekommen (Boyle, 2000, S. 7– 9; Hall, Sabey & McClellan, 2005, S. 218–220; Williams et al., 2005, S. 541 f.; Williams, Stafford, Lauer, Hall & Pollini, 2009, S. 5–7).

**Haus- und Feldsklaven**

Zwei Gruppen von Sklaven arbeiteten auf den südlichen Plantagen, Haussklaven und Feldsklaven. Haussklaven arbeiten eng mit dem Plantagenbesitzer und seiner Familie zusammen. Sie wurden von den anderen Sklaven getrennt. Sie lebten in oder nahe dem Haus des Plantagenbesitzers. Sie wurden so erzogen, dass sie glaubten, es ist eine große Ehre, als Diener im Haupthaus zu arbeiten. Auf der anderen Seite hatten die meisten Feldsklaven wenig mit dem Sklavenbesitzer zu tun. Viele von ihnen lebten und starben, ohne einen Fuß in das Haus des Sklavenbesitzers gesetzt zu haben.

*Beispieltext 4: Beispieltext über zwei Gruppen von Sklaven (Quelle: Raphael & Kirschner, 1985, S. 30)*

| Vergleich/ Kontrast von | zwischen Haussklaven | und Feldsklaven | Gleich (G) oder unterschiedlich (U) |
|---|---|---|---|
| Ort | Südstaaten-Plantagen | Südstaaten-Plantagen | G |
| Nähe zum Sklavenbesitzer | hoch / lebten im Haushalt | gering / lebten getrennt | U |
| | | | |
| | | | |

*Tabelle 25: Teilausgefüllte Blanko-Tabelle zur Darstellung von Vergleichsobjekten (Mitte der Tabelle), Vergleichsdimensionen (linke Spalte) und Art des Verhältnisses von Vergleichsobjekten und Vergleichsdimension (rechte Spalte; Quelle Raphael & Kirschner, 1985, S. 30, modifiziert); Basis der Einträge: Beispieltext 4*

### Textstruktur 4: Sequenz

Mit der Superstruktur einer Sequenz werden Inhalte dargestellt, die einem chronologischen Verlauf folgen. Entsprechend sind die **typischen grafischen Zusammenfassungen in aller Regel eine Mischung aus Boxen/Kreisen mit Pfeilen, welche die zeitliche Richtung angeben** (Baker et al., 2002, S. 746; Schraw & Paik, 2013, S. 109–111). Das lässt sich auch am Beispieltext 5 unten verdeutlichen, der sich in zwei Varianten übersetzten lässt:

- Variante 1: Schallwellen im Außenohr konzentrieren → Schall wandert durch Gehörgang zum Trommelfell → Schallübertragung auf in Schwingung geratende Knochen → Übertragung der Schwingungen auf Innenohr, dort Umwandlung in Nervenimpulse → Repräsentation der Klangmuster im Gehirn;
- Variante 2: Außenohr → Gehörgang → Trommelfell → Innenohr → Gehirn.

**Der Hörprozess**

Das Hören kann in fünf Schritten beschrieben werden. Zunächst werden Schallwellen vom äußeren Teil des Ohrs erfasst. Das Außenohr hat die Aufgabe, diese Schallwellen zu fokussieren oder zu konzentrieren. Während der zweiten Phase wandern die Schallwellen durch den Gehörgang (ein in die Schädelknochen eingebettetes Rohr) und treffen auf das Trommelfell. Das dritte Stadium tritt ein, wenn die Schwingungen des Trommelfells eine Reihe ähnlicher Schwingungen in mehreren kleinen Knochen erzeugen. Diese Schwingungen werden dann in der vierten Stufe auf das Innenohr, Cochlea genannt, übertragen. An diesem Punkt werden die Schwingungen in Nervenimpulse verwandelt, die an das Gehirn gesendet werden. Die fünfte und letzte Stufe des Hörprozesses repräsentiert die Interpretation der Klangmuster durch das Gehirn.

*Beispieltext 5: Beispieltext für eine Sequenz (Quelle: Cook & Mayer, 1988, S. 449; im Original ohne Überschrift)*

Der Beispieltext 5 stammt aus einer Studie, in der es nicht darum ging, die Inhalte als grafische Variante selbst darzustellen (Cook & Mayer, 1988, S. 451–453). Vielmehr wurde in dieser Untersuchung mit Studentinnen und Studenten des Fachs Chemie ein analytischer Zugang mithilfe der direkten Vermittlung geschult, um mehrere Textsorten zu erkennen und ihre Fähigkeiten mithilfe eines Formulars wie dasjenige aus Tabelle 26 zu schulen. Das Formular sieht drei Schritte vor, wobei die Benennung des Themas der gesamten Passage an erster Stelle steht. Danach mussten die Leserinnen und Leser für jeden einzelnen Schritt der Sequenz die Hauptidee und Details benennen, ehe sie an letzter Stelle zu erläutern hatten, was die Differenzen der Schritte sind.

| **Schritt 1: Benenne das Thema des Texts.** |
|---|
| **Schritt 2: Geh jeden Schritt der Sequenz im Text, benenn ihn und benenn für jeden Schritt die Details.**<br>Schritt 1<br>Schritt 2<br>Schritt 3<br>Schritt 4<br>.<br>. |
| **Schritt 3: Diskutier (kurz), was im Text der Unterschied von einem Schritt zum nächsten ist.**<br>Schritt 1 zu 2<br>Schritt 2 zu 3<br>Schritt 3 zu 4<br>.<br>. |

*Tabelle 26: Drei Übungsschritte/Übungsformular zur Bearbeitung von Passagen mit der Textsuperstruktur »Sequenz« (Quelle: Cook & Mayer, 1988, S. 455, mit leichten Anpassungen)*

Gerade dieser letzte Schritt ist alles andere als üblich in der Forschungsliteratur, aber er steht prototypisch für das Verknüpfen im Sinne des generativen Lernens, da die analysebasierte Explikation der Differenzen zwischen zwei aufeinanderfolgenden Schritten auf der Basis der vorwissensbasierten Inferenzen erfolgt. Typischer für das grafische Zusammenfassen ist hingegen der Schritt 2, bei dem die Hauptideen grafisch gereiht werden, wobei es hierbei – je nach Komplexität des Textes – durchaus komplexe, vielschichtige grafische Zusammenfassungen geben kann.

### Textstruktur 5: Ursache-Wirkung/Bedingung-Folge/Aktion-Reaktion

Bei der Superstruktur Ursache-Wirkung besteht der **Zusammenhang zwischen Propositionen aus logischer Sicht: Etwas ist Bedingung für eine Folge**. In dieser Verquickung schlägt sich auch der prototypische Aufbau von grafischen Zusammenfassungen nieder, der aufgrund der Parallele zur Superstruktur Sequenz häufig in Form von Kästen erfolgt, die mit Kausalität anzeigenden Pfeilen miteinander verbunden werden (Baker et al., 2002, S. 745; Schraw & Paik, 2013, S. 109–111). Ein Beispiel hierfür enthält Abbildung 14, die auf dem Beispieltext 6 basiert. Dieses Beispiel ist eine Argumentation, also keine eigentliche Ursache-Wirkungsrelation, doch auch hier gibt es strukturelle Gemeinsamkeiten, dass Argumente Thesen oder begründete Entscheidungen logisch unterstützen sollen. Entscheidend ist bei dieser Art der grafischen Zusammenfassung, Ursache und Wirkung klar konzeptuell getrennt zu haben.

> Vier gute Gründe, warum Yummy Good Ice Cream das beste Eis ist, das man kaufen kann. Cremiger als andere Eiscremes. Verwendet nur die besten natürlichen Aromen. Geheime Kombination aus 10 hochwertigen Zutaten. Lässt dich glücklich fühlen.

*Beispieltext 6: Beispieltext für eine Ursache-Wirkungs-Relation (Quelle: Meyer et al., 2002, S. 513)*

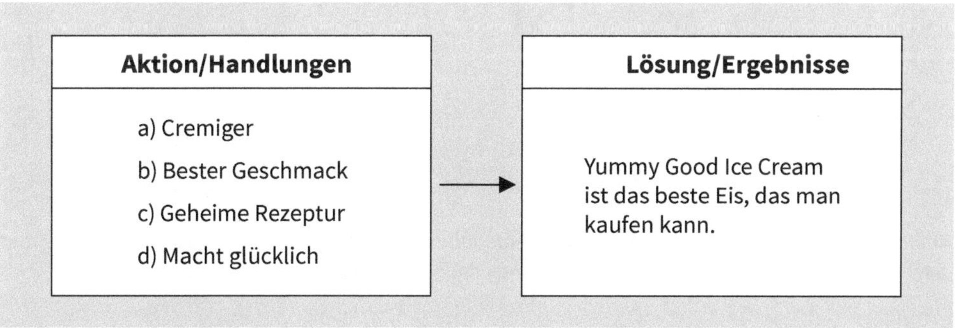


*Abbildung 14: Grafische Darstellung einer Ursache-Wirkungs-Relation, dargestellt am Beispieltext 6 (Quelle: Meyer et al., 2002, S. 514, modifiziert)*

Um die Relation von Ursache und Wirkung zu klären, setzten Williams et al. bei Fünft- (2014, S. 5) bzw. Zweitklässlern (2007, S. 114) zwei Fragen ein: 1) Was ist passiert? (Wirkung), 2) Warum? (Ursache). Außerdem ließen sie die Textteile farbig unterstreichen, welche die Wirkung betrafen (in Grün) bzw. die dazugehörigen Ursachen darstellten (in Blau). Diese Unterstreichungen erfolgten konsistent und wurden auch für die grafischen Zusammenfassungen genutzt, indem Grün und Blau streng den Wirkungen bzw. den Ursachen vorbehalten waren (Williams et al., 2014, S. 5 f.).

### Textstruktur 6: Problem-Lösung

Die Textsorte Problem-Lösung bzw. diese Superstruktur basiert analog zum Ursache-Wirkung-Schema auf einer **logischen Verknüpfung** auf, die in diesem Fall **zwischen vorgelagertem Problem und seiner Auflösung mittels Handlungen oder Prozessen** besteht (Baker et al., 2002, S. 744 f.). Ein solches Schema (s. Abbildung 15) ist als Blanko-Zusammenfassung bereits – flankiert zu Fragen zu Problem, Aktion und Lösung und als Grundlage für eigene schriftliche Anschlusszusammenfassungen – zum Einsatz gelangt (Armbruster et al., 1987, S. 335–338). Andere Förderansätze nutzten ein ähnliches Blanko-Blatt mit aufzufüllenden Informationen aus den Texten ebenfalls (Ulper & Akkok, 2010, S. 327).

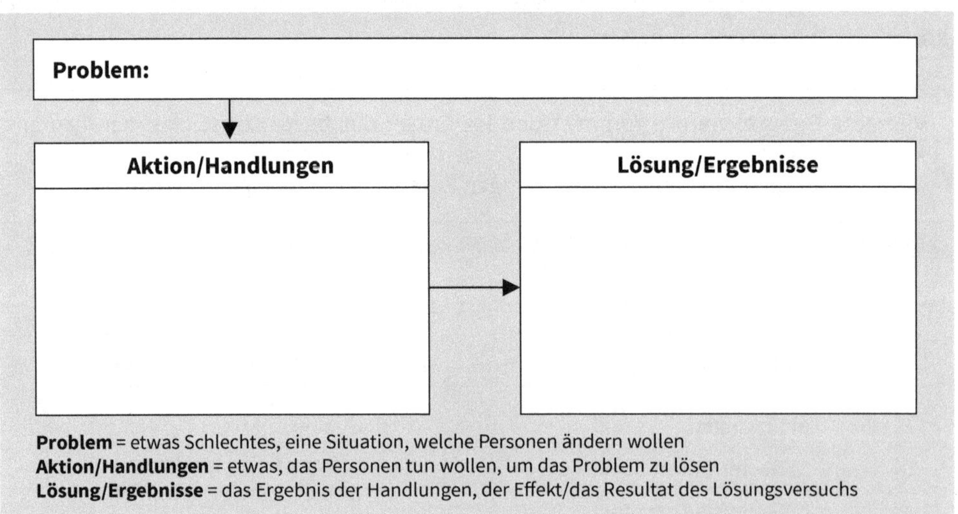


*Abbildung 15: Ein Blankoblatt zur Erfassung der Inhalte der Textstruktur Problem-Lösung (Quelle: Übersetzung von Armbruster et al., 1987, S. 335, leichte Modifikationen)*

Eine Alternative, wie die Superstruktur Problem-Lösung ebenfalls dargestellt werden kann, schlägt Slater (1985, S. 714 f.; Slater, Graves & Piche, 1985, S. 192 f.) vor. Sein Ansatz besteht darin, vor der eigentlichen Auseinandersetzung mit der Superstruktur eine ausführliche Begründung und Anleitung dem Text voranzustellen. In dieser Einleitung gab es explizite **Hinweise zu den zu findenden und in ein Formular einzutragenden Informationen** (z. B. eine Lösung, zwei Probleme und die genaue Anzahl der Details). Es folgte ein Beispiel zu einem ausgefüllten Formular, in der die benötigten Informationen schon an den richtigen, dafür vorgesehenen Stellen eingetragen waren. Das Material zum Üben enthielt die gleichen Hinweise, ebenfalls nummerisch klar benannte Informationskategorien für das Ausfüllen des Formulars und das entsprechende Blankoformular.

### Eine gebündelte Perspektive auf die Effekte des textsortenspezifischen grafischen Zusammenfassens

Die sechs Superstrukturen sind in der empirischen Bildungsforschung Gegenstand geworden, nämlich dahingehend, ob das Wissen über solche typischen, erwartbaren Anordnungen von Informationen in Texten mit einer prototypischen kommunikativen Funktion vermittelbar ist und ob sich dieses Wissen in besseren Verstehensleistungen bezahlt macht. Dabei ist der Nutzen von grafischen Zusammenfassungen der gelesenen Erzähl- und Sachtexte häufiger Bestandteil von Fördermaßnahmen gewesen – und anscheinend auch effektiv. In der der Metaanalyse von Hebert et al. (2016, S. 615) waren beispielsweise in den Studien mit grafischem Zusammenfassen – immerhin 76 Prozent aller Studien – bei 82 Prozent aller berichteten Effektstärken positive Effekte feststellbar. Diese wurden nicht eigens ausgewertet und zu einer einzigen Gesamteffektstärke aggregiert, doch sind diese Befunde ein Indikator für den Nutzen des grafischen Zusammenfassens bei Sachtexten auf doch breiter Basis.

Abgesehen davon ergeben die Befunde der in diesem Teilkapitel angeführten Studien – nebst einigen Studien, in welchen mehrere Superstrukturen behandelt wurden, was metaanalytisch als günstiges Vorgehen gewertet werden kann (Hebert et al., 2016, S. 619; Pyle et al., 2017, S. 492) – folgendes Gesamtbild. Geförderte Personen

- zeigten ein *besseres Leseverstehen* (Boyle, 2000, S. 10; Cook & Mayer, 1988, S. 443; Slater, 1985, S. 717; Williams et al., 2007, S. 118, 2009, S. 12, 2014, S. 9);
- verbesserten ihre *Erinnerungsleitungen an Textinhalte* (Armbruster et al., 1987, S. 340; Cook & Mayer, 1988, S. 443; Englert & Mariage, 1991, S. 126; Raphael & Kirschner, 1985, S. 17; Williams et al., 2007, S. 118, 2014, S. 9);
- berücksichtigten *zentrale Informationen in eigenen Kurzzusammenfassungen* stärker (Armbruster et al., 1987, S. 340; Slater, 1985, S. 716; Slater et al., 1985, S. 196);
- erstellten *besser strukturierte und inhaltlich organisierte Zusammenfassungen* (Armbruster et al., 1987, S. 342; Hall et al., 2005, S. 227 f.; Westby, Culatta, Lawrence & Hall-Kenyon, 2010, S. 284; Williams et al., 2005, S. 545, 2009, S. 10, 2014, S. 9);

- konnten die geübten *grafischen Zusammenfassungen besser anwenden*, teils auch in Transferaufgaben (Hall et al., 2005, S. 228; Williams et al., 2005, S. 545, 2007, S. 116, 2009, S. 12, 2014, S. 9).

Neben den Effekten in der Strategieanwendung war die Dividende des grafischen Zusammenfassens in Textsorten in Erinnerungsleistungen sowie auswahl- und organisationssensitiven Maßen merklich. Hinzu kommt, dass auch das Leseverstehen profitierte.

#### *5.6.2.3 Ausführlichere Sequenzen von Schritten für das schriftliche Zusammenfassen nutzen*

Bei längeren Texten ist in diversen Studien ein Vorgehen gewählt worden, bei dem die Makroregeln des Zusammenfassens direkt oder indirekt Pate standen und teils erheblich erweitert wurden. Im Zentrum dieses Ansatzes für das schriftliche Zusammenfassen stehen Handlungsanweisungen in Form von Listen, die die Lernenden sukzessive bearbeiteten. Diese Listen gehen vor allem darauf ein, dass hier kohärente Texte entstehen sollen, was bei den anderen bislang vorgestellten Förderansätzen sekundär war.

##### Ein Beispiel, das pars pro toto fungiert

Als stellvertretendes Beispiel für diesen Förderansatz fungiert eine neunschrittige Strategie, welche speziell zum Zusammenfassen naturwissenschaftlicher (Sach-) Texte für Schülerinnen und Schülern mit Lernschwierigkeiten entwickelt wurde (Nelson, Smith & Dodd, 1992). Diese Heranwachsenden aus vierten, sechsten und achten Klassen wurden in Kleingruppen mit der Strategie mithilfe der direkten Instruktion vertraut gemacht und übten sie selbstständig. Die Strategieschritte, welche in Abbildung 16 zusammengefasst sind, beziehen sich bereits auf ganze Texte, und das Übungsmaterial waren nicht mehr wie in Teilkapitel 5.6.1 nur einzelne (didaktisierte) Absätze, sondern mehrheitlich Texte mit einer Länge von drei bis vier Absätzen.

Die Strategieschritte nehmen dies auf, aber sie verändern auch die bisher verwendete Terminologie zu den Makroregeln: *Hauptidee* ist nun nicht mehr beschränkt auf die Absatzebene, sondern auf den Gesamttext, und *wichtige Dinge* entsprechen in der Diktion des Förderansatzes dem, was bislang als Hauptidee eines einzelnen Absatzes deklariert war. Diese veränderte Terminologie ist inhaltlich funktional, aber dieser in der Forschungsliteratur zum Zusammenfassen immer wieder vorkommende terminologische Überschneidungsbereich, der sich auch konzeptuell ergibt, ist typisch (Cunningham & Moore, 1986). Entscheidend ist dabei, dass die Informationshierarchie von unter- und übergeordneten Ebenen verschiedene Korngrößen betrifft. Deshalb ähnelt das Vorgehen in seiner Struktur durchaus anderen Förderansätzen.

Die Sequenz der neun Schritte ist insgesamt sehr umfassend modelliert, und sie fokussiert auf eine angemessene Verschränkung vor allem von Organisations- und Verknüpfungsleistungen. Insbesondere stellt die Sequenz bis zum Schritt 4 das Organisieren fremder Inhalte in den Vordergrund, es folgt das Organisieren der Inhalte in Form eine eigenen Strukturierung und Auswahl (Schritte 5 und 6), ehe in den finalen drei Schritten das Schreiben und vor allem das Überprüfen erfolgen.

| **Finde und organisiere die Hauptideen und wichtige Informationen.** | |
|---|---|
| Schritt 1 | Frag dich: Was ist die Hauptidee?<br>Schreib sie auf: |
| Schritt 2 | Denk nach: Welche wichtigen Dinge schreibt der Autor über die Hauptidee?<br>Schreib die wichtigen Dinge auf, welche der Autor geschrieben hat.<br>1)<br>2)<br>3)<br>4)<br>5) |
| Schritt 3 | Geh nochmals zurück und stell sicher, dass du die Hauptidee und die wichtigen Dinge dazu verstanden hast. |
| Schritt 4 | Denk darüber nach: Was ist die Hauptidee oder das Thema, worüber ich schreiben werde? Schreib einen Satz für deine Zusammenfassung auf, der das Thema enthält. |
| Schritt 5 | Frag dich, wie du deine Ideen für die Zusammenfassung reihen willst.<br>Schreib eine »1« neben die wichtigen Ideen aus Schritt 2, die du zuerst verwenden willst.<br>Schreib eine »2« neben die wichtige Ideen, die du als zweite verwenden willst, usw. |
| Schritt 6 | Frag dich selbst:<br>a) Gibt es wichtige Informationen, die du ausgelassen hast?<br>b) Gibt es unwichtige Informationen, die du auslassen kannst? |
| Schritt 7 | Schreib nun eine Zusammenfassung über das, was du gelesen hast. |
| **Zusammenfassung klären und überarbeiten** | |
| Schritt 8 | Lies deine Zusammenfassung und frag dich, ob etwas in der Zusammenfassung noch unklar ist.<br>Überarbeite deine Zusammenfassung, wenn es dir nötig erscheint. |
| Schritt 9 | Gib jemandem aus deiner Klasse deine Zusammenfassung zu lesen.<br>Frag die Person, ob etwas in deiner Zusammenfassung noch unklar ist.<br>Überarbeite deine Zusammenfassung, wenn es nötig erscheint. |

*Abbildung 16: Neunschrittige Strategie zum Verfassen von Zusammenfassungen längerer Texte (Quelle: Nelson et al., 1992, S. 234, leicht modifiziert)*

Die Ergebnisse der Studie mit Viert- bis Achtklässlern illustrieren die Wirksamkeit vor allem in zwei Bereichen. Erstens gab es frühe Verbesserungen in der Fähigkeit, wichtige Informationen aus den Übungspassagen tatsächlich in den eigenen Übungszusammenfassungen aufzunehmen – es gab also Effekte in primär organisations- und auswahlbezogenen Leistungsindikatoren. Zweitens erhöhten sich die Fähigkeiten, zu den gelesenen und zusammengefassten Texten einen nicht näher beschriebenen Lesetests zu bestehen (Nelson et al., 1992, S. 237).

Solche allgemeinen Strategieschritte sind in abgewandelter Form immer wieder vorgelegt worden, etwa jüngst in den Arbeiten von Bruce Saddler und Kolleginnen und Kollegen (Asaro-Saddler, Muir-Knox & Meredith, 2018; Saddler, Asaro-Saddler, Moeyaert & Cuccio-Slichko, 2019; Saddler, Asaro-Saddler, Moeyaert & Ellis-Robinson, 2017). Auch andere Forscherinnen und Forscher haben Listen von Schritten ausgearbeitet, mittels derer das komplexe schriftliche Zusammenfassen in Erst- und Zweitsprachen gefördert wurden (Armbruster et al., 1987; Cordero-Ponce, 2000; Hare & Borchardt, 1984; Mason, 2018; Raphael & Kirschner, 1985; Rogevich & Perin, 2008).

### Ein Blick auf die Wirksamkeit eines solchen Vorgehens

Das Nutzen von mehr oder minder ausführlichen Listen von Schritten hat sich bei folgenden abhängigen Variablen in den Fördermaßnahmen ausgezahlt:

- eine *stärkere Anwendung von solchen Regeln* in Testsituationen (Cordero-Ponce, 2000, S. 341; Hare & Borchardt, 1984, S. 73–75);
- *bessere Erinnerungsleistungen* an gelesene Texte in mündlichen und schriftlichen Erinnerungstests (Cordero-Ponce, 2000, S. 339f.; Mason, Snyder, Sukhram & Kedem, 2006, S. 80; Mason, Davison, Hammer, Miller & Glutting, 2013, S. 1150);
- *mehr berücksichtigten Hauptideen* in Zusammenfassungen (Cordero-Ponce, 2000, S. 339; Ennis, 2016, S. 557; Nelson et al., 1992, S. 237; Rogevich & Perin, 2008; S. 146f.),
- qualitativ *hochwertigeren Zusammenfassungen* (Asaro-Saddler et al., 2018, S. 114; Ennis, 2016, S. 557; Mason et al., 2013, S. 1150; Saddler et al., 2017, S. 94, 2019, S. 583) bzw. sprachlich *effizienter gelösten Zusammenfassungen* mit vielen Hauptideen in wenigen Worten (Cordero-Ponce, 2000, S. 341; Hare & Borchardt, 1984, S. 72f.) sowie
- höheren Werten in *Lesetests* (Asaro-Saddler et al., 2018, S. 114; Mason et al., 2013, S. 1150; Nelson et al., 1992, S. 237).

Längere Listen von Regeln haben sich – verbunden mit einer entsprechenden Förderung – also in einer Vielzahl von Maßen als vorteilhaft erwiesen. Diese Maße eint, dass sie sich primär aus den aus Zusammenfassungen gewonnenen Daten ableiten ließen.

### 5.6.3 Synthetisieren multipler Texte (didaktisches Design-Prinzip 5)

Mit dem Synthetisieren von Inhalten aus mehr als einem Lernmaterial ist ein an Bedeutung zunehmender Umgang mit Informationen gemeint. In ihm sind die Prozesse des generativen Lernens prototypisch sowohl in produktiver als auch in rezeptiver Sicht vereint, und dabei werden mitunter die Grenzen zwischen bloßem Lesen oder reinem Schreiben bis zur Unkenntlichkeit verwischt (Spivey, 1990, S. 258). Kennzeichnend für das Synthetisieren ist, dass Leserinnen und Leser **eine adäquate sprachliche Realisierung ihres eigenen Textes über mehrere, kohärent aufeinander zu beziehende Lernmaterialien erzielen müssen, die nicht nur den Inhalten gerecht wird, sondern zusätzlich der Aufgabe**. Hierfür müssen Leserinnen und Leser mithilfe der generativen Lernprozesse eine eigene Struktur finden, welche die Makrostruktur einzelner Lernmaterialien allenfalls als Ausgangspunkt hat.

Das Finden von propositionalen Strukturen auf der Basis des Lesens multipler Texte/Lernmaterialien – auch als intertextuelles Integrieren bezeichnet – befindet sich im Kern des Verstehens multipler Texte (Goldman, Lawless & Manning, 2013, S. 184f.), teils auch in weiter gefassten Konzepten wie dem der »New Literacies of Online Research and Comprehension« (Leu, Kinzer, Coiro, Castek & Henry, 2017, S. 7). Dieses Finden von propositionalen intertextuellen Strukturen bildet entsprechend einen Schwerpunkt der Didaktik sowohl des Lesens multipler Texte (Barzilai et al., 2018) als auch des Schreibens darüber (van Ockenburg et al., 2019). Dabei ist das **Schreiben** über multiple Texte komplex, setzt es doch voraus, dass die Inhalte ausreichend geklärt und verstanden sind. Insofern kommt dem Lesen der Texte aus der Sicht des Schreibens eine planerische Funktion zu. Umgekehrt hat das Schreiben durchaus eine verstehensdienliche Funktion für das **Lesen,** wenn mit ihm die externale Visualisierung und Verarbeitung von gelesenen Inhalten unterstützt wird. Hier machen sich erfolgreiche Fördermaßnahmen ähnliche Mechanismen zunutze wie schon jene zum Lesen von einzelnen Texten, wie sie vor allem im Teilkapitel 5.6.2 beschrieben wurden, nur dass es nun darum geht, Hauptideen und weitere Informationen aus mehreren Texten/Lernmaterialien systematisch zu sammeln, zu strukturieren und mit Vorwissen anzureichern.

Das Schreiben über multiple Texte, das schriftliche Synthetisieren, hat einen eminenten Unterschied zum reinen Verstehen: Es geht darum, dass es ein schriftliches Produkt gibt, welches einer Zielvorstellung entspricht, in der die gelesenen Informationen in eine andere Form überführt werden müssen, da es nicht reicht, Inhalte additiv aneinanderzureihen (Segev-Miller, 2007; Spivey, 1990). So muss man beispielsweise aus Fakten aus Beschreibungen in fremden Texten Argumente für einen eignen Text formen, aus Hauptideen eine Powerpoint-Folie erstellen etc. Für diese sprachlichen, rhetorischen und konzeptuellen Veränderungen benötigt man Strategien des Lesens und des Schreibens gleichermaßen (Segev-Miller, 2007, S. 250).

Die Strategien des Synthetisierens, für die in diesem Teilkapitel Beispiele vorgestellt werden, werden in zwei Gruppen gebündelt. Das leitende Sortierprinzip ist hierbei das intertextuelle Verhältnis der Texte/Lernmaterialien. Diese Bündelung entspringt einer typischen Unterscheidung in der Forschung zum intertextuellen Synthetisieren, nämlich Texten, die entweder komplementär zueinander stehen, sich mithin ergänzen und gleichsam informatorische Mosaiksteine enthalten, oder die einander widersprechen und kontrastive Perspektiven auf eine Thematik einnehmen. Diese beiden Arten von intertextuellen Verhältnissen sind in der bisherigen Forschung am häufigsten Gegenstand gewesen, wobei die konfligierenden Texte eindeutig den Schwerpunkt ausmachten. Die zweigeteilte Darstellung beginnt mit den komplementären Texten (s. Teilkap. 5.6.3.1), ehe es um kontrastive Texte geht (5.6.3.2).

#### *5.6.3.1 Komplementarität erkennen (und für das Schreiben nutzen)*

Inhaltliche Komplementarität, also ein wechselseitiges thematisches Ergänzen von einzelnen Texten innerhalb eines vorgegebenen oder zu suchenden Sets an Texten ist metaphorisch gesprochen wie das Aneinanderfügen von Informationen aus Texten, wobei man diese Puzzleteile selbst herzustellen und das Gesamtbild ohne Lösungsschablone zusammenzufügen hat (Goldman & Brand-Gruwel, 2018, S. 88). Es liegt auf der Hand, dass in einem solchen Fall Strategien benötigt werden, welche die emergierende, von der lesenden Person zu kreierende Struktur an Inhalten ermöglichen und diese Struktur der lesenden Person entweder im Gedächtnis oder ausgelagert als Notizen verfügbar halten. Drei solcher strategischen Ansätze stellt dieses Teilkapitel ins Zentrum:

- Der erste – **STRUCTURING** – ähnelt jenem Vorgehen mit einer mehrteiligen Folge von Schritten, das bereits für das schriftliche ausführlichere Zusammenfassen im Teilkapitel 5.6.2.3 behandelt wurde. Dies nimmt der Ansatz überwiegend auf eine ähnliche Art auf.
- Das zweite Beispiel aus dem Hochschulkontext, **Color Coding,** ist eine niederschwellig wirkende Variante, wie man mit farbigen Zetteln Inhalte aus multiplen Texten extrahiert, um mit ihnen gleichsam inhaltliche Mosaiksteine für das Schreiben von synthetisierenden Absätzen zu generieren.
- Das dritte Beispiel (bzw. genauer: zwei Beispiele) besteht aus tabellarischen Sammlungen von Informationen, um die intertextuelle Kohärenz von Informationen aus verschiedenen Texten sukzessive nachzuvollziehen. Hier dienen **IAPN und SOAR** als Stellvertreter für den gewinnbringenden Einsatz von Tabellen.

### STRUCTURING – eine Sequenz zum Anfertigen von Notizen und Schreiben von Synthesen

Wie es oben schon erwähnt wurde, ist STRUCTURING ein Strategieansatz, der aus mehreren Schritten besteht, welche ihm hohe Ähnlichkeit mit den mehrschrittigen Ansätzen zum schriftlichen Zusammenfassen verleiht (Reynolds & Perin, 2009, S. 280–283; Teng, 2019, S. 285 f.). Die Schritte, welche hinter dem Akronym stehen, sind in Tabelle 27 aufgeführt. Dabei fungieren die ersten beiden Schritte (S und T) als Klärung der Textsorte bzw. der Textstruktur, die Schritte R, U und C sind für das Erkennen der Hauptideen und den Details vorbehalten. Der Schritt T ist die Aufforderung, innerhalb eines Blankoformulars Notizen anzufertigen, welche die Hauptideen und Details beinhalten – dieses Formular wurde jedoch nicht genauer beschrieben. Allerdings handelt es sich anscheinend um eine Sammlung von Vierecken, bei denen das Thema zuoberst notiert wird, und in darunter befindliche Vierecke die Hauptideen nebst den Details geschrieben werden sollen.

Dieses Vorgehen des Notierens wird absatzweise wiederholt, worauf der Schritt mit dem zweiten U verweist. Die letzten vier Schritte widmen sich dem Schreiben der Synthese – angefangen mit dem überprüfenden Überfliegen der Notizen, der Aufforderung, mit einem Themensatz für die gesamte Synthese zu starten, dann die Notizen sukzessive Punkt für Punkt abzuarbeiten und am Ende den Text zu überprüfen. Damit leitet STRUCTURING den kompletten Syntheseprozess an, der sich durch wiederholtes Vorgehen bei multiplen Texten auszeichnet.

| | |
|---|---|
| **S** – *S*can the passage. | Überflieg die Passage. |
| **T** – *T*hink of structure and the big main idea. | Denk über die Struktur und die übergeordnete Idee nach. |
| **R** – *R*ead the paragraphs. | Lies die Absätze. |
| **U** – *U*nderline the important point of each paragraph. | Unterstreiche pro Absatz die Hauptidee. |
| **C** – *C*hoose one interesting detail. | Such ein interessantes Detail heraus. |
| **T** – *T*ake notes using frame. | Nutze den Notizenrahmen, um Notizen anzufertigen. |
| **U** – *U*-Turn: Repeat with second passage. | Umkehren: Wiederhole das Vorgehen mit dem zweiten Text. |
| **R** – *R*eview organization of notes. | Überprüfe die Anordnung der Notizen. |
| **I** – *I*ntroduce with topic sentence. | Starte mit dem Themensatz. |
| **N** – *N*ext point. | Nächster Punkt. |
| **G** – *G*o back and edit. | Geh zurück und überprüfe deinen Text. |

*Tabelle 27: Schritte des Strategiebündels STRUCTURING zum Synthetisieren (Quelle: Reynolds & Perin, 2009, S. 281)*

STRUCTURING hat sich in zwei Studien mit Sechst- und Siebtklässlern bezahlt gemacht und dort Wirkungen erzielt. Geförderte Personen übernahmen in eigenen Synthesen erstens mehr Hauptideen (Reynolds & Perin, 2009, S. 289 f.; Teng, 2019, S. 289). Zweitens hatten sie bessere Werte in Lesetests, welche das Verstehen und das Erinnern erfassten (Reynolds & Perin, 2009, S. 292). Es gab damit sehr trainingsnahe positive Effekte.

### Color Coding

Speziell für das Schreiben von Forschungssynthesen im universitären Kontext ist eine Strategie zum Einsatz gelangt, die eine Hauptproblematik von Studierenden angeht, nämlich die Probleme beim Synthetisieren von Forschungsliteratur. Hierbei geht es zum einen um das Synthetisieren im Sinne des intertextuellen Integrierens, zum anderen auch zur Kenntlichmachung der Quelle von Inhalten. Die Color-Coding-Methode als Sequenz von Schritten ist als Beispiel für die fünf Hauptschritte in Abbildung 17 dargestellt.

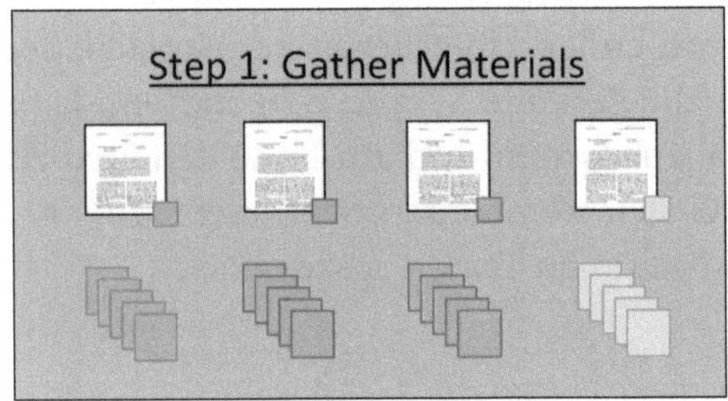


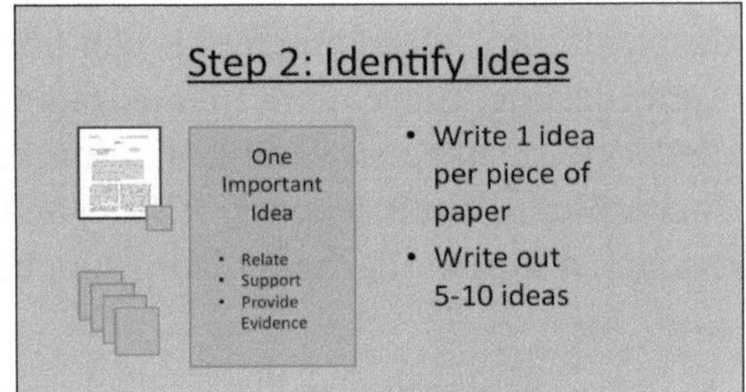


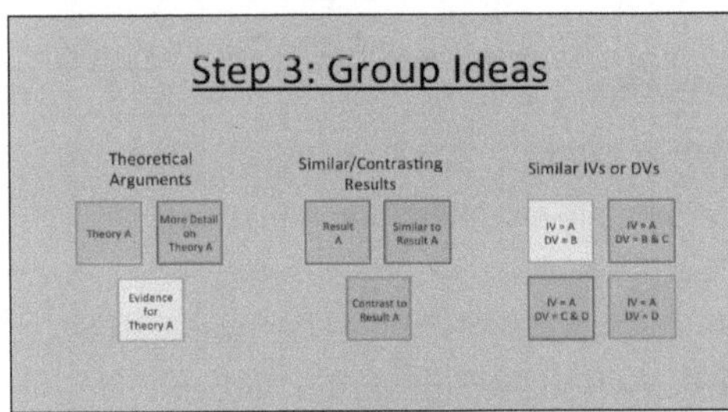


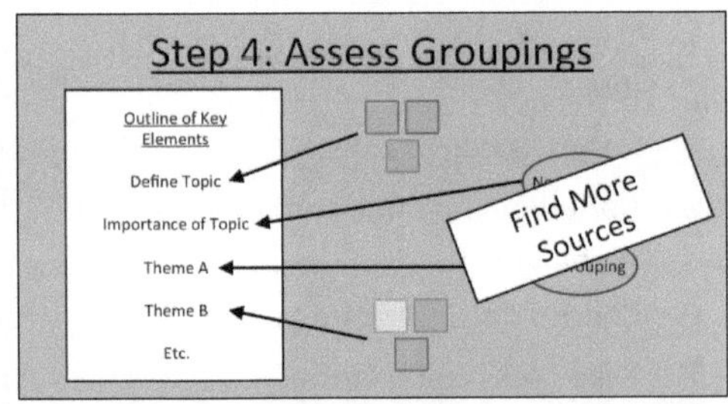


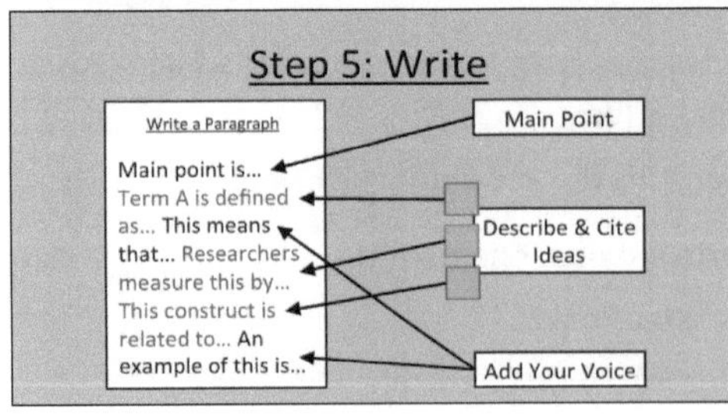


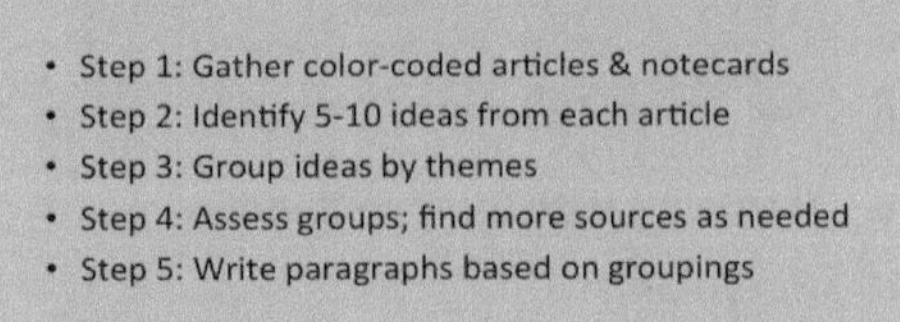


*Abbildung 17: Überblick über die Color-Coding-Methode zum Schreiben von Forschungsberichten (Quelle: Darowski, Patson & Helder, 2016, S. 99, leicht modifiziert)*

Die Color-Coding-Methode ist noch nicht in der Fläche auf ihre Wirksamkeit untersucht worden, doch schon haben zwei Studien sich mit dieser Strategie befasst. In diesen beiden Studien liegen hinsichtlich der konkreten Ausgestaltung auf den ersten Blick erhebliche Differenzen vor. Dennoch hat unabhängig von seiner jeweils konkreten Ausgestaltung das Color-Coding einige verbindende Eckmerkmale (Darowski et al., 2016; S. 98 f.; Lundstrom, Diekema, Leary, Haderlie & Holliday, 2015, S. 82):

- *Sichern der (Haupt-)Ideen einzelner Texte auf mobilen Zetteln:* Analog zu dem Lesen einzelner Texte und dem Finden von Hauptideen geht es darum, dass Personen sich zunächst die verwertbaren Informationen erschließen, die einerseits (aus der Informationsstruktur des Textes heraus) wichtig sind oder (in Bezug auf die Passung zum Aufgabenziel) relevant erscheinen. Hierfür müssen die Leserinnen und Leser gezielt Informationen auswählen, aber auch schon teils innerhalb der Texte organisiert haben.
- *Limitierung der Anzahl von Hauptideen pro Text:* Mit dieser Regel soll ein sinnvolles, bedachtes Auswählen der Hauptideen bzw. Details aus den gelesenen Texten forciert werden. Diese Limitierung bezieht sich nicht nur auf die reine Anzahl von Ideen pro Text auf den Zetteln, sondern teils auch auf die Anzahl pro Zettel zur Verfügung stehender Wörter – verbunden mit dem Hinweis, ausreichend groß zu schreiben.
- *Kenntlichmachung der Quelle der Informationen durch Symbole oder Farben:* Da es in den ursprünglichen Studien darum ging, hochschulische Texte zu verfassen, wozu auch die korrekte Wiedergabe der Quellen zählt, wurden entweder verschiedene Farben verwendet, also rote Zettel für Text A, grüne für Text B etc., oder aber mithilfe von Buchstaben (A für Text 1, B für Text 2 etc.) kenntlich gemacht, aus welchem Text der jeweilige Inhalt stammt. Dies war eine Vorbereitung für das spätere intertextuelle Organisieren und gibt der Methode »Color-Coding« auch ihren Namen.
- *Sequenz vom textweise und intratextuell orientierten Bearbeiten (Auswählen der Hauptideen) hin zum intertextuellen Organisieren der intratextuellen Inhalte innerhalb neuer makropropositionaler Strukturen:* Mit den genannten Vorarbeiten arrangierten die Leserinnen und Leser dann (teils mit mehreren Personen) die Inhalte zu Themen und verließen dabei die Primärstruktur der Informationen aus den einzelnen Texten. Stattdessen waren sie angehalten, möglichst kohärente zentrale Aussagen oder Hauptideen zu generieren, also zu organisieren und zu verknüpfen. Dieser Vorgang des Sortierens war zyklisch angelegt: Zettelcluster mit zu wenigen Zetteln (und zu wenigen verwendeten Texten) wurden aufgelöst bzw. folgten weitere fokussierte Lesevorgänge, zu umfassende Zettelcluster wurden zu kleineren Teilthemen portioniert.
- *Schreiben von Absätzen am Ende der intertextuellen Organisationsprozesse:* Mit diesen Organisations- und vor allem Verknüpfungsleistungen erstellten die Le-

serinnen und Leser dann schreibend einzelne Absätze, die als Textbausteine fungierten und in sich möglichst kohärent waren. Hier waren die Lernerinnen und Lerner gefragt, Informationen vorwissensbasiert zu verknüpfen.

Die Befunde zur Wirksamkeit des Förderansatzes sind bei zwei aktuell vorliegenden Studien naturgemäß nur spärlich vorhanden. Dennoch gibt es ermutigende Signale aus der Forschung, denn mit der Methode des Color-Codings geförderte Personen waren besser darin,

- die Zusammenhänge von Inhalten aus verschiedenen Texten adäquat intertextuell in eigenen Absätzen wiederzugeben (Lundstrom et al., 2015, S. 68),
- in insgesamt weniger Text mehr Quellen zu verwenden, also die gelesenen Texte stärker verdichtet wiederzugeben (Darowski et al., 2016, S. 101).

Abschließend muss noch hinzugefügt werden, dass das Color-Coding an dieser Stelle zwar als Strategie für das Synthetisieren komplementärer Texte steht. Dennoch ist es möglich, diese Methode auch bei konfligierenden Texten zu nutzen, bei denen es im Licht der neueren Lesetheorie zum Verstehen multipler konfligierender Texte darauf ankommt, die Genese und Ursache der Konflikte über die Quelle von Informationen zu rekonstruieren (Stadtler & Bromme, 2014). Hierfür kann das im Kern des Color-Codings befindliche Kennzeichnen der Quellen von Inhalten für die nötige Übersichtlichkeit sorgen.

### Zwei Beispiele für den Einsatz von Tabellen bei Vergleichen: SOAR und IAPN

Eine erste Einsatzmöglichkeit, um intertextuelle Verschiedenartigkeit in den dargestellten Inhalten zu durchdringen und sie mithilfe von grafischen Darstellungen zu visualisieren, liegt in der Nutzung von Tabellen. Ein allererstes Beispiel ist an anderer Stelle bereits beschrieben worden: **SOAR** (s. Teilkap. 4.6.2). Ursprünglich als Notationssystem zum Arrangierten von Informationen aus mündlichen oder schriftlichen Texten gedacht, hat die vierschrittige SOAR-Prozedur eine erhebliche Ausweitung erfahren, indem sie inzwischen auch für das Synthetisieren von Inhalten aus multiplen Texten genutzt wird (Daher & Kiewra, 2016; Luo & Kiewra, 2019). Für das schriftliche SOAR-basierte Synthetisieren ist bislang nur eine Studie publiziert worden, nämlich jene von Luo und Kiewra (2019). Sie folgen dem ursprünglichen SOAR-Ansatz weitestgehend (s. dazu Teilkap. 4.6.2), ändern ihn aber im entscheidenden vierten Schritt: »Regulate«. Statt hier verständnisüberprüfende Fragen zur matrixartigen Struktur von Informationen zu generieren, wurde den Testpersonen eine Checkliste übergeben, welche dabei helfen sollte, den Prozess des schriftlichen Synthetisierens (am Beispiel der Textsorte Vergleich) zu optimieren. Diese Checkliste, übernommen im Wortlaut von Luo (2018, S. 150), war folgende:

»Verwenden Sie die folgende Checkliste, um Ihren Schreibprozess zu überwachen, Ihr geschriebenes Produkt zu bewerten und Überarbeitungen vornehmen:

- Habe ich die Kreativitätsmaterialien wirklich verstanden?
- Habe ich den Text mit meinen eigenen Worten geschrieben, die mein Verständnis widerspiegeln?
- Habe ich wichtige Informationen aus allen vier Texten hinzugefügt?
- Habe ich die Assoziationen als Vergleichspunkte verwendet?
- Habe ich darüber geschrieben, wie sie [die Formen der Kreativität] sich ähneln und wie sie sich unterscheiden?
- Habe ich meine Punkte auf sinnvolle Weise organisiert?«

Um dieses Vorgehen – ausgehend von den in der Checkliste schon angesprochenen Texten zum Thema Kreativität – zu verdeutlichen, sind im Folgenden drei abgekürzte Beispieltexte zu drei (statt vier) Konzeptionen von Kreativität dargestellt (s. Beispieltext 7, Beispieltext 8 sowie Beispieltext 9). Die aus ihnen mittels der Schritte »Select« und »Organize« erstellte Matrix enthält Tabelle 28. Beispieltext 10 als eine idealtypische Lösung des schriftlichen Synthetisierens schließlich beinhaltet Leistungen aus dem Schritt »Associate«. So wurden die Ergebnisse und Beispiele, in der Tabelle 28 räumlich weit entfernt, im Text an dessen Anfang kombiniert, und die Zeit zum Erreichen der jeweiligen Form der Kreativität werden der Motivation vorgezogen. Das bedeutet, dass die systematische Sammlung von Inhalten in der Tabelle verändert wurde. Hinzu kommen klar auf Verknüpfungsleistungen erkennbare Aussagen – in der Diktion von SOAR: »Assoziationen« aus dem dritten SOAR-Schritt. Sie sind gut erkennbar an den ex- und internen Triebkräften bei der Motivation, an der Kopplung vom Grad an Ausgefeiltheit und Erwerbsdauer, und Quelle des Antriebs und Ort der kreativen Lösung.

Die Ergebnisse der kurzen Intervention ergaben, dass die mittels SOAR geförderten Personen ihre Synthesen stärker textstrukturkonform als tatsächlichen Vergleich organisierten (Luo & Kiewra, 2019, S. 188). Auch in der Bearbeitung der Texte in den Testsituationen nach der Förderung gab es Differenzen zwischen SOAR-geförderten bzw. -nicht-geförderten Personen. Erstgenannte Gruppe fertigte mehr (matrixartige) Notizen an, die im Vergleich auch mehr Informationen aus den Texten enthielten, verfasste mehr inferenzbasierte Verknüpfungen und erstellte häufiger eine Gliederung ihres Textes (Luo & Kiewra, 2019, S. 189 f.).

**Adaptive Kreativität**

Adaptive Kreativität ist die Fähigkeit, das Wissen und die Strategien der Vergangenheit zu nutzen, um auf Situationen zu reagieren, in denen Probleme gelöst werden. Beispiele hierfür sind alltägliche Probleme, die eine Hausfrau oder ein Fachmann in einem Beruf lösen müssen. Beispielsweise muss eine Hausfrau mit adaptiver Kreativität eine neue Strategie für die Hausreinigung und Essenszubereitung planen und ausführen, wenn bekannt wird, dass bald unerwartete Gäste eintreffen. Die Motivation der adaptiv kreativen Person besteht darin, den Status quo beizubehalten oder den Status quo leicht zu verbessern. Adaptive Kreativität kann über 3–5 Jahre erfolgreich erworben werden.

*Beispieltext 7: Adaptive Kreativität (Quelle: Luo & Kiewra, 2019, S. 164)*

**Innovative Kreativität**

Innovative Kreativität bezieht sich auf die Fähigkeit einer Person, einen wichtigen Prozess, ein Produkt oder eine Denkschule wesentlich zu verändern. Nicht selten beruht die Motivation eines Innovators auf Unzufriedenheit, was zu dem Wunsch führt, eine wesentliche Änderung vorzunehmen. Der Zeitbedarf für innovative Kreativität beträgt 5–10 Jahre. Beispiele für innovativ kreative Menschen sind Erfinder, die Produkte erheblich verbessern oder neue Produkte herstellen, z. B. Steve Jobs, der Gründer von Apple.

*Beispieltext 8: Innovative Kreativität (Quelle: Luo & Kiewra, 2019, S. 164)*

**Emergierende Kreativität**

Im Laufe der Geschichte gab es Menschen, die zu intellektuellen, sozialen oder politischen Revolutionen geführt haben. So legte Einsteins bahnbrechende Relativitätstheorie zusammen mit seinen Beiträgen zur Entwicklung der Quantentheorie den Grundstein für die moderne Physik. Emergierende Kreativität bezieht sich auf die Fähigkeit einer Person, bestehende Ideen, Überzeugungen oder Stile grundlegend zu ändern. Die Veränderung ist so tiefgreifend, dass die gesamte Richtung einer Disziplin neu bestimmt wird. Offensichtlich beinhaltet eine solche signifikante Veränderung ein Leben lang Erfahrung und Denken in einem bestimmten Bereich. Die Motivation emergierend kreativer Menschen beruht auf ihrem Bestreben, grundlegende Annahmen anzugreifen: Sie beschäftigen sich mehr mit ihren eigenen Ideen als mit den zugrunde liegenden Annahmen einer Disziplin.

*Beispieltext 9: Emergierende Kreativität (Quelle: Luo & Kiewra, 2019, S. 164)*

| | Adaptive Kreativität | Innovative Kreativität | Emergierende Kreativität |
|---|---|---|---|
| *Ergebnis* | ein gewohntes Problem auf neue Art lösen | ein neues Produkt kreieren oder eine Denkschule verändern | intellektuelle, soziale oder politische Revolutionen auslösen |
| *Motivation* | einen Status quo erhalten oder verbessern | Unzufriedenheit mit bestehenden Produkten oder Ideen | ein Feld mit seinen eigenen Ideen verändern |
| *Zeiterfordernis zum Erreichen* | 3–5 Jahre | 5–10 Jahre | ein Leben lang |
| *Beispiel* | Hausfrau nutzt neue Strategien für unerwartete Gäste | Steve Jobs' Apple-Produkte | Einsteins bahnbrechende Relativitätstheorie |

*Tabelle 28: Matrixartige Organisation von selektierten Inhalten aus den drei Beispieltexten zu Kreativitätsarten (Quelle: Luo & Kiewra, 2019, S. 172, leicht modifiziert)*

Die drei Arten von Kreativität – adaptiv, innovativ und emergierend – unterscheiden sich in Bezug auf Ergebnisse, Beispiele, Zeitbedarf und Motivation. In Bezug auf die Ergebnisse und Beispiele werden die drei Typen – von adaptiv über innovativ bis hin zu emergierend – immer ausgefeilter. Bei der adaptiven Kreativität geht es darum, ein häufig auftretendes Problem auf eine neue Art und Weise zu lösen, beispielsweise um das Haus und eine Mahlzeit für unerwartete Gäste zu präparieren. Innovative Kreativität ist anspruchsvoller. Es geht darum, ein Produkt wie die Apple-Produkte von Steve Jobs zu erfinden oder zu verbessern. Emergierende Kreativität ist am ausgefeiltesten. Es geht darum, eine ganze Disziplin umzugestalten. Als Einstein die Relativitätstheorie vorschlug und die Quantentheorie entwickelte, legte er den Grundstein für die moderne Physik.

Im Einklang mit dieser Folge von Ergebnissen ist die Folge von Zeitanforderungen, die erforderlich sind, um diese Ergebnisse zu erzielen. Wenn die Art der Kreativität an Raffinesse zunimmt, nimmt auch die Anzahl der Jahre zu, die erforderlich sind, um kreativ zu werden: adaptiv, 3–5 Jahre; innovativ, 5–10 Jahre; und emergierend, ein Leben lang. Je ausgefeilter das Ergebnis, desto länger ist die benötigte Zeit, um kreativ zu werden.

Die Motivation für die Art der Kreativität stammt entweder aus internen oder externen Quellen. Die Quelle der Motivation ist extern für anpassungsfähige und innovative Kreativität, intern für emergierende. Die Motivationsquelle stimmt mit dem Ergebnis überein. Adaptiv kreative und innovativ kreative Menschen befassen sich mit der Lösung von Problemen, die sich aus der Umwelt ergeben – einer externen Quelle. Im Gegensatz dazu beschäftigen sich emergierend Kreative mit ihren eigenen Gedanken und Ideen über eine Disziplin – eine interne Quelle.

*Beispieltext 10: Musterlösung für eine Synthese über drei Texte zu Arten von Kreativität (Quelle: leicht modifizierte Übersetzung von Luo & Kiewra, 2019, S. 167)*

Ein zweites Beispiel für den Einsatz von Tabellen für die Textstruktur Vergleich ist eine Variante, die in Tabelle 29 dargestellt ist. Grundlage dafür ist eine Abkürzung, die auch die Spaltenbezeichnung in der Tabelle leitet (Kirkpatrick & Klein, 2009, S. 313). Besagte Abkürzung lautete **IAPN** und stand für »*I* *a*m *p*lanning *n*ow«/»*I*nformation, *A*spect, *P*aragraph, *N*umber« – auf Deutsch sinngemäß ITAN für »*I*ch *t*hematisiere *a*lles *n*acheinander«/»*I*nformation, *T*hema, *A*bsatz, *N*ummer«. Das Akronym wurde im Förderansatz dazu verwendet, im Lesen Selektions- und Verknüpfungsprozesse zu forcieren und beim Schreiben des vergleichenden Textes über zwei Vergleichsobjekte die organisierende Planung zu strukturieren. Entscheidend ist im Vorgehen nämlich, dass die Tabelle beim Lesen von rechts nach links ausgefüllt wird, während sie beim Schreiben von links nach rechts als Schreibplan fungiert. Das Lesen dominiert in den Spalten rechts, das Schreiben – genauer: das Planen – in den beiden linken Spalten, der Übergang zwischen beiden Domänen vollzieht sich zwischen »Aspect«/»Thema« und »Paragraph«/»Absatz«. Tabelle 29 vereint damit sowohl generative Lese- als auch Schreibprozesse:

1. Der Selektion dient zunächst das Auffüllen der beiden **Spalten »Information«.** Hier werden Hauptideen oder Details sukzessive eingetragen, darunter wie im Beispiel Informationen zum Fell, zur Gefährlichkeit für Menschen etc.
2. Diese Informationen werden dann horizontal organisiert, indem durch das Bilden von Inferenzen die **Spalte »Thema«** die Kategorien abstrahiert (oder übernommen) werden müssen. Diese Themen bilden die Vergleichskategorien, und Organisationsleistungen benötigen die Leserinnen und Leser auch schon dabei, zueinander passende Informationen aus den Texten passend nebeneinander zu stellen.
3. Relativ vergleichbar mit dem, was in der Abstraktion und Organisation der Inhalte von den Spalten »Information« zur Spalte »Thema« mit klarer Benennung der übergeordneten Hauptidee in letztgenannter Spalte zu leisten ist, ist das, was in der **Spalte »Absatz«** hinsichtlich der Organisation und Verknüpfung der Inhalte passieren muss. Hier müssen die Leserinnen und Leser zusammengehörige Themen bündeln. Im Beispiel von Tabelle 29 ist das dargestellt, indem aus den Informationen »bevorzugter Lebensraum« und »Lebensraum« ein Thema für einen eigenen Absatz mit der Hauptidee »Lebensraum« abstrahiert wird.
4. Die letzte Spalte bzw. von links aus gesehen die erste **Spalte »Nummer«** dient am Ende dazu, dass die Absätze in eine Sequenz überführt werden, etwa in den geplanten ersten, dritten oder fünften Absatz. Damit planen die lesenden Personen am Ende, wenn ihnen das Tableau der geordneten, aus den Texten extrahierten Informationen vorliegt, ihre eigenen Texte. Sie können dann die Tabelle in der von ihnen gewählten Reihenfolge der nummerierten Absatz-Themen als Schreibplan nutzen.

| Nummer | Absatz | Thema | Informationen (Schwarzbär) | Information (Eisbär) |
|---|---|---|---|---|
| 1 | Aussehen | Fellmerkmale | weiß, schokoladenbraun, zimtbraun, blond | weißes, dickes Unterfell, Fettschicht |
| 3 | Lebensraum | Lebensraum | lebt an einer Vielzahl von Orten | |
| 3 | Lebensraum | bevorzugter Lebensraum | bevorzugen sumpfigen Hartholznadelwald | sind gut an ihren Lebensraum angepasst |
| 5 | Menschen und Bären | Menschen sehen Bären | Menschen sehen sie beim Zelten | sehen niemals wilde Bären |
| 5 | Menschen und Bären | Schaden für Menschen? | normalerweise nicht gefährlich | für Menschen gefährlich |

*Tabelle 29: Tabelle zum Vorbereiten des schriftlichen Synthetisierens für vergleichende Zieltexte (Quelle: Kirkpatrick & Klein, 2009, S. 314, Auszug)*

Die IAPN-Strategie eint mit SOAR, dass hier eine strenge Form der Organisation ausgewählter Informationen erfolgt. IAPN geht darüber aber noch hinaus, indem die Spalten links das Planen erleichtern, wobei sogar noch Erweiterungen denkbar sind, indem eine zusätzliche Spalte dafür genutzt werden könnte, ob die Vergleichsobjekte sich in den Vergleichsdimensionen ähneln oder voneinander divergieren. Ein weiterer Unterschied zu SOAR liegt bei IAPN darin, dass im Übergang von der Spalte »Aspect«/»Thema« zur Spalte »Paragraph«/»Absatz« eine Möglichkeit der Organisation und Verknüpfung besteht, was weit auseinanderliegende Informationen in den gelesenen Texten betrifft. Diese können durch einen zweiten Abstraktionsgang (1. Durchgang: von Information zu Thema, 2. Durchgang: vom Thema zum Absatz) miteinander kombiniert werden. Das ist deshalb so hervorhebenswert, weil die Leserinnen und Leser nach durchaus mehrfacher Prüfung ihrer Notizen planerisch vorgehen und ihren Text konzipieren können.

Die IAPN-Strategie ist mit Jugendlichen siebter und achter Klassen evaluiert worden. Die Ergebnisse ähneln der SOAR-Studie insofern, dass die Textprodukte stärker der Textsorte Vergleich folgten (Kirkpatrick & Klein, 2009, S. 316). Zudem wurde auch der Zusammenhang zwischen der Textqualität und der Textstruktur stärker, d. h. Texte wurden dann als besser beurteilt, wenn sie der bei IAPN gelernten Vergleichsstruktur folgten.

#### *5.6.3.2 Konfligierende bzw. kontrastierende Inhalte erkennen (und für das Schreiben nutzen)*

Als Gegenstück zum Synthetisieren der komplementären Textinhalte aus multiplen Texten kann hier das Nutzen von konfligierenden oder auch kontrastierenden Inhalten gelten. Solche einander widersprechenden Texte sind sogar ein hochgradig dominierender Zugang in den bisher durchgeführten Interventions- und Grundlagenstudien (Philipp, 2019d, S. 16; Primor & Katzir, 2018, S. 5). Konfligierende Inhalte aus multiplen Texten/Lernmaterialien bieten sich für das Schreiben nicht nur von vergleichenden Synthesetexten an, sondern auch und gerade von argumentativen Zieltexten. Diese Zieltextsorte kommt nicht nur besonders häufig in Förderansätzen vor (Barzilai et al., 2018, S. 990; Philipp, 2019d, S. 17). Sie ist außerdem auch im Vergleich zu anderen Zieltextsorten besonders dazu geeignet, Schreibleistungen zu steigern – und in etwas geringerem Ausmaß, trifft dies ebenfalls auf Leseleistungen zu (s. dazu den Forschungsüberblick bei Philipp, 2019c, S. 248 und 250).

Typisch für das glückende **argumentative Schreiben** mit mehreren Texten ist, dass die lesenden und schreibenden Personen

- Dialogizität zwischen den Positionen aus den Texten lesend erkennen – vor allem durch Organisieren und Verknüpfen – und schreibend herstellen müssen, d. h. sie müssen Positionen benennen, Pro- und Kontra-Argumente markieren, konzedieren etc.;
- die Inhalte mit den Wissenskomponenten verknüpfen, die sich für den Ausbau der Argumente eignen und teils erst Ergebnis der vertieften Auseinandersetzung mit dem Thema sind;
- die textsortenkongruente Argumentation auf der Basis des Verknüpfens ausformulieren (Feilke & Tophinke, 2017; Schüler, 2018).

Der oben angesprochene Punkt der Dialogizität, also der wechselseitigen kommunikativen Verknüpfung von Argumenten innerhalb balancierter Abwägungen über einen strittigen Sachverhalt, wird bereits in diversen Förderansätzen aufgegriffen. Zwei von ihnen sind Gegenstand der folgenden Darstellung, und sie wurden zum einen mit Sekundarschuljugendlichen und zum anderen mit Studierenden evaluiert. Beide bedienten sich außerdem nicht nur eines dialogischen Zugangs im Synthetisieren der Inhalte, sondern setzten auch gezielt das kooperative Synthetisieren ein, verwendeten mithin Dialogizität als Mittel der Inhaltsaufbereitung und -klärung und als Sozialform, nämlich in Form des kooperativen Schreibens von Synthesen.

### Dialogizität zwischen widersprüchlichen Quellen mit Schrittsequenzen und einem Graphic Organizer herstellen

Das erste Beispiel stammt aus Israel (Barzilai & Ka'adan, 2017), und die komplexe Strategie wurde dort mit Texten zu strittigen Gesundheitsthemen – also aus dem Bereich der Naturwissenschaften – vermittelt. Dieses Vorgehen erwies sich vorteilhaft für die Fähigkeit, Argumente besser miteinander zu verknüpfen und dabei auch verschiedene Positionen zu berücksichtigen (Barzilai & Ka'adan, 2017,

S. 216). Entscheidend war bei diesem Vorgehen ein dreischrittiges Vorgehen (1) Quellencheck, 2) Quellenbeurteilung und 3) Quellenvergleich; Barzilai & Ka'adan, 2017, S. 205 f.). Die ersten beiden Schritte dienten im Sinne des *Sourcings* dazu, Metadaten über die Internetdokumente zu sammeln (als Tabelle in Schritt 1) und dann jedes einzelne Dokument in seiner Zuverlässigkeit begründet zu beurteilen (Schritt 2), was in ein numerisches Gesamturteil mündete. Dieses Urteil wurde im dritten Schritt wieder aufgegriffen, nämlich ganz unten in der Abbildung 18 im stilisierten Kopf.

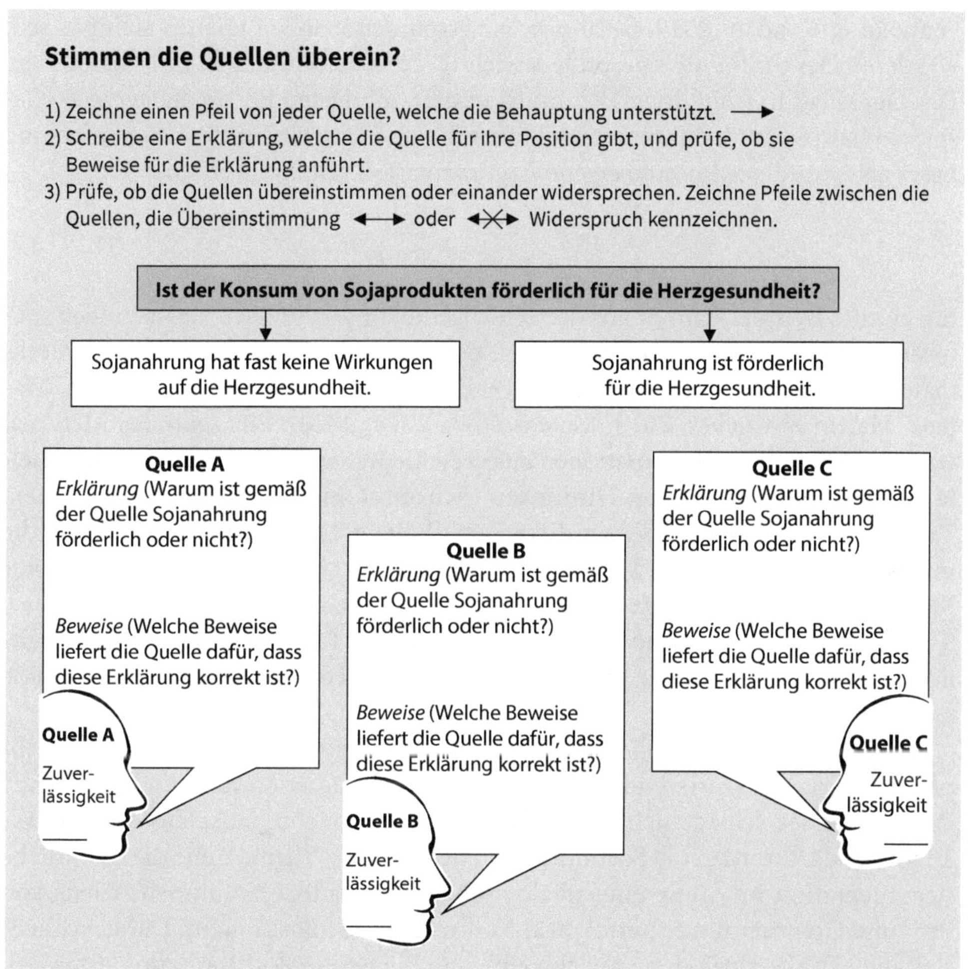


*Abbildung 18: Quellenvergleich für eine argumentative Synthese (Quelle: Übersetzung von Barzilai & Ka'adan, 2017, Appendix B, S. 3)*

Aus Sicht des Synthetisierens sind die *drei Hinweise im oberen Teil der Grafik* hervorzuheben, weil sie dazu anleiten, das Verhältnis von Dokumenten zur strittigen, in der Grafik explizit vorhandenen Frage mit zwei Positionen zu klären und die gelesenen Dokumente zur Abstützung der Positionen zu nutzen. Gerade dieses Vorgehen im Schritt Quellenvergleich nimmt die Dialogizität deutlich auf und verweist auch auf die Prämissen. Eine Prämisse des Förderansatzes ist, dass der strittige Punkt bereits geklärt, was auch ein vorgängiges Sourcing sinnvoll erscheinen lässt. Eine weitere Prämisse besteht darin, dass die Anzahl der (kurzen) Dokumente limitiert ist. Durch diese Weichenstellungen kann der Förderansatz seine **didaktisch überzeugende Strukturierung in puncto Dialogizität** voll ausspielen. Dies haben die Forscherinnen hinter dem Förderansatz klar formuliert (Barzilai & Ka'adan, 2017, S. 203 f.): Die Argumente sollen ebenso sichtbar sein wie deren Herkunft und – besonders wichtig – die Verbindungen zwischen ihnen. Das Denkblatt in Abbildung 18 konturiert die wichtigsten Bestandteile eines »Gesprächs« zwischen den Internet-Dokumenten und lässt sie für die Leserinnen und Leser als Grundlage für eine eigene Argumentation nutzbar werden.

### Mit einem Schreib-Guide und einer Tabelle Argumentationen entwickeln

Ein zweites Beispiel stammt aus dem Hochschulkontext und wurde in einigen spanischen Studien untersucht, in denen Kombinationen von verschiedenen Merkmalen miteinander in ihren Effekten verglichen wurden (Granado-Peinado, Mateos, Martín & Cuevas, 2019; Mateos et al., 2018, 2020). Ein zentrales Merkmal war der Umgang mit Informationen aus verschiedenen Texten, für den eine **Tabelle und eine Sammlung von Hinweisen (Schreib-Guide)** zum Einsatz gelangten. Tabelle und Hinweise korrespondieren aufs Engste. Dies zeigt die Tabelle 30, die mit Hinweisen eingeführt wurde. Die Abbildung 19 (inhaltlich übernommen aus Mateos et al., 2018, S. 136 f.; ähnlich beschrieben in Granado-Peinado et al., 2019, S. 2046) illustriert dies. Auch hier spielen Pfeile eine Rolle zur Klärung der inhaltlichen Dialogizität, allerdings geht der Katalog an Hinweisen im Schreib-Guide noch erheblich weiter.

Der umfassende Schreib-Guide aus der Abbildung 19 hat eine den Schreibprozess stark strukturierende, die Textsorte Argumentation direkt adressierende Funktion. Dies schlägt sich im Aufbau nieder: Zunächst muss das kontroverse Thema geklärt werden (1) Postionen zum debattierten Thema), ehe die eigentliche Argumentation im Sinne eines dialogischen kohärenten Zusammenstellens von Pro- und Contraargumten erfolgt (2) Kontrastierende Positionen). Daran schließt sich die (3) Konklusion an, welche eine abschließende Positionierung erfordert. Den Schluss des Schreibguides bildet nach vor allem inhaltlichen Aspekten der Inhaltsklärung und -organisaton die eigentliche Gestaltung des (4) Schreibprozesses. Hier prüfen Personen ihr planerisches Vorgehen und werden zum Revidieren angeleitet. All dies erfolgt über Leitfragen, welche die Aufmerksamkeit portionieren und die anspruchsvolle Schreibaufgabe in kleinere Etappen zergliedern.

## Der Schreib-Guide

**1) Positionen zum debattierten Thema**

Nachfolgend finden Sie eine Tabelle mit einigen Fragen, anhand derer Sie die verschiedenen Diskussionspositionen und die Argumente, die Sie für jede Position verwenden können, identifizieren und organisieren können.

- Worüber wird diskutiert?
- Was sind die unterschiedlichen Standpunkte zu diesem Thema?

| Pro-Position | | | Contra-Position | | |
|---|---|---|---|---|---|
| **Argumente** | **Unterstützung** | **Relevanz** | **Argumente** | **Unterstützung** | **Relevanz** |
| Was sind die Gründe, die diese Position unterstützen? | Wie lassen sich diese Gründe rechtfertigen? | Was ist der Wert dieses Arguments? | Was sind die Gründe, die diese Position unterstützen? | Wie lassen sich diese Gründe rechtfertigen? | Was ist der Wert dieses Arguments? |
| | Mit welchen Beweisen sind die Gründe gerechtfertigt? | Wie relevant sind die Beweise, auf denen der Grund basiert? | | Mit welchen Beweisen sind die Gründe gerechtfertigt? | Wie relevant sind die Beweise, auf denen der Grund basiert? |
| | | | | | |
| | | | | | |

*Tabelle 30: Blanko-Tabelle zur Sammlung und Organisation von Argumenten auf der Basis multipler Texte (Quelle: Mateos et al., 2018, S. 136)*

**2) Kontrastierende Positionen**

Im Folgenden finden Sie einige Anleitungen und Fragen, mit denen Sie einen Kontrast zwischen den verschiedenen Positionen herstellen können:

- Widersprechen die Argumente für eine Position denen einer anderen Position? Wie können diese verteidigende Position 1 die verteidigende Position 2 widerlegen? Wie kann die verteidigende Position 2 die verteidigende Position 1 widerlegen?
- Verwenden Sie Pfeile, um in der Tabelle die Beziehungen zwischen den Argumenten und Gegenargumenten anzugeben.
- Können Sie sich weitere Argumente für oder gegen eine der Positionen vorstellen?
- Welche Argumente haben die größte Bedeutung?
- Bitte ordnen Sie die Argumente nach ihrer Wichtigkeit.

**3) Konklusion**

Im Folgenden finden Sie einige Fragen, die Ihnen helfen können, Ihre Schlussfolgerungen zu ziehen.

- Hat eine einzelne Position ein größeres Gewicht?
- Gibt es eine Möglichkeit, zwei Positionen miteinander in Einklang zu bringen? Gibt es eine neue alternative Position, die die anderen Positionen einbezieht?
- Gibt es eine Position, die nur unter bestimmten Bedingungen gerechtfertigt ist?

**4) Der Schreibprozess**

*Organisation von Ideen:*

- In welcher Reihenfolge werden Sie Ihre Argumente anbringen? In der vorherigen Reihenfolge: zuerst die Argumente und dann die Gegenargumente; von einem zum anderen springen oder abwechselnd einfügen?
- Ist es besser, mit dem stärksten Argument zu beginnen oder es am Ende zu belassen?
- Müssen Sie am Ende Ihre Sichtweise wiederholen?

*Überprüfen/Selbsteinschätzung:*

- Ist Ihre Position klar angegeben?
- Haben Sie alle Argumente angegeben, die Sie für Ihre Schlussfolgerung in Betracht gezogen haben?
- Sind sie überzeugend und mit triftigen Gründen belegt?
- Sind Ihre Ideen gut verknüpft? Ist klar, wie alle Sätze in Ihrem Text zusammenhängen? Gibt es irgendetwas, das zur Mehrdeutigkeit führen könnte?
- Enthält Ihr Text Rechtschreib-, Syntax- usw. Fehler?

*Abbildung 19: Schreib-Guide für das Verfassend von Argumentationen über multiple Texte (Quelle des Schreib-Guides: Übersetzung von Mateos et al., 2018, S. 136 f.)*

Der umfangreiche Schreib-Guide widmet sich neben dem auf dem Lesen basierenden Notieren von Argumenten vor allem dem Planen (und der Selbstevaluation) des Textes. Hierbei steht das Organisieren deutlich im Vordergrund, insbesondere die Strukturierung der aus Texten gewonnenen Positionen. Dieser inhaltliche Fokus machte sich auch in den bislang durchgeführten Studien bemerkbar. Denn mit dem Schreib-Guide (in Verbindung mit anderen Förderelementen) geförderte Personen

- verwendeten mehr Argumente/Hauptideen aus den zur Verfügung gestellten Texten (Granado-Peinado et al., 2019, S. 2051 f.; Mateos et al., 2018, S. 128–130),
- verknüpften die Argumente besser miteinander (Granado-Peinado et al., 2019, S. 2052; Mateos et al., 2018, S. 128 f.).

Diese feststellbaren Effekte, die allerdings nicht isoliert nur auf den Schreib-Guide, sondern auf eine Kombination mehrerer Komponenten zurückzuführen sind, verweisen auf das Potenzial, dialogische, kooperative Arbeitsformen mit einem auf dialogische Überzeugungskraft und intertextuelle Kohärenz abzielenden Schreib-Guide zu verbinden. Dieses Vorgehen ist zugegeben aufwändig und enthält diverse Schritte, konnte aber in moderatem zeitlichem Aufwand den Studierenden vermittelt werden.

## 5.7 Bedingungen und Grenzen der Strategie

In diesem Kapitel waren drei aufeinander aufbauende Strategien Gegenstand, die allesamt damit zu tun haben, aus Einzeltexten zunehmender Länge bzw. Anzahl regelgeleitet wichtige Inhalte (Hauptideen) zu extrahieren und diese Inhalte wahlweise schriftlich oder grafisch festzuhalten, wobei es zu organisations- und auswahlbedingten Restrukturierungen und Reduzierungen ebenso kommt wie zu vorwissensbasierten Anreicherungen. Auch wenn die Logik der Darstellung davon ausgeht, dass Finden von Hauptideen, Zusammenfassen und Synthetisieren aufeinander aufbauen, so sind die Bedingungen und Grenzen nicht immer ähnlich gelagert. Jedoch eint die folgende Darstellung verschiedener Aspekte, dass die Merkmale der Texte/Lernmaterialien – vor allem in puncto der Struktur der Hauptideen – entscheidenden Einfluss auf das Glücken der Strategieanwendung haben.

Bezogen auf das **Finden von Hauptideen** ist zunächst aus theoretischer Warte festzuhalten, dass die damit verbundenen kognitiven Prozesse als Konstituenten des Leseverstehens gelten und dass das (vorwissens- und textbasierte) Erkennen von Makropropositionen in ihrer Struktur einen essenziellen Bestandteil des Leseverstehens markiert. Dabei hat sich ein hohes Vorwissen als Puffer für das Leseverstehen selbst hochgradig inkohärenter Texte erwiesen (Kintsch, 1990; McNamara & Kintsch, 1996; McNamara, Kintsch, Songer & Kintsch, 1996; Rölle & Nückles, 2019). Anders gesagt: Ein hohes Vorwissen kann zu tieferen Verarbeitungsprozessen führen, welche selbst bei schwierigen, wenig kohärenten Texten zu einer tieferen Durchdringung und stärkeren Organisationsprozessen führen, die in ein gesteigertes Leseverstehen münden. Dies heißt im Gegenzug aber auch, dass ein geringes Vorwissen auf höhere Kohärenz bzw. die Notwendigkeit erhöhter generativer Prozesse des Auswählens und Organisierens angewiesen ist, also auf eine möglichst leicht rekonstruierbare, durch wenig Disktraktoren gestörte und kognitiv klar strukturierte Themenentfaltung. Auch das zeigen die soeben zitierten Studien eindeutig. Ein schwierigkeitsgenerierendes Merkmal sind demnach Kohärenz und – damit durchaus einhergehend – die thematische Dichte von Texten, die sich auf der lexischen Ebene niederschlägt. Auch hier zeigen sich – bezogen auf die Fähigkeit, Schlussfolgerungen zu ziehen (Inferieren) – in der Grundlagenforschung Zusammenhänge zwischen Vorwissen, elaboriertem Wortschatz, Fähigkeit des Inferierens und Leseverstehen bei den im vorliegenden Kapitel dominierenden Sachtexten (Cromley & Azevedo, 2007; Cromley, Snyder-Hogan & Luciw-Dubas, 2010). Das spricht zunächst also für eine Bedingung und eine Grenze: **Günstig wirken für schwächer lesende Personen kurze, kohärent gestaltete und mit (leicht) rekonstruierbaren Hauptideen, während diese Bedingungen für stärker lesende Personen nicht zwingend zu wirken scheinen** (s. a. Kalyuga, 2007).

Hinzu kommt mit Blick auf das Textmaterial, dass die Anwendung von **Makroregeln** beim Finden von Hauptideen unterschiedliche Schwierigkeiten bereitet.

Das Löschen von Details wirkt weniger problematisch als das mehr auf Organisations- und Verknüpfungsprozessen basierende Subsumieren von Inhalten unter abstraktere Konzepte bzw. unter Themensätze. Gerade die Makroregeln zum Finden bzw. Formulieren von Themensätzen fallen ohne Förderung selbst Erwachsenen noch in der Anwendung schwer (Brown & Day, 1983). Aus Sicht der Vermittlung spricht dies dafür, bei der Auswahl der Texte Augenmerk darauf zu richten, dass sich Hauptideen – durchaus auch in Hinblick auf das Zusammenfassen – finden lassen. Dies schlägt sich implizit darin nieder, dass in bisherigen Studien vor allem kurze beschreibende – und teils hochgradig didaktisiert wirkende – Sachtexte dominierten (Fiorella & Mayer, 2015, S. 33 f.).

Die Kohärenz, die bislang in Bezug auf die Hauptideen eher auf einer Mesoebene des Textes – also auf Absatzebene oder über mehrere Absätze hinweg – behandelt wurden, spielt auch bei der Makroebene des Textes, also bei längeren Texten beim **schriftlichen resp. grafischen Zusammenfassen** eine Rolle. Hierfür sind erheblich reduktive Vorgänge nötig, und hier kommen Textstrukturen (als Ausdruck konventionalisierter Textsorten) als mögliche Unterstützungen zum Tragen, welche ihrerseits funktionsspezifische Elemente enthalten, welche sich für das Zusammenfassen (und auch für das Planen von Texten) anbieten und als Gerüst für Inhalte aus Texten fungieren können. Es geht also um die Bedingung, dass **Texte makrostrukturell ausreichend so organisiert sind, dass ihre Reduktion sinnvoll leistbar ist.** Hier ist zu bedenken, dass Texte nicht immer nur Reinformen von Textsorten, sondern Hybridformen darstellen können.

Auch das **Synthetisieren** von Inhalten aus multiplen Texten und Lernmaterialien hat aus Sicht der generativen Prozesse einige Voraussetzungen, welche das Synthetisieren erleichtern oder erschweren können. Entsprechend gelten drei Ansatzpunkte als vielversprechend (Britt & Rouet, 2012, S. 305 f.): erstens eine inhaltliche und auch lexikalische Überlappung der Texte, zweitens eine kohärente Entwicklung der Gesamtthematik über die Texte hinweg und drittens Texte, deren Verbindung untereinander erschließbar ist, sei es, weil die Positionen zu einem Sachverhalt – und der Sachverhalt als solcher – expliziert ist, weil die Texte dezidiert aufeinander Bezug nehmen oder weil sie einander widersprechen. **Je intransparenter und kognitiv aufwändiger in der Rekonstruktion die Relationen zwischen den Texten auf verschiedenen Ebenen sind, desto höher erscheint die Schwierigkeit.**

Damit lässt sich zusammenfassend sagen: Die in diesem Teilkapitel beschriebenen Bedingungen und Grenzen eint, dass sie die Kohärenz betreffen – sei es auf der Mesoebene des Textes, sei es auf der Makroebene einzelner Texte, sei es in puncto intertextueller Zusammenhänge. Das Erkennen und Strukturieren von Makropropositionen als Kern dessen, worum es beim Finden von Hauptideen, dem Zusammenfassen und dem Synthetisieren geht, ist abgesehen vom Vorwissen der lesenden Personen auch von textuellen Merkmalen abhängig, welche eine

Steuerungsgröße bilden, um eine angemessene Auswahl für didaktische Zwecke zu ermöglichen.

## 5.8 Zusammenfassung und Schluss

Dieses umfangreiche Kapitel hat sich einem Set von aufeinander aufbauenden Strategien gewidmet, bei denen es im Kern zunächst darum geht, analysebasiert Informationen aus Texten/Lernmaterialien auszuwählen und sie zu (re-)strukturieren. Dabei fungieren die **Hauptideen** als Träger der Makropropositionen von Texten und formieren in ihrem Gesamt die inhaltliche Essenz des gelesenen Textes. Diese Hauptideen – einerseits einzeln in Textteilen und andererseits über den gesamten Text hinweg – zu finden und mental in eine logisch stimmige Form zu überführen, ist für das Lesen nach herrschender Auffassung in dominierenden Lesetheorien konstitutiv für das Leseverstehen, um Verknappungen und kohärente Strukturierungen des Inhalts vorzunehmen.

Das schriftliche Zusammenfassen und das schriftliche Synthetisieren als darauf klar aufbauende Strategien eint, dass eine größere Menge an Informationen – mindestens ab mehreren Absätzen – analysiert werden muss, um dann in einem Verbund von Auswählen, Organisieren und Verknüpfen die Informationen dafür zu nutzen, einen möglichst kohärenten eigenen Text auf der Basis des Gelesenen zu erstellen. Damit hören die abstrakten Gemeinsamkeiten meistens schon auf, denn im Wesentlichen geht es bei der einen Strategie um die Reduktion auf textimmanent wichtige Informationen bei weitestgehender Rekonstruktion der gegebenen Kohärenz, während bei der anderen das Konstruieren von intertextueller Kohärenz und das relevanzbasierte Auswählen von Informationen andere Anforderungen stellen:

- Denn beim **schriftlichen Zusammenfassen** geht es darum, den Inhalt des Textes weitestgehend gemäß der vom Text immanent signalisierten Wichtigkeit reduziert wiederzugeben. Hierbei helfen bestenfalls der lesenden Person die Kohärenzmerkmale des Textes, der sich – wenn er lokal und global rund um erkennbare Hauptideen und/oder erwartbare Textstrukturmerkmale herum gegliedert ist – für ein schriftliches Zusammenfassen anbietet.
- Das **schriftliche Synthetisieren** kennt solche Züge des schriftlichen Zusammenfassens ebenfalls – allerdings dann bezogen auf intertextuell zu rekonstruierende Hauptideen, die aus mehreren Texten/Lernmaterialien stammen. In diesem Fall muss eine Person unter Aufbietung aller Prozesse aus dem generativen Lernen jene Struktur der Inhalte aus den Texten erst erschaffen, über die sie später schreiben wird. Hinzu kommt, dass hierbei nicht mehr nur allein die text-/lernmaterialseitig signalisierte Wichtigkeit entscheidend ist, sondern teils die relevanzbasierte, von außen an Texte/Lernmaterialien herangetragene Zuschreibung von Bedeutsamkeit von Informationen.

Unschwer ist aus der obigen Darstellung zu erkennen, dass die Anforderungen hoch sind, sodass einige der Förderansätze nebst dem Nutzen von sequenziellen Listen von Schritten bzw. heuristisch zu nutzenden Makroregeln darauf setzen, die Informationen durch **Visualisierungen** besser zugreifbar zu machen, indem die Leserinnen und Leser mittels Graphic Organizers die Makrostruktur der gelesenen Texte abbilden. Teils gibt es zusätzliche Bemühungen, die Makropropositionen in Einklang mit den **Textsorten,** also den konventionalisierten Anordnungen erwartbarer »Platzhalter« für Information bei spezifischen kommunikativen Anlässen, ebenfalls als Strukturierungshilfe zu nutzen. Für welche Gruppe von Förderansätzen in den Beispielen aus diesem Kapitel dies zutrifft, ist abschließend in Tabelle 31 zusammengetragen.

| Förderansatz (Teilkapitel) | Textebenen | | | Visualisierung der Makrostrukturen | Explizite Passung zu Textsorten |
|---|---|---|---|---|---|
| | Absatz (lokal) | Mehrere Absätze/ ein Text (global) | Mehrere Texte/ Lernmaterialien (intertextuell) | | |
| **Hauptideen finden (5.6.1)** | | | | | |
| Makroregeln zum Zusammenfassen nutzen (5.6.1.1) | ✓ | | | | |
| RAP-Strategie und verwandte Ansätze (5.6.1.2) | ✓ | | | | |
| Minimale Lenkung durch rhythmisiertes Finden von Hauptideen (5.6.1.3) | ✓ | | | | |
| **Zusammenfassen einzelner Texte (5.6.2)** | | | | | |
| Generisches grafisches Zusammenfassen (5.6.2.1) | ✓ | ✓ | | ✓ | |
| Textsortenspezifisches grafisches Zusammenfassen (5.6.2.2) | ✓ | ✓ | | ✓ | ✓ |
| Ausführliches, schrittweises schriftliches Zusammenfassen (5.6.2.3) | ✓ | ✓ | | | |
| **Synthetisieren multipler Texte (5.6.3)** | | | | | |
| Komplementäre Inhalte synthetisieren (5.6.3.1) | ✓ | ✓ | ✓ | ✓ | |
| Konfligierende/kontrastierende Inhalte synthetisieren (5.6.3.2) | | ✓ | ✓ | ✓ | ✓ |

*Tabelle 31: Systematisierender Überblick über die Förderansätze dieses Kapitels (Legende: ✓ = Passung vorhanden)*

Die in diesem Teilkapitel vorgeschlagenen **drei didaktischen Design-Prinzipien** gehen auf die Essenz dessen ein, was in puncto Auswählen, Organisieren und Verknüpfen erforderlich ist, wobei die Prinzipien ein deutliches Schwergewicht beim Organisieren und Verknüpfen legen, vor allem beim schriftlichen Zusammenfassen und Synthetisieren. Die regelgeleiteten Analysen der textuellen Informationen, um die Hauptideen zu finden, bilden die Basis. In den darauf aufbauenden Aktivitäten des Zusammenfassens und Synthetisierens geht es darum, die eigenen internalen Vorstellungen zum Inhalt in rein schriftlicher Form oder als grafische Variante zu externalisieren. Hier entsteht also ein Produkt, welches dokumentiert, welche Inhalte die Personen ausgewählt, strukturiert und mit eigenem Vorwissen angereichert und sprachlich transformiert haben.

# 6 Concept-Maps erstellen

## 6.1 Überblick über die Strategie

| **Definition** | Anfertigen von zweidimensionalen Darstellungen gelesener Texte mit den Kernkonzepten und grafischen Verbindungen zwischen den Konzepten mit expliziter Bezeichnung der Beziehung |
|---|---|
| **Begründung aus Sicht des generativen Lernens** | • *Auswählen:* Darzustellende Konzepte (Makropropositionen) analysebasiert auswählen und verknappen<br>• *Organisieren:* Grafisches Darstellen der Konzepte (Knoten) mitsamt ihrer semantischen Verknüpfung untereinander (bezeichnete Verbindungen)<br>• *Verknüpfen:* Vorwissensbasierte Umwandlung sprachlicher Strukturen in grafische Darstellungen, dabei Transformieren rein sprachlicher Inhalte in eine sprachlich-visuelle Repräsentation |
| **Anwendungssituationen und Grenzen** | • *Anwendung:* bei Texten mit komplexem Verhältnis der Makropropositionen, welche nicht mehr rein linear sind, und bei Texten mit einer Vielzahl von enthaltenen, semantisch verbundenen Konzepten<br>• *Grenzen:* Förderansätze mit Scaffolding-Maßnahmen zum konkreten Text sind nur interimistische Lösungen; verschiedene Maßnahmen zur Entlastung haben höchst unterschiedliche schwierigkeitsgenerierende Merkmale; selbständiges Concept-Mapping ohne Training sehr anspruchsvoll und nicht per se lernförderlich |
| **Didaktische Design-Prinzipien** | • Wenn Lernerinnen und Lerner beim Erstellen von Concept-Maps Informationen organisieren und verknüpfen sollen, dann lässt sich dies auf indirekte Weise fördern, indem Bestandteile der Concept-Map vorgegeben werden, während andere aufzufüllen sind. (Didaktisches Design-Prinzip 6, S. 159)<br>• Wenn Lernerinnen und Lerner beim Erstellen von Concept-Maps Informationen selbstständig auswählen, organisieren und verknüpfen sollen, dann müssen sie Strategien des schrittweisen Aufbaus von Concept-Maps erlernen. (Didaktisches Design-Prinzip 7, S. 159) |
| **Wirksamkeit** | *ES* = 0,43–0,80 |

*Starter-Box 3: Strategie Erstellen von Concept-Maps*

## 6.2 Charakterisierung der Strategie

Mit dem grafischen Zusammenfassen aus dem Teilkapitel 5.6.2.1 ist eine Strategie des generativen Lernens bereits vorbereitend angelegt, die in diesem Kapitel behandelt wird. Diese Variante löst sich stärker von der eigentlichen Textstruktur und verbindet Hauptideen (hier: Konzepte) grafisch miteinander, wobei diese Verbindungen ihrerseits noch genauer spezifiziert, d. h. mit Bezeichnungen versehen werden müssen. So entstehen »Karten« von verbundenen Konzepten – eben die »Concept-Maps« als sprachliche und grafische Darstellung (s. Abbildung 20).

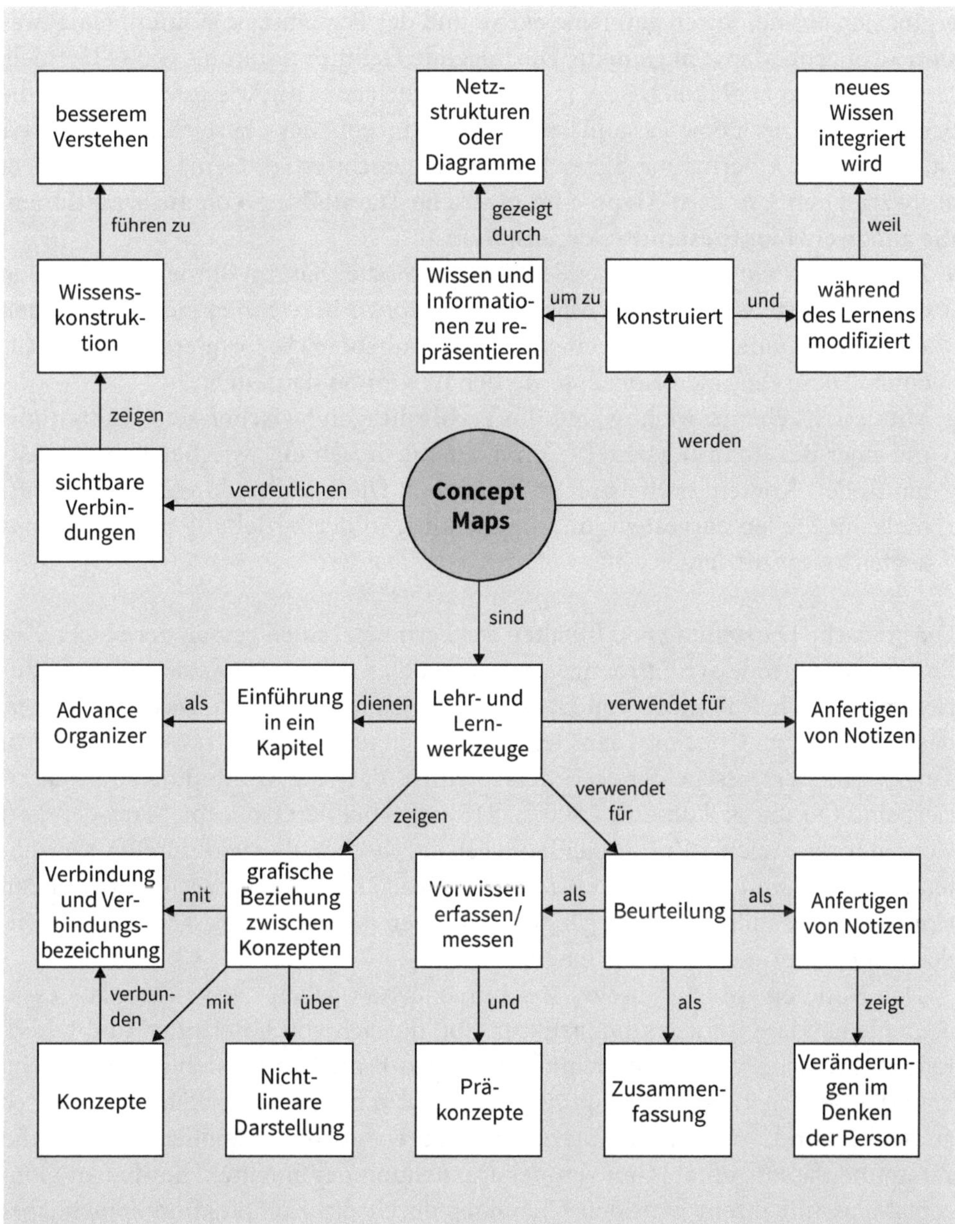


*Abbildung 20: Eine Concept-Map über die Concept-Map (Quelle: modifizierte Darstellung von Llewellyn, 2007, S. 75)*

Die Nutzung von grafisch strukturierten Hybridformen von Textinhalten und sie in ihrer semantischen Relation verbindenden bildlichen Elementen, welche der Repräsentation von Lerninhalten dienen, wird in der Fachliteratur mit unterschiedlichen Begrifflichkeiten bezeichnet. Ob diese Variante als »Graphic Organizer«, »Concept-Map«, »Knowledge Map« oder »strukturierte Notizen« genannt wird, ergibt sich aus der jeweiligen Perspektive und der Forschungstradition. Doch was sind »Concept-Maps« allgemein? Die folgende Definition stammt von O'Donnell, Dansereau und Hall (2002, S. 72) und bezieht sich auf »Knowledge Maps«. Da die Schnittmenge mit dem, was andernorts als »Concept-Map« bezeichnet wird, groß ist, scheint die Übernahme dieser Definition gerechtfertigt. Gemäß O'Donnell et al. bezeichnen **Concept-Maps** eine **grafische Darstellung von Informationen, die auf zwei Hauptbestandteilen basieren:**

- Zentral sind die namensgebenden **Konzepte,** die man im Sinne von Theorien des Leseverstehens auch als Makropropositionen bezeichnen kann. Es handelt sich um besonders wichtige, einen Gegenstand(sbereich) formierende Konstituenten. Diese zentralen Konzepte werden in **Knoten** dargestellt.
- Mindestens ebenso wichtig sind die **Verbindungen zwischen den Knoten,** die mit einer **Bezeichnung** versehen sind, um die Beziehung zwischen den Konzepten in den Knoten zweifelsfrei zu benennen. Diese Verbindungen werden oftmals mit Pfeilen dargestellt, um die Richtung in der Beziehung zwischen Konzepten zu spezifizieren.

Die grafische Darstellung von Inhalten aus Lernmaterialien gemäß der obigen Definition weist große Schnittmengen mit dem auf, wie beispielsweise auch strukturierte Notizen beim Finden von Hauptideen organisiert werden. Das erschwert es, das Erstellen von Concept-Maps terminologisch und inhaltlich vom Notieren zu separieren. Der entscheidende Unterschied ist, dass die Verbindungen semantisiert sind (Nesbit & Adesope, 2006, S. 415), also bei den Concept-Maps definiert werden muss, welcher Zusammenhang genau zwischen den verknüpften Konzepten besteht. Damit wirkt auch eine komplexere Verknüpfung von Inhalten in den Concept-Maps möglich, als es gängige Varianten des Notierens (4.6) und des Findens von Hauptideen (5.6) vorsehen.

Das Notieren und (grafische) Zusammenfassen gehen davon aus, dass es in Texten eine klare Informationsstruktur gibt, die sich von Leserinnen und Lesern reduktiv verarbeiten und sprachlich darstellen lässt. Wenn es aber darum geht, dass die Bezüge zwischen Propositionen nicht nur primär vertikal-hierarchisch zu denken sind, sondern komplexere Strukturen aufweisen, stoßen Notizen und Zusammenfassungen an Grenzen der Darstellung der Inhalte. Hier haben Concept-Maps mit ihrem hybriden Charakter durch die Kombination sprachlicher und grafischer Inhalte einen Vorteil (Dexter & Hughes, 2013, S. 286–290; Nesbit & Adesope, 2006, S. 417 f.; Nesbit & Adesope, 2013, S. 309; Vekiri, 2002, S. 266–281).

Hierfür werden in der Fachliteratur verschiedene Theorien bemüht, darunter prominent die **Dual-Coding-Theorie** (Sadoski & Paivio, 2013, S. 28–48; Nesbit & Adesope, 2013, S. 309). Hierbei handelt es sich um eine Theorie, die zwei Arten von kognitiven Repräsentationen postuliert, nämlich sprachliche und bildliche Repräsentationen, die separat, aber verbunden vorliegen und deshalb einen Mehrwert haben, weil die Verknüpfung von beiden Repräsentationen es erlaubt, Inhalte aus der jeweils anderen Repräsentationsform abzurufen bzw. abzuspeichern – vorausgesetzt, dass der lernenden Person in beiden Repräsentationen Informationen vorliegen. Das gilt insbesondere für konkrete Objekte (Konkreta) der kognitiven Repräsentation, weniger jedoch für abstrakte Konzepte. Diese doppelte Kodierung, welche der Theorie ihren Namen gibt, eröffnet es Lernenden, systematische Verbindungen zwischen grafisch und verbal organisierten Informationen beim Enkodieren aufzubauen, die ihnen später in der Anwendung und im Abruf des Wissens aus dem Gedächtnis helfen können. In diesem Sinne unterstützen Concept-Maps als räumlich-visuelle Anordnung mit den Konzepten in den Knoten und der Verknüpfung der Konzepte als semantische-sprachliche Klärungen zwei Arten der Verarbeitung und Speicherung.

| **Vergleichskategorie** | **Concept-Map** | **Mind-Map** |
|---|---|---|
| Zweck | Beziehungen zwischen Konzepten klären | Assoziationen zwischen Ideen, Themen oder Dingen abbilden |
| Struktur | Hierarchisch, baumartig | nicht-linear, organisch kreisförmig |
| Grad der Abstraktion | mittel bis hoch | gering |
| Knoten in den Maps | Kästen/Ellipsen mit verbal repräsentierten Konzepten | Wörter, Bilder, Grafiken |
| Art der Verknüpfungen | Pfeile | Linien, Linienstärken, Farben |
| Verbale Ausdrücke für Verbindungen | Relationale Ausdrücke (wie »besteht aus«) | Assoziative Ausdrücke (wie »nutzt«) |
| Sprachliches Register | präzis, deutlich domänenspezifisch | lose, alltagssprachlich |

*Tabelle 32: Gegenüberstellung von Mind-Map und Concept-Map (Quelle: Darstellung gemäß Davies, 2011, S. 289)*

Eine wichtige und deshalb an dieser Stelle noch abschließend aufzugreifende begriffliche Unsicherheit in puncto Concept-Maps ergibt sich wegen ihrer optischen **Nähe zur Mind-Map.** Dennoch gibt es Differenzen (Davies, 2011). Der entscheidende Unterschied liegt zum einen in der Funktion, die im Falle der Mind-Map auf einer assoziativen Exploration von Konzepten beruht, während es beim Concept-Mapping um die systematische Durchdringung der Verbindung zwischen Konzepten geht. Zum anderen und sich daraus speisend erfolgt das Erstellen einer Concept-Map strukturierter, um die dem Lerngegenstand inhärente Struktur adäquat zu repräsentieren (Davies, 2011, S. 280 und 282). Aus dieser Unterschiedlichkeit in den Zwecken ergeben sich weitere Unterschiede in anderen Vergleichsdimensionen, über welche die Tabelle 32 Auskunft erteilt. So ist für die Concept-Map kennzeichnend, dass sie in ihrer Struktur stärker hierarchisch ist, abstrahierter die rein verbal repräsentierten Inhalte beinhaltet, die rein mit Pfeilen sowie klar und fachlich angemessen bezeichnet werden. Die Mind-Map ist hier strukturell und sprachlich wesentlich freier. Die **Concept-Map** ist damit die **stärker strukturierte, auf systematische Tiefendurchdringung eines Lerngegenstands orientierte Form** der grafisch und verbal organisierten Inhalte.

## 6.3 Bezug zum Auswählen, Organisieren und Verknüpfen in der Strategie

Abgesehen von den Überlegungen aus der Dual-Coding-Theorie aus dem Teilkapitel 6.2 gibt es weitere lerntheoretische Begründungen, die für die Hybridform von sprachlichen Inhalten und grafischer Darstellung sprechen. Dabei wird in der Forschung häufig darin unterschieden, ob Concept-Maps entweder bereits vorgefertigt sind und dann von Lernerinnen und Lernern (im Verbund mit Texten oder ohne solche Begleittexte) kognitiv nachvollzogen werden müssen oder aber erst anhand bestehender Texte von den Leserinnen und Lesern herzustellen sind. Es geht also um den Nachvollzug bestehender oder die aktive Konstruktion noch nicht bestehender Concept-Maps. Dies haben Stull und Mayer (2007, S. 808–810) als **»Learning by Viewing« und »Learning by Doing«** kontrastiert. Aus der Warte der kognitiven Belastung und des aktiven Lernens lässt sich der spezifische Wert des generativen Lernens als Eigenheit des Konstruierens von Concept-Maps im Sinne eines »Learning by Doing« herausstellen (s. auch Schroeder, Nesbit, Anguiano & Adesope, 2018, S. 441). Diese tiefe Auseinandersetzung mit einer erhöhten kognitiven Belastung durch das eigenständige Erstellen von Concept-Maps erzeugt zusätzlichen kognitiven Aufwand, der sich aber mutmaßlich in besseren Lernergebnissen auszahlt. Dies mag erklären, warum das betrachtende Analysieren bestehender Concept-Maps in Metaanalysen teils nur halb so effektiv ist wie das aktive selbstständige Konstruieren solcher Concept-Maps (Nesbit & Adesope, 2006, S. 427; Schroeder et al., 2018, S. 441).

Das Anfertigen von Concept-Maps ist mit den Prozessen des generativen Lernens aufs Engste verknüpft, wie es die Tabelle 33 illustriert (s. auch Nesbit & Adesope, 2013, S. 309–311). So ist beim **Auswählen** zentral, dass die Leserinnen und Leser eine bedachte Selektion von Makropropositionen aus dem Text vornehmen, da in aller Regel der Platz auf einem Blatt Papier kaum ausreicht, viele Konzepte (Makropropositionen) adäquat in ihren Verbindungen darzulegen. Hier gilt also prinzipiell ein ähnliches Vorgehen als günstig, das bereits beim Anfertigen von grafischen Zusammenfassungen für eine gewisse Sparsamkeit sorgt (s.

Teilkap. 5.6.2.1 und 5.6.2.2). Es bestehen mithin ähnliche Anforderungen für das Auswählen wie beim Notieren und Zusammenfassen.

Bezüglich des **Organisierens** sind besonders hohe Anforderungen zu konstatieren. Die über das weiter unten beschriebene Verknüpfen von Informationen zu realisierenden Beziehungen erfordern, dass Leserinnen und Leser die Konzepte räumlich so anordnen, dass die Verbindungen zwischen ihnen realisiert werden und präzisiert wiedergegeben werden können. Hierfür müssen die Leserinnen und Leser die makropropositionale Struktur angemessen – und zwar sowohl sprachlich als auch grafisch – aufgebaut haben. Diese Struktur lernen sie dann – visualisiert – als zweite mentale Repräsentation mit. Studien zeigen: Richtiges Auswählen und Organisieren hängen nachweislich hoch miteinander zusammen (Riley & Åhlberg, 2004, S. 252; Sumfleth, Neuroth & Leutner, 2010, S. 70).

Conditio sine qua non beim Concept-Mapping ist das **Verknüpfen.** Hier geht es primär um das Transformieren sprachlicher Inhalte in grafische Repräsentationen (s. dazu Teilkap. 7.2), also ein kognitives Übersetzen von einer Modalität in eine andere. Hinzu kommen das auf Schlussfolgerungen basierende Verbinden von Konzepten durch die präzis zu benennenden, teils erst durch aktives Erschließen der Beziehung zwischen Konzepten – teils über weite Distanzen im Text hinweg – zu findenden Relationen zwischen den Konzepten und das sprachliche Vereinfachen von Originalinhalten. Beides ist hochgradig auf die effektive Vorwissensnutzung angewiesen, um von Erfolg gekrönt zu sein.

| Prozess des generativen Lernens | Charakterisierung |
|---|---|
| Auswählen | Entscheiden, welche der Informationen in die Knoten der Concept-Map gehören |
| Organisieren | Räumliches Anordnen der Knoten mit Kennzeichnung der Relation zwischen den Knoten bzw. den darin repräsentierten Konzepten gemäß Makrostruktur |
| Verknüpfen | Übersetzung von sprachlichen Informationen in räumlich-visuelle Darstellungen und damit Transformation von einem Zeichensystem (sprachlich) in ein anderes (bildlich), wobei die Concept-Map eine Hybridform aus sprachlichen und bildlichen Zeichensystemen bildet |

*Tabelle 33: Auswählen, Organisieren und Verknüpfen als generative Prozesse des Lernens bei der Strategie Concept-Maps erstellen/Concept-Mapping (Darstellung nach Fiorella & Mayer, 2015, S. 47)*

## 6.4 Didaktische Design-Prinzipien

Das Erstellen der Concept-Maps ähnelt in der Auswahl von Inhalten dem Anfertigen von Notizen und dem Finden von Hauptideen und bedarf deshalb auch des Findens von Makropropositionen. Was darüber hinausgehend aber für das

Concept-Mapping kennzeichnend ist, ist das **zweidimensionale Anordnen dieser Makropropositionen in einer dem Inhalt entsprechenden Struktur mitsamt den zentralen Verbindungen der Knoten mit den zentralen Konzepten.** Die in diesem Teilkapitel präsentierten beiden didaktischen Designprinzipien nehmen deshalb weniger die Auswahl der Propositionen ins Visier, sondern gehen auf direktive Einflussmöglichkeiten ein, die schwerpunktmäßig das Organisieren (und auch das Verknüpfen) fokussieren.

### 6.4.1 Ein Kontinuum mitsamt einem dazwischen liegenden Korridor: Didaktisches Design-Prinzip 6 als externe Steuerung durch Strukturhilfen – didaktisches Design-Prinzip 7 als strategische Schritte hin zu eigenen Concept-Maps

Der Anlass hierfür ist eine Eigenheit der Forschung rund um das Concept-Mapping nicht nur als Lernvehikel, sondern auch als Leistungsdemonstration. Bei den Concept-Maps gibt es nämlich seit Jahrzehnten einen eigenen Diskurs – gerade in den Naturwissenschaften –, inwiefern die Concept-Maps auch dazu geeignet sind, modellhafte Vorstellungen zu Sachverhalten zu erfassen (Ruiz-Primo & Shavelson, 1996). Aus diesem Kontext heraus ist erklärbar, was der Grundgedanke der Gegenüberstellung von Steuerungsmöglichkeiten in Tabelle 34 ist: Je nach Grad der Steuerung sind die Anteile der generativen Lernprozesse anders.

| Bestandteil der Concept-Map | Geringe Steuerung/ externe Lenkung | Hohe Steuerung/ externe Lenkung |
|---|---|---|
| Konzepte (Auswählen) | Von Lernenden zu selektieren und zu benennen | Von Lehrenden selektiert und benannt |
| Verbindungslinien (Organisieren) | Von Lernenden zu erstellen | Von Lehrenden erstellt |
| Bezeichnung der Verbindungslinien (Organisieren und Verknüpfen) | Von Lernenden selbst zu klären | Von Lehrenden benannt |
| Struktur der Concept-Map (Organisieren und Verknüpfen) | Von Lernenden herzustellen | Von Lehrenden bereitgestellt |

*Tabelle 34: Grad der Steuerung und externen Lenkung bei Lern- und Leistungsaufgaben mit Concept-Maps (Darstellung übernommen aus Ruiz-Primo, Shavelson, Li & Schultz, 2001, S. 101, Prozesse des generativen Lernens hinzugefügt)*

Bei **Aufgaben mit hoher Steuerung** sind diverse Vorgaben – die sich durch die Kombination verschiedener Elemente der Concept-Map unterschiedlich darstellen – für die Prozesse und Produkte leitend: Hier werden weniger selbstinitiierte generative Prozesse im Verbund nötig. Das Gegenteil trifft auf das andere Ende des

Spektrums bei **Aufgaben mit geringer externer Steuerung** zu. Hier haben die Lernerinnen und Lerner sehr viele Freiheitsgrade bei der Auswahl, Organisation und Verknüpfung der Informationen, sodass weder ihre Prozesse noch die Produkte des Concept-Mappings determiniert sind (Ruiz-Primo, Shavelson et al., 2001, S. 101 f.). Auch wenn die Angaben aus der Tabelle 34 nicht direkt der Theorie des generativen Lernens entsprechen, so offerieren sie in ihren Kombinationsmöglichkeiten ein Reservoir didaktischer Entlastungen und Möglichkeiten, leseanlassspezifische Entscheidungen in Hinblick auf die Lernerinnen und Lerner treffen zu können.

Entsprechend lassen sich auch die beiden nachstehenden didaktischen Design-Prinzipien als Pole eines Kontinuums begreifen, die sich auch didaktisch durch den Abbau der im Prinzip 6 noch dominierenden Scaffolds hin zu anspruchsvollen eigenaktiven Prozessen gemäß Prinzip 7 nutzen lassen:

- Im Falle des **Design-Prinzips 6** sind die Anteile mit externen Steuerungen hoch und sollen es den Lernerinnen und Lernern ermöglichen, durch die vorweggenommene Auswahl von Informationen eine sinnvolle (Re-)Konstruktion in bestehende Strukturen einer Concept-Map vorzunehmen. Hier geht es also vor allem um den Nachvollzug von bestehenden Strukturen, der aber immer noch Freiheiten zulässt.
- Das **Design-Prinzip 7** ist diesbezüglich viel offener, da hier keine externen Vorgaben zur konkreten Gestalt und zu den Inhalten der jeweiligen Concept-Map vorliegen. Stattdessen sind hier Lernerinnen und Lerner gefragt und gefordert, aufgrund der eigenen generativen Prozesse Informationen analysebasiert zu selektieren, sie inhaltlich und grafisch zu strukturieren und mithilfe von vorwissensbasierten Schlussfolgerungen untereinander zu verknüpfen.

**Didaktisches Design-Prinzip 6:**

Wenn Lernerinnen und Lerner beim Erstellen von Concept-Maps Informationen organisieren und verknüpfen sollen, dann lässt sich dies auf indirekte Weise fördern, indem Bestandteile der Concept-Map vorgegeben werden, während andere aufzufüllen sind.

**Didaktisches Design-Prinzip 7:**

Wenn Lernerinnen und Lerner beim Erstellen von Concept-Maps Informationen selbstständig auswählen, organisieren und verknüpfen sollen, dann müssen sie Strategien des schrittweisen Aufbaus von Concept-Maps erlernen.

Das didaktische Design-Prinzip Nr. 6 impliziert, dass die Elemente der Concept-Map in didaktischen Settings variabel eingesetzt werden können. Die Steuerbarkeit und Lenkung der Prozesse beim Concept-Mapping anhand der vier Kategorie aus der Tabelle 34 – 1) Konzepte, 2) Verbindungslinien, 3) Bezeichnung der

Verbindungslinien und 4) Struktur der Concept-Map – hat Ruiz-Primor (2004, S. 557) noch weiter betrachtet, allerdings erneut aus der Perspektive des Erfassens von Leistungen. Aus didaktischer Perspektive sind die Kombinationsmöglichkeiten dieser Elemente in verschiedenen Ausprägungen instruktiv. Dabei sind sich **Konzepte, Verbindungslinien und die Bezeichnungen dieser Verbindungslinien** insofern ähnlich, als hier unter anderem die **Anzahl und Wichtigkeit der einzelnen Elemente** für die gesamte Concept-Map Stellschrauben bilden. Bei der **Struktur der Concept-Map** lassen sich der **Vernetzungsgrad und die Vollständigkeit der Ziel-Concept-Map** variieren. Diese vier Elemente lassen sich zwar nicht in jeglicher Weise in verschiedenen Ausprägungen miteinander sinnvoll kombinieren, eröffnen jedoch diverse Optionen für Lehrende.

Je nachdem, wie stark direktiv ein didaktisches Arrangement zu bestimmten, definierten Zwecken sein soll, lassen sich die Ausprägungen anhand eines Kontinuums reihen, das sich zwischen den beiden Prinzipien 6 und 7 befindet. Diesen Versuch der Reihung unternimmt die Darstellung in Tabelle 35. Aus ihr geht hervor, dass der größte Grad an Steuerung bei der Vorgabe der Struktur der Concept-Map besteht, während die geringeren Steuerungen durch die Vorgabe der Konzepte bei gleichzeitig selbstständig zu findenden Verbindungen zwischen den Konzepten auffallen. Ganz außen rechts in der Tabelle 35 ist die Variante zu finden, die gänzlich auf Vorgaben verzichtet und daher das Maximum an generativen Prozessen einfordert. Diese Gegenüberstellung von Steuerungsmöglichkeiten ist insgesamt als idealtypische Darstellung zu verstehen, bei der Mischformen möglich sind. So haben beispielsweise Chang, Sung und Chen (2001, S. 23, 2002, S. 11) eine Variante getestet, in der Sekundarschuljugendliche digitale Concept-Maps ausfüllten und dabei sowohl Konzepte als auch Bezeichnungen der Verbindungen einzutragen hatten. Hier gab es mithin eine Hybridform der aus den beiden ganz außen links dargestellten Varianten der Tabelle 35.

| Bestandteil der Concept-Map | Hohe Steuerung (didaktisches Design-Prinzip 6) | | | | Geringe Steuerung (didaktisches Design-Prinzip 7) | |
|---|---|---|---|---|---|---|
| | Concept-Map ausfüllen | | Concept-Maps konstruieren | | | |
| Konzepte | ● | ○ | ○ | ○ | ○ | ● |
| Verbindungslinien | ○ | ○ | ● | ● | ● | ● |
| Bezeichnung der Verbindungslinien | ○ | ● | ○ | ● | ● | ● |
| Struktur der Concept-Map | ○ | ○ | ● | ○ | ● | ● |

*Tabelle 35: Ein Kontinuum der Steuerung durch verschiedene Aufgabentypen beim Konstruieren bzw. Ausfüllen von Concept-Maps (Legende: ○ = von Lehrenden bereitgestellt, ● = von Lernenden selbst zu leisten; Darstellung inhaltlich analog zu Ruiz-Primo, 2004, S. 556)*

Dem Gedanken des Kontinuums folgend lassen sich die einzelnen Varianten des Concept-Mappings aus der Tabelle 35 auch als **Phasen der effektiven Vermittlung** reihen. Dabei werden Elemente der klassischen Strategievermittlung – etwa dem prototypischen Verlaufsschema der Übertragung von Verantwortung bei Lesestrategien (Pearson, McVee & Shanahan, 2019) – im Sinne einer Scaffolding-Sequenz kombiniert. Konkret bezogen auf das Concept-Mappings lässt sich dies wie folgt darstellen (O'Donnell et al., 2002, S. 84, letzter Schritt ergänzt):

1. *Vorwissensnutzung einsetzen:* Mit einem stark vertrauten Thema (mit zugehörigem Text) beginnen, um die Auswahlprozesse passender Informationen in ihrem kognitiven Aufwand zu minimieren;
2. *ausgearbeitetes Beispiel verwenden:* zu diesem Text eine vollständige Concept-Map darbieten, die mit dem Textinhalt verglichen wird;
3. *analysierender Vergleich von Text und Concept-Map:* mit Text und Concept-Map die Entsprechung des Inhalts in beiden Materialien mit den Lernenden besprechen, d. h. beides miteinander vergleichen und den Inhalt der Concept-Map mit dem Text bestimmen bzw. umgekehrt (Fokus auf Prozesse des Auswählens und Organisierens von Informationen);
4. *entlastender Übergang vom deklarativen zum prozeduralen Wissen durch klare Beispiele erleichtern:* Aneignung durch kognitiv gut gestaltete Concept-Maps als Grundlage für erste Beispiele im Umgang mit dem Concept-Mapping verwenden, um den Übergang vom deklarativen zum prozeduralen Wissen zu erleichtern;
5. *kooperatives, strukturiertes Concept-Mapping:* Concept-Mapping (sei es entweder mit skelettartig vorgefertigten, also partiell vorgegebenen und daher zu vervollständigenden Concept-Maps, sei es mittels vorgegebener Elemente der erwarteten Concept-Map das eigene Konstruieren anbahnend oder sei es ein gänzlich eigenständiges Mapping ohne Vorgaben), welches in Varianten des kooperativen Arbeitens in Dyaden oder Kleingruppen erfolgt;
6. *selbstständiges Concept-Mapping:* angeleitetes oder unangeleitetes individuelles Erstellen von Concept-Maps, wobei hier mehr oder minder sämtliche Prozesse des generativen Lernens eingefordert werden.

### 6.4.2 Einige empirische Befunde zu Lernprozessen und -produkten des Concept-Mappings

#### *6.4.2.1 Der allgemeine Vorteil des erfolgreichen Concept-Mappings: Zusammenhänge des Concept-Mappings mit Lernergebnissen*

Die Forschung zum Concept-Mapping eine Vielzahl von einzelnen Befunden zum Concept-Mapping allgemein erbracht, und diese Ergebnisse sprechen dafür, dass das Erstellen von Concept-Maps eine insgesamt lernförderliche Wirkung hat bzw. mit anderen Lernleistungen in einem positiven Verhältnis steht. Die Befunde lassen sich zu diesen Mustern zusammenfassen:

- Besonders häufig untersucht wurde als ein Indikator unter vielen die **Anzahl der korrekten Konzepte.** Diese korreliert positiv und substanziell mit diversen weiteren Leistungsindikatoren. Darunter fallen erstens die Ergebnisse in Multiple-Choice-Tests, welche die Inhalte von Unterrichtseinheiten (Asan, 2007, S. 192; Rice, Ryan & Samson, 1998, S. 1116; Fechner & Sumfleth, 2008, S. 155) bzw. Kursen (Marée, van Bruggen & Jochems, 2013, S. 25; Schau, Mattern, Zeilik, Teague & Weber, 2001, S. 155) erfassen. Zweitens war dies ebenfalls für den Zuwachs im Wissen bei offenen Aufgaben auf der Basis mehrerer gelesener Sachtexte feststellbar (Hilbert & Renkl, 2008, S. 63). Drittens gilt Ähnliches für Tests, welche das generelle Fachwissen messen (Ruiz-Primo, Schultz et al., 2001, S. 271; Schau et al., 2001, S. 148). Etwas distaler sind Maße wie – viertens – Kursnoten (Schau & Mattern, 1997, S. 174) oder – fünftens – die Einschätzungen zum Leistungsvermögen von Schülerinnen und Schülern durch Lehrpersonen (Yin et al., 2005, S. 175). Zusammengenommen sprechen diese Befunde also für den positiven Ertrag des korrekten Auswählens.
- Je mehr **korrekte Verbindungen** eine Concept-Map enthält, desto besser schneiden Personen in Wissenstests ab (Brandstädter, Harms & Großschedl, 2012, S. 2161; Conradty & Bogner, 2012, S. 351; Fechner & Sumfleth, 2008, S. 155; Haugwitz, Nesbit & Sandmann, 2010, S. 541; Hilbert & Renkl, 2008, S. 63; Marée et al., 2013, S. 25; Ruiz-Primo, Schultz et al., 2001, S. 271; Thiede, Griffin, Wiley & Anderson, 2010, S. 356). Hier sind positive Zusammenhänge zwischen Fachwissenstests und einem Konglomerat aus organisations- und verknüpfungsbasierten Leistungen zu attestieren.
- Korrektes Mapping korrespondiert mit dem besseren Verknüpfen von Konzepten in **Transfertests,** die eine andere Art des Mappings verlangen (Novak, Gowin & Johansen, 1983, S. 637).

Diese Befunde unterstreichen in ihrem Muster, dass das Concept-Mapping positiv mit dem Fachlernen zusammenhängt. Je vollständiger die vernetzten Concept-Maps sind – sei es in Bezug auf die Knoten, sei es in Bezug auf die Verbindungen zwischen ihnen (beides korreliert auch hoch untereinander, Leopold, 2009, S. 257) –, desto bessere Leistungen erbrachten Lernerinnen und Lerner in anderen Leistungsindikatoren.

### *6.4.2.2 Der differentielle Nutzen von Concept-Maps: Effekte verschiedener Formen des Concept-Mappings*

Im Teilkapitel zuvor standen die allgemeinen Befunde im Vordergrund. Nun werden einige Eigenheiten einzelner Formen des Concept-Mappings mit spezifischen Varianten der Entlastung durch vorgegebene bzw. fehlende Elemente der Concept-Maps konsultiert, um so die Spezifika der didaktischen Design-Prinzipien 6 und 7 zu erläutern. Gemäß den theoriebasierten Ausführungen aus dem Teilkapitel zuvor bestehen Differenzierungsmöglichkeiten beim Erfassen – und daraus abgeleitet: der Förderung – von Prozessen je nach Art und Grad der Steuerung, wie Personen Concept-Maps erstellen. Aus dieser Überlegung speist sich die Annahme, dass je nach Art der vorgegebenen Elemente von zu erstellenden Concept-Maps auch die Prozesse unterschiedlich ausfallen.

Hierfür gibt es bereits Hinweise aus Untersuchungen, von denen an dieser Stelle einige vorgestellt werden. Diese experimentellen Studien ähneln sich im Design darin, dass verschiedene Varianten des Concept-Mappings mit unterschiedlichen externen Lenkungsgraden miteinander in ihren Effekten verglichen wurden. Die Untersuchungen sind im Gesamt ausgesprochen heterogen, sodass sie sich nur abstrahiert bündeln lassen, und zwar unter den folgenden vier Punkten:

- **Partiell vorhandene, von den Lernenden zu ergänzende Concept-Maps sind vergleichsweise überlegen.** Ein erster, eventuell trivial anmutender Befund besteht darin, dass Lernerinnen und Lerner selbst wenn ihnen die Konzepte für eine auf dieser Basis selbst zu erstellende Concept-Map gegeben wurden, sie diese bei weitem nicht alle vollständig in Concept-Maps im Vergleich von Concept-Maps mit vorgegebener Struktur und einzufüllenden Konzepten verwenden (Ruiz Primo, Schultz, Li & Shavelson, 2001, S. 273). Weiterhin begünstigen vorgegebene, mit Konzepten bzw. Verbindungsbezeichnungen zu ergänzende Concept-Maps vollständigere Concept-Maps und bessere Testleistungen (Chang et al., 2001, S. 27; Hardy & Stadelhofer, 2006, S. 184; Gurlitt & Renkl, 2010, S. 428). Der Vollständigkeit halber muss erwähnt werden, dass einige Studien hier allerdings auch kaum nennenswerte Vorteile vorfanden – und wenn dann eher zugunsten der gänzlich selbst zu erstellenden Concept-Maps (Hauser, Nückles & Renkl, 2006, S. 247).
- **Bei Personen mit hohem Vorwissen sind Concept-Maps mit höheren Anforderungen lernwirksamer.** Experimentelle Studien zeigen, dass es für Physik-Studierende lernwirksamer war, wenn sie in einer Concept-Map mit vorhandenen Konzepten selbstständig die Verbindungen samt Bezeichnungen

eintragen mussten, statt vorhandene Verbindungen zu bezeichnen. Bei der Vergleichsgruppe – Gymnasialjugendlichen – gab es hingegen kaum Differenzen (Gurlitt & Renkl, 2008, S. 414). Außerdem korrespondiert ein höheres Vorwissen mit besser vernetzten Concept-Maps, wenn Personen ihre eigenen Concept-Maps mit listenartig vorgegebenen Konzepten erstellen (Amadieu et al., 2015, S. 108). Positive Effekte des Vorwissens ließen sich ferner bei Leistungstests nach erfolgtem Concept-Mapping eruieren (Sanchiz, Chevalier, Paubel, Salmerón & Amadieu, 2019, S. 3656). Personen mit mehr Vorwissen neigen dazu, im Prozess der Herstellung von eigenen Concept-Maps und teils auch beim Komplettieren partiell vollständiger Concept-Maps mehr inferenzbasierte Erklärungen vorzunehmen und teils planvoller und weniger nach einem Trial-and-Error-Muster vorzugehen (Ruiz-Primo, Schultz et al., 2001, S. 123–129). Diese Befunde verdeutlichen im Gesamt, dass generative Lernprozesse voraussetzungsreich sind und eine spezifische Wirkung bei unterschiedlichen Personengruppen entfalten.

- **Es ist für Personen leichter, in vorhandenen Rumpf-Concept-Maps Konzepte statt Verbindungen einzutragen.** Empirische Befunde zeigen, dass es von Belang ist, ob man in bestehende Skelette von Concept-Maps entweder die Konzepte in den Knoten oder die Bezeichnungen der Verbindungen einzutragen hat. So ist – gemessen an dem Grad der korrekten Lösungen – das Einfüllen von Knotenbezeichnungen (Ruiz-Primo, Schultz et al., 2001, S. 270) bzw. das Unterordnen unter vorgegebene Hauptkategorien (Oliver, 2009, S. 408) effektiver. Außerdem hängen die Fähigkeiten, in skelettartig vorgefertigten Concept-Maps entweder die Konzepte bzw. die Verbindungen zwischen den Konzepten korrekt aus einer Liste mit gegebenen Einträgen an die richtige Stelle zu schreiben, nur moderat mit den Leistungen im Erstellen eigener Concept-Maps zusammen. Etwas Ähnliches gilt für das Verhältnis von korrektem Eintragen von Konzepten und dem korrekten Beschriften von existierenden Blankoverbindungen zwischen Konzepten (Ruiz-Primo, Schultz et al., 2001, S. 273 f.). Dies lässt sich als Hinweis dafür werten, dass beides unterschiedliche Fähigkeiten erfordert und misst.
- **Das Vervollständigen von (bestehenden) Concept-Maps erfordert jeweils spezifische kognitive Prozesse des generativen Lernens.** Je nach Art der vorgegebenen skelettartigen Concept-Maps sind empirisch nachweislich andere Kognitionen nachzuweisen. So ruft das Konstruieren eigener Concept-Maps mehr Prozesse des Verknüpfens und Organisierens hervor, während das Auffüllen von partiell vorhandenen Concept-Maps mehr metakognitives Überwachen hervorbringt (Ruiz-Primo, Schultz et al., 2001, S. 120). Allerdings kommt es beim vollständig freien Konstruieren eigener Concept-Maps auch zu mehr Fehlern im Prozess des Erstellens (Ruiz-Primo, Schultz et al., 2001, S. 121). Damit zeigt sich die Janusköpfigkeit des unangeleiteten Concept-Mappings vor allem

in den einerseits häufiger stattfindenden, andererseits auch missglückenden Prozessen Organisieren und primär Verknüpfen.

In zwei weiteren Studien wurden zwei weitere Varianten des Concept-Mappings verglichen, nämlich zum einen das korrekte Beschriften von vorhandenen Verbindungen in Concept-Maps bzw. das selbstständige Verbinden und Bezeichnen von Verbindungen – also im Lichte des generativen Lernens eine Variante des Verknüpfens und eine Variante des Organisierens und Verknüpfens. Hier gab es ein Muster: Personen mit vorgegebenen Linien – dem zentralen Unterscheidungsmerkmal beider Experimentalgruppen – fokussierten ihre Aufmerksamkeit auf das Verhältnis zweier Konzepte, während Personen ohne a priori existierende Verbindungslinien mehr auf globale Zusammenhänge achteten (Gurlitt & Renkl, 2008, S. 415; Gurlitt & Renkl, 2010, S. 423 und 425).

Auch in kleinteiligeren Differenzierungen fanden sich Unterschiede: In der Studie von Yin et al. (2005, S. 179–181) wurde verglichen, ob es einen Unterschied macht, die vorgegebenen Konzepte entweder mit selbst zu benennenden Verbindungen zu versehen oder aus einer Liste vorgegebener Beziehungsbezeichnungen auszuwählen und diese Ausdrücke einzutragen. Bestehende Ausdrücke korrekt zu nutzen, verlangsamte den Prozess und führte zu weniger hervorgebrachten Beziehungen. Dies spiegelte sich nicht nur im Prozess wider, sondern auch in den erstellten Concept-Maps, die zudem weniger komplex waren (Yin et al., 2005, S. 176 und 178). Diese Studie legt es nahe, dass die Vorgabe von zu verwendenden relationalen Bezeichnungen auch hinderlich sein kann, weil es zu einer erhöhten kognitiven Belastung kommt.

Was ist die Essenz der hier gebündelten Studien? Auf den allgemeinsten Nenner gebracht lässt sich festhalten, dass **partiell ausgefüllte, von den Lernenden zu komplettierende Concept-Maps eine gewisse Überlegenheit** in puncto Lernprodukte aufweisen, allerdings ist dieser Mehrwert nicht durchgängig belegt. In Hinblick auf das didaktische Design-Prinzip 6 ist von Belang, welche Art von Skeletten von Concept-Maps mit welchen Informationen auffüllen sind. Zunächst besteht Anlass zur Annahme, dass es spezifische Interaktionseffekte mit dem Vorwissen in dem Sinne gibt, dass anspruchsvollere Varianten des Concept-Mappings erst für Personen mit mehr Vorwissen ihren Mehrwehrt entfalten. Doch auch die Art der einzufüllenden Informationen ist folgenreich: Während vorgegebene Konzepte hier weniger Probleme zu bereiten scheinen, liegt der Fall anders bei den Verbindungen. Doch gerade das glückende korrekte Verknüpfen von Informationen in Concept-Maps ist stark mit Verstehensleistungen assoziiert (Hilbert & Renkl, 2008, S. 64). Insbesondere das Verknüpfen als generativer Prozess und das mit ihm zusammenhängende Organisieren bilden anscheinend schwierigkeitsgenerierende Merkmale.

## 6.5 Effektivität der Strategie

### 6.5.1 Die Effektivität des Einsatzes von Concept-Maps im Allgemeinen

Der Einsatz der Concept-Maps ist sehr breit erforscht. Das zeigt die schiere Zahl an Primärstudien – Hattie und Donoghue (2016) stützen sich auf mehr als 1.000 Untersuchungen mit einer sehr hohen Gesamteffektstärke (*ES* = 0,64). Die Befunde aus den anderen beiden Forschungssynthesen in Tabelle 36 ähneln dieser Zahl auffallend.

| Kurzbeleg | Art der Forschungssynthese: MA, MS | Anzahl Studien (Metaanalysen bei Metasynthesen) | Effektstärken |
|---|---|---|---|
| Fiorella & Mayer (2015) | MA | 25 bzw. 6* | 0,62 bzw. 0,43* |
| Hattie & Donoghue (2016) | MS | 1.049 (9) | 0,64 |
| Schroeder et al. (2018) | MA | 74 | 0,72** |
| Stevenson, Hartmeyer & Bentsen (2017) | MA | 12 | 0,80 |

*Tabelle 36: Studienübergreifende Effektivität der Strategie Concept-Maps erstellen (MA = Metaanalyse, MS = Metasynthese; * zwei unterschiedliche Interventionsarten: erste Zahl für Concept-Maps, zweite Zahl für Knowledge Maps mit zwingender Beschriftung der Verbindungslinie für die Klärung der semantischen Relation; ** nur Studien zum Erstellen von Concept-Maps)*

Gibt es weitere Befunde aus Moderatoranalysen, welche Hinweise auf die spezifische Effektivität des Umgangs mit Concept-Maps zum Zweck des Lernens liefern? Das ist in der Tat der Fall. Fiorella und Mayer (2015) trennten beispielsweise in ihren Analysen zwei – im Grunde sogar drei – Arten von Concept-Maps: die klassische *Concept-Map* als mit Linien verbundenen Konzepte, die *Knowledge Map* (welche in diesem Kapitel als »Concept-Map« bezeichnet wird), die darüber hinausgehend noch genaue Bezeichnungen für die Linien verlangt, und eine Variante, die eine Form des Notierens verlangt, wie sie im Teilkapitel 4.6.2 für die *Matrix-Form* beschrieben wurde. Ohne Prüfung auf die statistische Signifikanz gab es doch Differenzen in Form unterschiedlicher Effektstärken (*ES* = 0,43 bzw. 0,62). Ob diese Befunde dafür reichen, um eine der beiden Formen von Concept-Maps zu privilegieren, bleibt abzuwarten und ersetzt auch nicht die kritische didaktische Frage nach der Angemessenheit einer der beiden Varianten in Bezug auf Lernziele, Lernende und Inhalte.

### 6.5.2 Die Effektivität des Erstellens von Concept-Maps im Besonderen

Eine besonders ergiebige Metaanalyse hat gebündelt geprüft, inwiefern sich das Studieren und das Erstellen von Concept-Maps einerseits unterscheiden und ob sich für beide Varianten des Umgangs mit Concept-Maps Eigenheiten zeigen lassen. Ehe es um diese relativen Effekte der einen oder anderen Variante geht, muss noch Folgendes vorweggenommen werden: Die Metaanalyse von Schroeder et al. (2018) hat durch den berücksichtigten Studienpool ein Schwergewicht im Bereich des MINT-Lernens, stammten doch mehr als 80 Prozent der Effektstärken aus Untersuchungen zum MINT-Lernen. Trotz dieser Übermacht hat es keine systematischen Effekte der Domänen gegeben; dies wurde eigens geprüft (Schroeder et al., 2018, S. 439 und 443). Einen Unterschied hat es jedoch gegeben, und er ist auch aus der Sicht des generativen Lernens hochbedeutsam: **Das Erstellen von Concept-Maps war dem Analysieren von Concept-Maps deutlich überlegen:** *ES* = 0,72 vs. 0,43 (Schroeder et al., 2018, S. 441).

Schließlich sind die Befunde auch noch instruktiv, mit welchen anderen Lernaktivitäten und -strategien der Einsatz von Concept-Maps verglichen wurde. Auch hier gab es Muster (Schroeder et al., 2018, S. 444): Das reine Lesen von Texten als Alternativtreatment war genauso unterlegen wie das Schreiben von Texten (*ES* = 0,33 bzw. 0,48). Außerdem, und hierin deutet sich eine **relative Überlegenheit des Umgangs mit Concept-Maps** im Vergleich mit anderen Strategien innerhalb dieses Buches an, waren das das Schreiben bzw. Betrachten von stichwortartigen Zusammenfassungen ebenso nicht ganz so effektiv (*ES* = 0,40). Es scheint im Lichte dieser Befunde, als würde sich der Mehrwehrt der Concept-Maps aus ihrer semantisch bedeutungsvollen zweidimensionalen Anordnung speisen, den andere Strategien so nicht einholen können.

Die metaanalytischen Befunde zur Effektivität des eigenständigen Erstellens von Concept-Maps illustrieren also vor allem zweierlei: Erstens ist es dem eher rezeptiven Umgang mit ihnen überlegen – das Erstellen von Concept-Maps ist also lernwirksamer. Und zweitens hat es sich auch anderen Varianten des strategiebasierten schriftsprachlichen Lernens gegenüber als effektiver erwiesen.

## 6.6 Beispiele für die Strategie

Die Beispiele für Varianten des Concept-Mappings in diesem Teilkapitel werden entlang der beiden didaktischen Design-Prinzipien entfaltet. Das sechste Design-Prinzip wird mit Beispielen im Teilkapitel 6.6.1 bedient. Hier geht es darum, wie durch stärker extern gesteuerte Formate die spezifischen Concept-Maps für die Lernerinnen und Lerner erreichbar werden. Daneben lässt sich das Concept-Mapping durch allgemeine, nicht inhaltsspezifische Schritte fördern (6.6.2), bei denen die eigentliche Lenkung der konkreten Concept-Map-Inhalte gering ist. Dies entspricht dem didaktischen Design-Prinzip 7.

### 6.6.1 Förderung durch Hinweisstrukturen und mit hohem Grad an externer Steuerung im Moment des Concept-Mappings – Beispiele für das didaktische Design-Prinzip 6

Anders als im später folgenden Teilkapitel 6.6.2 eint die Beispiele in diesem Teilkapitel, dass sie sich immer auf ganz spezifische, einzelne Concept-Maps beschränken. Das ergibt sich zwingend aus der Grundidee, dass konkrete externe Steuerungen vorliegen, die sich auf einen konkreten, einzelnen und spezifischen Kontext beziehen – dies ist bei den Beispielen aus dem Teilkapitel 6.6.2 anders. Und noch etwas ist anders: Die Beispiele aus diesem Teilkapitel sind mitunter nur Bestandteile einzelner übergeordneter Förderansätze, teils sind sie – ganz dem Gedanken des didaktischen Design-Prinzips 6 folgend – nur übergangsweise zum Einsatz gelangt. Das macht es schwierig, die Netto-Effektivität dieser Bestandteile genauer zu bestimmen. Deshalb wird an dieser Stelle auch im Gegensatz zum Teilkapitel 6.6.2 darauf verzichtet, einzelne Effekte zur Effektivität genauer auszuweisen.

#### *6.6.1.1 Variante 1: Entlastung des generativen Lernens (vor allem des Auswählens) durch Vorgabe der Konzepte für die Concept-Maps*

In diversen Studien wurde gerade der generative Prozess Auswählen adressiert, der für sich bereits erste Hürden enthält, wenn es darum geht, quantitativ angemessen viele und qualitativ bedeutsame Inhalte (Konzepte) auszuwählen. Bereits an dieser Hürde können Schülerinnen und Schüler bzw. Studierende scheitern – und mit ihnen das Unterfangen, eine sinnvolle, angemessene Concept erstellen zu wollen. Deshalb lässt sich in diversen Studien wiederfinden, wie eine **Entlastung beim Auswählen** vorgenommen wird:

- Erstens ist es weit verbreitet, mittels Listen oder mündlich *die Konzepte für die Concept-Maps vor dem Anfertigen der Concept-Maps (zeit- bzw. übergangsweise) festzulegen* (Asan, 2007, S. 190; Barenholz & Tamir, 1992, S. 42; BouJaoude & Attieh, 2008, S. 236; Chang et al., 2002, S. 11; Czerniak & Haney, 1998, S. 309; Fechner & Sumfleth, 2008, S. 154; González, Palencia, Umaña, Galindo & Villafrade, 2008, S. 313; Kalhor & Shakibaei, 2012, S. 728; Ling & Boo, 2007, S. 11; Okebukola, 1990, S. 496 f.; Tastan, Dikmenli & Cardak, 2008, S. 6; Yuruk, Beeth & Andersen, 2009, S. 468). Es kommt hier also dazu, dass ein Katalog zu verwendender Konzepte vorgegeben wird, den die Lernerinnen und Lerner nutzen sollen.

- Eine Alternative hierfür ist zweitens, dass bereits in den Texten die *zu verwendenden Konzepte typografisch (z. B. mit einer anderen Schriftfarbe) explizit hervorgehoben werden* (Haugwitz et al., 2010, S. 539; Sumfleth et al., 2010, S. 68). Exemplarisch für diesen Zugang steht der Beispieltext 11 mit Unterstreichungen. Die dazugehörige Concept-Map – erstellt über die Schritte im ersten Beispiel aus der an späterer Stelle vorkommenden Tabelle 38 (s. S. 174) – ist in Abbildung 21 abgebildet. Dieses Beispiel illustriert, wie Entlastungen im Kontext des konkreten Lernmaterials vorgenommen werden können und wie die Informationen, welche die Konzepte umgeben, dafür genutzt werden können (und müssen), die Verbindungen zwischen den Konzepten zu erkennen und in der eigenen Concept-Map darzustellen.

> Einst waren Wölfe auf der ganzen Nordhalbkugel heimisch, in unseren Wäldern waren sie ausgesprochen häufig vorkommende Tiere. Der Wolf ist der Urahn unserer Haushunde. Wölfe leben in Gruppen, die man Rudel nennt. Ein Rudel hat ein recht großes Territorium, das es mit Duftmarken aus Urin immer neu markiert und auch gegen andere Rudel verteidigt.

*Beispieltext 11: Absatz über Wölfe (Quelle: Sumfleth et al., 2010, S. 68, Unterstreichungen im Original)*

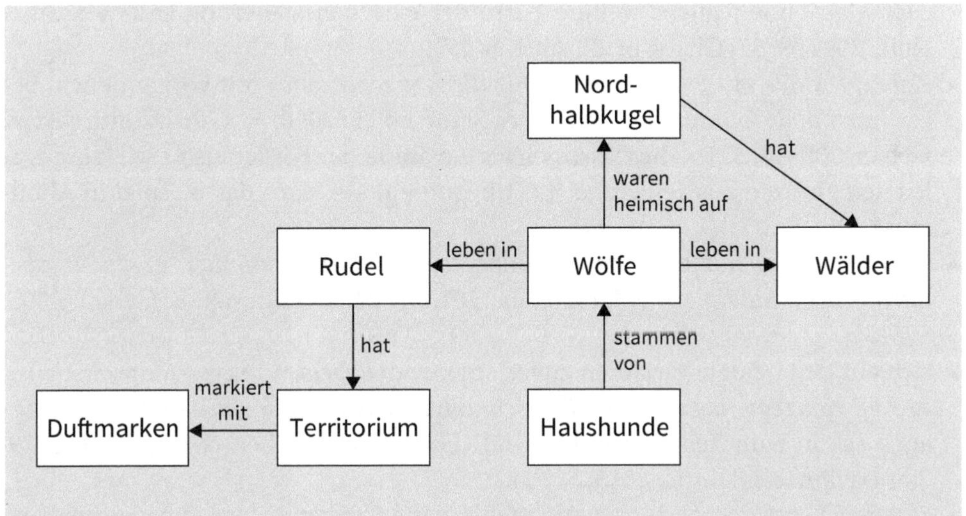


*Abbildung 21: Concept-Map zum Absatz über Wölfe aus Beispieltext 11 (Quelle: Sumfleth et al., 2010, S. 68)*

Einige der Förderansätze verlassen sich nicht darauf, nur die Konzepte vorzugeben. So gibt es hin und wieder das Vorgehen, dass bei anspruchsvollen Konzepten eine Sicherheitsmaßnahme eingebaut wurde, indem die Lernerinnen und Lerner erst eine **Definition dem Konzept zuzuordnen** hatten, ehe Concept-Maps konstruiert wurden (González et al., 2008, S. 313). Eine andere Variante besteht darin, in strukturierten Dialogen zwei Lernende allmählich eine elaborierte Klärung der notwendigen Konzepte (und auch deren Verbindung) vorzunehmen (Marée et al., 2013, S. 21–23). Diese Maßnahme stellt sicher, dass die Knoten der Concept-Maps auch inhaltlich besser verstanden wurden.

#### *6.6.1.2 Variante 2: Entlastung des generativen Lernens (vor allem des Auswählens und Organisierens) durch teilausgefüllte Concept-Maps bzw. Korrektur bewusst fehlerhafter Concept-Maps*

Die in der Tabelle 35 im Teilkapitel 6.4.1 vorgestellten verschiedenen Möglichkeiten, bestehende Skelette von Concept-Maps vorzubereiten, um diese dann – teils unterstützt von lesestrategischen Fördermaßnahmen – komplettieren zu lassen, bildet den Gegenstand verschiedener Scaffolding-Maßnahmen. Auffällig ist, dass sich viele Studien hierfür auf digitale Concept-Mapping-Software stützen. In der Förderliteratur finden sich diverse Varianten partiell ausgefüllter Concept-Maps, um dadurch die **Kombination von Auswählen und Organisieren zu unterstützen,** darunter diese Versionen:

- *leere Concept-Maps,* also lediglich Strukturvorgaben für die gesamte Concept-Map ohne jegliche weitere Form der externen Steuerung (Akay, Kaya & Kilic, 2012, S. 57; Chang et al., 2001, S. 27);
- *Concept-Maps mit leeren Flächen für die Konzepte,* aber mit vorhandenen, bezeichneten Verbindungen (Hardy & Stadelhofer, 2006, S. 179; Uzuntiryaki & Geban, 2005, S. 327 – dies lässt sich als ein ähnlicher Förderansatz wie die angeleiteten Notizen aus Teilkapitel 4.6.1 begreifen) – s. dazu das Beispiel in Abbildung 22;
- Concept-Maps mit benannten Konzepten, aber *unbenannten, ergänzungsbedürftigen Verbindungen* (Marée et al., 2013, S. 21; Uzuntiryaki & Geban, 2005, S. 327);
- sich aus den beiden Varianten zuvor ergebend: *hybride Concept-Maps, in denen sowohl Konzepte als auch die Bezeichnungen einzutragen sind,* diese allerdings auch schon zum Teil vorhanden sind (Hwang, Kuo, Chen & Ho, 2014, S. 79; Stanisavljevic & Djuric, 2013, S. 32 f.);
- zu guter Letzt: vorhandene, gezielt fehlerhafte Concept-Maps, die von den Lernerinnen und Lernen zu korrigieren sind (Chang et al., 2002, S. 8; Hilbert, Nückles & Matzel, 2008, S. 361).

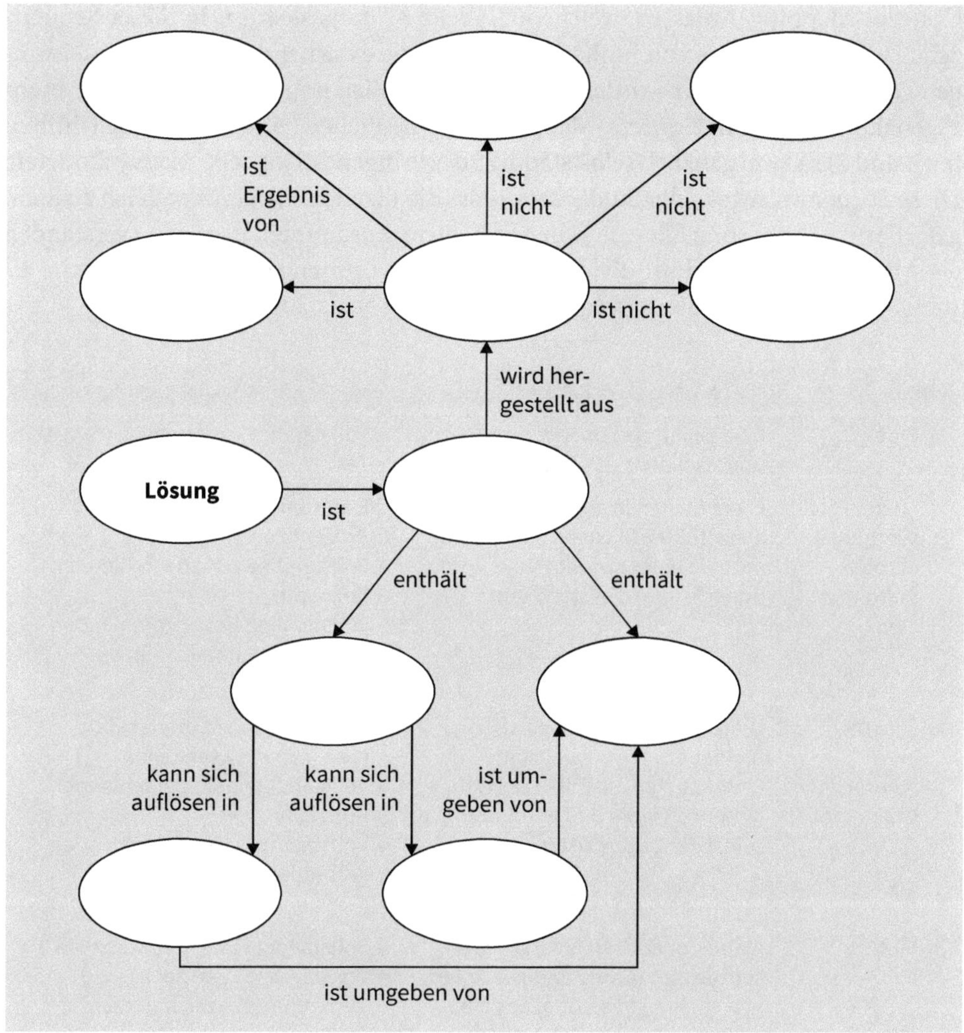


*Abbildung 22: Beispiel für eine Concept-Map mit Bezeichnung der Verbindungen zwischen den Konzepten in den Knoten, aber ohne Bezeichnung der Knoten selbst (Quelle: Übersetzung von Uzuntiryaki & Geban, 2005, S. 328)*

Da das didaktische Design-Prinzip 6 in Verbindung mit dem siebten Prinzip in diesem Buch explizit als Korridor bezeichnet wurde, stellt sich die Frage, wie die externalen Steuerungsmöglichkeiten als Unterstützungsleistungen für angeleitetes Concept-Mapping zu modellieren sind. Hierfür ist eine Studie aus Taiwan (Chang et al., 2002) instruktiv, in der Sechstklässler sieben Lektionen bzw. Einheiten in verschiedenen Gruppen das Concept-Mapping mithilfe einer digitalen Concept-Mapping-Software durchliefen und hierfür jeweils einen Sachtext pro Concept-Map lasen. Eine dieser Gruppen absolvierte eine fein aufeinander abgestimmte Sequenz von

Concept-Mapping-Anlässen, welche in Tabelle 37 dargestellt ist. In dieser Sequenz zeigt sich insbesondere von Einheit 2 bis 5, wie die externen Unterstützungsleistungen geschickt kombiniert wurden, um nach anfänglich hoher Lenkung immer mehr Eigenaktivitäten beim Concept-Mapping zu ermöglichen, welche am Ende (Einheiten 6 und 7) in zwei gänzlich selbstständig zu erbringende Concept-Maps mündeten. Diese Sequenz führte in der Studie dazu, dass die Jugendlichen im Vergleich zu nicht geförderten Peers sprachlich stärker verdichtete Zusammenfassungen (verstanden als Anzahl der Hauptideen dividiert durch die Wortmenge) schrieben, welche als Indikator des Interventionserfolgs dienten (Chang et al., 2002, S. 17).

| Einheit | Aktivitäten der Einheit | Externe Unterstützungsleistungen |
|---|---|---|
| 1) Blut | Eine Experten-Concept-Map lesen und studieren | • Vollständige Experten-Concept-Map<br>• Text |
| 2) Findet Fotosynthese in roten Blättern statt? | Leere Stellen in einer partiell ausgefüllten Muster-Concept-Map mithilfe einer Konzept- und Verbindungsliste vervollständigen | • Experten-Concept-Map mit 30 Prozent Leerstellen<br>• Vollständige Liste der fehlenden Konzepte<br>• Vollständige Liste der fehlenden Verbindungsbezeichnungen<br>• Text |
| 3) Leuchtet eine zerbrochene Glühlampe? | Leere Stellen in einer partiell vorhandenen, aber unvollständigen Concept-Map ausfüllen und fehlende Konzepte und Verbindungen selbstständig ergänzen | • Unvollständige Experten-Concept-Map mit Leerstellen<br>• Vollständige Liste der fehlenden Konzepte<br>• Vollständige Liste der fehlenden Verbindungsbezeichnungen<br>• Text |
| 4) Flut | Keine Concept-Map vorgegeben, stattdessen eigenständiges Anfertigen einer eigenen Concept-Map | • Vollständige Liste der Konzepte<br>• Vollständige Liste der Verbindungsbezeichnungen<br>• Text |
| 5) Taifune | Keine Concept-Map vorgegeben, Notwendigkeit, aus unvollständigen Listen und mit aus dem Text zu extrahierenden Konzepten und Verbindungen eine eigene Concept-Map zu erstellen | • Unvollständige Liste der Konzepte<br>• Unvollständige Liste der Verbindungsbezeichnungen<br>• Text |
| 6) Augen | Eigenständige Konstruktion einer Concept-Map mit aus dem Text zu extrahierenden Konzepten und Verbindungen | jeweiliger Text |
| 7) Pilze | | |

*Tabelle 37: Überblick über sieben aufeinander folgende Einheiten in einer Studie mit elektronischem Concept-Mapping mit allmählicher Reduktion der externen Steuerung (Quelle: Darstellung gemäß Chang et al., 2002, S. 10 f.)*

Klärungsbedürftig erscheint abschließend noch der letzte Eintrag aus der Spiegelstrichliste zu Beginn der Unterstützungsleistungen in diesem Teilkapitel. Während die ersten Einträge aus der obigen Liste zu partiell vorhandenen Concept-Maps – und sei es nur in der reinen Struktur mit Blanko-Konzeptknoten und unbeschrifteten Verbindungen – sich recht nahtlos in die Kontinuumslogik der externen Unterstützungen aus Tabelle 35 einfügen, trifft dies nicht ohne weiteres auf den letzten Eintrag der Liste zu: die **von den Lernenden zu leistende Korrektur fehlerhafter Concept-Maps.** Die Korrektur von gezielt mit bis zu zwei Fünfteln fehlerhaften Elementen versehenen Concept-Maps ergibt dennoch die Möglichkeit generativen Lernens. Denn es geht darum, die Struktur der partiell fehlerhaften Concept-Maps mit dem eigenen, internen kognitiven Modell zu vergleichen und vor allem den Prozess des Organisierens und des Verknüpfens (eigenes Wissen/eigenes Modell und fremde Concept-Map) zu nutzen (Chang et al., 2002, S. 8).

### 6.6.2 Förderung durch das Vermitteln bzw. Einfordern von allgemeinen Strategien und mit geringem Grad an externer Steuerung im Moment des Concept-Mappings – Beispiele für das didaktische Design-Prinzip 7

Die folgende Gruppe von Beispielen in diesem Teilkapitel eint, dass Personen lernen, mithilfe allgemeiner Hinweise und Schritte, die auf recht viele Situationen passen, Concept-Maps zu erstellen. Entscheidend ist, dass sie unabhängig von dem jeweiligen konkreten Vorgehen in der einzelnen Studie am Ende selbstständig zu eigenen Concept-Maps gelangen mussten.

#### *6.6.2.1 Variante a: ein explizit mehrschrittiges, angeleitetes Anfertigen von Concept-Maps mit strategischen Prozessen*

Einen klassischen Weg der Strategievermittlung gehen Förderansätze, in denen Personen die komplexen Schritte bei der Bearbeitung von Problemen – wie dem eigenständigen Herstellen von Concept-Maps aus eigener Kraft – peu à peu bearbeiten. Klassisch wäre das Vorgehen, wenn die Personen diese Schritte kennenlernen und memorieren, um sie dann in weiteren Situationen möglichst flexibel anzuwenden. Als eine Vorstufe hierfür können die Beispiele in diesem Teilkapitel gelten, weil sie vor allem darauf abzielen, die Schritte vorzugeben, welche die Personen dann selbstständig ausführen müssen.

Eine Variante der direkten Förderung wählte eine bereits vor drei Jahrzehnten veröffentlichte Studie (Okebukola & Jegede, 1988, S. 493 – ähnlich in Esiobu & Soyibo, 1995, S. 979; Jegede, Alaiyemola & Okebukola, 1990, S. 954; Okebukola,

1992, S. 220). In der Studie wurden den teilnehmenden Jugendlichen vermittelt, dass sie die zentralen Konzepte und ihre Zusammenhänge in mündlichen Diskussionen zu biologischen Themen wie die Fotosynthese notieren sollten. Auf einem Blatt Papier wurden dann Concept-Maps angefertigt. Dabei gab es ein **zweischrittiges Vorgehen:**

- Zunächst ging es im *ersten Schritt* darum, die *Hierarchie der Konzepte zu klären,* und zwar von dem abstraktesten, die anderen Konzepte umfassenden Konzept hin zu den konkretesten, spezifischsten Konzepten. Diese Hierarchie spiegelte sich auch grafisch wider, indem das generischste Konzept zuoberst stand und die unterzuordnenden darunter.
- Im *zweiten Schritt* sollten die Jugendlichen die *Konzepte mit Pfeilen und Bezeichnungen dieser Pfeile verbinden.* Es entstand damit regelgeleitet eine hierarchisch organisierte Concept-Map.

Positive Effekte dieser Strategie bestanden sowohl in unstandardisierten Tests zur Aneignung des Wissens in Unterrichtseinheiten (Okebukola, 1992, S. 220) als auch in standardisierten Leistungstests im Fach Biologie (Jegede et al., 1990, S. 956) sowie in Test zur Anwendung von Wissen in der Domäne Biologie (Okebukola & Jegede, 1988, S. 494).

In eine vergleichbare Richtung wie die eben genannte zweischrittige Strategie gehen diverse andere Förderansätze in anderen Studien, die das Anfertigen noch kleinteiliger steuern, indem sie eine größere Anzahl von Schritten vorgeben, denen die Lernenden dann folgen. Unabhängig davon, wie viele Schritte es pro Förderansatz konkret gab, folgen diese Förderansätze einer Logik, indem sie Auswählen, Organisieren und Verknüpfen sukzessive aufeinander folgen lassen. Einen stellvertretenden Überblick über solche Varianten gibt Tabelle 38. Ganz links sind die Prozesse generativen Lernens dargestellt. Die drei Beispiele sind horizontal so gereiht, dass inhaltsgleiche Schritte auf gleicher Höhe erscheinen, und bei unterschiedlichem Differenzierungsgrad sind in einzelnen Zellen Schritte zusammengefasst bzw. auseinandergenommen, die in den Originalförderansätzen direkt als Abfolge gefasst waren.

| Generativer Lernprozess | 1) Beispiel mit Gymnasialjugendlichen, Klassenstufe 10 (Quelle: Sumfleth et al., 2010, S. 67) | 2) Ein erstes Beispiel mit Studierenden (Quelle: Chularut & DeBacker, 2004, S. 255) | 3) Ein zweites Beispiel mit Studierenden (Quelle: Amer, 1994, S. 39) |
|---|---|---|---|
| – | 1) Lesen des gesamten Textes<br>2) Einteilung und abschnittweise Bearbeitung des Textes | – | 1) Lesen Sie den Text gründlich durch, um das Hauptthema zu erkennen. |

| Auswählen | 3) Textabschnitt lesen und wichtige Begriffe (Concepts) markieren | 1) Wählen Sie die wichtigsten Konzepte aus, die in die Concept-Map aufgenommen werden sollen. | 2) Wählen Sie das wichtigste Konzept und schreiben Sie es oben auf ein Blatt Papier. |
|---|---|---|---|
| Auswählen und Organisieren | 4) Concept-Map erstellen<br>a) Wichtige Begriffe herausschreiben | – | 3) Lesen Sie den Text noch einmal durch und kreisen Sie andere Schlüsselbegriffe ein oder listen Sie sie auf. |
| Organisieren | b) Begriffe auf einem Blatt verteilen | 2) Reihen oder ordnen Sie die Liste der Konzepte von den umfassendsten bis zu den konkretesten und spezifischsten. Allgemein wird es weniger abstrakte Konzepte als konkrete geben.<br>3) Gruppieren Sie die Konzepte nach zwei Kriterien: Konzepte, die ähnlich auf einer Abstraktionsebene funktionieren (horizontal verwandt) und Konzepte, die eng miteinander zusammenhängen (hierarchisch verbunden).<br>4) Ordnen Sie die Konzepte in einer Art an, um Beziehungen zwischen den Konzepten darzustellen. Dies kann die intensivste Phase sein, die ein Umordnen, Umdenken, Umgruppieren, Nutzen von Vorkenntnissen und Suchen nach weiteren Inhalten erfordert. | 4) Ordnen Sie diese Konzepte hierarchisch an, d. h. von dem umfassendsten bis zu den am wenigsten umfassendsten. |
| Organisieren und Verknüpfen | c) Begriffe durch Pfeile verbinden<br>d) Pfeile beschriften | 5) Verbinden Sie verwandte Konzepte mit Linien und kennzeichnen Sie jede Linie mit einer sinnvollen Bezeichnung. | 5) Zeigen Sie die Beziehungen zwischen den Konzepten, indem Sie eine Linie zwischen verwandten Konzepten ziehen und diese Linien mit einem Wort oder Ausdruck kennzeichnen, das bzw. der die Beziehung erklärt. |
| | Concept-Map in Gedanken wiederholen | – | 6) Überprüfen Sie die Concept-Map, um sicherzustellen, dass sie so genau wie möglich ist. |

*Tabelle 38: Gegenüberstellung von drei exemplarischen Schrittabfolgen für das Anfertigen von Concept-Maps mit Verortung der Schritte bei den generativen Prozessen des Lernens*

Wie schon erwähnt sind die drei Beispiele aus Tabelle 38 Stellvertreter für schrittweise Anleitungen, die entweder als Strategien explizit vermittelt wurden oder als Ressource in Form von Handouts als sequenzielle Handlungsanweisungen den Lernenden zur Verfügung standen. Solche Ansätze lassen sich also recht häufig in der Literatur wiederfinden (Ault, 1985, S. 41 f.; Czerniak & Haney, 1998, S. 309; Fechner & Sumfleth, 2008, S. 154; Haugwitz et al., 2010, S. 539; Hayati & Shariatifar, 2009, S. 59 f.; Khajavi & Ketabi, 2012, S. 16; Leopold, 2009, S. 246; Tastan et al., 2008, S. 6).

Noch eines sollte an dieser Stelle erwähnt werden. Da das richtige Anordnen der Konzepte eine kognitive Herausforderung darstellt, geben einige der Förderansätze hier noch eine Erleichterung beim Organisieren. Die geförderten Personen konnten nämlich die *ausgewählten Konzepte auf Sticker oder Zettel schreiben, um diese dann mobil anordnen zu können* (Fechner & Sumfleth, 2008, S. 154; Haugwitz et al., 2010, S. 539). Damit ist ein provisorisches Arrangieren möglich, ehe die Pfeile gezeichnet werden. In digitalen Anwendungen ist dieses Vorgehen durch die jeweilige Software ohnehin möglich.

Die gebündelten Ergebnisse des schrittweisen Vorgehens beim Concept-Mapping lauten: Die im Concept-Mapping auf derlei Art geförderten Personen

- zeigten ein *besseres Leseverstehen* von Sachtexten (Amer, 1994, S. 41–43; Chularut & DeBacker, 2004, S. 257; Hayati & Shariatifar, 2009, S. 61; Khajavi & Ketabi, 2012, S. 18; Leopold, 2009, S. 259 f.),
- erreichten höhere Testwerte in *Wissenstests* über den Inhalt von Kursen (Czerniak & Haney, 1998, S. 312; Fechner & Sumfleth, 2008, S. 155; Haugwitz et al., 2010, S. 541; Tastan et al., 2008, S. 10) und
- schufen *vollständigere und in den Konzepten deutlich stärker vernetzte Produkte* wie schriftliche oder grafische Zusammenfassungen (Amer, 1994, S. 42 f.; Haugwitz et al., 2010, S. 540; Sumfleth et al., 2010, S. 69 f.).

#### 6.6.2.2 Variante b: Förderung generativen Lernens (vor allem des Organisierens) durch metakognitive Hinweise

Einen, wie die Autorinnen und Autoren es nennen, »indirekten« und nur direkt nach der Förderung effektiven Förderansatz haben Schülerinnen und Schüler der Sekundarstufe II absolviert (Hilbert, Nückles, Renkl et al., 2008). Die überwiegend aus der elften Klassenstufe stammenden Jugendlichen lasen Sachtexte und nutzten eine Software zum Erstellen von Concept-Maps (in ihr wurden die Konzepte als »Punkte« oder »Konzeptknoten« bezeichnet, während die Verbindungen mit »Links« deklariert wurden). Ein Teil der Jugendlichen erhielt parallel zum Erstellen der Concept-Maps Hinweise auf farbigem Papier und wurde regelmäßig während der knapp halbstündigen Phase der Concept-Map-Konstruktion daran erinnert, die Hinweise zu befolgen. Diese sechs Hinweise bezogen sich – aus der Warte des generativen Lernens – im Wesentlichen auf das Organisieren der Inhalte aus den fünf zu lesenden Texten und waren insgesamt sehr allgemein gehalten:

1. »Verschaffen Sie sich einen Überblick über die zentralen Punkte und ihre Zusammenhänge (‚Links‘)!«
2. »Formulieren Sie für die wichtigsten Punkte Konzeptknoten!«
3. »Ordnen Sie die Konzeptknoten räumlich an!«
4. »Wie können Sie die Konzeptknoten hierarchisch gliedern?«
5. »Finden Sie Zusammenhänge (‚Links‘) zwischen den einzelnen Konzeptknoten und beschriften Sie die gefundenen Links!«
6. »Erklären Sie sich die Bedeutung der Konzeptknoten und ihre Zusammenhänge!« (Quelle der sechs Hinweise: Hilbert, Nückles, Renkl et al., 2008, S. 122)

Die Ergebnisse aus der Studie sprachen dafür, dass die Jugendlichen besser darin waren, die Informationen aus den gelesenen Texten miteinander zu kombinieren und korrektere Antworten in einem schriftlichen Test zu den gelesenen Texten zu geben (Hilbert, Nückles, Renkl et al., 2008, S. 123). Dieser positive Effekt bestand direkt nach der Förderung, konnte aber nicht mehr eine Woche später nachgewiesen werden. Der Vollständigkeit halber sei noch erwähnt, dass in besagter Studie auch metakognitive Hinweise wie »Gibt es noch etwas, was an Ihrer Concept-Map fehlt, zum Beispiel Links und/oder Konzepte?« entweder als alleiniges Set von Hinweisen oder aber in einer Kombination mit kognitiven Hinweisen wie den oben genannten kombiniert wurden. Diese Varianten waren aber nicht überlegen.

## 6.7 Bedingungen und Grenzen der Strategie

Die Beispiele für die didaktischen Design-Prinzipien aus dem Teilkapitel 6.6 verdeutlichen in ihrem Ansatz, teils sehr weitreichende Scaffolding-Maßnahmen anzubieten, dass die Lernstrategie Concept-Mapping anspruchsvoll ist. Das zeigt sich unter anderem auch darin, dass ohne spezifische Fördermaßnahmen (wie durch angeleitetes Concept-Mapping) keine bzw. keine statistisch signifikanten Leistungssteigerungen zu erwarten sind (s. z. B. Chang et al., 2001, S. 27, Chang et al., 2002, S. 15–17; Hilbert, Nückles & Matzel, 2008, S. 363). Dass dies so ist, mag mit den **vier Funktionen** zu tun haben, welche Hilbert und Renkl (2008, S. 54 f.) für das Concept-Mapping benennen. Diese folgenden vier Funktionen stellen hinsichtlich des generativen Lernens sowohl Bedingungen als auch Grenzen dar. Denn um beim Concept-Mapping Erfolg zu haben, zumal wenn es aus eigener Kraft und eigener Steuerung heraus erfolgen soll, bedarf es eines hohen Aufwandes, was sich auch in Gegenüberstellungen des Concept-Mappings von Expertinnen und Novizen zeigt (Kinchin, 2001, S. 1262):

1. die Funktion der **Reduktion** – aufgenommen werden in Concept-Maps nur wichtige Makropropositionen (in ihrer Struktur), was ein hohes Maß an Entscheidungen über die Wichtigkeit von Informationen im Gesamt der zu Concept-Maps zu verarbeitenden Texte erfordert, hier ist also der generative Lernprozess des Auswählens (in Verbindung mit dem Organisieren) angesprochen;
2. die Funktion der **Kohärenzbildung** – die ausgewählten Inhalte müssen zweidimensional strukturiert und mit Verbindungen miteinander verquickt werden, es geht also um das Organisieren als generativen Lernprozess;
3. die Funktion der **Elaboration** – die Verbindungen zwischen den Knoten einer Concept-Map und die Zahl und Art der Verbindungen sind ohne vorwissensbasierte Anreicherungen (und auch Reduktionen) nicht möglich, deshalb ist das Verknüpfen eine Bedingung;
4. die Funktion der **Metakognition** – das Erstellen einer sinnvollen Concept-Map, die eine selbstständige Visualisierung von Wissensstrukturen darstellt, erfordert es von der lernenden Person, ihr Handeln zu überwachen und Vollständigkeit und Adäquanz ihrer Concept-Map zu überprüfen.

Aus dieser Liste ergeben sich **schwierigkeitsgenerierende Merkmale,** die gerade die Forschung zu Concept-Maps als Diagnosemittel bescheinigt, wenn es darum geht, dass Personen diese Anforderungen ohne zusätzliche Hilfe meistern sollen (s. Teilkap. 6.4.2.1; s. auch Conlon, 2009, S. 22). Speziell die *Kohärenzbildung und die Elaboration,* welche zugleich den in der Forschungsliteratur immer wieder angeführten Mehrwert der Concept-Map mit ihren grafisch anzuordnenden relationalen Beziehungen und der Explikation dieser Bezeichnungen erst herstellen helfen, stehen im Zentrum der didaktischen Design-Prinzipien. Grundsätzlich nehmen diese auf, was bereits als Wesensmerkmale des Notierens und des Findens von Hauptideen sowie dem grafischen Zusammenfassen gilt. Sie gehen aber auch darüber hinaus, weil sie explizit dabei helfen, das Concept-Mapping zu erleichtern, indem sie das *Auswählen vorentlasten.* So ist es auffällig, dass insbesondere im Design-Prinzip 6 diverse Förderansätze die Struktur der Concept-Map partiell oder ganz vorgeben oder sogar ganze Concept-Maps bereitstellen, welche allerdings gezielt fehlerhaft sind. Dieses Vorgehen ist als Brücke hilfreich, als Interim auf dem Weg hin zum eigenständigen, selbstreguliertem Concept-Mapping, allerdings gibt es hierbei eine gewichtige Grenze: Diese Skelette sind an einzelne und ganz konkrete Lernmaterialien geknüpft, erlauben also wenig Transfer. Demgegenüber ermöglichen sie freilich konkretes Feedback. Andere Strategien, die sich durch das Sequenzieren beim Concept-Mapping auszeichnen, bahnen einen Transfer deutlicher an.

## 6.8 Zusammenfassung und Schluss

Die in diesem Kapitel behandelte Strategie des Concept-Mappings zielt darauf ab, Inhalte aus Texten in eine grafische Form zu überführen. Diese Transformation in eine **hybride**, sowohl grafische Elemente – eine netzartige, hierarchische Struktur von verbundenen Knoten – als auch verbale Bestandteile – Knotenbezeichnungen und Beschriftungen der Verbindungen der Knoten – enthaltende **Darstellungsvariante** verarbeiteter Inhalte erfordert sämtliche Prozesse des generativen Lernens. Diese Hybridität von verbalen und non-verbalen Bestandteilen wird lerntheoretisch als Ursache für bessere Zugriffe im Gedächtnis vermutet. Möglicherweise ist dies auch der Grund, warum Lernleistungen durch das Concept-Mapping im Vergleich zu anderen schriftlichen Lernstrategien – darunter auch solche aus diesem Band – stärker profitieren.

Besonders entscheidend ist beim Concept-Mapping aus Sicht des generativen Lernens, dass die lernende Person **die textuellen Propositionen in eine zweidimensionale vernetzte Struktur überführt,** also anhand der gezielt ausgewählten Inhalte eine zweidimensionale Organisation vornimmt und insbesondere bei den Verbindungsbezeichnungen vorwissensbasiert paraphrasierende und anreichernde Verknüpfungen herstellt. Wenn dies glückt, entsteht eine Darstellung von Inhalten, die einer Landkarte ähnelt, in der die zentralen Konzepte deutlich erkennbar und klar semantisch verbunden sind. Damit sind zugleich hohe Anforderungen – vor allem an die Ressource Vorwissen der Lernerinnen und Lerner – angesprochen.

Die beiden didaktischen Design-Prinzipien, die die generativen Prozesse beim Concept-Mapping unterstützen, nehmen dies auf. Sie lassen sich danach unterscheiden, ob sie **allgemeine Prozesse des Concept-Mappings im Sinne von sequenziellen Schritten** fokussieren (didaktisches Design-Prinzip 7) oder aber **Entlastungen** vornehmen, indem Bestandteile der anzufertigenden Concept-Map vorgegeben werden (didaktisches Design-Prinzip 6). Diese beiden Prinzipien mit ihren unterschiedlichen Foki lassen sich als Punkte auf einem Kontinuum begreifen: Maßnahmen des didaktischen Design-Prinzips 6 fungieren als Vorstufen zum eigenständigen Concept-Mapping im Sinne des didaktischen Design-Prinzips 7.

Dieses Kontinuum ist zumindest in begrenztem Rahmen abgesichert: Die Unterstützungsleistungen gemäß dem didaktischen Design-Prinzip 6 bergen unterschiedliche Schwierigkeiten, die sich primär darin zeigen, wenn in partiell vorhandenen Concept-Map-Rümpfen die Lernerinnen und Lerner ohne spezifische Fördermaßnahme Informationen eigenständig ergänzen sollen. Hier bereitet es größere Mühe, wenn die korrekten Verbindungsbezeichnungen einzutragen sind, während das Einfüllen von Konzepten leichter fällt. Darin deuten sich hochbedeutsame Stellschrauben für eine Didaktik des Concept-Mappings an. Hinzu kommt, dass die beiden Design-Prinzipien sich in ihrer Reichweite unterscheiden:

Maßnahmen des didaktischen Design-Prinzips 6 mit unmittelbarem und engem Bezug zu einem konkret gegebenen, von der Lehrperson vorzubereitendem Text, sind eben auf diesen Text limitiert, erlauben allerdings auch freilich mehr Möglichkeiten des Scaffoldings und der Individualisierung. Maßnahmen, welche nach der Logik des Prinzips 7 funktionieren, sind demgegenüber abstrakter und unspezifischer. Sie fordern demnach die Lernenden selbst stärker, da es abgesehen von der Logik der Schritte bzw. der Prozesse keine produktbezogenen Scaffolds gibt. Damit eröffnen beide didaktischen Design-Prinzipien einen insgesamt großen Handlungsspielraum für den Einsatz des Concept-Mappings.

# 7 Zeichnungen anfertigen

## 7.1 Überblick über die Strategie

| | |
|---|---|
| **Definition** | Von den Lernenden aufgrund vornehmlich textueller Lernmaterialien hergestellte zweidimensionale bildliche Darstellung, die mit dem beschriebenen Sachverhalt ein Ähnlichkeitsverhältnis aufweist |
| **Begründung aus Sicht des generativen Lernens** | • *Auswählen:* einerseits bei der lesenden Verarbeitung Selektionsprozesse für das Bilden eines mentalen Models, andererseits beim Zeichnen verknappende Auswahl der Bestandteile des mentalen Modells für die eigene Zeichnung<br>• *Organisieren:* kohärenzbildende Strukturierung durch inferenzbasiertes Integrieren der gelesenen Informationen in ein internes mentales Modell, zudem kohärentes Organisieren des eigenen mentalen Modells innerhalb der extern angefertigten Zeichnung (dabei auch Abgleich der in- und externen Modellbildung)<br>• *Verknüpfen:* Anreichern des gelesenen Inhaltes mit eigenen Vorwissensbeständen für eine gegenstandsadäquate Modellbildung, die wiederum Basis für die eigene Darstellung ist, dabei insbesondere in Bezug auf die Notwendigkeit, verbale Inhalte in bildliche Darstellungen zu transformieren |
| **Anwendungssituationen und Grenzen** | • *Anwendung:* Detaillierungsgrad und Konkretisierung der Inhalte darf weder zu abstrakt noch zu ausführlich sein, um den Mehrwert des Zeichnens einzufordern<br>• *Grenzen:* Gefahr der kognitiven Überlastung durch das Zeichnen, daher teils Notwendigkeit, durch Hinweise und vorgegebene Elemente für die verlangte Zeichnung die Zielvorstellungen zu klären und die kognitive Last zu reduzieren |
| **Didaktische Design-Prinzipien** | • Wenn Lernerinnen und Lerner aus eigenen Zeichnungen mittels generativer Lernprozesse profitieren sollen, dann müssen didaktische Maßnahmen ergriffen werden, welche die Akkuratheit der Zeichnungen und der mentalen Modelle steigern. (Didaktisches Design-Prinzip 8, S. 188)<br>• Wenn Lernerinnen und Lerner beim Zeichnen Informationen effektiv auswählen, organisieren und verknüpfen sollen, dann sind hierfür Unterstützungsleistungen unterschiedlicher Lenkungsgrade zur Minimierung der zusätzlichen, durch das Zeichnen selbst verursachten kognitiven Belastung nötig. (Didaktisches Design-Prinzip 9, S. 190) |
| **Wirksamkeit** | *ES* = 0,21–0,84 |

*Starter-Box 4: Strategie Zeichnungen anfertigen*

## 7.2 Charakterisierung der Strategie

Mit dem Zeichnen als Lernstrategie wird eine andere Form von einem Produkt fokussiert, als es bislang in den anderen Kapiteln verfolgt wurde, nämlich eine zuvorderst grafische Darstellung, eben die Zeichnung. Wenn hier von **Zeichnung** bzw. Bildern die Rede ist, dann meint »Zeichnung« in Einklang mit van Meter und Garner (2005, S. 288), Leutner und Schmeck (2014, S. 444) sowie Quillin und Thomas (2015, S. 2) **eine von der lernenden Person selbst hergestellte zweidimensionale externale Repräsentation von Inhalten jedweder Art, also eine Zeichnung, welche eine hauptsächliche Ähnlichkeit mit dem Gegenstand in Struktur, Beziehungen oder Prozessen aufweist, über den jemand einen Text gelesen hat.** Es geht also darum, dass eigene Zeichnung und fremdes Lernmaterial eine Ähnlichkeit aufweisen.

Um die Strategie des Zeichnens plastisch zu machen, folgt hier ein Beispiel. Beispieltext 12 beschreibt das menschliche Nervensystem, und die Abbildung 23 ist wiederum ein Ausschnitt dieser Beschreibung, nämlich aus dem zweiten Absatz des Textes zum Aufbau des Neurons. Anhand dieses Textes lässt sich auch der allgemein als günstig geltende Einsatzbereich von Zeichnungen benennen: bei komplexen, systemartigen und/oder prozessualen Sachverhalten, zudem bei räumlichen Darstellungen in Texten (Ainsworth, Prain & Tytler, 2011, S. 107). All dies enthält der vorliegende Beispieltext auf prototypische Weise.

**Das Nervensystem**

Das Nervensystem ermöglicht es unserem Körper, auf Veränderungen in unserer Umwelt zu reagieren. Die Teile des Nervensystems sind das Gehirn, das Rückenmark und viele Nerven. Die Nerven erstrecken sich wie Äste aus dem Gehirn und dem Rückenmark und befinden sich im ganzen Körper wie Blutgefäße. Die Nerven, die sich zwischen ihrem Band, dem Rückenmark und dem Gehirn verzweigen, lassen dich einen Nadelstich am Ende Ihres Fingers spüren.

Jeder Teil des Nervensystems besteht aus Milliarden spezieller Zellen, die als **Neuronen** bezeichnet werden. Ein Neuron ist ein Zelltyp, der nur im Nervensystem vorkommt. Alle Neuronen bestehen aus drei Teilen. Im mikroskopischen **Zellkörper** der Neuronen finden alle zellulären Funktionen statt. Ein **Axon** erstreckt sich aus dem Zellkörper wie ein Ast. Es überträgt Botschaften vom Zellkörper zu anderen Neuronen. Der Zellkörper kann auch mehr Zweige haben, die **Dendriten** genannt werden. Diese Dendriten empfangen Botschaften von Axonen und tragen sie in die Zellkörper.

Nachrichten werden von einem Neuron zum nächsten gesendet, damit der Körper auf Änderungen in der Umgebung reagieren kann. Diese Meldungen werden **Impulse** genannt. Impulse sind winzige Stöße elektrischer Energie, die vom Zellkörper eines Neurons zum Axon wandern. Wenn ein Impuls das Ende des Axons erreicht, muss er eine **Synapse** überqueren, um die Dendriten des nächsten Neurons zu erreichen. Synapsen sind Lücken zwischen zwei Neuronen. Um eine Synapse zu überqueren, muss die elektrische Energie in chemische Energie umgewandelt werden. Wenn der Impuls die Dendriten der nächsten Nervenzelle erreicht, wird er wieder in elektrische Energie umgewandelt. Eine Nachricht, die von den Nerven in deinem Finger gesendet wird, wird von Neuron zu Neuron übertragen, bis sie dein Gehirn oder Rückenmark erreicht.

*Beispieltext 12: Nervensystem (Quelle: Übersetzung von van Meter, 2001, S. 139, Hervorhebungen im Original, Titel ergänzt)*

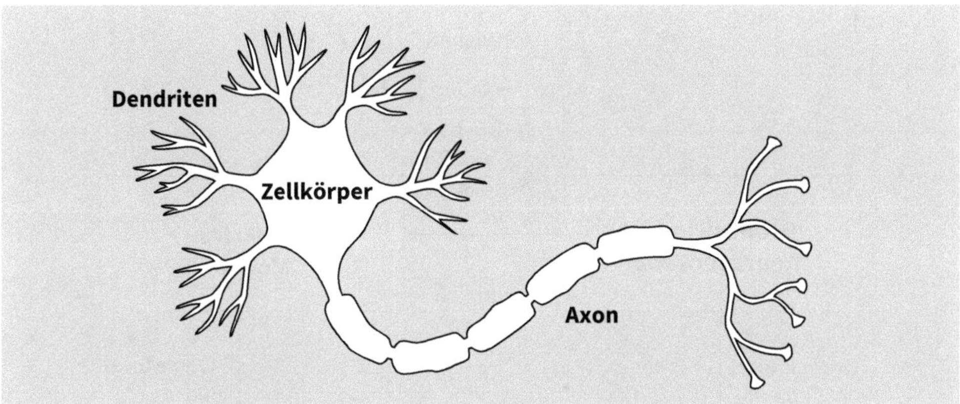


*Abbildung 23: Zeichnung eines Neurons (Bild basierend auf einer CC0-Grafik von Mohamed Mahmoud, https://www.publicdomainpictures.net/en/view-image.php?image=272450)*

Das Anfertigen von Zeichnungen über (verbale, schriftliche) Lernmaterialien wird als generatives Lernen aufgefasst, weil hierbei die *Lernerinnen und Lerner die sprachlichen Inhalte repräsentieren und auf dieser Basis mithilfe des eigenen Vorwissens eine nonverbale, nichtsprachliche Vorstellung entwickeln, welche sie in eine externale, äußere Form überführen* und in dieser Form ihre internale Vorstellung manifestieren (Leutner & Schmeck, 2014, S. 434). Markant ist hierbei, dass es zwei Arten der Repräsentationen gibt (sprachlich und nicht-sprachlich), welche die lernende Person über Verknüpfungsprozesse gezielt aufeinander abstimmt (van Meter & Firetto, 2013, S. 251). Im Unterschied zu den Ausführungen zum Concept-Mapping aus Teilkapitel 6.2 zur Dual-Coding-Theorie geht es beim Zeichnen als Strategie aber nicht darum, zwei separate mentale Vorstellungen vom Gegenstand aufzubauen, sondern eine einzige – nämlich ein geteiltes mentales Modell, welches sich aus sprachlichen Inhalten speist und in Zeichnungen manifestiert.

Es gibt im Gesamt diverser theoretischer Ansätze (s. dazu im Überblick Wu und Rau, 2019) zwei einflussreiche aufeinander aufbauende Theorien, um das Lernen mithilfe eigener Zeichnungen zu erklären. Die erste der Theorien – die Theorie generativen Zeichnens (van Meter & Garner, 2005) – beinhaltet eine direkt die drei Prozesse generativen Lernens aufgreifende Erklärung, wie Personen beim Zeichnen lernen (s. Teilkap. 7.3). Die zweite, für die Zwecke des Kapitels zentralere Theorie – das kognitive Modell der Konstruktion von Bildern (van Meter & Firetto, 2013, S. 254–260; s. Abbildung 24) – behält die Grundüberlegungen der ersten Theorie bei, ist aber eine Infusion von Überlegungen zum Verstehen multimedialer (also kombinierter sprachlicher und visueller) Inhalte und zum selbstregulierten Lernen.

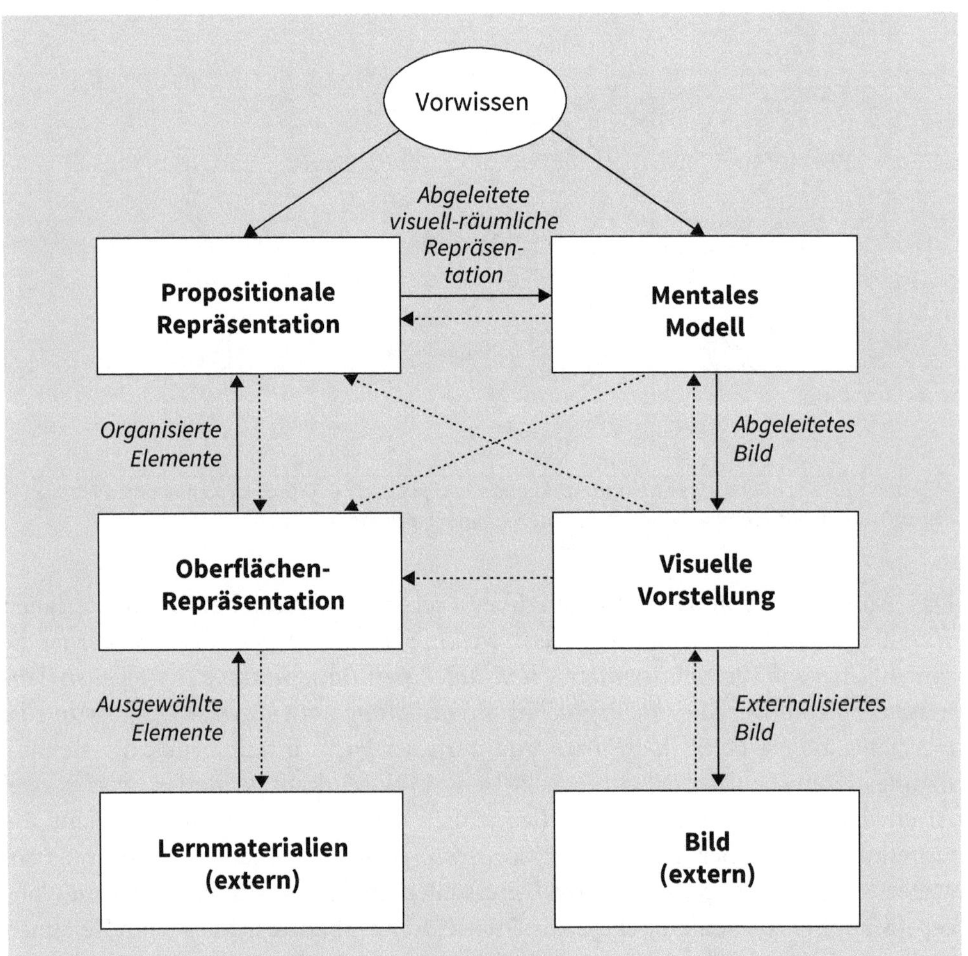


*Abbildung 24: Kognitives Modell der Konstruktion von Bildern (Quelle: Darstellung gemäß van Meter & Firetto, 2013, S. 256, mit leichten Modifikationen; Legende: durchgehende, beschriftete Pfeile symbolisieren kognitive Prozesse von den Lernmaterialien zum eigenen Bild; gestrichelte Pfeile symbolisieren metakognitive, selbstregulative Prozesse; Pfeile deuten auf eine strenge Sequenzialität hin, doch das Geschehen ist erheblich dynamischer angelegt)*

Die erste Perspektive, von der das Modell zehrt, ist das **multimediale Lernen.** Denn aus diesem wichtigen Forschungszweig liegen Modellierungen vor, die zu erklären versuchen, wie bildlich und sprachlich kodierte Inhalte von Personen verarbeitet und – besonders wichtig – kohärent aufeinander bezogen werden (Schnotz, 2014). Auf derartigen Modellen baut das in Abbildung 24 dargestellte Modell explizit auf. Dabei beschreibt das Modell, weil es um das Lernen von textuellen Inhalten als Stimuli geht, beginnend auf der linken Seite in Abbildung 24 zunächst, wie Personen Texte verstehen. Das Verstehen erfolgt, indem die Leserinnen und Leser aus externalen, also im Kontext befindlichen Lernmaterialien durch kognitive Auswahl- und Organisationsprozesse zu verschiedenen internalen, also innerhalb einer Person vorliegenden Repräsentationen gelangen. In Anlehnung an klassische Theorien durchlaufen sie eine Oberflächenrepräsentation, die einer inhaltlich kohärenten und besser strukturierten propositionalen Repräsentation weicht und dann zu einem mentalen Modell avanciert, das bereits nicht mehr nur sprachliche Anteile aufweist (s. Teilkap. 2.1.3.2). Dieses mentale Modell ist bereits nicht mehr nur sprachlicher Natur, sondern umfasst – nicht zuletzt durch die intensive Nutzung der Vorwissensbestände – erhebliche räumliche und visuelle Anteile. Aus dem mentalen Modell formen Lernerinnen und Lerner dann eine eigene visuelle Vorstellung für das zu zeichnende Bild, das sich dann in der Ausführung als Teil der externen Umwelt konkretisiert.

Die zweite Ergänzung betrifft **selbstregulatorische Anteile,** also die Fähigkeit, sein eigenes Lernen (meta-)kognitiv und motivational zu steuern. Hierbei nimmt das Modell Anleihen an zyklischen Modellierungen, wie Lernerinnen und Lerner ihr Lernen selbstständig regulieren. Dieses selbstregulative Element wird im Modell in Abbildung 24 mithilfe gestrichelter Pfeile visualisiert, welche die Gegenrichtung zum zuvor beschriebenen kognitiven Geschehen aufweisen, aber ebenfalls hochgradig interaktiv sind, was die Grafik aber so nicht mehr sinnvoll darstellen kann. Die selbstregulativen Elemente im Modell werden als drei Phasen beschrieben:

1. **Die Initialphase des Setzens von Standards.** Damit ist gemeint, dass eine Person nach einer Handlungsanweisung wie »Fertige eine Zeichnung an!« aufgrund ihrer Wissensbestände das Vorgehen und Ziel klärt. Insbesondere formuliert die Person Standards der Zielerreichung, also welche Merkmale die Zeichnung (nicht) aufweisen soll. Je nach Art, wie jemand aufgabenbezogene Ziele klärt und das Vorgehen plant, ergeben sich zum einen Hinweise auf eine (in)effiziente Strategienutzung und zum anderen der Grad, mit welcher Aufmerksamkeit eine Person Lernmaterialien liest, um Informationen gezielt auszuwählen. Die wichtigen Standards sind im grafisch dargestellten Modell nicht explizit enthalten.
2. **Die Phase der kognitiven Aufgabenbearbeitung.** Diese Phase beinhaltet das Verstehen der Lernmaterialien mit dem Ziel des Herstellens einer Zeichnung. Damit ist weitestgehend das gemeint, was die weiter oben beschriebenen Prozesse des generativen Lernens in puncto des Aufbaus verschiedener kognitiver

Repräsentationen leisten. Hierbei können Lernerinnen und Lerner zu weiteren Strategien wie Unterstreichungen etc. greifen.

3. **Die finale Phase der Überwachung der Zielerreichung.** Mit fortlaufendem Zeichnen setzt der Prozesse der metakognitiven Überwachung ein, ob die gesetzten Standards aus der ersten Phase bereits erreicht wurden. Ist jemand mit der Zeichnung unzufrieden und sieht die Notwendigkeit, die Zeichnung zu verbessern, werden weitere kognitive Prozesse initiiert, die überall im Modell auftauchen können. Der Effekt der Zielüberwachung ist beim Zeichnen besonders deutlich, da die Zeichnung relativ unmissverständlich zeigt, ob jemand das Lernmaterial ausreichend durchdrungen hat.

Zusammengefasst beschreibt das Modell also, wie Personen mittels kognitiver, generativer Prozesse eine zunächst sprachlich induzierte innere Vorstellung aus den gelesenen Lernmaterialien aufbauen, diese parallel in eine non-verbale bildliche Vorstellung transformieren und diese beiden Arten von Vorstellungen aufeinander beziehen. Als weiteren Bestandteil fungieren metakognitive und selbstregulative Prozesse, um die generativen Prozesse möglichst optimal zu nutzen. Hierbei dienen die zielbezogenen Standards als interner Benchmark, an dem das (entstehende) Produkt in Form der Zeichnung von der Lernerin/dem Lerner gemessen wird.

## 7.3 Bezug zum Auswählen, Organisieren und Verknüpfen in der Strategie

Das Zeichnen ist in der Theoriearbeit bereits früh mit den drei Prozessen des generativen Lernens in Verbindung gebracht worden (van Meter & Garner, 2005, S. 315–320). Diese drei Prozesse sind in Tabelle 39 gebündelt und lauten im Einzelnen: Das **Auswählen** von Informationen taucht doppelt auf. Zum einen müssen Lernerinnen und Lerner schon beim Lesen der verbalen Lernmaterialien jene verbalen Informationen auswählen, die sie zunächst dafür benötigen, um ein verbal induziertes mentales Modell aufzubauen (s. links unten in Abbildung 24). Zum anderen müssen sie aber auch aus dem gebildeten mentalen Modell jene Elemente auswählen, welche sie in ihrer eigenen Zeichnung nutzen wollen (van Meter & Garner, 2005, S. 316 f.).

Auf eine ähnliche Weise ist auch das **Organisieren** ein doppeltes Unterfangen. Es wird dazu benötigt, ein internes Modell der verbal dargebotenen Lernmaterialien zu erzielen. Zugleich braucht es auch Organisationsprozesse für das Entwickeln einer kohärenten bildlichen Vorstellung, ehe jemand ein kohärentes Bild beim Zeichnen erstellt. Hinzu kommt, dass metakognitive Abgleiche die Korrespondenz von vorgestelltem und entstehendem/entstandenen Bild betreffen, um so die Kongruenz von internalen Vorstellungen und externalem eigenen Bild zu überprüfen, die sich auch und gerade auf die Struktur beziehen (van Meter & Garner, 2005, S. 317 f.; van Meter & Firetto, 2013, S. 250 f.).

Das **Verknüpfen** schließlich ist im Modell mit der prominenten Rolle des Vorwissens im Gedächtnis sehr deutlich. Um nämlich zu einer bildlichen Vorstellung – und damit zu einer transformierten Vorstellung des nur in Worten beschriebenen Sachverhaltes – zu gelangen, bedarf es der Anreicherung des Gelesenen bzw. der daraus gewonnenen Repräsentationen mit eigenem Wissen. Das interne Produkt dieser Verknüpfung ist die bildliche Vorstellung, in der – beginnend beim mentalen Modell – verbale und nonverbale Anteile verschmelzen und eine kaum noch zu trennende Einheit bilden (van Meter & Garner, 2005, S. 318; van Meter & Firetto, 2013, S. 251).

| Prozess des generativen Lernens | Charakterisierung |
|---|---|
| Auswählen | Auswählen der Inhalte, welche im Bild auftauchen sollen (bei zuvoriger Auswahl der verbalen Inhalte zum Aufbau eines mentalen Modells zu den Inhalten der verbalen Lernmaterialien) |
| Organisieren | Selbstständiges kognitives Arrangieren der verbalen Inhalte zunächst als internale verbal-propositionale und nonverbal-visuelle Struktur und Überführen dieser Inhalte in ein zweidimensionales Verhältnis im Bild mithilfe einer eigenen (Re-)Strukturierung |
| Verknüpfen | Vorwissensbasiertes Übersetzen und simultanes Verbinden der sprachlichen in eine in- und externe visuelle Repräsentation |

*Tabelle 39: Auswählen, Organisieren und Verknüpfen als generative Prozesse des Lernens bei der Strategie Zeichnungen anfertigen (Darstellung nach Fiorella & Mayer, 2015, S. 67; van Meter & Garner, 2005, S. 317 f.)*

## 7.4 Didaktische Design-Prinzipien

Das Verwenden von zeichnerischen Lernstrategien ist sowohl laut Grundlagenstudien (Fiorella & Mayer, 2017) als auch im Licht metaanalytisch ausgewerteter Interventionsstudien (s. Teilkap. 7.5) lernförderlich. Die Frage, wie das Zeichnen am sinnvollsten gefördert werden kann, ist trotz massiv gestiegener Forschungsbemühungen noch reichlich ungeklärt. Deshalb setzen die beiden in diesem Teilkapitel vorgestellten didaktischen Design-Prinzipien unterschiedliche Akzente, weisen aber auch eine inhaltliche Schnittmenge auf: Es geht ihnen beiden darum, durch welche Unterstützungsleistungen entweder die in- und externen Modelle möglichst akkurat werden oder/und wie dies mittels Entlastungen der kognitiven Prozesse erzielt werden kann.

### 7.4.1 Didaktisches Design-Prinzip 8: Maßnahmen zur Verbesserung der Akkuratheit von internen und externen lernendenseitig produzierten Modellen

**Didaktisches Design-Prinzip 8:**

Wenn Lernerinnen und Lerner aus eigenen Zeichnungen mittels generativer Lernprozesse profitieren sollen, dann müssen didaktische Maßnahmen ergriffen werden, welche die Akkuratheit der Zeichnungen und der mentalen Modelle steigern.

Im Zentrum des oben angeführten Prinzips steht die Genauigkeit von mentalen Modellen, die von einer lernenden Person zunächst intern aufgebaut, danach extern visualisiert und über selbstregulative Prozesse verglichen und notfalls angepasst werden. Dies entspricht dem Grundgedanken des kognitiven Modells der Konstruktion von Bildern (van Meter & Firetto, 2013, S. 254–260), welches in Abbildung 24 im Teilkapitel 7.2 dargestellt und dort behandelt wurde. Das didaktische Design-Prinzip 8 geht damit auf die **Adäquanz von drei Repräsentationen** ein, nämlich a) dem in Texten beschriebenen Sachverhalten, b) deren kognitiver, von der lesenden Person aufgebauter Variante – dem mentalen Modell – und c) schließlich der von dieser Person angefertigten Zeichnung. Besonders wichtig für das Prinzip die Adäquanz der Zeichnung als externer, lernendenseitig hergestellten Repräsentation ist Genauigkeit. Daher setzt das Prinzip auf didaktische Maßnahmen, die dazu dienen, die Akkuratheit der Zeichnung zu steigern.

Das didaktische Design-Prinzip 8 ergibt sich über das, was in der Forschung als *Akkuratheitshypothese* beim Zeichnen (van Meter & Garner, 2005, S. 299) oder sogar als *prognostisches Zeichnen-Prinzip* (Leutner & Schmeck, 2014, S. 443; Schwamborn, Mayer, Thillmann, Leopold & Leutner, 2010, S. 878) bezeichnet wird. Herzstück hierfür ist die **Akkuratheit**, verstanden als der Grad an Übereinstimmung zwischen den Inhalten vollendeter Zeichnungen und dem Objekt, welches sie repräsentieren (van Meter & Garner, 2005, S. 299). Der zugrundeliegende Mechanismus besteht darin, dass es einen linearen Zusammenhang zwischen dieser Akkuratheit in der Zeichnung und den später erzielten Lernleistungen gibt, welcher auch als Erklärungsgrundlage für die Überlegenheit des Zeichnens als Lernstrategie gegenüber verbalen Strategien gilt, wenn es um anspruchsvolle kognitive Leistungen wie in Transfertests geht (Leopold & Leutner, 2012, S. 21 und 23; Leopold, Sumfleth & Leutner, 2013, S. 46). Hierfür finden sich tatsächlich zahlreiche Belege aus experimentellen Studien, darunter bei

- *Erinnerungsleistungen* an Geschichteninhalte bei jungen Kindern (Butler, Gross & Hayne, 1995, S. 602 und 604; Lesgold, Good & Levin, 1977, S. 358; Lesgold, Levin, Shimron & Guttmann, 1975, S. 638) bzw. an Inhalte aus Sachtexten bei Jugendlichen (Scheiter, Schleinschok & Ainsworth, 2017, S. 875)

und Studierenden (Fiorella, Stull, Kuhlmann & Mayer, in press, S. 8; Zhang & Fiorella, 2019, S. 7);

- korrekter beantworteten *Fragen zu Textinhalten* von Kindern zweiter bis sechster Klassenstufe (Greene, 1989, S. 75 und 79), (Gymnasial-)Jugendlichen (Bobek & Tversky, 2016, S. 6, 8 und 10f.; Hellenbrand, Mayer, Opfermann, Schmeck & Leutner, 2019, S. 1156 und 1159; Schmeck, Mayer, Opfermann, Pfeiffer & Leutner, 2014, S. 281 und 284; Schwamborn, Thillmann, Leopold, Sumfleth & Leutner, 2010, S. 228 und 230; Schwamborn, Mayer et al., 2010, S. 877) und Studierenden (Hall, Bailey & Tillman, 1997, S. 679; Schmidgall, Eitel & Scheiter, 2019, S. 149);
- korrekteren Antworten in *Tests, die auf Schlussfolgerungen basieren* (Seufert, Zander & Brünken, 2007, S. 40), sowie in *Transfertests* (Fiorella et al., in press, S. 8; Hellenbrand et al., 2019, S. 1156; Leopold & Mayer, 2015, S. 55 und 57; Schmidgall et al., 2019, S. 149; Schwamborn, Thillmann et al., 2010, S. 228 und 230; Schwamborn, Mayer et al., 2010, S. 877; Zhang & Fiorella, 2019, S. 7);
- besseren Ergebnissen in *offenen Aufgaben* zu den im Text beschriebenen Strukturen und Prozessen seitens Studierenden (Leopold & Mayer, 2015, S. 55 und 57);
- korrekteren *Lösungen bei mathematischen Wortaufgaben* unter Neunt- und Zehntklässlern (Rellensmann, Schukajlow & Leopold, 2017, S. 66);
- besseren Ergebnissen in Tests, in denen das *erworbene Wissen über eigene Zeichnungen erfasst* wurde (Hellenbrand et al., 2019, S. 1156 und 1159; Schmeck et al., 2014, S. 281 und 284; Schmidgall et al., 2019, S. 149; Schwamborn, Thillmann et al., 2010, S. 228 und 230; Schwamborn, Mayer et al., 2010, S. 877).

Die in der obigen Aufzählung zusammengestellten Befunde aus diversen Studien unterstreichen, dass die Akkuratheit von Zeichnungen Hand in Hand geht mit verschiedensten Indikatoren von Lernleistungen, darunter vor allem auch jenen, die auf tiefe Durchdringung des Lernstoffs hinweisen. Dies ist in der Forschung gut belegt, da sich Effekte des Zeichnens vor allem in Tests zeigten, die inferenzbasierte Leistungen erfassten (van Meter & Garner, 2005, S. 308–314).

In der Forschungsliteratur wird entsprechend gefordert, dass Fördermaßnahmen darauf abzielen, die internen mentalen Modelle zu verbessern, welche als Grundlage der externen mentalen Modelle – den Zeichnungen – fungieren (s. Teilkap. 7.2; van Meter & Garner, 2005, S. 304f.). Dies kann durch eine intensivere Auseinandersetzung mit dem eigentlichen Inhalt erfolgen und durch den Vergleich der eigenen Zeichnung mit einer Musterlösung (Wu & Rau, 2019, S. 103), was einer indirekten Form von Feedback entspricht. Hierdurch sollen besser kalibrierte und vollständigere mentale Modelle lernendenseitig aufgebaut und ggf. modifiziert werden – ein Ansatz, der nachgewiesenermaßen mit besseren Leistungen korrespondiert (Fiorella & Zhang, 2018, S. 1129).

### 7.4.2 Didaktisches Design-Prinzip 9: Unterstützungsleistungen zur Verringerung der kognitiven Belastung

> **Didaktisches Design-Prinzip 9:**
>
> Wenn Lernerinnen und Lerner beim Zeichnen Informationen effektiv auswählen, organisieren und verknüpfen sollen, dann sind hierfür Unterstützungsleistungen unterschiedlicher Lenkungsgrade zur Minimierung der zusätzlichen, durch das Zeichnen selbst verursachten kognitiven Belastung nötig.

Ein in der Forschungsliteratur immer wieder auffällig häufig genannter Hinweis besteht darin, dass Zeichnen per se noch nicht zu einem Lernerfolg führt, sondern dass es didaktischer Entlastungsmaßnahmen bedarf, welche die Aufmerksamkeit lenken und den Anforderungscharakter des Zeichnens entlasten, indem das Zeichnen portioniert und/oder angeleitet wird (van Meter & Garner, 2005, S. 305; Leutner & Schmeck, 2014, S. 444; Fiorella & Zhang, 2018, S. 1126–1130; Quillin & Thomas, 2015, S. 11; Wu & Rau, 2019, S. 102–107). Ein dabei im- oder explizit bemühter Referenzpunkt ist die *Theorie der kognitiven Belastung,* welche im Bereich des Lernens mit Bild-Wort-Kombinationen eine ausgesprochen wirkmächtige Basis bildet (Paas & Sweller, 2014).

Die **Theorie zur kognitiven Belastung (Cognitive Load Theory)** ist eine Theorie, die sich dem Wissenserwerb aus einer kognitiven Perspektive widmet und sich dabei insbesondere der Rolle des Arbeitsgedächtnisses verschrieben hat (Sweller, 2011, S. 54–56). Kurz gesagt geht es darum, dass Lernprozesse durch die begrenzte Kapazität des Arbeitsgedächtnisses limitiert werden, welches nur für eine kurze Zeit eine sehr überschaubare Anzahl von Informationen parallel verfügbar hält. Die Quelle dessen, was sich als kognitive Belastung – die durch die Informationsmenge hervorgerufene Belastung des Arbeitsgedächtnisses (Paas & Sweller, 2014, S. 40) – fassen lässt, bildet die sogenannte *»Elementinteraktvität«* (Sweller, 2010, S. 124). Mit den *Elementen* sind Informationseinheiten gemeint und mit *Interaktivität* die Notwendigkeit, verschiedene Informationen aufeinander zu beziehen bzw. sie isoliert zu lernen. Je mehr Elemente bestehen und je vernetzungsbedürftiger sie sind, desto höher fällt die kognitive Last aus, und dies kann im ungünstigen Fall zur kognitiven Überlastung führen. Die kognitive Belastung wird als Summe aus drei verschiedenen Formen der Belastung verstanden (s. Tabelle 40), von denen es neutrale und ungünstige Formen gibt, wobei aus der Sicht des Lernens vor allem das Minimieren der lernirrelevanten extrinsischen Belastung bedeutsam ist, um insbesondere die lernförderliche kognitive Belastung zu erhöhen.

| Form der kognitiven Belastung | Definition | Beispiel |
|---|---|---|
| *Intrinsische kognitive Belastung* (»Intrinsic Cognitive Load«) | • Im Lerngegenstand selbst befindliche Komplexität jener Informationen, die man verstehen muss; für eine Aufgabe/einen Text gegeben<br>• Nur durch Veränderung des Gegenstands selbst veränderbar<br>• Hängt von der lernenden Person ab, deren Vorwissen die Elementinteraktivität beeinflusst | Anzahl von Propositionen innerhalb eines Textes |
| *Extrinsische, lernirrelevante kognitive Belastung* (»Extraneous Cognitive Load«) | • Außerhalb des eigentlichen Lerngegenstands befindliche zusätzliche Form der Belastung durch nicht-optimale Darstellung durch redundante, verstehenserschwerende Darbietung und didaktische Inszenierung, welche zu einer erhöhten Menge von Elementen im Arbeitsgedächtnis führen<br>• Hängt vor allem von der lehrenden Person ab und ist veränderlich und insbesondere optimierbar | *Negativbeispiele:*<br>• Unklare Aufgabenstellungen oder solche ohne klare Zielvorgaben<br>• Weit auseinander liegende Informationseinheiten<br>• Redundante Informationen<br>*Positivbeispiele*:<br>• Ausgearbeitete Beispiele/Musterlösungen<br>• Lenkung der Aufmerksamkeit |
| *Lernförderliche kognitive Belastung* (»Germane Cognitive Load«) | • Primär mit den Elementen der intrinsischen kognitiven Belastung verbundene Ressourcen, welche eine Person zum Verstehen aufwendet – daher auch der Zusatz »lernförderlich«<br>• Von der lernenden Person abhängig, allerdings beeinflusst von den anderen beiden Formen der kognitiven Belastung | • Lernstrategisches, selbstreguliertes Vorgehen bei der Aufgabenbearbeitung durch Sequenzierung der Schritte<br>• Aktives Anwenden von Lernstrategien, um Elemente zu organisieren und vor allem mit dem Vorwissen zu verknüpfen |

*Tabelle 40: Drei Formen der kognitiven Belastung (Quelle der Darstellung: Sweller, 2010, S. 124–126; Sweller, 2011, S. 57–69)*

Im Zusammenhang mit dem Lernen aus kombinierten Bild- und Worteinheiten – dem Multimedia-Lernen – ist die Frage nach der ungünstigen extrinsischen (lernirrelevanten) kognitiven Belastung bereits seit geraumer Zeit ein Dauerthema (Mayer & Fiorella, 2014; Mayer & Moreno, 2003). Insbesondere stellt sich die Frage, wie die kognitive Belastung beim Lernen mit Wort und Bild so reduziert werden kann, dass das Arbeitsgedächtnis möglichst optimal genutzt werden kann, um möglichst nur von der intrinsischen und der lernbezogenen kognitiven Belastung absorbiert zu werden (van Meter & Firetto, 2013, S. 261). Eine Möglichkeit, dies in rezeptiven Zusammenhängen zu tun, besteht in den **Hinweisen**, also in typografischen Hervorhebungen, mittels Pfeilen oder durch Farben. Hinweise sollen die extrinsische, lernirrelevante kognitive Last vermindern. Solche Hinweise erleichtern aus Sicht der Theorie zum generativen Lernen

- das *Auswählen* durch gezielte Aufmerksamkeitslenkung,
- das *Organisieren* durch eine Unterstützung beim Finden und Kombinieren zu strukturierender Informationen und
- das schlussfolgernde *Verknüpfen* von Informationen innerhalb einzelner mentaler Modelle, aber auch zwischen verschiedenen, z. B. sprachlichen und nicht-sprachlichen Modellen (Koning, Tabbers, Rikers & Paas, 2009, S. 118–122).

Empirisch lässt sich dies ebenfalls zeigen: In einer aktuellen Metaanalyse (Xie et al., 2017, S. 12 und 14) konnte auf recht breiter Studienbasis nachgewiesen werden, dass solche **Hinweise die subjektive kognitive Belastung mindern und gleichzeitig die Leistungen in Erinnerungs- und Transfertests verbessern.** Dabei gab es einen wichtigen Zusammenhang: Je geringer die kognitive Belastung dank der Hinweise war, desto erheblich besser fielen die Ergebnisse in den Leistungstests aus. Eine weitere Metaanalyse (Schneider et al., 2018, S. 16) kam zu ähnlichen Ergebnissen, zeigte allerdings zudem, dass sich mit Hinweisen die Lernzeiten erhöhten und die in den Lernmaterialien per Hinweis markierten Stellen einer längeren Betrachtung unterzogen wurden. Diese beiden letztgenannten Befunde lassen sich als Indikatoren intensiver kognitiver Prozesse interpretieren.

Die bisherigen Darstellungen erstrecken sich auf die Forschung zum multimedialen Lernen im Allgemeinen. Für das **Zeichnen als Lernstrategie** im Besonderen gibt es mangels Forschung neben theoretischen Überlegungen (Leutner & Schmeck, 2014, S. 435) nur spärliche empirische Hinweise dafür, dass das Zeichnen die kognitive Belastung erhöht (Kostons & Koning, 2017, S. 7; Schmeck et al., 2014, S. 280; Schwamborn, Thillmann, Opfermann & Leutner, 2011, S. 92) bzw. eine höhere kognitive Belastung mit geringerer Lernleistung einhergeht (Schleinschok, Eitel & Scheiter, 2017, S. 16 und 20). Im Falle einer Studie konnte ferner gezeigt werden, dass es das Mehr an kognitiver Belastung durch das Zeichnen selbst ist, welches das Textverstehen reduziert (Leutner, Leopold & Sumfleth, 2009, S. 287 f.). Das heißt, das Zeichnen generiert eine zusätzliche kognitive Belastung, welche auf Kosten des Lernerfolgs geht. Hieraus lassen sich keine direkten Zusammenhänge mit den oben genannten metaanalytischen Befunden herstellen, jedoch verweisen die Studien auf die Notwendigkeit, beim Zeichnen die kognitive Belastung, zumal die lernirrelevante, durch geeignete Maßnahmen zu minimieren. Dies können, müssen aber nicht allein Hinweise sein, sondern kann auch über das Vermitteln von Strategien erfolgen, welche Personen dazu nutzen, in Aufgaben angemessener Schwierigkeit selbstreguliert Probleme zu lösen (Seufert, 2018, S. 125).

## 7.5 Effektivität der Strategie

Die Effektivität des Zeichnens als Strategie des generativen Lernens ist bislang in nur wenigen Metaanalysen untersucht worden. Daher fällt die Tabelle 41 knapp aus: Sie beinhaltet nur drei Metaanalysen, darunter zwei von Logan Fiorella, die zu ähnlichen Resultaten gelangen. Bemerkenswert ist die Unterscheidung in der Metaanalyse von Fiorella und Zhang (2018) zu den abhängigen Variablen, nämlich zum Verstehen des Sachverhalts und zum Transfer, also in Bezug auf die Anwendung des Gelernten auf neue Situationen. Die Effektstärken waren sehr ähnlich. Die dritte Metaanalyse von Cromley et al. (2020) differenziert die Befunde mit einer Gesamteffektstärke von *ES* = 0,69 über alle Studien hinweg aus, indem sie in vertiefender Betrachtung einzelner abhängiger Variablen zeigt, dass bei Transferleistungen die geringsten, bei inferenzbasierten Leistungen mittelstarke und beim reinen Wiedergeben von Fakten die höchsten Effekte zu beobachten waren.

| Kurzbeleg | Art der Forschungssynthese: MA | Anzahl Studien | Effektstärken |
|---|---|---|---|
| Cromley, Du & Yang (2020) | MA | 53 | 0,84 (Faktenlernen), 0,44 (Zusammenhänge zwischen Fakten aus Lernmaterialien herstellen) bzw. 0,21 (Transfer) |
| Fiorella & Mayer (2015) | MA | 28 | 0,40 |
| Fiorella & Zhang (2018) | MA | 17 | 0,41 (Verstehen) bzw. 0,37 (Transfer) |

*Tabelle 41: Studienübergreifende Effektivität der Strategie Zeichnungen anfertigen (MA = Metaanalyse)*

Die **Moderatoranalysen von Fiorella und Zhang** (2018, S. 1124) erlauben es, den Ertrag des Zeichnens – zumindest in Bezug auf das Fachlernen in naturwissenschaftlichen Fächern – besser abzuschätzen:

1. Sie ermittelten beispielsweise, dass das Zeichnen dem **reinen Lesen von Texten** überlegen ist, und zwar sowohl beim Verstehen (*ES* = 0,46) als auch und in höherem Ausmaß bei Transferleistungen (*ES* = 0,70).
2. Wurde das Zeichnen aber mit **anderen Strategien** wie dem Imaginieren (s. Kap. 8) oder dem Sich-selbst-Erklären von Sachverhalten (s. Kap. 9) verglichen, schrumpfte der Vorsprung zusammen (*ES* = –0,05 bzw. –0,09). Hier gab es also keinen Mehrwert mehr.
3. Ein dritter Vergleich betraf die Frage, ob das Zeichnen eigener Bilder dem **Studieren von vorhandenen Bildern** überlegen ist. Das war nur bei Verstehens-

leistungen der Fall (*ES* = 0,45), nicht aber bei Transferleistungen (*ES* = 0,04). Es wirkt damit so, als reiche das Zeichnen eigener bildlicher Modelle für Zwecke des Transfers nicht aus.

Zu guter Letzt prüfte das Forschungsteam noch, ob die **Art und der Zeitpunkt der Anleitung** beim Zeichnen damit zusammenhängen, wie sich Überlegenheiten erklären lassen. Aus Platzgründen wird hier auf Details verzichtet (s. dazu Fiorella & Zhang, 2018, S. 1129), doch so viel lässt sich für die Vergleiche auf der Basis von mindestens zwei Effektstärken als Basis festhalten:

1. Im Vergleich zum *Lesen von Texten* war es unerheblich, wie stark die Unterstützung in puncto Zeichnen war. Die oben benannte Überlegenheit zeigte sich praktisch durchgängig.
2. Auch der Effekt im *Vergleich mit anderen Strategien* hing nicht damit zusammen, welcher Art die Anleitung war.
3. Etwas komplexer war der Fall gelagert, wenn es zum Vergleich des *Studierens von vorhandenen Bildern* und dem Zeichnen von eigenen Bildern kam. Denn hier bestanden Einflüsse der Art der Unterstützung, wobei diese Unterstützungsleistungen jeweils Enden eines Spektrums darstellten. Bei den Unterstützungen mit geringster Lenkung – in aller Regel vorgängige verbale Hinweise zu den erwarteten Elementen der Zeichnungen, allerdings ohne genauere Instruktion zum Zeichnen – zeichnete sich eine leichte Überlegenheit bei Verstehensleistungen ab (*ES* = 0,24), jedoch ein Nachteil bei Transferleistungen (*ES* = −0,09). Demgegenüber war ein nachgängiges, dem Feedback ähnelndes Zeigen von Musterlösungen mit dem Auftrag, die eigene vollständige mit der vollständigen fremden Lösung zu vergleichen, effektiv: So fielen die Effekte nicht nur höher aus, sondern gingen auch in die gleiche Richtung (*ES* = 0,92 für das Verstehen und *ES* = 0,67 für Transfer). Damit zeichnen sich hochgradig differenzielle Erträge und Grenzen ab.

Auch die ebenfalls stark von naturwissenschaftlich beheimateten Primärstudien gestützte Metaanalyse von **Cromley et al.** (2020) hat Moderatoranalysen vorgenommen, die sich auf die drei verschiedenen abhängigen Variablen bezogen. Allerdings wurde hier noch danach differenziert, ob die Vergleiche in den (quasi-) experimentellen Studien mit einer von zwei instruktionalen Vergleichsaktivitäten erfolgten, die in zwei Studiensets zusammengefasst wurden. Die eine bestand darin, dass das Zeichnen mit anderen, nicht mit dem Zeichnen befassten Kontrollgruppen verglichen wurde (Fragestellung 1: Verbessert Zeichnen die Leistungen?; *ES* = 0,79). Die andere bestand darin, dass eine zeichnenbezogene Variante mit einer anderen verglichen wurde (Fragestellung 2: Lässt sich das Zeichnen noch verbessern?; *ES* = 0,22). Mit den drei abhängigen Variablen (Fakten, Zusammenhänge, Transfer) und zwei Sets von Studien ergaben sich sechs Vergleichsmöglichkeiten, in denen die Effekte von etwaigen Moderatoren bestimmt wurden. Von den drei hier interessierenden Moderatoreffekten – a) der Vergleich von Text- und animierten Lernmaterialien, b) der Effekt des Zeichnens per Hand vs. per Computer und c) der Effekt des Vervollständigens partiell vorhandener Zeichnungen bzw. dem Anfertigen genuin eigener Zeichnungen – gab es ausnahmslos keine Hinweise auf Moderatoreffekte bei den Transferleistungen. Deshalb beschränkt sich die Darstellung auf Effekte zu Fakten und Zusammenhängen – und hier zuvorderst auf die Studien, in denen das Zeichnen in seiner allgemeinen Wirksamkeit überprüft wurde, also nur zur Fragestellung 1 oben in der Darstellung. Die Ergebnisse aus diesem Segment lauten:

a) Für das Lernen von Fakten und das Herstellen von Zusammenhängen war bei **Texten als Lernmaterial** der Effekt groß (*ES* = 1,08 bzw. 0,56). Bildeten animierte Lernmaterialien den Stimulus, gab es keine statistisch abgesicherten Lernzuwächse.
b) Es gab einen Mediumseffekt – und zwar für die Studien, in denen es darum ging, besonders effektive Varianten des Zeichnens zu ermitteln. Dieser Effekt bestand darin, dass sowohl für das Faktenlernen (*ES* = 1,09) als auch für inferenzbasierte Leistungen (*ES* = 0,53) positive Effekte nachweisbar waren, wenn **per Hand gezeichnet** wurde. Bei den computerunterstützten Zeichnungen ließen sich in den bislang vorgelegten Studien keine solchen positiven Effekte ermitteln.
c) Schließlich spielte es auch noch eine Rolle, ob die Studienteilnehmerinnen und -teilnehmer die **Zeichnungen vollständig selbst anfertigten** oder auf partiell vorhandene Grafiken zurückgreifen konnten. Nur die erstgenannte Variante mit hohem Anteil an generativen Prozessen erwies sich für das Faktenlernen (*ES* = 1,08) und das inferenzbasierte Lernen (*ES* = 0,40) als vorteilhaft, während das Vervollständigen von vorhandenen Grafiken in den ausgewerteten Studien keinen statistisch nachweisbaren Mehrwert hatte.

Die Moderatoranalysen beider Metaanalysen lassen sich zusammenfassen: Effektiv ist der Einsatz des Zeichnens im Kontext naturwissenschaftlichen Lernens dann, wenn es dem reinen Lesen gegenübergestellt wird und wenn es auf Texten statt auf nicht-statischen Stimuli basiert. Hier scheinen sich überlegene Prozesse des generativen Lernens also tatsächlich zu ereignen. Als insgesamt günstiges Vorgehen lässt sich zudem Folgendes festhalten: Lernförderlich sind das Zeichnen mit der Hand, das Anfertigen vollständig eigener Bilder und das Zur-Verfügung-Stellen von Musterlösungen zum Abgleich. Interessanterweise gibt es beim Zeichnen Hinweise darauf, dass es keinen Mehrwert gegenüber weiteren generativen Strategien zu geben scheint, die dazu dienen, internale Repräsentationen durch das Sich-selbst-Erklären oder Vorstellen aufzubauen bzw. zu festigen. Hier sind die drei Strategien mit hohen Anteilen generativer Prozesse also vergleichbar wirksam.

## 7.6 Beispiele für die Strategie

Die Beispiele für die didaktischen Design-Prinzipien werden in diesem Kapitel sukzessive und systematisch entfaltet. Sie folgen den beiden Prinzipien, nämlich zunächst dem didaktischen Design-Prinzip 8 (s. Teilkap. 7.6.1) und im Anschluss dem Prinzip 9 (7.6.2).

### 7.6.1 Maßnahmen zur Verbesserung in- und externaler mentaler Modelle von Lernerinnen und Lernern (didaktisches Design-Prinzip 8)

Bei den Beispielen aus den Förderansätzen mit einem klaren Fokus auf das Zeichen sticht deutlich hervor, dass der Abgleich von Textinhalten, eigener Zeichnung und fremden Zeichnungen – seien es Musterlösungen, seien es die Arbeiten anderer Lernender – angeführt durchaus häufig angeführt werden. Aus diesem allgemeinen Vorgehen lassen sich die folgenden beiden Varianten unterscheiden:

- **Gelenkte Betrachtungen von Musterlösungen – mit oder ohne Möglichkeit, die eigene Zeichnung zu modifizieren.** In der Forschungsliteratur gibt es Hinweise darauf, dass mittels Hinweisen, die einen Vergleich von textuellen und zeichnerischen Informationen initiieren, die Zeichenleistung verbessert werden kann. Einige Studien zeigten in verschiedenen Altersgruppen, dass die Effektivität des Zeichnens in Leistungstests dadurch gesteigert werden kann, wenn zusätzlich zum Zeichnen noch die Möglichkeit besteht, die eigene Zeichnung mit Musterlösungen gezielt zu vergleichen (und teils noch ihre eigenen Zeichnungen zu überarbeiten) (Schwamborn et al., 2011, S. 92; van Meter, 2001, S. 134; van Meter, Aleksic, Schwartz & Garner, 2006, S. 157 f.).
  Ein Beispiel dafür enthält der Kasten mit dem Beispieltext 13 und zugehörigen Hinweisen zur Veränderung des eigenen Bildes. Dieses Beispiel stammt aus einer Studie mit Kindern aus vierten und sechsten Klassen (van Meter et al., 2006, S. 154). In der mit den Instruktionen aus dem Beispiel geförderten Gruppe erhielten die Kinder nach dem Zeichnen eine Musterzeichnung (s. Abbildung 25), mit der sie den Text und vor allem aber ihre eigene Zeichnung vergleichen und danach die eigene Zeichnung verändern konnten. Gerade das Auswählen wurde im Beispiel gezielt gelenkt, aber es bildete nur den Einstieg, um Überprüfungen vorzunehmen.

## Der Vogelflügel

Die Knochen und Federn eines Vogelflügels sollen dem Vogel beim Fliegen helfen. Die Knochen eines Vogelflügels sind den Knochen eines menschlichen Arms sehr ähnlich. Der Vogel hat einen Oberarm zwischen Schulter und Ellbogen, einen Unterarm zwischen Ellbogen und Handgelenk und eine Hand. Mit den Flügelknochen sind lange Flugfedern verbunden. Die längsten Flugfedern, Handschwingen genannt, sind am Handteil befestigt. Die meisten Vögel haben zehn Handschwingen pro Hand. Handschwingen erzeugen die Kraft zum Fliegen, wenn der Vogel seine Flügel nach unten bewegt. Die Federn an der Außenseite können wie die Klappen in einem Flugzeug zum Lenken verwendet werden.

Die Armschwingen sind nicht ganz so lang. Sie sind an den Unterarmknochen befestigt. Die Anzahl der Armschwingen hängt von der Länge des Vogelflügels ab. Armschwingen sind von der Vorderseite des Vogels nach hinten gekrümmt. Dies erzeugt ein Tragflügelprofil wie ein Flugzeugflügel, das den Vogel nach oben zieht, während er mit den Flügeln durch die Luft flattert. Dieser Zug nach oben ermöglicht es dem Vogel, sich selbst in den Flug zu heben.

Andere Federn, Schulterfedern genannt, schließen die Lücke zwischen Ellbogen und Schulter. Diese Schulterfedern verbinden den Flügel mit dem Körper, um den Vogel während des Fluges ruhig zu halten. Diese Unstetigkeit oder unregelmäßige Bewegung wird Turbulenz genannt. Ein Vogel kann seine Flügel an Schulter, Ellbogen und Handgelenk schlagen.

**Hinweise zum Vergleich von Text und Zeichnung mit Möglichkeit zur Überarbeitung der Zeichnung**

1. Was sind die drei Bestandteile eines Vogelflügels im Text? Was sind die drei Bestandteile eines Vogelflügels in der Zeichnung?
2. Welche drei Arten von Federn hat ein Vogelflügel laut Text? Welche drei Arten von Federn hat ein Vogelflügel laut der Zeichnung?
3. Wie sind gemäß Text die Federn am Vogelflügel geformt, um beim Fliegen zu helfen? Wie sind gemäß der Zeichnung die Federn am Vogelflügel geformt, um beim Fliegen zu helfen?
4. Gibt es etwas an deiner Zeichnung, das du ändern willst, um sie genauer zu machen?

*Beispieltext 13: Vogelflügel (Quelle: Übersetzung von van Meter et al., 2006, S. 162 und 164, mit leichten Modifikationen)*

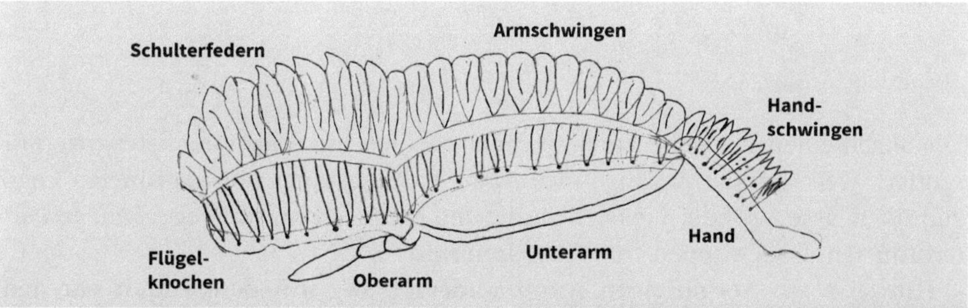


*Abbildung 25: Vogelflügel-Zeichnung als indirektes Feedback (Quelle: Zeichnung von Fanny Maier, basierend auf Beispieltext 13 und van Meter et al., 2006, S. 163)*

- **Mehrstufiges, kooperatives Arbeiten beim Erstellen von Zeichnungen.** Eine andere Form, sich mit Modellen auseinanderzusetzen, besteht darin, dass Lernerinnen und Lerner zunächst selbstständig Zeichnungen anfertigen, dann von einer anderen Person eine Zeichnung zum selben Sachverhalt analysieren und sich sodann in einem strukturierten Gespräch auf eine gemeinsame Zeichnung mit konsensuell ausgehandelten Bestandteilen einigen und eine gemeinsame Zeichnung anfertigen (Bollen, Gijlers & van Joolingen, 2015, S. 568; Gijlers, Weinberger, van Dijk, Bollen & van Joolingen, 2013, S. 430 f.). Hier geht es also um den Vergleich mit einer anderen Art von Modell, einem dadurch induzierten Abgleich mit dem eigenen mentalen Modell und einer sozialen Aushandlung einer gemeinsam entwickelten Vorstellung. Diese Art von Förderung ging mit einem besseren Verständnis des beim Zeichnen behandelten Themas – der Fotosynthese – in Leistungstests einher (Bollen et al., 2015, S. 574; Gijlers et al., 2013, S. 448 f.).

## 7.6.2 Maßnahmen zur Verringerung der kognitiven Belastung beim Anfertigen von Zeichnungen (didaktisches Design-Prinzip 9)

### *7.6.2.1 Variierende Grade an Hinweisen*

Zur Aufmerksamkeitslenkung beim Zeichnen und zur Optimierung der lernrelevanten kognitiven Belastung (Germane Cognitive Load) dienen Hinweise. In der Forschung hat es variierende Zugänge dazu gegeben, wie detailliert und direktiv diese Hinweise sind. Deshalb werden in diesem Teilkapitel ganz grundsätzliche Vorgehensweisen vorgestellt, die sich einer von zwei Hauptgruppen von Hinweisen zuordnen lassen. Den Beginn machen solche Hinweise, die allgemein gehalten sind und damit auf diverse Zeichenanlässe passen. Es folgen solche Hinweise, welche spezifischer gefasst sind und damit in engem Zusammenhang mit den jeweiligen Lernmaterialien stehen, was sie für Individualisierungen geeignet wirken lässt.

#### Allgemeine Hinweise

Die allgemeinen Hinweise zum Zeichnen werden im Folgenden listenartig präsentiert, weil sich die Zugänge nicht ohne weiteres einer übergeordneten Logik zuordnen lassen, sondern je nach Studie und deren konkreten Gegebenheiten unterordneten. Die Gruppen von Hinweisen sind:

- **Hinweise zur vorgängigen Auseinandersetzung mit dem Inhalt vor dem Zeichnen.** Hierunter fallen Vorgehensweise wie das Unterstreichen wichtiger Inhalte (als Auswählen; Schwamborn, Mayer et al., 2010, S. 874) und das Vorstellen des Inhaltes vor dem Zeichen – also eine Kombination mit anderen Strategien generativen Lernens (Schwamborn, Mayer et al., 2010, S. 874). Solche Ergänzungen helfen dabei, den Zeichenprozess zu unterstützen, indem die Inhalte der Bilder stärker geklärt werden, als es bei Aufträgen wie »Zeichne über das Gelesene« der Fall ist.

- **Hinweise zur Überprüfung der Zeichnung während des Zeichens.** In der Studie von Wu und Rau (2018, S. 96) wurden beispielsweise – je nach Gruppe – an keiner, einer bzw. drei Stellen in der Zeichnen-Software Hinweise gegeben: »Überprüf deine Zeichnung, die Beschriftungen und die Bezeichnungen. Überarbeite sie falls nötig.« Für den Erwerb chemischen Wissens war es generell vorteilhafter, wenn drei Hinweise über den gesamten Zeichenprozess vorhanden waren statt nur einmalig am Ende des Zeichnens oder wenn ein solcher Hinweis gänzlich fehlte (Wu & Rau, 2018, S. 99).
  In eine verwandte Richtung geht eine andere Studie (Schmidgall et al., 2019, S. 143). Dort enthielt die Zeichnen-Software im Fenster den metakognitiven Hinweis, alle Hauptideen in der Zeichnung zu berücksichtigen und zu prüfen, ob dies der Fall war. In dieser Studie von Schmidgall et al. (2019) lassen sich die Befunde nicht allein auf die Hinweise zurückführen, da diese nur einen kleinen Bestandteil des experimentellen Settings bildeten.
- **Klärung der textuellen Bezugsgröße der zu zeichnenden Inhalte.** Einen Zugang, den Zeichenprozess zu leiten, wählten zwei Studien von Schwamborn et al. (2010, S. 227; 2011, S. 91). In ihnen erhielten die Teilnehmerinnen und Teilnehmer den Hinweis, sich beim Zeichnen darauf zu konzentrieren, die *Hauptidee aus jedem gelesenen Absatz* in ihrer Zeichnung zu berücksichtigen. Hier wurde also eine Sicherungsmaßnahme eingebaut, die sicherstellen sollte, dass Textteile systematisch in den Zeichnungen auftauchen, wobei das Finden von Hauptideen (s. Teilkap. 5.6.1) eine zwingende Voraussetzung bildet. Mit solchen Hinweisen unterstützte Lernerinnen und Lerner schnitten in einem Leistungstest, bei dem die Inhalte zeichnerisch dargestellt werden mussten, besser ab als andere Gruppen (Schwamborn, Thillmann et al., 2010, S. 228 und 230; Schwamborn et al., 2011, S. 92), teils auch in Behaltens- und Transfertests des Gelernten (Schwamborn, Thillmann et al., 2010, S. 228 und 230).
  Eine weitere Variante wurde in einer Studie aus der Domäne Geografie gewählt, denn hier wurden die teilnehmenden Fünftklässler *an spezifischen Stellen im Text gebeten, danach* über einzelne Themen aus dem Text *das Beschriebene zu zeichnen* (Gobert & Clement, 1999, S. 42). Ein Beispiel hierfür ist: »Nach diesem Absatz wirst du gebeten werden, ein Bild auf der nächsten Seite über die verschiedenen Erdschichten zu zeichnen.« Die Kinder, die im Rahmen der Studie vier derlei geforderter Zeichnungen angefertigt hatten, hatten nach der Fördermaßnahme die besten Ergebnisse zum Lerngegenstand (Gobert & Clement, 1999, S. 46).

Zu dieser Art von Hinweis kann auch im weitesten Sinne gezählt werden, dass *generell bei Texten Portionierungen* vorgenommen werden, indem beispielsweise nach einer Textmenge eine Leerstelle – sei es eine Maske in der Software (Schwamborn et al., 2011, S. 91), seien es leere Blätter bei physischen Ausdrucken (Schleinschok et al., 2017, S. 16; Schmeck et al., 2014, S. 277; Schwamborn, Thillmann et al., 2010, S. 225; van Meter, 2001, S. 132; van Meter et al., 2006, S. 151) – gelassen wird, die von den Lernenden nach dem Lesen mit einer eigenen Zeichnung zu füllen ist. Dadurch wird geklärt, über welche Textteile die konkrete Zeichnung erwartet wird.
- **Korngröße der Inhalte der Zeichnung.** Eine weitere Form der Lenkung durch Hinweise kam in der Studie von Alesandrini (1981, S. 360) vor, in der es darum ging, in den Zeichnungen entweder auf Details oder auf die Gesamtzusammenhänge im Bereich Elektrochemie (Funktionsweise einer Batterie) zu fokussieren. Es ging also darum, entweder die Batterie als Ganzes zu zeichnen (holistischer Auftrag) oder die einzelnen Bestandteile der Batterie (detailbezogener Auftrag) zeichnerisch genauer darzustellen. Personen, die einen holistischen Zeichnenauftrag erhalten hatten, schnitten in einem Multiple-Choice-Test besser ab als alle anderen Gruppen (Alesandrini, 1981, S. 363).

### Spezifische Hinweise

Die spezifischen Hinweise setzten notwendigerweise genau an den jeweiligen Lernmaterialien an und ähneln damit auffallend dem Concept-Mapping mit einem hohen Grad an externer Steuerung (s. Teilkap. 6.6.1). Ein Ansatzpunkt für das Zeichnen ist hierbei die **verbale Benennung, welche Elemente aus dem Text in der Zeichnung auftauchen sollen.** Ein Beispiel für die Steuerung durch vergleichsweise genaue Vorgaben bildet die Studie von Hall, Bailey und Tillman (1997). In dieser Studie mit Studierenden gab es in der Domäne Physik eine ganz genaue Anweisung, was zu zeichnen ist, teils mit präzisen Größenangaben (s. Beispieltext 14). Diese Angaben in der Anweisung beziehen sich freilich nur auf den Zylinder der Handluftpumpe, während die Funktionsweise – vor allem die der Ventile – von der Anweisung gänzlich unberührt bleibt. Diese müssen die Personen aktiv (re-)konstruieren und können diese dann selbst in die Zeichnung einfügen. Insofern dient die Anweisung nur dazu, eine Schablone mit korrekten Seitenverhältnissen zu erstellen. Die Ergebnisse zeigten, dass zeichnende Studentinnen und Studenten die Funktionsweise der Luftpumpe gemäß einem Multiple-Choice-Test besser verstanden hatten als eine weitere Experimental- und die Kontrollgruppe (Hall et al., 1997, S. 679).

### Handluftpumpe

Am unteren Ende der Stange befindet sich eine Scheibe, die mit der Stange verbunden ist. Diese Scheibe hält auch die Stange in der Mitte des Zylinders. Sie muss enganliegend in den Zylinder eingführt werden, damit er luftdicht ist. *Diese Scheibe wird dazu in der Lage sein, im Zylinder auf und ab zu gleiten, während die Stange mit dem Griff angehoben und abgesenkt wird.*

Auf der rechten Seite befindet sich nahe dem Boden des Zylinders ein Loch, wo der Schlauch angeschlossen ist. Das Ende des Schlauches, das nicht an die untere rechte Seite des Zylinders angeschlossen ist, befindet sich dort, wo die die Luft in den Gegenstand gepresst wird, in den man die Luft pumpt. In der Nähe des Bodens befindet sich auf der linken Seite des Zylinders ein weiteres Loch. Durch dieses Loch wird Luft in den Zylinder einströmen.

Die entscheidenden Teile der Pumpe sind zwei türähnliche Klappen, die als Ventile wirken. Diese Klappen öffnen und schließen sich, um die Luft in den Zylinder ein- und ausströmen zu lassen. Die erste Klappe befindet sich am Loch auf der rechten Seite, wo der Schlauch befestigt ist. *Diese Klappe öffnet sich nur nach außen im Zylinder.* Sie hat ein Scharnier, das es ermöglicht, sich zu öffnen und Luft durch den Schlauch herauszulassen, wenn Luftdruck innerhalb des Zylinders erzeugt wird. Sie lässt jedoch keine Luft herein.

Die zweite Klappe, die als Ventil fungiert, bedeckt das Loch auf der linken Seite des Zylinders (wo der Schlauch nicht befestigt ist). *Diese Klappe wird sich nur zur Innenseite des Zylinders hin öffnen.* Wenn die Stange mit dem Griff angehoben wird, öffnet sich diese Klappe und Luft strömt in den Zylinder. Wenn die Stange oben angekommen ist, schließt sich diese Klappe. Wenn die Stange mit dem Griff heruntergedrückt wird, öffnet sich die Klappe auf der rechten Seite, wo das Loch ist, an dem der Schlauch befestigt ist, und die Luft im Zylinder wird durch den Schlauch in den Gegenstand gedrückt, den man aufbläst.

Diese Klappen sind so gestaltet, dass beim Ziehen des Griff nach oben die luftdichte Atmosphäre ein Vakuum erzeugt, welche die zweite Klappe zum Öffnen und Ansaugen von Luft in den Zylinder zwingt. Wenn der Griff nach unten gedrückt wird, bewirkt der Luftdruck, dass sich die Klappe, die zum Schlauch führt, öffnet und die gesamte Luft durch den Schlauch ausgestoßen wird.

Beginnt der Zyklus also mit dem Griff oben, sind beide Ventile *geschlossen.* Wenn der Griff nach unten gedrückt wird, muss sich das Ventil bzw. die Klappe Richtung Schlauch öffnen, während das andere, sich auf der linken Seite des Zylinderbodens befindliche Ventil *geschlossen* bleibt. Somit wird Luft herausgedrückt, und der Schlauch, der mit einem Reifen oder einem Ball verbunden ist, bläst ihn auf. Wenn der Griff unten ist, werden beide Ventile *wieder geschlossen.* Wenn der Griff wieder angehoben wird, *schließt* sich das Ventil bzw. die Klappe am Schlauch, und das Ventil bzw. die Klappe auf der anderen Seite des Zylinders öffnet sich und lässt neue Luft von außen ein. Wenn der Griff die Spitze erreicht, beginnt der Zyklus erneut.

Wenn Sie versuchen zu verstehen, wie die Pumpe funktioniert, können Sie sich vielleicht vorstellen, wie sie mehrere Male einen Zyklus durchläuft (z.B. wenn der Griff oben ist, wenn der Griff unterwegs nach unten ist und wenn er komplett unten ist). Das sollte Ihnen zu verstehen helfen, wie die Pumpe funktioniert. Bitte versuchen Sie Ihr Bestes, um zu verstehen, wie die Pumpe funktioniert, da Sie nach dem Studieren des Textes einige Fragen dazu gestellt bekommen.

**Anweisung**
Das Ziel dieser Übung ist es, Ihnen zu erklären, wie sie [Handluftpumpen] funktionieren und Sie eine Darstellung der Pumpe zeichnen zu lassen. Danach werden wir Ihnen einige Fragen zur Pumpe stellen.
Wenn Sie diese Pumpe zeichnen, sollten Sie einen Bleistift verwenden, damit Sie die Zeichnung während der Änderung der Darstellung leicht löschen können. Zeichnen Sie zu Beginn einen Zylinder mit einer Länge von 5,08 cm und einer Breite von 2,54 cm, und stellen Sie ihn in einer vertikalen Position dar. Schließen Sie nun jedes Ende an. Zeichnen Sie dann eine kleine Stange (ca. 0,32 cm breit), die in ein kleines Loch in der Mitte der Oberseite eingeführt wird. Diese Stange sollte etwa 0,64 cm aus der Oberseite des Zylinders herausragen. Platzieren Sie einen horizontalen Griff oben auf der Stange. Wenn der Griff nach unten gedrückt wird, bewegt sich die Unterseite der Stange in Richtung der Unterseite des Zylinders.

*Beispieltext 14: Text zur Handluftpumpe und Anweisung zum Zeichnen der Pumpe (Quelle des Textes: Hall et al., 1997, S. 680, sprachlich leicht angepasst, Hervorhebungen aus dem Original übernommen; Quelle der Anweisung: Hall et al., 1997, S. 678)*

### *7.6.2.2 Vorgefertigte Bestandteile von Zeichnungen*

Didaktische Unterstützung kann auch dadurch geleistet werden, indem die Zeichnung nicht komplett von den Lernenden zu erstellen ist. Anders als die Hinweise, die ihrerseits zwar definieren, worauf die Lernerinnen und Lerner beim Zeichnen achten sollen, stellen vorgefertigte Bestandteile eine andere Art der konkreteren Unterstützung dar. Sie enthalten nämlich schon konkretisierte Elemente, welche die Lernerinnen und Lerner in ihre Zeichnungen übernehmen sollen bzw. sogar müssen. Diese Maßnahme dient dazu, insbesondere das Verknüpfen mit dem Vorwissen zu erleichtern, indem die per Inferenzbildung aufzufüllenden visuellen Darstellungen weniger kognitive Last generieren, sodass hier vor allem das Organisieren im Zentrum steht (Fiorella & Zhang, 2018, S. 1128).

Diese Form der Unterstützung ist bislang noch eher selten untersucht worden, doch die Befunde sind zum Teil ermutigend (s. aber Teilkap. 7.5). In einer Studie mit Erstklässlern etwa hörten die Kinder eine mündlich vorgetragene Geschichte und erhielten einen passenden Hintergrund und ausgeschnittene Figuren, mittels derer sie ein Bild zur Geschichte anfertigten (Lesgold et al., 1975 S. 639 f.). Dieses Vorgehen half, sich an die Inhalte der Geschichte besser zu erinnern und wurde in einer vergleichbaren Studie repliziert (Lesgold et al., 1977, S. 356–358). Auch mit erheblich älteren Studienteilnehmerinnen und -teilnehmern und expositorischen Texten aus naturwissenschaftlichen Zusammenhängen konnten positive Effekte nachgewiesen werden, wenn Bildbestandteile – wie Moleküle oder den Umriss einer Zelle – teilweise analog oder digital vorgegeben wurden (Schmeck et al., 2014, S. 278–280; Schwamborn, Thillmann et al., 2010, S. 876 f.; Schwamborn et al., 2011, S. 91). Ein Beispiel hierfür enthält die Abbildung 26.

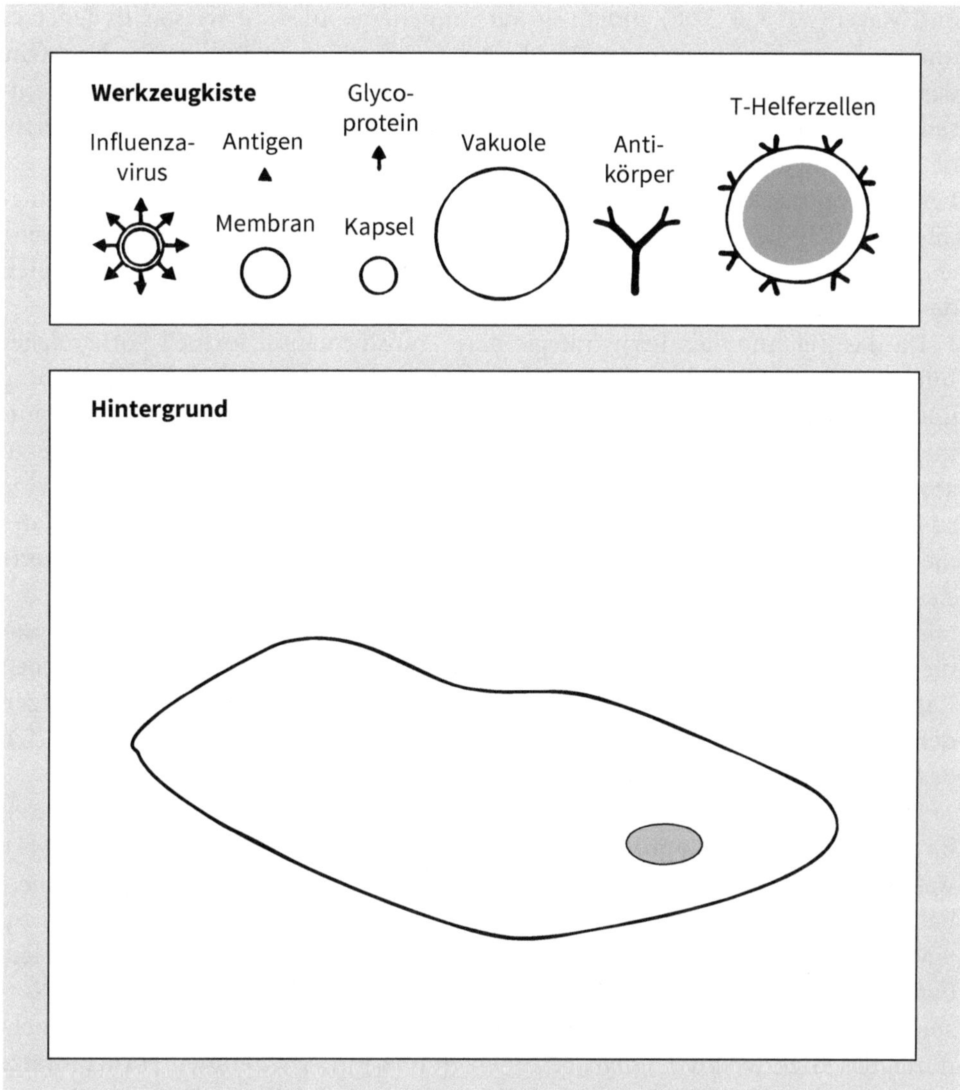


*Abbildung 26: Beispiel für einen Auszug aus einem vorgefertigten Booklet, bei dem ein Hintergrund (unten) vorgefertigt ist, sodass Bestandteile zum beschriebenen Sachverhalt aus der oberen Werkzeugkiste beim Zeichnen ausgewählt und übernommen werden (Quelle: übersetzte und leicht angepasste Form von Schmeck et al., 2014, S. 278)*

## 7.7 Bedingungen und Grenzen der Strategie

Obwohl das Anfertigen von Zeichnungen als vielversprechende Lernstrategie gelten darf, ist sie selbstverständlich weder grenzenlos einsetzbar noch voraussetzungslos. Eine erste Bedingung für den Einsatz des Zeichnens benennen Fiorella und Mayer (2015, S. 32 f.), indem sie auf Studienergebnisse verweisen, in denen es um das Zusammenfassen ging. Dort bestanden nämlich auffälligerweise Nachteile des schriftlichen Zusammenfassens dann, wenn die Texte inhaltlich räumliche Zusammenhänge beschrieben. Hier zeigt sich ein Vorteil des Zeichnens, da die eigene Zeichnung adäquater als rein schriftliche, zumal in der Darstellung verknappte Lernendenprodukte solche räumlichen Relationen wiedergeben kann. Hierin manifestiert sich die Problematik von **Passung von Lernmaterialien und Strategie** ebenso wie **die Komplementarität der Einsatzgebiete verschiedener Strategien des generativen Lernens.**

Da das Zeichnen als Lernstrategie eine Transformation textuell vorhandener Informationen darstellt, bildet das Textmaterial eine janusköpfige Bedingung und Grenze zugleich: Van Meter und Firetto (2013, S. 261 f.) machen darauf aufmerksam, dass es ein Kontinuum bei den Texten gibt. Diese können zu vage/zu abstrakt, aber auch zu überdeterminiert sein. Im ersten Fall wird es schwer, eine ausreichend detaillierte kognitive Repräsentation zu erlangen, um ein akkurates mentales Modell und eine darauf aufbauende akkurate, ausreichend detaillierte Zeichnung zu erstellen. Auf der anderen Seite des Kontinuums können sehr detaillierte Darstellungen die Notwendigkeit des generativen Prozessierens unterminieren, weil es eher um den raschen, nachvollziehenden Aufbau einer visuellen Repräsentation geht. Es geht hier also darum, dass **die Texte für das Anfertigen der Zeichnungen sowohl konkret als auch unbestimmt genug sind,** dass sich das Anfertigen einer Zeichnung lohnt.

Das Zeichnen mit seinen zahlreichen inhärenten Transformationsprozessen birgt das Risiko einer **kognitiven Überlastung** (Leutner & Schmeck, 2014, S. 444), was auf allerabstrakteste Weise die beiden didaktischen Design-Prinzipien innerhalb des Kapitels aufgreifen. Hieran setzt vor allem das didaktische Design-Prinzip 9 an, welches auf Unterstützungsleistungen fokussiert. Diese sollen dazu dienen, dass die lernirrelevante kognitive Belastung minimiert wird, welche kognitive Ressourcen des Arbeitsgedächtnisses absorbiert. Um Lernerinnen und Lerner nicht durch das kognitiv aufwändige Zeichnen zu überfordern, nehmen Förderansätze mitunter ganz gezielt Unterstützungsleistungen auf, welche die Zielvorstellungen zur geforderten Zeichnung enthalten (van Meter & Firetto, 2013, S. 264–266).

## 7.8 Zusammenfassung und Schluss

Wenn Lernmaterialien komplexe, inhaltlich ausreichend (un-)bestimmte, räumliche bzw. räumlich darstellbare Inhalte enthalten, bietet sich das **Anfertigen eigener zweidimensionaler Zeichnungen** an. Diese haben das **Ziel, die im Text beschriebenen Sachverhalte strukturanalog bzw. mit einer Ähnlichkeit zum beschriebenen Gegenstand mittels grafisch-visueller Darstellungen wiederzu-**

**geben.** Hierfür müssen die Lernerinnen und Lerner auf die kognitiven Prozesse des generativen Lernens zurückgreifen und (selbstreguliert) ein internales mentales Modell aufbauen. Dieses interne, also in der Person selbst vorliegende mentale Modell bildet seinerseits die Basis für das Erstellen der eigenen Zeichnung, welche eine externale, außerhalb der lernenden Person vorliegende Variante ist. Dafür muss das mentale Modell in eine visuelle Vorstellung überführt werden, welche das Bindeglied von mentalem Modell und der Zeichnung darstellt.

Die externale Zeichnung bietet die Möglichkeit, die Korrektheit des eigenen mentalen Modells zu überprüfen, weshalb dem Zeichnen allgemein ein hohes Maß an nötiger und möglicher Selbstregulationsaktivität zugestanden wird. Hierin liegt zugleich auch ein wichtiger Ansatzpunkt der **beiden didaktischen Design-Prinzipien,** die beide darauf abzielen, die **Qualität der Zeichnungen** durch Feedbackschlaufen, Hinweise und externale Zeichnungsbestandteile als Teil der Aufgaben oder der Zeichnentools zu steigern. Die beiden Prinzipien bemühen sich darum, die Akkuratheit und die Adäquanz der lernendenseitig erstellten Zeichnungen zu maximieren, dabei aber auch die kognitive Belastung auf ein angemessenes Niveau zu senken.

Das didaktische Design-Prinzip 8 zielt darauf ab, die **Akkuratheit** zu steigern, die in positivem Verhältnis zu Verstehensleistungen steht und der damit der Status einer Bedingung des Lernens durch das Zeichnen zugestanden werden kann. Fremde Zeichnungen erlauben beispielsweise den Abgleich von eigenem Modell/eigener Zeichnung und fungieren als indirektes Feedback, weil die Personen selbst Vergleiche anstellen müssen, die bestenfalls durch explizite Hinweise gelenkt werden. Hinzu kommen Aushandlungen in kooperativen Settings, die dabei helfen können, die Elemente von Zeichnungen genauer zu bestimmen und diese in ein gemeinsam verantwortetes Produkt zu integrieren.

Das didaktische Design-Prinzip 9 mit seinem Fokus auf die **Reduktion der zusätzlichen extrinsischen kognitiven Belastung** liegt quer dazu. Dieses Prinzip widmet sich Prozessen, die die Auswahl und Organisation erleichtern bzw. anleiten. Dies kann durch explizite zeichnungsspezifische oder allgemein gehaltene Hinweise erfolgen oder durch vorgefertigte Bestandteile der Zeichnungen, auf die die Lernerinnen und Lernen im Prozesse zugreifen können bzw. sollen. Damit fungieren sie als Scaffolding bei der günstigen Ausgestaltung der kognitiven Prozesse des generativen Lernens durch das Zeichnen.

# 8 Sich Sachverhalte vorstellen

## 8.1 Überblick über die Strategie

| **Definition** | Internale, nicht-sprachliche mentale Vorstellung, die multisensorisch bzw. visuell ist und die in Texten beschriebenen Sachverhalte um individuelle Vorwissensbestände angereichert umfasst |
|---|---|
| **Begründung aus Sicht des generativen Lernens** | • *Auswählen:* Auswahl der Elemente für das Herstellen einer eigenen Vorstellung sowohl aus den external in den Lernmaterialien enthaltenen und kognitiv verarbeiteten Inhalte als auch aus dem Vorwissen<br>• *Organisieren:* Herstellen einer kohärenten Struktur der Elemente innerhalb der mentalen, nicht-sprachlichen Vorstellung<br>• *Verknüpfen:* Ergänzen und Anreichern der sprachlichen Inhalte um individuelle Wissensbestände, um ausreichend konkrete Vorstellungen zu erlangen, welche die Leerstellen in der sprachlichen Darstellung auffüllen |
| **Anwendungssituationen und Grenzen** | • *Anwendung:* Inhalte der Texte müssen imaginabel und konkret sein, damit Leserinnen und Leser sie in visuelle bzw. multisensorische Imaginationen überführen können<br>• *Grenzen:* Ausreichend elaboriertes Vorwissen für Vorstellungsbildung nötig |
| **Didaktische Design-Prinzipien** | • Wenn Lernerinnen und Lerner sich textuell beschriebene Sachverhalte mittels gezielt genutzter generativer Lernprozesse vorstellen sollen, kann dies über direkte, kleinschrittige Maßnahmen der Vermittlung von Imagery-Strategien erzielt werden. (Didaktisches Design-Prinzip 10, S. 214)<br>• Wenn Lernerinnen und Lerner sich textuell beschriebene Sachverhalte vorstellen und dabei insbesondere Verknüpfungsprozesse nutzen sollen, dann lässt sich dies über indirekte Maßnahmen wie allgemeine Hinweise erzielen. (Didaktisches Design-Prinzip 11, S. 215) |
| **Wirksamkeit** | *ES* = 0,45–0,65 |

*Starter-Box 5: Strategie, sich Sachverhalte vorzustellen*

## 8.2 Charakterisierung der Strategie

Wenn wir Texte lesen, gilt das mentale Modell als höchste Repräsentationsform des Leseverstehens, in der die sprachlichen Inhalte so transformiert und mit eigenen Wissensbeständen angereichert sind, dass eine individuelle, nicht-sprachliche Vorstellung des beschriebenen Sachverhaltes zustande kommt (s. Teilkap. 2.1.3.2). Ein Beispiel hierfür ist der vier Absätze umfassende Beispieltext 15 zum Blutkreislauf, verbunden mit den folgenden vier Hinweisen:

- »Bitte lesen Sie die folgenden vier Absätze.
- Erstellen Sie Bilder von jedem Absatz in Ihrem Kopf.
- Stellen Sie sich das Kreislaufsystem Ihres eigenen Körpers vor.
- Zeigen Sie mit Ihrem Zeigefinger auf Ihren eigenen Körper, was im Text erklärt wird.« (Quelle der Hinweise: Leopold, Mayer & Dutke, 2019, S. 795)

**Der Blutkreislauf**

Das Herz ist ein hohler Muskel von der Größe einer Faust. Es pumpt Blut durch Blutgefäße, die es in alle Körperteile transportieren und wieder zum Herzen zurückführen. Wissenschaftler unterscheiden zwischen zwei Arten von Blutgefäßen: Arterien und Venen. Arterien sind Blutgefäße, die Blut vom Herzen wegführen. Venen sind Gefäße, die das Blut wieder zum Herzen zurückführen. Die Arterien verzweigen sich im ganzen Körper in feinere Arterien und bilden schließlich ein Netzwerk von winzigen Blutgefäßen mit dünnen Wänden, die als Kapillaren bezeichnet werden. Die Kapillaren vereinigen sich dann wieder zu größeren Blutgefäßen – den Venen. In dieser Lektion werden das Herz und das Blutkreislaufsystem erklärt. Um diese Themen zu verstehen, ist es wichtig zu wissen, dass Wissenschaftler in der Biologie und Medizin zwischen der linken und rechten Seite des Körpers wie der linken und rechten Hand oder der linken und rechten Seite des Herzens unterscheiden. Sie stützen diese Unterscheidung von links nach rechts auf die Perspektive der Person, deren Hand oder Herz beschrieben wird. Das Herz eines erwachsenen Mannes wiegt durchschnittlich 320 Gramm und das einer Frau 280 Gramm.
Das Herz besteht aus einer rechten und einer linken Seite, die durch eine Trennwand, das Septum genannt, voneinander getrennt sind. Jede Herzhälfte besteht aus zwei Hohlkammern: Ein kleineres Atrium im oberen Teil und eine etwas größere Kammer, die als Ventrikel bezeichnet wird und sich unter dem Atrium befindet. Zwischen dem Vorhof und seinem entsprechenden Ventrikel befinden sich atrioventrikuläre Klappen. Ähnlich wie die Flügel einer Einweg-Schwingtür können sie nur in eine Richtung geöffnet werden – nach innen zum Ventrikel. Durch die atrioventrikulären Klappen fließt das Blut vom Vorhof in den Ventrikel. Die Ventile verhindern, dass Blut aus dem Ventrikel in den Vorhof zurückfließt. Wenn sich eine erwachsene Person in einem Ruhezustand befindet, schlägt ihr oder sein Herz normalerweise ungefähr 70 Mal pro Minute und pumpt ungefähr 6 Liter Blut.
Wie funktioniert der Blutkreislauf? Die Muskeln des linken Ventrikels ziehen sich zusammen und pumpen dadurch sauerstoffreiches Blut (das aus der Lunge kam) aus dem Ventrikel in eine große Arterie, die Aorta. Die Aorta transportiert das Blut zu den Organen des Körpers wie z. B. den Verdauungsorganen. Innerhalb des Kapillarnetzes der Organe findet ein Gasaustausch statt. Das Blut liefert Sauerstoff an die Zellen der Körperorgane und nimmt Kohlendioxid aus den Körperorganen auf. Das sauerstoffarme Blut fließt dann aus den Kapillaren in die Venolen. Dies sind kleinere Venen, die in größere Venen übergehen. Venen haben dünnere Wände und einen größeren Durchmesser als Arterien. Wissenschaftler unterscheiden oberflächliche Venen, die nahe an der Haut liegen, von tieferen Venen der Muskulatur. Die Venen transportieren das Blut von den Körperorganen zurück zum rechten Vorhof. Dieser Teil des Kreislaufsystems wird als systemisches Kreislaufsystem bezeichnet. Schematisch wird oft gezeigt, dass es sich unter dem Herzen befindet, obwohl in Wirklichkeit das Blut zu allen Organen des Körpers transportiert wird.

> Der zweite Teil des Kreislaufsystems wird als Lungenkreislauf bezeichnet. Schematisch wird es oft als oberhalb des Herzens liegend dargestellt, da die oberen Teile der Lunge etwas oberhalb des Herzens liegen. Das sauerstoffarme Blut im rechten Vorhof fließt durch die atrioventrikulären Klappen in den rechten Ventrikel, von wo es in die Lungenarterie gepumpt wird, die das Blut zur Lunge transportiert. In den Kapillarnetzen der Lunge findet ein Gasaustausch statt. Das Blut setzt sein Kohlendioxid frei und wird mit Sauerstoff aufgeladen, den es aufnimmt. Aus der Lunge fließt das sauerstoffreiche Blut durch die Lungenvene zurück zum linken Vorhof. Es fließt dann durch die atrioventrikulären Klappen in den linken Ventrikel und kann sich wieder dem systemischen Kreislauf anschließen.

*Beispieltext 15: Text über den Blutkreislauf (Übersetzung von Leopold, Mayer & Dutke, 2019, S. 794, leicht adaptiert)*

Die Studienteilnehmerinnen und -teilnehmer (Studierende) aus den Experimenten, in welchen der Beispieltext 15 mit den Hinweisen verwendet wurde, konnten sich in Tests besser an wichtige Fakten erinnern, den Blutkreislauf korrekter als Zeichnung wiedergeben und das erlernte Wissen auf neue Kontexte transferieren (Leopold, Mayer & Dutke, 2019, S. 801 und 803). Wie kommt es dazu? Dieser Frage zum Vorteil des Vorgehens, sich in Texten beschriebene Sachverhalte geistig vorzustellen, widmen sich Theorien zum Vorstellen als lernförderliche Strategie.

Das **Bilden von Vorstellungen (»Imagery«) bzw. internalen Visualisierungen** wird verstanden als **das Kreieren interner mentaler, nicht nur visueller, sondern prinzipiell multisensorischer und nicht-sprachlicher Vorstellungen** von sprachlichen Inhalten aus Texten. Es handelt sich also um einen nicht direkt beobachtbaren bzw. von außen zugänglichen Prozess, bei dem es darum geht, eigenes Weltwissen mit Textinhalten in Bezug zu setzen, und bei der die jeweilige Vorstellung mehr oder minder dicht an den textuell dargebotenen Inhalten erfolgen kann (Bannert & Schnotz, 2006, S. 74f.; Koning & van der Schoot, 2013, S. 267f.).

Aus theoretischer Sicht lassen sich interne Vorstellungen auf verschiedene Weise erklären. Zwei dieser Erklärungen, die aufeinander aufbauen, seien an dieser Stelle angeführt, nämlich zum einen die im Teilkapitel 6.2 angerissene *Dual-Coding-Theorie* (Paivio, 1991) und zum anderen *das Rahmenmodell des Bild- und Textverstehens* von Schnotz und Bannert (2018), die ebenfalls schon an anderem Ort, dort allerdings implizit Gegenstand war (s. Teilkap. 7.2). Diese Theorien eint, dass sie beide davon ausgehen, dass Personen beim Lernen zwei Arten von Repräsentationen bzw. Kodierungen nutzen (sprachliche und nichtsprachliche). Was sie allerdings deutlich unterscheidet, ist eine Form der kognitiven Repräsentation in Propositionen. Die Dual-Coding-Theorie sieht diese dezidiert nicht vor, da sie sich in ihren Prämissen auf modalitätsspezifische Repräsentationen bzw. zwei Gruppen von entweder sprachlichen oder nicht-sprachlichen Repräsentationen konzentriert und amodale Repräsentationen wie Propositionen explizit ausklammert (Sadoski & Paivio, 2007, S. 349), was ihre Anbindung an andere Theorien des Leseverstehens erschwert.

Zunächst zur **Dual-Coding-Theorie** (DCT). Diese Theorie geht davon aus, dass Personen auf zweierlei separate Arten Stimuli aus der Umwelt aufnehmen, verarbeiten und sie in eigenen kognitiven Systemen als Einheiten repräsentieren – nämlich als sprachliche *»Logogene«* und als nicht-sprachliche *»Imagene«* – und diese separaten Verarbeitungen auch auf spezifische Weise wieder ausdrücken (die nachstehende Paraphrase folgt Sadoski & Paivio, 2013, S. 28–66). Die Stimuli werden im Falle von sprachlichem Input visuell (Schrift), auditiv (gesprochene Sprache) oder haptisch (Brailleschrift) aufgenommen, im Falle der non-verbalen Stimuli sind die multisensorischen Wahrnehmungen der Umwelt anzuführen, wobei die DCT sich vor allem auf die visuellen Stimuli konzentriert. Entscheidend für die Verarbeitung von verbalen und non-verbalen Stimuli und die Repräsentation von Logo- und Imagenen sind die strukturellen Differenzen, die für die Art der kognitiven Verarbeitung von Belang sind: *Sprache* ist als kontinuierliches System einer *Sequenzialität* unterworfen: Buchstaben und Laute bilden eine Abfolge, Buchstaben bilden Wörter, Wörter Sätze etc. Nonverbale, vor allem *visuelle Stimuli* sind hingegen *synchron* organisiert, was meint, dass die Bestandteile von Bildern prinzipiell gleichzeitig der Wahrnehmung und Verarbeitung verfügbar sind. Mit dieser grundsätzlichen Unterscheidung von verbalen und nonverbalen Stimuli sind wichtige Weichenstellungen für den Aufbau und die Funktionsweise der DCT vorgenommen.

Das **allgemeine Modell der DCT** ist in Abbildung 27 dargestellt. Es enthält drei Arten von Verarbeitungen bzw. Repräsentationen/Strukturen: repräsentationale, assoziative und referenzielle. Die *repräsentationale Verarbeitung* entspricht einer Aktivierung von im Langzeitgedächtnis gespeicherten Logo- und Imagenen durch die per sensorischen Wahrnehmungssystemen aufgenommenen Reize. Diese werden dann je nach sprachlicher bzw. nicht-sprachlicher Kodierung in einem verbalen bzw. nonverbalen System *assoziativ weiterverarbeitet*. Das meint hier, dass sie entweder hierarchisch-sequenziell im Falle der Logogene im sprachlichen System (dargestellt über die mit Doppelpfeilen verbundenen Rechtecke) oder als überlappend und teils verschachtelt im Falle der Imagene innerhalb des nonverbalen Systems (dargestellt als Kreise) im Arbeitsgedächtnis präsent gehalten werden. Entscheidend ist nun, welche *referenziellen Verarbeitungen* stattfinden, dargestellt im Modell als referenzielle Verbindungen zwischen den beiden Systemen bzw. genauer zwischen den Logo- und Imagenen. Hier kann es – bei Konkreta wie Haus, Apfel etc. – zu wechselseitigen Aktivierungen kommen, sodass der Ausdruck »Apfel« eine bildliche Vorstellung eines Apfels hervorruft. Solche Aktivierungen, Verstärkungen und Querverbindungen zwischen beiden Systemen funktionieren vor allem bei konkreten, nicht-abstrakten, »bildlichen« Logogenen (wie »Einweg-Schwingtür« aus dem Beispieltext 15), während bei abstrakten Logogenen (wie »systemisch«) eine Aktivierung korrespondierender Imagene unwahrscheinlicher ist. Je nachdem, wie gut die Logo- und Imagene durch kognitive Verarbeitungsprozesse vernetzt und (innerhalb und zwischen den beiden Systemen) aktiviert sind, entsteht ein mehr oder minder vollständiges mentales Modell. Es sind also die Querverbindungen zwischen den beiden Systemen – den Dual Codes im Namen der Theorie –, welche gemäß DCT ein tieferes Verstehen ermöglichen, wenn ein Text viele konkrete, die Wahrscheinlichkeit von Imagen-Aktivierung erhöhende Inhalte enthält. In diesem Falle finden vor allem Verknüpfungsprozesse gemäß der Theorie des generativen Lernens statt, nämlich zwischen den Logo- bzw. Imagen genannten Inhalten, einerseits innerhalb der beiden Systeme, andererseits – und entscheidender – zwischen den beiden Systemen. Diese referenziellen Verbindungen erklären nach der DCT die Lernförderlichkeit möglichst konkreter und anschaulicher Darstellungen von Texten zum einen und der Vermittlung von Strategien des Vorstellens von Sachverhalten zum anderen.

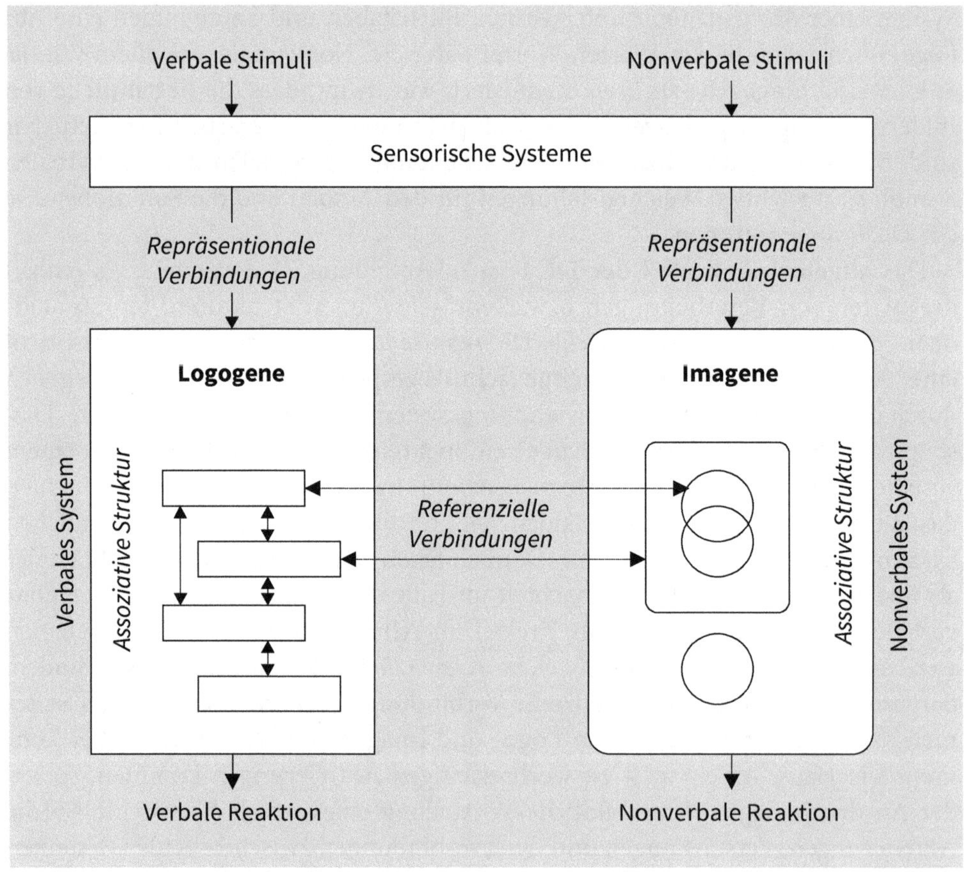


*Abbildung 27: Grundmodell der Dual-Coding-Theorie (Quelle: Sadoski & Paivio, 2013, S. 37, minimal modifiziert)*

Das **Rahmenmodell des Bild- und Textverstehens** als zweite theoretische Basis ist bereits an anderer Stelle in diesem Buch Gegenstand gewesen, nämlich im Teilkapitel 7.2 und dort im Zusammenhang mit dem kognitiven Modell der Konstruktion von Bildern (s. Abbildung 24). Dort bildete die Theorie aber gleichsam das Grundgerüst für das Zeichnen-Modell in gleich doppelter Hinsicht. Zum einen diente das Modell dazu, externale Bilder auf der Basis internaler visueller Vorstellungen zu erklären. Zum anderen handelte es sich um eine Theorie, die ursprünglich davon ausging, die Integration von Bild- und Text-Informationen zu beschreiben und dabei die DCT auszuweiten (Mayer, 1997; Schnotz & Bannert, 1999), also die kognitive Integration von Stimuli aus zwei Zeichensystemen zu erklären. Es handelt sich damit also bei der Anwendung dieser Theorie bereits um eine Ausweitung ihres ursprünglichen Geltungsbereiches, denn im Vergleich zu den ursprünglichen Modellierungen fehlt hier entweder das Zeichnen eines eigenen Bildes als Output oder das Verarbeiten eines externalen Bildes.

Was das Rahmenmodell des Bild- und Textverstehens für die Zwecke des Bildens von eigenen Vorstellungsbildern anschlussfähig macht, ist der Umstand, dass es davon ausgeht, dass die lesende Person aufgrund symbolischer, amodaler Repräsentationen, die sich deutlich von jenen der Logogene aus der DCT unterscheiden, eine eigene Vorstellung des beschriebenen Sachverhalts erlangt. Diese Vorstellung kann aufgrund des »Umwegs« über ein *mentales Modell* gebildet werden, was im Vergleich zur DCT eine erhebliche Ausweitung darstellt, da dieses abstrakte Logogene bzw. abstrahierte Repräsentationen nicht direkt mit Imagenen in Verbindung bringt. Damit wirkt das Rahmenmodell des Bild- und Textverstehens besser geeignet, bildliche Vorstellungen auf der Basis von textuellen Informationen zu erklären, da es nicht um assoziative Verknüpfungen allein geht, die zudem eher von Konkreta ausgelöst werden. Auf diese Weise lässt sich plausibler begründen, warum auch eine inhaltlich abstrakte, externe und sprachliche Darstellung des Blutkreislaufes wie jene aus Beispieltext 15 in eine bildliche, interne Vorstellung überführt werden kann.

## 8.3 Bezug zum Auswählen, Organisieren und Verknüpfen in der Strategie

Eine Gemeinsamkeit mit der Lernstrategie des Zeichnens besteht darin, dass die Lernerinnen und Lerner ein internales nicht-sprachliches Modell entwickeln. Anders als das Zeichnen geht es beim reinen Vorstellen/Imaginieren aber nicht darum, dieses internale Modell in der Lernumgebung zu externalisieren und dabei auf zeichnerische Fähigkeiten angewiesen zu sein (Fiorella & Mayer, 2015, S. 84). Das Produkt ist also ein jeweils anderes, nämlich die vorhandene Zeichnung (nebst mentalem Modell als Basis) bzw. allein das mentale Modell (s. Tabelle 42).

Die entscheidende Gemeinsamkeit liegt allerdings in den kognitiven Prozessen, welche tatsächlich große Parallelen zum Zeichnen aufweisen, weshalb hier eine gewisse Redundanz in der Darstellung zum Teilkapitel 7.3 besteht.

| Externale Visualisierung | Internale Repräsentation |
|---|---|
| (Physisch) in der Umwelt vorhanden und damit für Dritte direkt zugänglich | Nur in der lernenden Person vorhanden und damit für Dritte nur indirekt zugänglich |
| Steht ihrerseits für die Repräsentation eines Referenz-Sachverhalts | Ist die individuelle gedächtnisbasierte Repräsentation von Wissen und Vorstellungen |

*Tabelle 42: Gegenüberstellung von externalen und internalen Repräsentationsformen (Quelle: Darstellung basierend auf Rapp & Kurby, 2008, S. 32)*

Wie ist nun knapp gefasst der Bezug zu den generativen Lernprozessen (s. Tabelle 43)? Beim **Auswählen** besteht die Aufgabe darin, dass die Lernerinnen und Lerner aus den gegebenen textuellen Informationen jene selegieren, die sie in ihre Vorstellung, in ihr mentales Modell aufnehmen. Sie müssen sich also entscheiden, welche Bestandteile das zu bildende mentale Bild beinhalten soll. Diese Elemente müssen die Personen sodann in ihrer Vorstellung zwei- oder dreidimensional anordnen, also strukturierend **organisieren.** Dabei haben sie Freiheitsgrade, von dem Sachverhalt, wie er im Text selbst beschrieben wurde, durchaus abzuweichen. Zusätzlich bedürfen die textuellen Informationen einer Elaboration, mithin einer Anreicherung durch die im Vorwissen der Person vorhandenen Wissensbestände, um komplettiert und kohärent integriert werden zu können. Auch die Übersetzung externaler sprachlicher Propositionen in internale visuelle Repräsentationen ist ohne die transformierenden **Verknüpfung**sprozesse nicht denkbar (Fiorella & Mayer, 2015, S. 84).

| Prozess des generativen Lernens | Charakterisierung |
|---|---|
| Auswählen | Auswahl jener Inhalte, die zum Gegenstand der visuellen Vorstellung werden sollen |
| Organisieren | Arrangieren der imaginierten Inhalte in einer räumlichen Anordnung |
| Verknüpfen | Übersetzung von sprachlich repräsentierten Inhalten in eine interne visuelle Repräsentation unter Rückgriff auf Vorwissen |

*Tabelle 43: Auswählen, Organisieren und Verknüpfen als generative Prozesse des Lernens bei der Strategie, sich Sachverhalte (bildlich) vorzustellen (Darstellung nach Fiorella & Mayer, 2015, S. 84)*

## 8.4 Didaktische Design-Prinzipien

Allgemein lässt sich die Förderung des Imaginierens wie bei anderen Strategien auch dadurch legitimieren, dass es positive Zusammenhänge mit Leistungsmaßen gibt, die sich im Falle des Imaginierens wie folgt bündeln lassen:

- Wenn Schülerinnen und Schüler bei der Bearbeitung von naturwissenschaftlichen *faktualen Sachtexten* mit zugehörigen Leistungstests angeben, bei der Bearbeitung mentale Vorstellungen zum Inhalt des Textes gebildet zu haben, hing dies in höheren Klassenstufen der Sekundarstufe sowie bei Studierenden stark positiv mit dem Leseverstehen der Texte zusammen (Anderson & Kulhavy, 1972, S. 443; Leopold & Leutner, 2002, S. 250 f.). Solche positiven Zusammenhänge zwischen selbstberichteter Vorstellungsbildung ergaben sich auch bei Tests mit Anwendung des Gelesenen und Tests mit der externalen Visualisierung der Textinhalte (Leopold et al., 2013, S. 46). Wer zudem textnahe bildliche Vorstellungen beim Lesen von Sachtexten entwickelte, war auch besser dazu in der Lage, den Text auf abstraktere, allgemeinere Weise (bzgl. der Hauptideen) zu verstehen. Umgekehrt erwies sich ein wenig textnahes Vorstellen als sogar tendenziell hinderlich dafür, ein abstrakteres Verständnis von Hauptinhalten aufzubauen (Mccallum & Moore, 1999, S. 32).
- Bei *literarischen, narrativen Texten* korrespondiert eine Vorstellung einzelner Szenen damit, in Tests zum Nacherzählen der gelesenen Texte korrekter das Thema des Textes zu benennen (Sadoski, 1983, S. 115; Sadoski, 1985, S. 661). Teils sind auch andere wichtige Elemente der Geschichte besser erinnert worden, etwa die Entwicklung der Figur oder die Ereignisse der Geschichte (Sadoski, 1985, S. 661). Dieses Muster betraf ebenfalls gebündelte Werte von diversen Imaginations- und Erinnerungsleistungen (Sadoski, Goetz, Olivarez, Lee & Roberts, 1990, S. 64).
- Studien, in denen Personen einschätzen sollten, wie stark *einzelne Textteile dazu geeignet sind, sich deren Inhalte bildlich vorzustellen,* und die Erinnerungsleistung maßen, kommen ebenfalls zu eindeutigen Befunden. Je mehr die Passagen die Vorstellungsbildung subjektiv ermöglichen, desto mehr erinnern sich Versuchspersonen an die Textinhalte (Sadoski & Quast, 1990, S. 268; Sadoski, Goetz & Fritz, 1993, S. 12; Sadoski, Goetz & Rodriguez, 2000, S. 92).

Zusammengenommen sprechen diese korrelativen Befunde dafür, die Fähigkeiten im Vorstellen von Textinhalten zu schulen, um dadurch Prozesse des generativen Lernens zu initiieren und insbesondere das Leseverstehen zu verbessern. Allerdings gibt es hierbei (mindestens) zwei Arten von Förderung, die in der Forschungsliteratur dokumentiert sind (Bannert & Schnotz, 2006, S. 81 f.; Koning & van der Schoot, 2013, S. 267–275). Die beiden Arten von Förderansätzen und damit didaktischen Design-Prinzipien lassen zwei Gruppen zuordnen: zum einen der expliziten, direkten Vermittlung von Imagery-Strategien (didaktisches Design-Prinzip 10) und zum anderen dem indirekten Induzieren von Vorstellungen (didaktisches Design-Prinzip 11). Diese Formen unterscheiden sich primär dadurch, dass die erstgenannte Gruppe angeleitete Instruktionen beinhaltet, während die zweite Gruppe gezielt darauf verzichtet. Dies ähnelt dem, was bereits analog zum Concept-Mapping in Teilkapitel 6.4.1 berichtet wurde.

### 8.4.1 Didaktisches Design-Prinzip 10: Direktes Vermitteln von Imagery-Strategien

**Didaktisches Design-Prinzip 10:**

Wenn Lernerinnen und Lerner sich textuell beschriebene Sachverhalte mittels gezielt genutzter generativer Lernprozesse vorstellen sollen, kann dies über direkte, kleinschrittige Maßnahmen der Vermittlung von Imagery-Strategien erzielt werden.

Kennzeichnend für das didaktische Design-Prinzip 10 ist, dass es hierbei darum geht, dass den Lernerinnen und Lernen explizit vermittelt wird, wie sie auf der Basis von Texten zu eigenen Vorstellungsbildern gelangen. Dazu setzen solche Förderansätze auf instruktionale Maßnahmen wie das **kognitive Modellieren** (Bannert & Schnotz, 2006, S. 83) beim Erzeugen innerer Vorstellungen mit einem deutlichen Fokus auf bildliche Vorstellungen bei kurzen narrativen Texten mit hohem Potenzial für bildliche Vorstellungen (Koning & van der Schoot, 2013, S. 279). Das bedeutet, dass eine Lehrperson didaktisiert ihr Vorgehen demonstriert, um bei den Lernerinnen und Lernern eine kognitive Vorstellung zu den strategischen Schritten bei der Vorstellungsbildung zu entwickeln, damit diese im Folgenden selbstständig das Verhalten nachahmen.

Eine spezifische und besondere Herausforderung – im Gegensatz zu anderen Strategien des generativen Lernens – besteht hierbei darin, dass die Produkte der Strategieanwendung – und das liegt in der Logik der Sache – rein internale Repräsentationen bilden. Diese Repräsentationen sind für die Lernerinnen und Lerner nicht direkt von außen zugänglich und über sprachliche Wiedergaben auch nur bedingt vollständig kommunikabel (s. dazu das kognitive Modell der Konstruktion von Bildern in Abbildung 24 in Teilkap. 7.2). Deshalb sind sowohl die modellierten Prozesse als auch die dabei entstehenden Vorstellungsbilder notgedrungen sprachbasiert.

Man bedient sich in den Förderansätzen durchaus häufig eines Umwegs bzw. eines Zusatzes, indem man **musterhafte Darstellungen,** also bildliche Darstellungen der vorzustellenden Inhalte, für die Lernenden zur Verfügung stellt, sei es nach dem Lesen, sei es davor (Koning & van der Schoot, 2013, S. 271 f.). Diese bilden dann mögliche Endpunkte bzw. das Produkt fremder Vorstellungs- und zeichnerischer Prozesse. Sie geben damit als indirektes Feedback eine Möglichkeit, die eigenen individuellen Vorstellungen mit der musterhaften Lösung abzugleichen und über die Adäquanz zu urteilen.

Ein weiteres Element der Förderung besteht darin, die **Textmenge sukzessive auszuweiten.** Das bedeutet, dass anfänglich überschaubare Textmengen präsentiert werden, die zwar die Imagination anregen können, aber eine limitierte Anzahl von Vorstellungen hervorrufen, was dann peu à peu ausgeweitet wird, also von der Wort-, auf die Satz- und danach auf die Textebene (Joffe, Cain & Marić, 2007, S. 662). Diese anfängliche Komplexitätsreduktion portioniert das Vorgehen und erlaubt auch mehr Steuerung seitens der Lehrperson. Zudem ist damit ebenfalls besser steuerbar, dass sich die Vorstellungsbilder mit zunehmender Informationsmenge durchaus verändern.

Die hier zusammengetragenen Elemente, die sich unter dem didaktischen Design-Prinzip 10 versammeln, eint eine Kleinschrittigkeit und eine auf Verhaltensnachahmung und durch ein allmähliches Üben stattfindende Aneignung des Imaginierens. Dies sind klassische Bestandteile einer Strategievermittlung mithilfe der direkten oder expliziten Vermittlung, die insbesondere bei Personen mit Lernschwierigkeiten erfolgreich zum Einsatz gelangt sind (Stockard, Wood, Coughlin & Khoury, 2018, S. 492).

### 8.4.2 Didaktisches Design-Prinzip 11: Indirektes Fördern durch Aufforderungen und Hinweise bzw. Gestaltung der Lernumgebung

**Didaktisches Design-Prinzip 11:**

Wenn Lernerinnen und Lerner sich textuell beschriebene Sachverhalte vorstellen und dabei insbesondere Verknüpfungsprozesse nutzen sollen, dann lässt sich dies über indirekte Maßnahmen wie allgemeine Hinweise erzielen.

Das didaktische Design-Prinzip 11 folgt dem, was in der Forschung gemeinhin als »induzierte Vorstellungsbildung« bezeichnet wird (Bannert & Schnotz, 2006, S. 81 f.). Bei diesem Förderansatz ist es typisch, dass anders als in den Maßnahmen, die dem didaktischen Förderprinzip 10 aus Teilkapitel 8.4.1 folgen und eine Sequenz von instruktionalen Maßnahmen beinhalten, sich hier die Vermittlung darin erschöpft, Aufforderungen oder Hinweise zu geben. Die Leserinnen und Leser werden demgemäß **allgemein gebeten, beim Lesen visuelle oder andere Vorstellungsbilder zu generieren,** allerdings ohne weitere Hilfestellungen oder sonstige didaktische Maßnahmen. Deshalb sind diese Maßnahmen zwar arbeitsökonomisch unaufwändiger, allerdings überantworten sie den Lernenden, wie sie vorgehen, ohne weitere Scaffoldings zu offerieren. Sie induzieren damit nur das Imaginieren, lassen aber offen, was genau zu tun ist.

## 8.5 Effektivität der Strategie

Bei der Strategie, sich Sachverhalte vorzustellen, ist die Datenbasis im Vergleich zu anderen Strategien in diesem Band nicht so groß. Deshalb enthält Tabelle 44 lediglich Befunde aus zwei Metaanalysen, darunter einer unveröffentlichten, auf die sich Hattie und Donoghue (2016, Appendix 1, S. 7) stützen. Wegen der geringen Anzahl an Primärstudien waren vertiefende Moderatoranalysen nicht sinnvoll durchführbar, sodass an dieser Stelle die allgemeinen Befunde genügen müssen.

| Kurzbeleg | Art der Forschungssynthese: MA, MS | Anzahl Studien (Metaanalysen bei Metasynthesen) | Effektstärken |
|---|---|---|---|
| Fiorella & Mayer (2015) | MA | 22 | 0,65 |
| Hattie & Donoghue (2016) | MS | 12 (1) | 0,45 |

*Tabelle 44: Studienübergreifende Effektivität der Strategie, sich Sachverhalte vorzustellen (MA = Metaanalyse, MS = Metasynthese)*

## 8.6 Beispiele für die Strategie

Die nachstehende Sammlung von Beispielen geht von den beiden didaktischen Design-Prinzipien aus, die im Teilkapitel 8.4 entfaltet wurden. Zunächst werden Förderansätze mit direkter Förderung der Vorstellungsbildung fokussiert (8.6.1), es folgen Fördermaßnahmen, die sich als indirekte Ansätze klassifizieren lassen, weil sie sich darauf beschränken, Hinweise zu geben (8.6.2).

### 8.6.1 Direkte Förderung durch Imagery-Strategien (didaktisches Design-Prinzip 10)

Auch wenn die Klassifizierung von Fördermaßnahmen unter den Begriff »direkte Förderung« eine gewisse Homogenität suggeriert, gestaltet sich die Förderung von Strategien des Imaginierens höchst unterschiedlich. Die Fördermaßnahmen divergieren teils sehr stark, weshalb sie sich auch nicht sinnvoll unter einen Hut bringen lassen. Die in diesem Teilkapitel vorgestellten fünf Förderansätze eint daher nur, dass sie mithilfe sequenzieller und teils kleinteiliger Maßnahmen das Ziel verfolgten, die Vorstellungsbildung zu instruieren. Grob allerdings lassen sie sich danach unterscheiden, ob die Vorstellungen entweder ausschließlich visueller Natur sind (8.6.1.1) oder sich auf mehrsensorisches Imaginieren erstrecken (8.6.1.2).

#### *8.6.1.1 Bildliches Vorstellen*

##### Beispiel 1: Schrittweises Konstruieren, Überprüfen und Vervollständigen von mentalen bildlichen Vorstellungen

Jugendliche mit Lernschwierigkeiten wurden in einem Förderansatz mit einer mehrschrittigen Strategie vertraut gemacht, welche in Tabelle 45 dargestellt ist und sich auf das sukzessive stattfindende Verändern von bildlichen Vorstellungen erstreckt (Clark, Deshler, Schumaker, Alley & Warner, 1984, S. 146). Die Nutzung dieser Strategien wurde im Sinne der direkten Instruktion anhand ausgesuchter Texte mit hohem Potenzial zur bildlichen Imagination vermittelt. Zunächst wurde den Lernenden von der Lehrperson die Strategie mitsamt ihren Einzelschritten und deren Grund erläutert. Sodann modellierte die Lehrperson das Vorgehen, ehe die Jugendlichen die Schritte memorierten und sie dann – als sie die Schritte zu 100 Prozent fehlerfrei benennen konnten – mithilfe spezifischer Trainingstexte das Vorgehen selbst übten und dazu Feedback erhielten. Auf derlei Art geförderte Jugendliche konnten nach und während der Förderung mehr Verstehensfragen zu kurzen Texten korrekt beantworten als vor der Förderung (Clark et al., 1984, S. 147 f.).

| | |
|---|---|
| 1. Lesen | Lies den ersten Satz. |
| 2. Bild | Versuch, ein Bild zu erstellen – ein Bild in deinem Kopf. |
| 3. Beschreiben | Beschreib dein Bild.<br>a) Wenn du kein Bild erstellen konntest, erklär, warum dies nicht möglich ist, und fahr mit dem nächsten Satz fort.<br>b) Wenn du ein Bild erstellen kannst, entscheide dich, ob es mit einem alten Bild identisch ist (eines, das vom letzten Bild vorhanden ist), sich das alte Bild etwas geändert hat oder es ein völlig neues Bild ist (das mit letzten Bild überhaupt nicht ähnlich ist). Erstell ein geändertes Bild, indem du Dinge zu deinem vorgestellten Bild hinzufügst oder daraus entfernst.<br>c) Wenn du ein Bild hast, beschreib es. |
| 4. Bewerten | Bewerte dein Bild auf Vollständigkeit.<br>a) Stell sicher, dass dein Bild so viel Satzinhalt wie möglich enthält. Wenn ein Inhalt fehlt, pass dein Bild an und fahr fort.<br>b) Wenn dein Bild vollständig ist, mach weiter. |
| 5. Wiederholen | Lies den nächsten Satz und wiederhol die Schritte 1 bis 4. |

*Tabelle 45: Fünf-Schritte-Strategie zum Bilden von satzweise produzierten und modifizierten Vorstellungsbildern (Quelle der Darstellung: Clark et al., 1984, S. 146)*

#### Beispiel 2: Mit Bildern als indirektem Feedback das Imaginieren trainieren.

In einer klassisch zu nennenden Fördermaßnahme wurden Drittklässlern beigebracht, sich Inhalte von Texten variierender Länge vorzustellen (Pressley, 1976, S. 357). Hierbei wurde den Kindern vermittelt, dass das Imaginieren eine gute Möglichkeit sei, sich später an Textinhalte zu erinnern. Im Anschluss daran wurden in einzelnen mehrminütigen Trainingslektionen die Textmengen erweitert (z. B. vom Satz »Die Kinder ritten auf dem Wal« zu komplexeren Sätzen über Absätze bis hin zu einem 200 Wörter langen Teil einer Geschichte). Die Kinder wurden gebeten, sich die Inhalte des jeweiligen Texts vorzustellen. Nach dieser Imagination erhielten die Kinder eine Projektion eines Bildes als mögliche Musterlösung, das sie vergleichen konnten. Dieses Vorgehen führte zu besseren Erinnerungsleistungen an die konkreten Inhalte einer Narration (Pressley, 1976, S. 357; s. a. Center, Freeman, Robertson & Outhred, 1999, S. 248, Peters & Levin, 1986, S. 184 und 189).

#### Beispiel 3: Ein angereichertes Training mit Bildern und Fragen

Einer anderen Variante mit vorhandenen Bildern bediente sich ein weiterer Förderansatz, in dem in drei 20- bzw. 30-minütigen Lektionen 10-Jährigen das Vorstellen von Geschichteninhalten vermittelt worden ist (Oakhill & Patel, 1991, S. 112). Hierbei wurden zunächst zwei Arten von Bildern nach dem Lesen von Geschichten präsentiert: zum einen eine Sequenz von vier Bildern, welche die wichtigsten Geschehnisse in ihrer Chronologie enthielten, zum anderen ein Bild, welches das Hauptereignis der Erzählung beinhaltete. Den Kindern wurde in Kleingruppen für jedes Bild erläutert, wie es mit den Inhalten der Geschichte zusammenhängt. Nach diesem Zeigen und Erläutern der Bilder sollten die Kinder selbst Bilder für die Geschichten erstellen und erhielten Fragen zum Text, welche sie mithilfe der eigenen Imaginationen beantworten sollten (s. dazu exemplarisch Beispieltext 16). Die Kinder sollten dann anhand einer weiteren Geschichte ihre Vorstellungen möglichst genau beschreiben und erhielten dazu Rückmeldungen von der Lehrperson. Diese Rückmeldungen betrafen auch und gerade die Vollständigkeit und Adäquanz der Vorstellungen. In der zweiten Lektion wurde das Vorgehen ähnlich wiederholt, es kam noch eine dritte Art von Bild – solches mit wichtigen Details – hinzu, welches sich die Kinder vorstellen sollten. Auch hier kamen als indirektes Feedback exemplarische Bilder zum Einsatz, die den Kindern als musterhafte Lösungen präsentiert wurden. In der dritten Lektion gab es keine externalen Bilder mehr, stattdessen beantworteten die Kinder Fragen zum Text und beschrieben ihre mentalen Vorstellungen, auf die sie Feedback erhielten. Die Ergebnisse der Intervention sprechen dafür, dass die geförderten Kinder besser als jene aus der Kontrollgruppe Fragen korrekt beantworteten, wie sie im Beispieltext 16 enthalten sind (Oakhill & Patel, 1991, S. 113). Das Entscheidende an diesem Text ist, dass er sowohl Fragen nach expliziten Informationen zulässt als auch nach impliziten Zusammenhängen wie in der Frage nach dem wunden Daumen (Nr. 4) oder dem Grund für den Schrei (Nr. 7). Die vielen Details, welcher der Beispieltext enthält, dienen als Ankerpunkte für die Vorstellungen der Kinder, die sich zudem einen Handlungsbogen vorstellen, wie es zu dem Unfall kam, welcher beschrieben wird.

Die Trittleiter wurde sicher hinter der Tür rechts neben dem Herd verstaut. Die drei Regale waren endlich oben und trotz eines wunden Daumens war Terry Butcher glücklich. Der Hammer, der den Schmerz verursacht hatte, wurde mit den anderen Werkzeugen in den Werkzeugkasten gelegt.
Linda, Terrys Frau, kam mit einer Schachtel Geschirr ins Zimmer. »Die Regale sind für meine kleinen Modellflugzeuge«, sagte Terry mit strenger Stimme. »Wir werden sehen«, war die Antwort von Linda.
Wenig später, als Terry den Werkzeugkasten wegstellte, hörte er einen lauten Schrei und das Geräusch von zerbrechendem Glas und Porzellan. Terry ging zurück ins Zimmer und war wütend. »Ich habe dich vor diesen Regalen gewarnt«, sagte er zu Linda und ging traurig, um den Werkzeugkasten wieder herauszuholen.

Fragen
1. Wohin genau wurde die Trittleiter weggelegt?
2. In welchen Raum wurde die Trittleiter weggeräumt?
3. Wie viele Regale wurden aufgestellt?
4. Warum hatte Terry einen wunden Daumen?
5. Wer trug das Geschirr?
6. Warum hat Linda geschrien?
7. Beschreibe die Szene im Raum, als Linda schrie.
8. Beschreibe Terrys Gesicht, als er den Zustand des Raumes sah.
9. Wie war der vollständige Name der Person, die die Regale aufgestellt hatte?

*Beispieltext 16: Beispielgeschichte und zugehörige Fragen (Quelle: Übersetzung von Oakhill & Patel, 1991, S. 111)*

#### *8.6.1.2 Multisensorisches Imaginieren*

##### Beispiel 1: Fokussieren auf vorzustellende multisensorische Elemente mit »Strukturwörtern«

Schwach lesende Dritt- bis Fünftklässler wurden mit einer Fördermaßnahme im Imaginieren geschult, in der »Strukturwörter« genannte Kategorien besonders fokussiert wurden (Johnson-Glenberg, 2000, S. 777). Es handelte sich um folgende Kategorien mit den zugehörigen Strukturwörtern:

- *Was:* 1) Anzahl, 2) Größe, 3) Form, 4) Farbe;
- *Wo:* 5) Hintergrund, 6) Perspektive;

- *Zeit:* 7) Wann;
- *Wie:* 8) Bewegung, 9) Stimmung, 10) Geräusch, 11) Geruch, 12) Tastgefühl.

Mithilfe dieser Strukturwörter, die auf verschiedenfarbigen Papierkärtchen von den Kindern notiert und zuvor seitens der Lehrperson erläutert wurden, gingen die Kinder in Gruppen vor. Sie lasen Texte laut und wendeten die Strukturwörter an, um sich die Inhalte von Wörtern, Sätzen und später auch Absätzen vorzustellen. Dabei nahmen die Textmenge und die Komplexität zu. Auf dem Gruppentisch befindliche Zettel dienten dazu, dass sich die Kinder an die gemeinsam gebildeten Vorstellungen erinnerten, denn jeder Zettel war eine Erinnerungshilfe für einen gemeinsam gelesenen und bearbeiteten Satz. Eines der Kinder musste auf dieser gemeinsamen Basis eine möglichst detailreiche und imaginationsbasierte Zusammenfassung mündlich geben, wenn die Texte bearbeitet worden waren. Ein weiteres Kind gab sodann eine mündliche Zusammenfassung der Hauptideen und verzichtete dabei auf die Details zugunsten abstrahierter Hauptideen. Ein Beispiel für die erste Form von Zusammenfassung war der Weg eines Lachses, dessen Bewegung durch salzig schmeckendes Wasser, durch die ruckartigen Bewegungen der Fluten und durch das frische Flusswasser, den sich die Kinder multisensorisch vorstellten und beschrieben. Im Falle einer Hauptideen-Zusammenfassung, welche den Kindern schwerer fiel, wäre der Wechsel zwischen verschiedenen Wasserumgebungen als abstrahierte Beschreibung gefragt gewesen. Dieses Vorgehen wurde entsprechend mehrfach geübt, im Schnitt waren es 28 Lektionen insgesamt. Die derart geförderten Kinder waren einer Kontrollgruppe nach Ende der Förderung darin überlegen, inferenzbasierte offene Fragen zu einer Geschichte in einem nicht-standardisierten Test korrekt zu beantworten (Johnson-Glenberg, 2000, S. 779).

### Beispiel 2: Mehr als bildliches Vorstellen: ein weiteres multisensorisches Training

Ein anderes multisensorisches Training zur Vorstellungsbildung absolvierten Dritt- und Viertklässler (Koning, Bos, Wassenburg & van der Schoot, 2017, S. 875 f.). In den insgesamt acht Lektionen gab es sowohl Kleingruppenaktivitäten als auch computerbasierte Phasen des Übens im Wechsel. Die entscheidenden vier Lektionen zum Erlernen des multisensorischen Imaginierens fokussierten jeweils etwas Spezifisches, nämlich die ersten drei eine sensorische Vorstellung separat und die letzte alle drei eingeführten Varianten in der Kombination:

- *Lektion 1 – Einführung und Fokus auf multisensorische Eindrücke.* In dieser Lektion ging es darum, dass die Kinder lernten, dass ein Sich-Hineinversetzen in eine Hauptfigur innerhalb einer Erzählung verstehensförderlich ist. Dazu zählt, dass man aus der Perspektive der Figur Sinneseindrücke wie Sehen, Hören, Gerüche, Geschmäcker, Bewegungen und Emotionen möglichst real nachvollziehen soll. Dies erfolgte exemplarisch an Sätzen wie jenem, der einen schönen Tag an einem Strand beinhaltete, den die Kinder sich vorstellen sollten. Sie ‚sahen' so den blauen Himmel, ‚hörten' die anbrandenden Wellen, ‚rochen' die Luft etc.

- *Lektion 2 – Fokus auf visuelle Vorstellungen.* In der zweiten Lektion ging es vor allem um die Form von Objekten, die in Texten im- oder explizit beschrieben sind. Dafür sollten die Kinder sich auf implizite Hinweise auf Formen wie im Satz »Das Mädchen schaute auf das Papier im Mülleimer« konzentrieren, um sich vorzustellen, dass das Papier zerknüllt ist. An solchen Sätzen übten die Kinder das visuelle Vorstellen und füllten in Sätze mit Leerstellen diese Stellen auf, indem sie die Inhalte der Sätze dazu nutzten, passende Informationen einzutragen (z. B. »Sie nahm das [zerknüllte Papier] heraus und warf es zu ihrem Bruder«).
- *Lektion 3 – Fokus auf motorische Simulation.* Hier ging es um Sätze, die eine Bewegung implizieren (etwa eine Bewegung weg vom Körper im Satz »Sie übergab den Schlüssel ihrem Ehemann«). Die Kinder vollzogen solche Bewegungen zunächst physisch bei Sätzen nach und simulierten sie danach nur noch mental. Außerdem mussten sie in Satzpaaren überprüfen und korrekt benennen, welcher Satz die gleiche Bewegung wie ein Zielsatz beschrieb (z. B. beim Zielsatz »Du ziehst den Stecker aus der Steckdose« zwischen »Du läutest an der Tür« und »Du öffnest die Autotür« wählen).
- *Lektion 4 – Zusammenführung.* In dieser Lektion wurden die vorgängig separaten Vorstellungen zusammengeführt, indem die Übungspassagen visuelle, motorische oder andere mentale Vorstellungen beinhalteten, welche die Kinder nachvollzogen.

Die Ergebnisse aus der Evaluation des Förderansatzes zeigten, dass geförderte Kinder der dritten, nicht aber der vierten Klassenstufe in einem standardisierten Lesetest bessere Ergebnisse erzielten (Koning et al., 2017, S. 880).

### 8.6.2 Indirekte Förderung durch Hinweise: Vorstellungsbilder auf Satz-, Absatz- und Textebene induzieren (didaktisches Design-Prinzip 11)

Die Beispiele in diesem Teilkapitel eint, dass sie sich darauf beschränken, Leserinnen und Leser mit allgemeinen Hinweisen zur Vorstellungsbildung aufzufordern. Trotz dieser Gemeinsamkeit gibt es dennoch Unterschiede, nämlich dergestalt, auf welche Textmenge sich die Hinweise beziehen. Die folgende, auf experimentellen Studien basierende Darstellung beginnt mit der Satzebene und weitet die Textmenge auf Absätze und noch größere Textteile aus. Aus Gründen der darstellerischen Sparsamkeit werden die abhängigen Variablen im Gros nicht berichtet.

1. **Satzebene:** »*Wenn der Satz endet, mach dir ein Bild von den Dingen im Satz. Tu dies für jeden Satz.*« Einen solchen Hinweis erhielten Kinder vierter und sechster Klassenstufen in zwei Experimenten. Wenn die Geschichten vorgelesen wurden, profitierten insbesondere schwach lesende Kinder von der Vorstellungsbildung (Maher & Sullivan, 1982, S. 178 und 184). Auch andere Studien, deren Textmenge sich alleinig auf Sätze als Lesematerial bezog, kamen zu positiven Resultaten, wenn sich die Studienteilnehmerinnen und -teilnehmer Inhalte von Sätzen wie »Die Königin grüßte den Professor« vorstellten (Anderson & Hidde, 1971, S. 527; Denis, 1982, S. 522; Pressley, Symons, McDaniel, Snyder & Turnure, 1988, S. 270, 272 und 274; Purkel & Bornstein, 1980, S. 154; Wood, Pressley & Winne, 1990, S. 743).
2. **Absatzebene:** »*Mach Bilder in deinem Kopf über das, was du liest, um dir zu helfen, dich später an das Gelesene zu erinnern*«. Einen solchen Hinweis erhielten die teilnehmenden Kinder erster und dritter Klassen an insgesamt fünf Stellen in einer kurzen Geschichte von rund 200 bzw. 235 Wörtern Länge. Die Ergebnisse sprechen dafür, dass Kinder (allerdings nur aus dritten Klassen) von diesen Aufforderungen profitierten, wenn als Erfolgskriterium die Anzahl von faktenbasierten Vorhersagen zum weiteren Geschehen in der Narration zugrundegelegt wurde (Gambrell, 1982, S. 133). Andere Studien bestätigen ebenfalls den Nutzen von allgemeinen Hinweisen in Bezug auf mehrere Sätze umfassende Texte (Levin, 1973, S. 22; Shriberg, Levin, McCormick & Pressley, 1982, S. 243 und 245), insbesondere bei mündlich und langsamer präsentierten Texten (Levin & Divine-Hawkins, 1974, S. 25f. und 28). Hinzu kommen solche Studien wie jene im Eingangsteilkapitel 8.2 vorgestellte, in denen Personen aufgefordert werden, sich Textinhalte (naturwissenschaftlicher) Sachtexte Absatz für Absatz vorzustellen (Beni & Moè, 2003, S. 315; Cheng & Beal, 2020, S. 239; Gambrell & Bales, 1986, S. 359; Kulhavy & Swenson, 1975, S. 50; Leopold, Brückner & Dutke, 2019, S. 735–840; Leopold & Mayer, 2015, S. 54f. und 57; Leopold, Mayer & Dutke, 2019, S. 801–804; Leutner et al., 2009, S. 287; Steingart & Glock, 1979, S. 77f.).
3. **Ebene längerer Textteile (Seiten oder ganze Texte):** »*Versuch so viel wie möglich, beim Lesen mentale Bilder davon zu erstellen, was du liest.*« Auch vereinzelte Studien, in denen sich solche allgemeinen Hinweise auf längere Textteile bezogen, konnten Erfolge nachweisen. Beispielsweise wurde in einer Studie eine achtseitige Kurzgeschichte von Studierenden gelesen, die jeweils oben auf jeder Seite den zu Beginn dieses Spiegelstrichs positionierten Hinweis erhielten, und diese Personen konnten insbesondere besser Fragen beantworten, die sich auf konkrete oder räumliche Inhalte bezogen und die Widersprüche betrafen (Giesen & Peeck, 1984, S. 84; s. a. Gagné & Memory, 1978, S. 331, Gambrell & Jawitz, 1993, S. 269, Gyselinck, Beni, Pazzaglia, Meneghetti & Mondoloni, 2007, S. 377, Gyselinck, Meneghetti, Beni & Pazzaglia, 2009, S. 16; Rasco, Tennyson & Boutwell, 1975, S. 189).

Die Forschungsliteratur ist insgesamt inkonsistent, was den Ertrag des hinweisbasierten Induzierens von Vorstellungsbildern auf verschiedenen Textebenen betrifft, worüber auch die Positivauswahl an den oben in der Aufzählung versammelten Untersuchungen nicht hinwegtäuschen kann. So berichten Koning und van der Schoot (2013, S. 269) in ihrem Forschungsüberblick nicht nur von vielen ergebnislosen Studien, sondern auch davon, dass die wenigen positiven Befunde sich vorrangig in Studien mit Primarschulkindern einstellten, welche ausschließlich narrative Texte lasen. Dies illustriert, dass eine ökonomisch leicht durchführbare Variante der Förderung anscheinend nicht dazu geeignet ist, tatsächlich durchgehend Wirkung zu entfalten.

## 8.7 Bedingungen und Grenzen der Strategie

Wie eingangs im Kapitel erwähnt wurde, ähnelt die Strategie, sich von in Texten beschriebenen Sachverhalten Vorstellungen zu machen, deutlich der Strategie, Zeichnungen anzufertigen. Der Grund dafür ist, dass in beiden Fällen von der lesenden Person über sogenannte Elaborationsprozesse die Inhalte aus den Texten vorwissensbasiert angereichert werden müssen. Im Falle des Zeichnens ist das Zwischenprodukt eine visuelle Vorstellung, welche sich ihrerseits wiederum aus einem mentalen Modell speist (s. Teilkap. 7.2). Insofern gilt auch bei den (bildlichen) Vorstellungen – hier aber nicht als Zwischen-, sondern als Zielprodukt der generativen Lernprozesse – etwas Ähnliches, wie das was in Teilkapitel 7.7 Beschriebene: **Die Texte müssen ausreichend konkret sein** (auch im Sinne der Dual-Coding-Theorie, s. Teilkap. 8.2). Der Aspekt der kognitiven Belastung durch das Zeichnen selbst entfällt im Vergleich beider Strategien entsprechend.

Mit den Anforderungen an die lernende Person in Bezug auf das generative Lernen ist implizit bereits angesprochen, dass der **Effekt des Vorwissens** hoch ist, da ohne dessen ausreichende Breite und Tiefe eine Transformation von einer schriftlichen in eine interne, nicht-sprachliche Vorstellung wenig wahrscheinlich wirkt. Dafür gibt es empirische Hinweise: Das Vorwissen, auf dessen Basis Informationen aus Lernmaterialien verarbeitet werden müssen, scheint eine wesentliche Bedingung für Interventionen zu sein, da nachweislich negative Lerneffekte bestehen, wenn das Vorwissen zu gering ist (Fiorella & Mayer, 2015, S. 93). Demnach ist gerade das Verknüpfen mit dem eigenen Vorwissen als dem zentralen generativen Lernprozess innerhalb der Strategie der Imagery-Strategie voraussetzungsreich. Oder anders: Erfolgreiches Imaginieren setzt eine solide Wissensbasis voraus.

## 8.8 Zusammenfassung und Schluss

Sich gelesene Sachverhalte visuell (oder multisensorisch) vorzustellen, ist eine Strategie des generativen Lernens vor allem aus der Perspektive des Verknüpfens mit dem Vorwissen. Denn neben dem Auswählen und Organisieren geht es hierbei zuvorderst um eine Transformation und Anreicherung der Inhalte um nicht-sprachliche Inhalte, sodass dieser Prozess des generativen Lernens ein auffälliges Schwergewicht auch in den Fördermaßnahmen aufweist.

Theoretisch erklärbar wird dies beispielsweise aus der Sicht der Dual-Coding-Theorie, nach der es zwei Arten von Repräsentationen gibt, nämlich die auf Logogenen basierende sprachliche Repräsentation und die auf Imagenen fußende nicht-sprachliche Repräsentation – beides allerdings ohne mentales Modell als geteilter Referenzpunkt. Diese beiden Arten von Repräsentationen werden durch referenzielle Verbindungen verknüpft bzw. aktiviert. Andere theoretische, bereits bei der Strategie des Zeichnung-Anfertigens benannte Theorien, die sich allerdings rein auf visuelle Vorstellungen als Ausschnitt diverser sensorischer Imaginationen beschränken, gehen davon aus, dass vorwissensbasierte Anreicherungen gelesener Inhalte zu einem mentalen Modell und zu einer propositionalen Repräsentation führen, welche dann die Basis für bildliche Repräsentationen bilden. Beide Arten von sprachlichen und nicht-sprachlichen kognitiven Varianten der inhaltlichen Repräsentationen sind miteinander verknüpft. Damit gibt es Unterschiede in der Art, wie systematische Zusammenhänge von konkreten bzw. abstrakten textuellen Inhalten und Transformationen gelesener sprachlicher Inhalte in den Theorien angenommen werden. Eine Gemeinsamkeit besteht allerdings darin, dass **Personen aufgrund sprachlicher Repräsentationen und unter Rückgriff auf ihre Vorwissensbestände nicht-sprachliche Repräsentationen entwickeln.** Mit dem dafür nötigen Vorwissen ist zugleich eine Bedingung benannt, da sich auch in Studien zeigte, dass Personen mit geringem Vorwissen von den Fördermaßnahmen mit Imagery-Strategien nicht profitierten.

In der Förderung der Vorstellungsbilder lassen sich zwei Grundformen unterscheiden, die sich den beiden in diesem Kapitel vorgestellten didaktischen Design-Prinzipien zuordnen lassen. Es gibt auf der einen Seite Fördermaßnahmen, die ein **Induzieren qua Arbeitsaufträgen** anstreben (didaktisches Design-Prinzip 11). Diese indirekten Fördermaßnahmen setzen voraus, dass die Leserinnen und Leser selbstständig Inhalte auswählen, organisieren und verknüpfen, um so eine visuelle Vorstellung – multisensorische Vorstellungen sind auffälligerweise vollständig in den effektiven Studien ausgespart – vollständig eigenständig zu entwickeln. Die didaktische Unterstützung beschränkt sich bei diesem Ansatz darauf, anhand geeigneter Texte Aufforderungen zu formulieren.

Eine andere Variante, die Vorstellungsfähigkeiten bei Lernerinnen und Lernern zu fördern, besteht darin, diese **Fähigkeiten direkt zu vermitteln** (didaktisches

Design-Prinzip 10). In aller Regel werden dazu kleinschrittige Vorgehensweisen mit Feedback-Schlaufen (auch mithilfe bildlicher Musterlösungen als Varianten, individuelle Imaginationen mit externen Lösungsvarianten abzugleichen) genutzt. Entscheidend ist hierbei, dass der Prozess des Imaginierens in bewältigbare Portionen aufgeteilt wird. Als besondere Herausforderung bei der Strategie des Imaginierens ist der Umstand zu werten, dass die entstehenden mentalen Repräsentation von außen schwer zugänglich und damit konstruktiv korrigierbar sind, weshalb die Förderprogramme flankierende Maßnahmen ergreifen, darunter die Kommunikation über die Imaginationen, Fragen, gezielte Überwachungen und Zuordnungsaufgaben.

# 9 Sich Sachverhalte selbst erklären

## 9.1 Überblick über die Strategie

| | |
|---|---|
| **Definition** | Vorwissensbasierte Schlussfolgerungen, um sinnvolle Zusammenhänge zwischen neuen Informationen für die eigene Person mündlich oder schriftlich zu (er-)klären |
| **Begründung aus Sicht des generativen Lernens** | • *Auswählen:* Selegieren, welche Elemente aus dem Lernmaterial erklärungsbedürftig sind<br>• *Organisieren:* Inferenzbasiertes Kombinieren von Elementen zu einer kohärenten Repräsentation<br>• *Verknüpfen:* Nutzen des eigenen Vorwissens, um Konsistenzen und Inkonsistenzen sowie Musterhaftigkeiten in den externen Elementen aus dem Lernmaterial zu erkennen |
| **Anwendungssituationen und Grenzen** | *Anwendung*<br>• Bezug auf eindeutig korrekte bzw. inkorrekte Inhalte, um möglichst fehlerfreie Selbsterklärungen zu induzieren, bzw. Bezug zu eher ähnlichen als unähnlichen Fällen, um eindeutigere Bezüge zu abstrakten Schemata herstellen zu lassen<br>• Aufmerksamkeitslenkende und kognitive Prozesse induzierende Formulierungen der metakognitiven Hinweise für Selbsterklärungen<br>*Grenzen*<br>• Systematisches Vorhandensein von Regelhaftigkeiten in den Wissensdomänen, wenn es um das Erwerben und Nutzen abstrahierter Prinzipien geht<br>• Nur relative Überlegenheit im Vergleich zu anderen Strategien |
| **Didaktische Design-Prinzipien** | • Wenn Lernerinnen und Lerner bei Selbsterklärungen vor allem organisieren und verknüpfen sollen, helfen hierbei stark lenkende externe Unterstützungen durch vorgegebene Wahlmöglichkeiten und informationsreiche Hinweise. (Didaktisches Design-Prinzip 12, S. 234)<br>• Wenn Lernerinnen und Lerner möglichst eigenständige Auswahl-, Organisations- und Verknüpfungsprozesse beim Selbsterklären absolvieren sollen, dann helfen hierbei wenig lenkende Hinweise bzw. zur unabhängigen Anwendung befähigende Formen der Strategievermittlung. (Didaktisches Design-Prinzip 13, S. 235)<br>• Wenn Lernende per Auswählen, Organisieren und Verknüpfen lernen sollen, welche regelgeleiteten Zusammenhänge zwischen konkreten, zu lösenden Fällen und zugrundeliegenden Prinzipien bestehen, dann bilden prinzipienbasierte Selbsterklärungen einen günstigen Einstieg. (Didaktisches Design-Prinzip 14, S. 236) |
| **Wirksamkeit** | *ES* = 0,28–0,61 |

*Starter-Box 6: Strategie sich Sachverhalte selbst erklären*

## 9.2 Charakterisierung der Strategie

Angenommen, Personen lesen Satz für Satz einen Biologietext zum Thema Blutkreislauf und sollen dabei verbalisieren, was jeder neue Satz bedeutet und wie sich dessen Inhalt zu dem, was die Person zuvor gelesen hat, inhaltlich verhält. Dies war die Aufgabe für Jugendliche achter und zehnter Klassen in einer Studie (Chi, Leeuw, Chiu & Lavancher, 1994), deren Verbalisierungen aufgenommen und später ausgewertet wurden. Ein Beispiel aus der Studie ist besonders gut geeignet, um die Selbsterklärungen zu charakterisieren (s. Beispieltext 17).

**Ein Auszug aus einem Text über den Blutkreislauf**
Satz 17: Das Septum teilt das Herz der Länge nach in zwei Seiten.
Satz 18: Die rechte Seite pumpt Blut in die Lunge, und die linke Seite pumpt Blut in die anderen Körperteile.

**Auszug aus einem Laut-Denk-Protokoll einer Person mit einer Selbsterklärung**
»Das Septum ist also ein Teiler, damit das Blut nicht gemischt wird. Die rechte Seite ist also zur Lunge und die linke Seite zum Körper. Das Septum ist also wie eine Wand, die das Herz in zwei Teile teilt. ... Es trennt es sozusagen, damit das Blut nicht gemischt wird.«

*Beispieltext 17: Auszug aus dem Text und eine zugehörige Selbsterklärung (Quelle: Chi et al., 1994, S. 454, leicht modifiziert)*

Was passiert in dem, was die lesende Person in dem kurzen Auszug aus dem Laut-Denk-Protokoll kognitiv leistet? Laut Chi et al. (1994, S. 454) bildet die lernende Person in ihrer Äußerung gleich zweierlei, deutlich über das Wort »also« markierte Inferenzen, mithin Schlussfolgerungen über das Gelesene, die für das Verstehen dieses Textes essenziell sind. Es handelt sich um Anreicherungen des Textinhalts mit gezielt genutztem Vorwissen. Die erste Inferenz betrifft die Funktion des Septums: Es verhindert eine Vermischung von Blut. Die zweite Schlussfolgerung bezieht sich auf die Eigenschaft des Septums, wie eine undurchlässige Wand zu sein und deshalb die Funktion des Trennens von Blutströmen zu erfüllen. Solche kausalitätsanzeigenden Schlussfolgerungen gelten aus Sicht der kognitiven Leseforschung als besonders wichtig (im Überblick: McNamara & Magliano, 2009a), aber auch anspruchsvoll, wenn das Vorwissen gering ist (Lorch, 2015, S. 355 f.). Zugleich lassen sie sich aber auch (zumal bei schwach lesenden Heranwachsenden) gezielt trainieren (s. dazu Elleman, 2017, im Überblick).

Was das knappe Exempel aus dem Beispieltext 17 verdeutlicht, ist der Einsatz einer lernwirksamen Strategie namens Selbsterklärung. **Selbsterklärungen** lassen sich als **Inferenzen bzw. Begründungen** definieren, **welche von der lernenden Person stammen, da Informationen in den Lernmaterialien (Texte oder aus-**

**gearbeitete Beispiele oder Musterlösungen) fehlen oder mit eigenen Repräsentationen konfligieren** (Chi, 2000, S. 221). Das bedeutet freilich, dass solche Selbsterklärungen vor allem in solchen Domänen funktionieren können, in denen logikbasierte Schlussfolgerungen typisch und damit auch anwendbar sind (Wylie & Chi, 2014, S. 416). Entscheidend ist bei den Selbsterklärungen mithin, dass Personen unter Rückgriff auf ihr Vorwissen sinnvolle, teils auf Mustern basierende Sinnzusammenhänge stiften und auffüllen, wo sie ihnen im jeweiligen Lernmaterial vorenthalten sind. Damit zielen Selbsterklärungen auf eine tiefenorientierte Durchdringung des Lerngegenstands und der Lernmaterialien (Wylie & Chi, 2014, S. 423).

Selbsterklärungen lassen sich durch mehrere Funktionen charakterisieren, die auch aus didaktischer Warte wichtig sind:

- **An sich gerichtete Erklärungen als text- bzw. individuumsbezogene Reparaturmechanismen:** Das »Selbst« in Selbsterklärung hat eine doppelte, mit seiner Funktion zusammenhängende Bedeutung, die damit zu tun hat, dass hier Personen versuchen, ihr eigenes, individuelles Verstehen über Erklärungen zu optimieren. Zum einen generieren die Lernenden die Selbsterklärungen *aus sich selbst heraus* (sie erhalten sie also nicht), und zum anderen sind sie selbst die Adressatinnen und Adressaten dieser Erklärungen, d.h. die Erklärungen *richten sich an sie selbst* (statt an Dritte; Renkl & Eitel, 2019, S. 528). Beide Aspekte eint, dass die Selbsterklärungen mit niemand anderem als der eigenen Person zu tun haben, die sich elaborierend, also über den präsentierten Inhalt der Lernmaterialien hinausgehend, mit Vorwissensanreicherungen den Inhalt erklärt bzw. aneignet. Hier fungieren sie als Reparaturmechanismen – entweder für inhaltlich unvollständige Texte/Lernmaterialien (Chi, 2000, S. 183) oder für die Korrektur fehlerhafter eigener mentaler Modelle, also individuell entwickelter Vorstellungen zum Sachverhalt, die mit dem im Text/den Lernmaterialien beschriebenen Sachverhalt konfligieren (Chi, 2000, S. 196). Ein Beispiel für den erstgenannten Fall ist, wie die lesende Person die Funktion des Septums aus dem Beispieltext 17 per Vorwissensanreicherung erkennt: Hier schlussfolgert die Person aus dem Beispiel, wozu die getrennten Herzhälften dienen. Ein Beispiel für die Reparatur wäre es, wenn eine Person erkennt, dass ihre Vorstellung – etwa zur Funktion des Septums – bislang naiv bzw. inadäquat ist und versucht, sich textbasiert aus den Informationen die Septumsfunktion selbst zu erschließen und zu beschreiben.
- **Selbsterklärungen und ihre Hilfe beim Erschließen und Nachvollziehen von Lösungsbeispielen:** Die Selbsterklärungen dienen dazu, *musterhafte, regelmäßige bzw. generell sinnvolle Zusammenhänge in Lernmaterialien zu erkennen und sich diese lernend anzueignen,* etwa Prinzipien oder Gesetzmäßigkeiten in mathematisch-naturwissenschaftlichen Zusammenhängen (Rittle-Johnson & Loehr, 2017b, S. 355 f.). Das gilt auch und gerade im Zusammenspiel von allgemeinen Prinzipien und konkreten Beispielen, darunter ausgearbeiteten Lö-

sungsbeispielen (Renkl & Eitel, 2019, S. 528 f.). Solche Lösungsbeispiele bestehen aus mehreren Bestandteilen, nämlich a) einer klaren Problemformulierung, b) der fertig ausgearbeiteten Lösung dieses Problems und – besonders bedeutsam – c) den Lösungsschritten, die wiederum besonders hilfreich sind, wenn es algorithmusbasierte Lösungsschritte sind (Renkl, 2014a, S. 392). Solche Lösungsbeispiele – meistens werden mehrere von ihnen verwendet – bieten sich insbesondere dann an, wenn in einer ersten Phase des Lernens allgemeine Prinzipien innerhalb einer Wissensdomäne zunächst analysierend erworben werden, ehe man später selbstständig auf der Basis solcher Prinzipien Problemlösungen erstellt. Damit haben solche Lösungsbeispiele eine transitorische Funktion beim Lernen.

Selbsterklärungen sollen also das Verständnis verbessern, und sie bedürfen dafür der generativen Lernprozesse (s. Teilkap. 9.3). Abgesehen davon gibt es weitere Erklärungsansätze, die den Wert der Selbsterklärungen herausarbeiten. Siegler (2002, S. 53 f.) begründet dies beispielsweise mit **vier wahrscheinlichen Mechanismen:**

- Lernerinnen und Lerner sind aufgefordert, ihre (Nicht-)Verstehen mit einer Überprüfung aktiv zu überwachen, statt nur Informationen aufzunehmen, sowie aus gegebenen Informationen aktiv Sinnzusammenhänge zu stiften. Sie sind damit insgesamt *aktiver in der Sinnkonstruktion.*
- Diese Erklärungsversuche bedürfen eines auf Tiefen-, statt auf Oberflächenmerkmale abzielenden Zugangs. Hierfür müssen sie dann *Lernstrategien und Denkprozesse vernetzter einsetzen.*
- Umfassendes Selbsterklären führt dazu, dass eine effektivere Art des Denkens über Phänomene bemüht wird und eine ineffektivere, oberflächliche und inadäquate Variante des Zugangs zu den beschriebenen Phänomenen vermindert wird. Es kommt also zu einer *Verschiebung zu aufwändigeren, aber eben auch stärker lernförderlichen Kognitionen.*
- Selbsterklärungen führen zu einer insgesamt *höheren Ausprägung des Engagements,* sei es motivational (wegen einer sinnstiftenden, das Kompetenzerleben unterstützenden Erfahrung), kognitiv (wie in den drei Spiegelstrichen zuvor beschrieben) oder verhaltensbezogen (z. B. Time-on-Task).

## 9.3 Bezug zum Auswählen, Organisieren und Verknüpfen in der Strategie

Selbsterklärungen dienen dazu, Kohärenz zwischen den external präsentierten Elementen in Lernmaterialien und dem eigenen Vorwissen zu stiften und dadurch ein tieferes Verständnis zu erzielen. Die Selbsterklärungen erzeugen dabei eine neue Form des lernendenseitig produzierten Outputs, welcher über die im Lernmaterial präsentierten Informationen hinausgeht, weshalb diese Art des Umgangs mit Informationen beim Lernen als »konstruktiver Lernprozess« bezeichnet wird (Chi, 2009, S. 79). Von entscheidender Bedeutung sind hierbei die Inferenzen, also vorwissensbasierte Schlussfolgerungen, um die benötigte Kohärenz herzustellen. Dies schlägt sich auch deutlich darin nieder, worauf die drei Hauptprozesse des generativen Lernens sich beziehen (s. Tabelle 46; Fiorella & Mayer, 2015, S. 129).

In Bezug auf das **Auswählen** müssen Lernende prüfen, welche der Inhalte aus den Lernmaterialien buchstäblich erklärungsbedürftig sind, sich also entscheiden, welche Informationen noch zu unvollständig verstanden sind oder noch mithilfe eigener Vorwissensbestände angereichert werden müssen, um in das eigene mentale Modell integriert zu werden. Dies gilt, weil es darum geht, beim **Organisieren** Kohärenz zu stiften, die sich aus dem Material allein nicht zu ergeben scheint bzw. die aufgrund fehlerhafter Annahmen noch nicht vorhanden ist. Hierfür brauchen die Lernenden das **Verknüpfen,** also das Nutzen der eigenen Vorwissensbestände, um Schlussfolgerungen zu ziehen und die Kohärenz (wieder-)herzustellen.

| Prozess des generativen Lernens | Charakterisierung |
|---|---|
| Auswählen | Auswahl der Inhalte, die erklärt werden müssen |
| Organisieren | Inferenzen bilden zu jenen Inhalten, welche in eine kohärente Struktur wie ein mentales Modell überführt werden müssen |
| Verknüpfen | • Inferenzen zwischen den neuen Informationen und dem eigenen Vorwissen bilden<br>• Überwachen der Konsistenz von eigenen Vorstellungen und den Inhalten der Lernmaterialien |

*Tabelle 46: Auswählen, Organisieren und Verknüpfen als generative Prozesse des Lernens bei der Strategie, sich Sachverhalte selbst zu erklären (Darstellung nach Fiorella & Mayer, 2015, S. 129)*

## 9.4 Didaktische Design-Prinzipien

Die didaktischen Design-Prinzipien in diesem Teilkapitel gründen darauf, dass Prozesse des Selbsterklärens sich nicht nur in Interventionsstudien als vorteilhaft für das Lernen erweisen, sondern sich auch in Grundlagenstudien systematische Zusammenhänge der Selbsterklärungsprozesse mit Lernleistungen ergeben. Dies ist tatsächlich der Fall, wie zwei Arten von Forschungssträngen zeigen:

- **Es gibt systematische Differenzen zwischen guten und weniger guten Lernerinnen und Lernern in der Zahl und Qualität der Selbsterklärungen.** Erfolgreiche Lernerinnen und Lerner geben insgesamt mehr und dabei mehr themenbezogen-übergreifende Selbsterklärungen während der Aufgabenbearbeitungen mit *Sachtexten* (McNamara, 2004, S. 23) und erzielen tendenziell auch komplexere mentale Modelle (Chi & VanLehn, 1991, S. 89; Chi et al., 1994, S. 458, 462 und 469). Sie neigten zu weniger oberflächlichen Verarbeitungen beim Selbsterklären, sondern versuchten eher, die Tiefenstruktur des Textes bzw. des zu lösenden Problems zu erkennen (Ferguson-Hessler & Jong, 1990, S. 47 f.; Neuman & Schwarz, 1998, S. 21). Außerdem legten leistungsstärkere Personen ein eher metakognitiv ausgerichtetes Muster beim Lernen an den Tag und nutzen Selbsterklärungen stärker zur Bestätigung ihres Problemlösevorgangs (Neuman, Leibowitz & Schwarz, 2000, S. 207 und 209 f.). Differenzen in der Anzahl der Selbsterklärungen bestanden zudem zwischen gut und weniger gut lesenden Personen, die *multiple Dokumente* aus dem Internet lasen (Rott & Gavin, 2015, S. 344), insbesondere bei solchen Texten, die eine hohe Vertrauenswürdigkeit aufwiesen (Goldman, Braasch, Wiley, Graesser & Brodowinska, 2012, S. 366): Hier erklärten gute Leserinnen und Leser mehr für sich selbst als ihre weniger leistungsstarken Peers. Die Differenzen zwischen leistungsbasiert gebildeten Personengruppen finden sich zu guter Letzt in Studien wieder, die mit *Lösungsbeispielen* operierten. Hier generierten gute Lernerinnen und Lerner mehr korrekte, lernstoffnahe Selbsterklärungen (Chi, Bassok, Lewis, Reimann & Glaser, 1989, S. 163 und 167; Pirolli & Recker, 1994, S. 259; Schworm & Renkl, 2006, S. 439; Stark, Mandl, Gruber & Renkl, 2002, S. 51 f.), während schwache Lernerinnen und Lerner eher zu fehlerhaften Selbsterklärungen neigten (VanLehn & Jones, 1993, S. 1036).

- **Qualitativ hochwertige, korrekte Selbsterklärungen stehen in einem positiven Zusammenhang mit erbrachten Lernleistungen.** Dies zeigte sich in Studien bei verschiedenen Lernmaterialien und Texten. Ein bemerkenswerter Befund besteht beispielweise darin, dass sich allein über die Zahl der Selbsterklärungen relativ zuverlässig klassifizieren lässt, ob jemand zur Gruppe schwacher, mittlerer oder guter Personen in puncto erbrachter Leistungen bei mathematisch-logischen Problemen gehört (Neuman et al., 2000, S. 205 und 209). Das quantitative Aufkommen ist also bereits ein recht guter Indikator für die Zugehörigkeit in Leistungsgruppen. Dies bestätigen zudem Studien, in denen die Zahl der Selbsterklärungen in Korrelationsanalysen mit Leistungstests ins Verhältnis gesetzt wurden. Solche Hinweise ergeben sich aus Studien mit Sachtexten (Ainsworth & Loizou, 2003, S. 676; Ainsworth & Burcham, 2007, S. 297; McNamara, 2004, S. 24; McNamara, O'Reilly, Best & Ozuru, 2006, S. 162; Ozuru, Briner, Best & McNamara, 2010, S. 657), literarischen Texten (Burkett & Goldman, 2016, S. 474; Denton et al., 2017, S. 93), multiplen (Internet-)Dokumenten (Linderholm, Therriault & Kwon, 2014, S. 343; Wolfe & Goldman, 2005, S. 492), Animationen (Koning, Tabbers, Rikers & Paas, 2011, S. 191), Diagrammen (Ainsworth & Loizou, 2003, S. 676), Lösungsbeispielen (Chi et al., 1989, S. 164;

Renkl, 1997, S. 16 und 18; Rölle, Hiller, Berthold & Rumann, 2017, S. 7 f.; Schworm & Renkl, 2006, S. 440) und bei mathematisch-logischen Problemlösungen (Baars, Leopold & Paas, 2018, S. 586; Berthold, Eysink & Renkl, 2009, S. 358 f.; Berthold & Renkl, 2009, S. 80; Gerjets, Scheiter & Catrambone, 2006, S. 117; Große & Renkl, 2007, S. 621; Kwon, Kumalasari & Howland, 2011, S. 107; McEldoon, Durkin & Rittle-Johnson, 2013, S. 625; Schwonke et al., 2009, S. 264). Sie wurden zudem bei Transferaufgaben im Fach Mathematik beobachtet (Wong, Lawson & Keeves, 2002, S. 253), beim Wissenserwerb über Steuerrecht (Berthold, Röder, Knörzer, Kessler & Renkl, 2011, S. 73) und Mathematik (Matthews & Rittle-Johnson, 2009, S. 15) ermittelt und bei der Fähigkeit zum kritischen Denken festgestellt (van Peppen et al., 2018, S. 7). Die Bandbreite der Befunde in verschiedenen Studien mit verschiedenen Leistungstest und diversen Leistungen sprechen für den generellen Nutzen des Selbsterklärens für kognitive Leistungen.

Die hier stark kondensiert dargestellte Empirie unterstreicht den Wert der Selbsterklärungen für das Lernen. Ein quantitatives Mehr und ein qualitativ höherwertiges, auf Tiefenverstehen und mit metakognitiven Anteilen versehenes Selbsterklären ist günstig für spätere lernbasierte Leistungen und trennt zudem leistungsstärkere von leistungsschwächeren Personen. Aus diesem Grund lohnt es sich, mittels didaktischer Maßnahmen gezielt das Selbsterklären zu fördern.

### 9.4.1 Zwei Arten von didaktischen Design-Prinzipien

Das Konstrukt »Selbsterklärung« ist ein recht weit gefasster Regenschirmbegriff, der verschiedene Ausprägungen zulässt, was Personen sich beim Lernen selbst erklären. Dies hat sich schon im einleitenden Teilkapitel 9.2 niedergeschlagen. Betrachtet man nicht nur die konzeptionellen Überlegungen zu den Funktionen der Selbsterklärungen, sondern zusätzlich die zahlreichen empirischen Interventionsstudien zu den Selbsterklärungen, dann lassen sich die verschiedenen Ansätze zur Förderung der Selbsterklärungen nach verschiedenen Gesichtspunkten sortieren:

- dem *Grad an Struktur und Spezifität,* den die Hinweise für die Selbsterklärungen enthalten (Dunlosky et al., 2013, S. 11; Renkl & Eitel, 2019, S. 535; Rittle-Johnson & Loehr, 2017a, S. 1505; Wylie & Chi, 2014, S. 418–423),
- einer Unterscheidung *zwischen reinen Hinweisen* (mit welcher Spezifität auch immer) *und faktischen Trainingsstudien* im Sinne einer Differenzierung von Fordern und Fördern (Fiorella & Mayer, 2015, S. 140–144; Renkl & Eitel, 2019, S. 535–539) und

- dem *Einbezug oder Nicht-Einbezug von zu analysierenden Lösungsbeispielen,* Erstgenanntes gilt vor allem beim Lernen von Prinzipien innerhalb von Domänen (Fiorella & Mayer, 2015, S. 134–137; Renkl & Eitel, 2019, S. 532–534).

Aus dieser Liste lassen sich zwei mehr oder minder distinkte Arten von didaktischen Design-Prinzipien extrahieren:

- Die **erste Art,** welche sich aus den ersten beiden Punkten in der Aufzählung kombinieren lässt (Atkinson et al., 2000, S. 203; Rittle-Johnson & Loehr, 2017b, S. 356 f.), eint eine Fokussierung auf **didaktisierte Hinweise und Unterstützungen wie Lösungsbestandteile.** Solche Unterstützungsleistungen wurden entweder dafür eingesetzt, Selbsterklärungen in eher experimentellen Settings zu elizitieren, oder aber in Trainings in einer gewissen Sequenz dafür genutzt, die Fähigkeit zum Selbsterklären systematisch zu fördern. Diese Art von didaktischen Zugängen wird in den **didaktischen Design-Prinzipien 12 und 13** behandelt (s. Teilkap. 9.4.2).
- Die **zweite Art** hat mit den dargebotenen Stimuli zu tun, denn diese sind nicht mehr allein – so wie in anderen Strategien des generativen Lernens – mündliche oder schriftliche Texte bzw. auch nicht-sprachliche Lernmaterialien. Vielmehr kommt hier eine besondere Art von Stimuli zum Einsatz, nämlich die **Lösungsbeispiele, anhand derer sich die Lernenden selbst erklären, welche Schritte für die Problemlösung wie ausgeführt werden.** Solche Selbsterklärungen sind ähnlich effektiv wie instruktionale Erläuterungen, legen experimentelle Studien im naturwissenschaftlichen Kontext nahe (Wittwer & Renkl, 2010, S. 403). Dies bildet den Gegenstand des **didaktischen Design-Prinzips 14**, welches in Teilkapitel 9.4.3 thematisiert wird.

### 9.4.2 Ein Kontinuum für die Selbsterklärungen: Didaktisches Design-Prinzip 12 als externe Steuerung durch Unterstützungen – didaktisches Design-Prinzip 13 als weniger extern gelenkte Variante

Die Fördermaßnahmen zur Nutzung von Selbsterklärungen sind ausgesprochen vielfältig, deshalb bedarf es hier einer Sortierung. Dies ist tatsächlich gut möglich, wenn man Merkmale gezielt konsultiert, welche die jeweils einzelnen didaktischen Varianten charakterisieren und sie dadurch auch voneinander unterscheidbar machen. Es gibt sogar wie im Teilkapitel 6.4.1 bei den Concept-Maps **ein Kontinuum zwischen hohem Grad an externaler Steuerung durch die Gestaltung von Hinweisen und Aufgabenstellungen und einem geringen Grad an Steuerung.** Dieses Kontinuum wird in Tabelle 47 dargestellt.

| | **Hohe Steuerung Auswahl von Inhalten aus vorgegebenen Wahlmöglichkeiten** (didaktisches Design-Prinzip 12) | | | **Geringe Steuerung Selbst zu erstellende Erklärungen** (didaktisches Design-Prinzip 13) | |
|---|---|---|---|---|---|
| | **SE aus vorgegebenem Menü** | **Ressourcen-basierte SE** | **Assistierte SE** | **Fokussierte Hinweise zu SE** | **Offene SE** |
| Allgemeine Hinweise/Prompts | ✓ | ✓ | ✓ | ✓ | ✓ |
| Spezifische Hinweise mit Zielvorgaben | ✓ | | ✓ | ✓ | |
| Lösungen partiell vorgegeben | ✓ | ✓ | ✓ | | |
| Lösungen als Wahlmöglichkeiten vorhanden | ✓ | ✓ | | | |
| Notwendigkeit des Ausformulierens | | | | ✓ | ✓ |

*Tabelle 47: Ein Kontinuum der Steuerung durch verschiedene Aufgabentypen beim Konstruieren bzw. Ausfüllen von Concept-Maps (Legende: SE = Selbsterklärungen, ✓ = trifft zu; Darstellung inhaltlich analog zu Wylie & Chi, 2014, S. 418–423)*

**Alle fünf Varianten eint,** dass sie allgemeine Hinweise beinhalten. Mit Hinweisen sind hier sogenannte **instruktionale Hinweise** gemeint. Sie dienen dazu, durch explizite Hinweise zu Aktivitäten aufzufordern und fungieren als eine Art Gedächtnisstütze. Sie gehen zudem davon aus, dass die Personen die Aktivitäten dann selbstständig und auf der Basis der eigenen Fähigkeiten absolvieren (Bannert, 2009, S. 140). Hinweise vermitteln also kein Wissen – auch nicht zum Selbsterklären –, sondern fordern dessen Anwendung ein. Deshalb bilden sie teils auch einen regulären Bestandteil von ganz unterschiedlichen Fördermaßnahmen.

Die eigentliche Differenz in den einzelnen Varianten des Hervorrufens von Selbsterklärungen wird im unteren Teil der Tabelle deutlich, nämlich in Bezug auf die Art der Hinweise, die Vorgaben der Lösungsmöglichkeiten und die Notwendigkeit, eine ausformulierte (schriftliche) Selbsterklärung zu produzieren. Hier weisen die fünf Varianten in der Tabelle jeweils eigene Profile auf, je nachdem welche Ausprägung die insgesamt vier Merkmale haben.

**Didaktisches Design-Prinzip 12:**

Wenn Lernerinnen und Lerner bei Selbsterklärungen vor allem organisieren und verknüpfen sollen, helfen hierbei stark lenkende externe Unterstützungen durch vorgegebene Wahlmöglichkeiten und informationsreiche Hinweise.

**Didaktisches Design-Prinzip 13:**

Wenn Lernerinnen und Lerner möglichst eigenständige Auswahl-, Organisations- und Verknüpfungsprozesse beim Selbsterklären absolvieren sollen, dann helfen hierbei weniger engführende Hinweise bzw. zur unabhängigen Anwendung befähigende Formen der Strategievermittlung.

Doch was sind die **Unterschiede in den fünf Varianten aus dem Kontinuum?** Am besten lässt sich das erklären, wenn man sich von den beiden Endpunkten des Spektrums nähert, da diese prototypisch die zwei didaktischen Design-Prinzipien 12 und 13 veranschaulichen. Für die Formulierung der beiden didaktischen Design-Prinzipien besteht die entscheidende Differenz darin, ob die Vorgehensweisen inhaltliche Lösungsbestandteile bereits extern anbieten oder ob diese von den Lernenden selbst zu erstellen sind:

- Das **didaktische Design-Prinzip 12** setzt bei vergleichsweise hohen Unterstützungen an. Es beinhaltet jeweils immer Lösungsbausteine explizit. Die Maximalvariante besteht in den *Selbsterklärungen aus einem vorgegebenen Menü* (s. Teilkap. 9.6.1.1). Dabei gibt es verschiedene schon präparierte Selbsterklärungen zur Auswahl, aus denen die korrekten Varianten auszuwählen sind. Dies soll dazu dienen, die Anzahl frei gebildeter inkorrekter Selbsterklärungen gezielt zu minimieren. Diese Aufgaben sind kleinteilig formuliert und geben genaue lenkende Hinweise, an welcher Stelle welche Auswahl erfolgen soll (Wylie & Chi, 2014, S. 421). Eng damit verwandt sind die *ressourcenbasierten Selbsterklärungen* (9.6.1.2; Wylie & Chi, 2014, S. 422). Diese unterschieden sich von den menübasierten Selbsterklärungen darin, dass sie mehr Antwortmöglichkeiten enthalten und tendenziell offener formulierte Aufgaben verwenden. Dies erhöht zugleich den Schwierigkeitsgrad. *Assistierte Selbsterklärungen* (9.6.1.3; Wylie & Chi, 2014, S. 422) sind schließlich mit Leerstellen versehene Rümpfe von Selbsterklärungen – Lückentexte quasi, die mit explizit in den Lernmaterialien vorhandenen Informationen ergänzt werden können. Hier geht es also um das passgenaue Auswählen von Informationen, die ihrerseits aber auf einer kognitiv nachvollzogenen Organisations- und Verknüpfungsleistung basieren.
- Das **didaktische Design-Prinzip 13** unterscheidet sich mit seinem Zuschnitt deutlich vom vorherigen Design-Prinzip. Die darunter zu versammelnden Förderansätze eint, dass sie von den Lernerinnen und Lerner eigenständig zu formulierende Lösungen einfordern. Dies kann in der Maximalvariante der *offenen Selbsterklärungen* eine lediglich von allgemeinen Hinweise induzierte Variante darstellen (9.6.2.2), bei der die Lernerinnen und Lerner gänzlich frei von Vorgaben sind (Wylie & Chi, 2014, S. 418), etwa bei den als vielversprechenden Peer-Diskussionen in Clicker-basierten Settings über die Lösungsansätze (Chien, Chang & Chang, 2016, S. 13). Diese Form kann aber mit *fokussierten Hin-*

*weisen zu den Selbsterklärungen* mehr Informationen enthalten, indem beispielsweise die Erwartungen an die zu erstellende Selbsterklärungen präzisiert werden (9.6.2.1; Wylie & Chi, 2014, S. 422).

Das, was die beiden didaktischen Design-Prinzipien ausmacht, lässt sich wie ein Korridor für die Konzeption von eigenen Fördermaßnahmen nutzen, nämlich von Fördervarianten, die sich von Anteilen mit hoher Unterstützung (Scaffolds) und einer notwendigerweise am konkreten Lernmaterial entwickelten Form sukzessive zur eigenständigen und allgemeineren Form von Selbsterklärungen bewegen. Dieser Umgang mit Unterstützungen trennt also das didaktische Design-Prinzip 12 – mit den vorgegebenen Lösungsbestandteilen – von dem mit der fortlaufenden Nummer 13, bei dem diese Lösungsbestandteile nicht vorgegeben wurden.

### 9.4.3 Didaktisches Design-Prinzip 14: Einsatz der Selbsterklärungen bei Lösungsbeispielen in frühen Phasen des Wissenserwerbs innerhalb regelbasierter Prinzipienanwendungen

Die didaktischen Design-Prinzipien 12 und 13 behandelten, wie Selbsterklärungen durch verschiedene Lenkungsgrade bei Personen gezielt hervorgerufen werden können. Innerhalb dieses **didaktischen Design-Prinzips 14** wird nun eine Engführung vorgenommen, indem ein Segment von Selbsterklärungen als Ausschnitt innerhalb des Erwerbs von regel- oder auch prinzipienbasierten Wissensbeständen fokussiert wird. Es handelt sich um das Verwenden von Selbsterklärungen in ausgearbeiteten Lösungsbeispielen. Hierfür werden typischerweise die sogenannten **prinzipienbasierten Selbsterklärungen** genutzt (Renkl, 2017a, S. 331, 2019, S. 531). Wie es der Name impliziert, geht es hier darum, Selbsterklärungen vorzunehmen, die auf algorithmischen Regeln, Gesetzmäßigkeiten oder zumindest doch Heuristiken basieren, also auf Prinzipien, die man dafür nutzt, konkrete Beispiele mit den abstrakten Prinzipien der jeweiligen Wissensdomäne per Inferenz zu verknüpfen. Dafür müssen Lernerinnen und Lerner die Informationen gezielt auswählen und kohärent strukturieren, also organisieren.

**Didaktisches Design-Prinzip 14:**

Wenn Lernende per Auswählen, Organisieren und Verknüpfen lernen sollen, welche regelgeleiteten Zusammenhänge zwischen konkreten, zu lösenden Fällen und zugrundeliegenden Prinzipien bestehen, dann bilden prinzipienbasierte Selbsterklärungen einen günstigen Einstieg.

Das didaktische Design-Prinzip 14 setzt gezielt an einer frühen Phase des Wissenserwerbs bzw. der Aneignung von Regeln, Heuristiken bzw. Prinzipien an und stützt sich auf diverse lerntheoretische Überlegungen (s. dazu Renkl, 2014a, S. 399 f., und insbesondere Alfieri, Nokes-Malach & Schunn, 2013, S. 90–92, sowie Renkl, 2014b, S. 14–26; Renkl & Atkinson, 2010, S. 93–97). Hier fungieren Lösungsbeispiele als Bedingung für spätere Transferleistungen, wie es die Darstellung in Abbildung 28 zeigt.

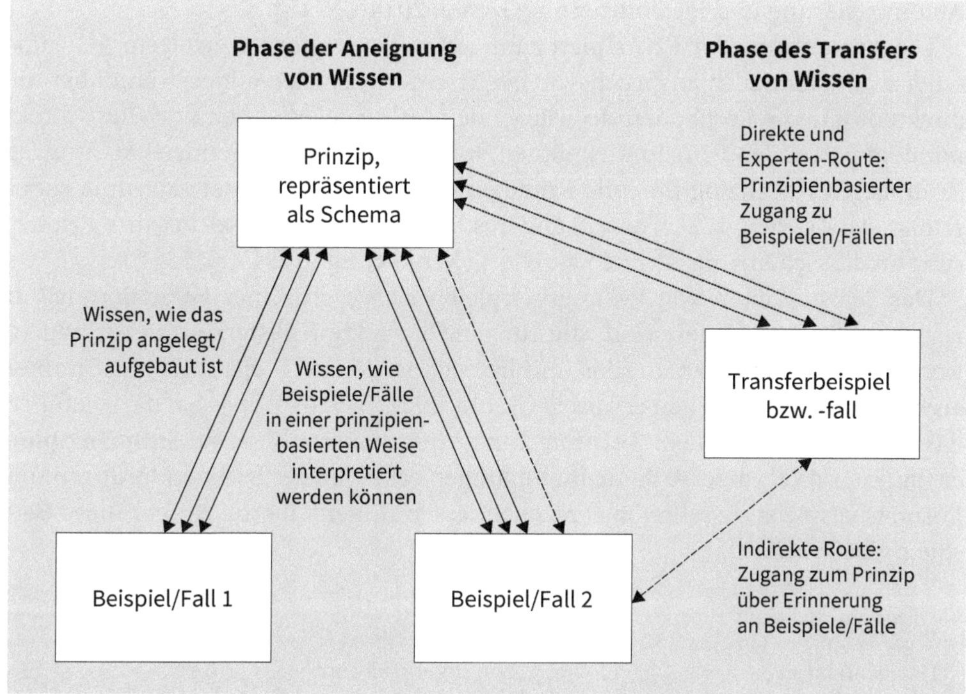


*Abbildung 28: Verbindung von Wissen über Prinzipien und ihrer Verbindung mit einzelnen (nicht notwendigerweise nur zwei) Fällen/Beispielen in der Aneignungsphase (links) und in der Anwendungsphase (rechts) bei neuen Beispielen mit zwei Routen (Quelle: adaptierte Darstellung von Renkl, 2017b, S. 575)*

Für den Nutzen der Lösungsbeispiele mit Aufgabenstellungen, Lösung der Aufgabe und Lösungsschritten ist die Theorie zur kognitiven Belastung einschlägig, die bereits im Rahmen des didaktischen Design-Prinzips 9 angeführt wurde (s. Teilkap. 7.4.2; Renkl & Atkinson, 2003). Es geht aus der **Perspektive der Aneignung von Prinzipien** darum, dass Lernende von der zusätzlichen kognitiven Last befreit werden sollen, um zunächst Merkmale des Beispiels zu erkennen (und später mit anderen Beispielen zu vergleichen). Dabei geht es insbesondere darum, die Eigenschaften der konkreten Beispiele mit den aufzubauenden abstrakten Prinzipien zu verbinden (Phase 1: Prinzipien erkennen), um beispielsweise auch in neuen Lösungsbeispielen zugrundeliegende Merkmale wiederzuerkennen (Phase 2: sich auf Analogien beziehen). Dies erfolgt durch mehrere Verarbeitungsschleifen – etwa beim Selbsterklären –, die durch Doppelpfeile in der Abbildung 27 visualisiert werden. Durch die Analyse einzelner Beispiele – insbesondere den Vergleich mehrerer Beispiele – werden dann sukzessive die abstrakten Prinzipien als Schemata im Gedächtnis aufgebaut, wo sie als Ressource fungieren (Phase 3: deklarative Regeln formieren). Durch Anwendungen in Lern- und Übungssituationen werden diese dann zunehmend zu flexibel und leichter zugängliche Ressourcen (Phase 4: Automatisierung und Flexibilisierung; Renkl, 2014b, S. 15 f.).

Die **Anwendung der Prinzipien** kann auf zweierlei Routen erfolgen: Als wünschenswert, aber auch anspruchsvoll bei Transferbeispielen gilt es, wenn über die direkte Route die Lernenden tieferliegende Merkmale erkennen und diese direkt mit dem passenden Prinzip verknüpfen, welches sie dann anwenden. Als Umweg ist hingegen die analogisierende Route zu begreifen, da hier der Zugriff darüber erfolgt, dass Lernende sich an ein anderes Beispiel erinnern, welches ihre Erinnerung an das Schema/das Prinzip aktiviert (Renkl & Eitel, 2019, S. 533 f.).

Das Selbsterklären von Lösungsbeispielen ist wegen seiner Fokussierung auf vorwissensbasierte Inferenzen, die für eine korrekte Selbsterklärung gebraucht werden, nicht voraussetzungslos und hat sich in der Vergangenheit nicht immer als hilfreich für das Lernen erwiesen (Renkl, 2002, S. 534 f.). Dies hat dazu geführt, dass aus der Sicht der Lehr-Lernforschung ein genauerer Blick auf **Subprinzipien** erfolgt ist, mittels derer sich die Bedingungen erfolgreicher Selbsterklärungen mit Lösungsbeispielen beschreibbar machen lassen. Einen Überblick über diese Beispiele gibt Tabelle 48.

| Subprinzip | Bedingung für fernförderlichen Effekt |
|---|---|
| 1) Selbsterklärungs- und Vergleichssubprinzip | Ermutigung für Lernende, die Beispiele zu vergleichen und zu erklären |
| 2) Subprinzip der erleichterten Zusammenhänge | Externe Unterstützung bei der kognitiven Organisation und Verknüpfung verschiedener Informationen |
| 3) Subprinzip der günstig zusammengestellten Lösungsbeispiele | Lösungsbeispiele enthalten die zentralen Merkmale, die zudem für die Lernenden leicht erkennbar sind |
| 4) Subprinzip der blockweise zusammengefassten Lösungsbeispiele | Schritte für die Problemlösung (mathematischer Probleme) sind zu nachvollziehbaren Blöcken kombiniert |
| 5) Subprinzip der sukzessive zunehmenden Problemlöseschritte | Steigende Anforderungen durch systematisches Einfügen von offenen Problemlöseschritten in den Lösungsbeispielen |

*Tabelle 48: Überblick über Subprinzipien bei der lernförderlichen Verwendung von Selbsterklärungen im Umgang mit Lösungsbeispielen (Quelle: Darstellung basierend auf Renkl, 2014a, S. 402, Auswahl)*

Die in der Tabelle 48 zusammengefassten Subprinzipien betreffen die Art der Zusammenstellung von Lösungsbeispielen (Nrn. 1–3) oder aber die Art, wie Problemlösungen nachvollziehbar dargestellt (Nr. 4) bzw. von den Lernenden peu à peu eingefordert werden (Nr. 5). Die Subprinzipien sind im Einzelnen:

1. **Selbsterklärungs- und Vergleichssubprinzip** (s. Teilkap. 9.6.3.1): Mit diesem Prinzip ist gemeint, dass Lernerinnen und Lerner mehrere Beispiele statt nur eines einzigen erhalten sollen, um diese miteinander zu vergleichen und sich dabei die Gemeinsamkeiten und Unterschiede zu erklären, um so auf die zugrundeliegenden Prinzipien zu stoßen (Renkl, 2014b, S. 19). Hierfür gibt es bereits metaanalytische Hinweise, was sich als günstig erwiesen hat, wenn Lernerinnen und Lerner Beispiele vergleichen (Alfieri et al., 2013, S. 103). Zwei dieser Merkmale sind der Grad der Ähnlichkeit der (Lösungs-)Beispiele und der Zeitpunkt der Prinzipienexplikation: Günstiger ist es, wenn die Beispiele Gemeinsamkeiten aufweisen, etwas weniger effektiv sind Beispiele mit Gemeinsamkeiten und Unterschieden und mit sogar negativen Effekten ging es einher, wenn die Beispiele nur Unterschiede untereinander aufwiesen. Außerdem ist es lernförderlicher, das zugrundeliegende Prinzip erst nach der Analyse der Beispiele einzuführen, statt dies davor zu tun, auch wenn eine vorgängige Explikation des Prinzips immer noch mit positiven Effekten zusammenhing.
2. **Subprinzip der erleichterten Zusammenhänge:** Um Lernende dabei zu unterstützen, die richtigen Informationen aufeinander zu beziehen, ist es günstig, wenn das Lernmaterial hier bereits nach den Erkenntnissen der Theorie der kognitiven Belastung so gestaltet ist, dass es möglich wenig zusätzliche lernirrelevante Last generiert (Renkl, 2014b, S. 23 f.). Darunter fallen räumliche und zeitliche Nähe der Beispiele zueinander, die Nutzung von typografischen Hervorhebungen, aber auch der Verzicht auf ablenkende Informationen (Mayer & Fiorella, 2014, S. 282). Diese Maßnahmen eint, dass Lernerinnen und Lerner mit weniger Zusatzaufwand, der zulasten des Lernerfolgs geht, die Auswahl, Organisation und Verknüpfung von Informationen tätigen können.
3. **Subprinzip der günstig zusammengestellten Lösungsbeispiele**: Dieses Subprinzip bezieht sich darauf, dass die zusammengestellten Beispiele sich in ihren Inhalten (also in ihrer Tiefenstruktur) einerseits ähneln, aber andererseits in Oberflächenmerkmalen unterscheiden sollen. Dies soll es Lernenden erleichtern, die zentralen Merkmale leichter zu erfassen (Renkl, 2014b, S. 23).
4. **Subprinzip der blockweise zusammengefassten Lösungsbeispiele:** Als günstig gilt es insbesondere bei Schritt-für-Schritt-Lösungsbeispielen, zusammengehörige Schritte gebündelt zu behandeln oder Schritt für Schritt darzulegen. Dies dient dazu, die Zusammenhänge besser zu verstehen, warum eine Sequenz aufgebaut ist, wie sie aufgebaut ist (Renkl, 2014b, S. 24 f.).

5. **Subprinzip der sukzessive zunehmenden Problemlöseschritte** (9.6.3.5): Dieses Subprinzip geht davon aus, dass es nicht allein beim Selbsterklären der Differenzen und Gemeinsamkeiten in Lösungsbeispielen oder Fällen gehen sollte. Stattdessen werden sukzessive gerade bei Schritten zur Lösung von Problemen einzelne Schritte systematisch sukzessive entfernt, welche die Lernerinnen und Lerner dann selbstständig und von korrektivem Feedback flankiert ausführen. Dadurch wird nach und nach das Lerngerüst abgebaut und die zu lernende Fähigkeit eingefordert (Renkl, 2014b, S. 26; Renkl & Atkinson, 2003, S. 19).

## 9.5 Effektivität der Strategie

In vier Metaanalysen wurde der Effekt des Selbsterklärens bislang sekundärausgewertet. Die Ergebnisse enthält Tabelle 49. Die Effektstärken liegen mit Ausnahme jener Metaanalyse von Rittle-Johnson et al. (2017) aus der Domäne Mathematik dicht beieinander, selbst wenn zum Teil große Unterschiede in der Anzahl berücksichtigter Primärstudien bestehen. Unter diesen Metaanalysen hat jene von Bisra et al. (2018) Moderatoranalysen vorgenommen.

| Kurzbeleg | Art der Forschungssynthese: MA, MS | Anzahl Studien (Metaanalysen bei Metasynthesen) | Effektstärken |
|---|---|---|---|
| Bisra et al. (2018) | MA | 64 | 0,55 |
| Fiorella & Mayer (2015) | MA | 54 | 0,61 |
| Hattie & Donoghue (2016) | MS | 8 (1) | 0,50 |
| Rittle-Johnson, Loehr & Durkin (2017) | MA | 26 | 0,33 (konzeptionelles mathematisches Wissen)*, 0,28 (prozedurales mathematisches Wissen)* bzw. 0,46 (prozeduraler mathematischer Transfer)* |

*Tabelle 49: Studienübergreifende Effektivität der Strategie, sich Sachverhalte selbst zu erklären (MA = Metaanalyse, MS = Metasynthese, * = Effektstärken beziehen sich auf Testungen unmittelbar nach der Förderung)*

Es sind drei Ergebnisse der Metaanalyse von Bisra et al. (2018), die bei den Moderatoranalysen hervorstechen und aus Sicht der didaktischen Design-Prinzipien relevant wirken:

- Das **erste Ergebnis** betrifft die Frage, ob **andere Fördermaßnahmen** im Vergleich zu anderen Effekten führten. Anders ausgedrückt: Es wurde geprüft, ob alternative Fördermaßnahmen im Vergleich zu keiner gesonderten Förderung etwaige Vorsprünge der Selbsterklärungen mindern. Das war tatsächlich der Fall, denn sobald Alternativtreatments mit lernstrategischen Anteilen mit Selbsterklärungen verglichen wurden, war der Vorsprung gegenüber der Kontrollgruppe gänzlich ohne weitere Förderung nur halb so groß. Dennoch, und das wiederum ist wichtig, blieb ein Nettoeffekt bestehen, der eine Überlegenheit der zur Selbsterklärung befähigten Personen demonstrierte (Bisra et al., 2018, S. 711).
- Der **zweite,** nicht ganz leicht zu interpretierende **Befund,** betrifft das **Format, wie Selbsterklärungen hervorgerufen wurden** (Bisra et al., 2018, S. 713). Hinter dieser Analysekategorie verbargen sich sehr unterschiedliche Merkmale der Originalstudien, von denen an dieser Stelle die folgenden drei besonders hervorhebenswert sind, auch wenn aufgrund statistischer Details eine definitive Über- oder Unterlegenheit einzelner Formate nicht abschließend geklärt werden konnte. Drei der eindeutig kodierbaren Formate hatten mehr als zwei Effektstärken und zogen unterschiedliche Effekte nach sich. Dabei handelte es sich um a) Aufforderungen ganz zu Beginn, dass jemand später eine Selbsterklärung produzieren soll (*ES*= 0,70), b) den Hinweis, eine Frage zu generieren (*ES* = 0,56), sowie c) die allgemeine Aufforderung zur Abgabe einer Selbsterklärung (*ES* = 0,40).
- Das **dritte Ergebnis** schließlich hing mit der **Art der Selbsterklärung** zusammen (Bisra et al., 2018, S. 713). In absteigender Reihenfolge der Effektivität und auf der Basis von mindestens zwei Effektstärken sind dies bei den eindeutig geklärten Arten der Selbsterklärungen folgende vier: a) konzeptbezogene Selbsterklärungen, was bedeutet, dass man die Bedeutung eines im Lernmaterial benannten Konzepts klären muss (*ES* = 0,87), b) Erklärungen von einzelnen strukturellen Bestandteilen – wie etwa einem Absatz eines Textes – (*ES* = 0,68), c) Begründungen, warum man sich selbst für eine Lösung entschieden hat (*ES* = 0,43) bzw. warum eine andere Person sich für eine bestimmte Lösung entschieden hat (*ES* = 0,42).

Zusammengenommen ergeben die Resultate aus den Moderatoranalysen das Bild, dass sich Selbsterklärungen auch gegenüber weiteren Formen des generativen Lernens überdurchschnittlich auszahlen und dass diese Effekte besonders stark ausfallen, wenn die Lernerinnen und Lerner früh wissen, dass sie einzelne Konzepte oder ganze Textteile klären sollen. Das spricht für den Effekt frühzeitiger und gelenkter Formen der Selbsterklärungen.

## 9.6 Beispiele für die Strategie

In diesem Teilkapitel werden die drei didaktischen Design-Prinzipien zum Fördern des Selbsterklärens mit Beispielen illustriert. Dabei besteht die Besonderheit, dass das Selbsterklären nicht immer nur die alleinige Komponente in den Förderansätzen war, sodass es schwer ist, hier die Nettoeffekte des Selbsterklärens zu beziffern. Daher wird auch an dieser Stelle darauf verzichtet, genauer darzustellen, welche Wirkung die Nutzung des Selbsterklärens auf welche abhängige Variable hatte.

Die Entfaltung der Beispiele folgt der Logik der Prinzipien. Zunächst stehen drei Gruppen von Beispielen für das didaktische Design-Prinzip 12 zum stark extern gelenkten Induzieren von Selbsterklärungen (s. Teilkap. 9.6.1). Es folgen Beispiele für zwei Gruppen offenerer Formen, wie Selbsterklärungen gefördert werden können (9.6.2). Den Abschluss bildet eine Sammlung von zwei ausgewählten, als »Subprinzipien« bezeichneten Merkmalen von Förderansätzen, in denen die Selbsterklärungen für das Analysieren von Lösungsbeispielen genutzt wurden (9.6.3).

### 9.6.1 Auswahl von Inhalten für die Selbsterklärungen aus vorgegebenen Wahlmöglichkeiten – hoher Grad an externer Steuerung (didaktisches Design-Prinzip 12)

#### *9.6.1.1 Selbsterklärungen aus einem vorgegebenem (digitalen) Menü*

Die am stärksten gelenkte Form der Selbsterklärungen besteht darin, dass Lernenden in den Studien das Formulieren der Lösung erspart bleibt und sie durch Hinweise und insbesondere einen Lösungskatalog an potenziellen Erklärungen eng limitierte Vorgehensweisen zur Auswahl haben. Aus diesem vorab definierten Katalog müssen die Personen dann die korrekte Lösung auswählen. Dieser Ansatz ist in einer Reihe von Studien zum Einsatz gekommen, wobei es auffällig ist, dass dies häufig bei Verwendung digitaler Tools der Fall war:

- So berichten beispielsweise Atkinson et al. (2003, S. 779) von einem Ansatz aus der Wahrscheinlichkeitsrechnung, bei dem die Lernenden die richtige Regel für die Wahrscheinlichkeit angeben mussten, die zu einem Lösungsbeispiel passte.
- Wong et al. (2019, S. 26) ließen bei Lösungen im Gebiet Geometrie die Begründungen für Lösungen auswählen.
- Ähnliches berichten Johnson und Mayer (2010, S. 1247 f.; Mayer & Johnson, 2010, S. 252) für ein Serious Game aus der Physik zu Stromkreisläufen. Dies gilt ähnlich für den Ansatz von Hsu und Tsai (Hsu & Tsai, 2011, S. 251 f.), die in einem Serious Game zum Konzept von Licht und Schatten mit Primarschulkindern Selbsterklärungen für die Erklärung von Lösungen nutzten.

Diese Beispiele eint also ein Katalog an unterschiedlich leicht zu identifizierenden Erklärungen. Die Schwierigkeit für die richtige Auswahl bemisst sich an den Distraktoren, also plausibel wirkenden, aber inhaltlich unzutreffenden Erklärungsansätzen und der Anzahl von Lösungsmöglichkeiten.

#### *9.6.1.2 Ressourcenbasierte Selbsterklärungen*

Ressourcenbasierte Selbsterklärungen bieten mehr Auswahlmöglichkeiten von potenziellen Erklärungen an als die menübasierten Varianten. Hier sind zwei Beispiele, beide aus dem Kontext mit dem Lernen mit digitalen Medien, anzuführen. Ein erstes Beispiel stammt aus der Mathematik bzw. der Geometrie. Hier arbeiteten Jugendlicher zehnter Klassen mit einem digitalen Tutor, in dem sie geometrische Probleme lösten und die Lösungsschritte erklären mussten (Aleven & Koedinger, 2002, S. 154 f.). Dafür stand ihnen ein Glossar zur Verfügung, in dem geometrische Regeln bzw. Konzepte erläutert waren. Sie mussten aus diesem Katalog für jeden einzelnen Lösungsschritt dasjenige Konzept auswählen, das sie für passend hielten, und erhielten neben diesen Unterstützungsleistungen auch Rückmeldungen. Der digitale Tutor wurde einmal mit und einmal ohne Selbsterklärungen in gleich zwei Experimentalstudien getestet und erwies sich in der Variante mit Selbsterklärungen als überlegener. Der gleiche digitale Tutor wurde in einer anderen Studie – ebenfalls mit Zehntklässlern und ebenfalls mit Geometrie als Bereich der Mathematik – erfolgreich eingesetzt (Butcher & Aleven, 2008, S. 1738). Hier bestand der Unterschied darin, dass die eine Gruppe ihre Lösungen nur eingeben, die zweite aber ihre Lösungen aus einer Auswahlmöglichkeit begründet auswählen musste.

#### *9.6.1.3 Assistierte Selbsterklärungen*

Die assistierten Selbsterklärungen basieren auf spezifischen Hinweisen, die für die Lernerinnen und Lernen Informationen dazu enthalten, die die erwarteten Selbsterklärungen betreffen. Dadurch sollen sie Zielvorgaben leichter erfüllen können. Ein Beispiel aus dem Bereich Wahrscheinlichkeitsrechnung bestand darin, dass die Personen in einer digitalen Lernumgebung bei Lösungen eine überschaubare Anzahl von Fragen zum Grund ihrer spezifischen Berechnungen händisch eingegeben mussten (Berthold et al., 2009, S. 351). Alternativ dazu mussten sie auch verbale und nonverbale Elemente miteinander verknüpfen und auf Gemeinsamkeiten und Unterschiede in den Darstellungen eingehen. Sechs Fragen wurden zu Lösungsbeispielen gestellt, und die Teilnehmerinnen und Teilnehmer absolvierten acht solcher Lösungsbeispiele. Diese waren spezifisch auf die Lösungsbeispiele hin ausgerichtet und unterschieden sich damit deutlich von den allgemeinen Hinweisen in anderen Studien, die allgemein nach neuen Informationen, Verbindungen zu anderen Textteilen etc. fragen (s. z. B. Griffin, Wiley & Thiede, 2008, S. 97).

### 9.6.2 Strategisches Selbsterklären – geringe externe Steuerung (didaktisches Design-Prinzip 13)

Zwei Varianten der mit metakognitiven Hinweisen induzierten Selbsterklärungen werden in diesem Teilkapitel behandelt. Dabei gibt es einen gravierenden Unterschied zwischen fokussierten Selbsterklärungen (9.6.2.1) und offenen Selbsterklärungen (9.6.2.2): Erstgenannte Form hält spezifizierende Hinweise bereit, welche die Merkmale der Selbsterklärungen zu klären helfen. Es gibt also einen Unterschied in den Aufgabenstellungen hinsichtlich der Hinweismenge und -qualität.

#### *9.6.2.1 Fokussierte Hinweise zu Selbsterklärungen*

Fokussierte Hinweise stecken grob einen Rahmen ab, indem sie partiell offen sind, was die Selbsterklärungen betrifft. Sie geben damit eine minimale Struktur, überantworten aber die Anwendung dieser Hinweise den Lernerinnen und Lerner in einem recht hohen Maß. Ein erstes Beispiel hierfür ist eine Studie mit Studentinnen und Studenten der Psychologie, die als Hausaufgabe eine Zusammenfassung über drei empirische Artikel schreiben mussten (Gadgil & Nokes-Malach, 2012, S. 414). Einer der drei Artikel war dabei für alle verpflichtend zu verwenden. In einer Präsenzphase erhielten sie eine fremde, fehlerhafte Zusammenfassung zu dem für alle verpflichtend zu nutzenden Text und ein Booklet, das 17 Fehlerarten als Katalog enthielt (s. Tabelle 50). Mit dieser Vorbereitung sollten sie die fremde Zusammenfassung überprüfen und überarbeiten. Die Lernerinnen und Lerner mussten also die zur Verfügung gestellten Hinweise anwenden, ohne zu wissen, welche Fehler wie oft vorgekommen waren.

| Tiefenstrukturelle Merkmale | Oberflächenmerkmale |
|---|---|
| • Direkt aus dem Text kopiert (plagiiert)<br>• Einzelheiten des Verfahrens nicht klar<br>• Gibt Statistiken an<br>• Erklärt die Ergebnisse nicht im Klartext/definiert keine Begriffe<br>• Referenz-Tabelle, die in der Zusammenfassung fehlt<br>• Hypothese nicht angegeben<br>• Subjektmerkmale nicht vorhanden<br>• Abhängige und unabhängige Variablen unklar<br>• Versuchsaufbau (zwischen oder innerhalb von Personen) nicht klar<br>• Einschränkungen/Störeffekte nicht erwähnt<br>• Interpretiert keine Ergebnisse/erwähnt keine Implikationen für weitere Studien | • Statistiken nicht richtig formatiert<br>• Referenzen fehlen<br>• Erwähnt fünf Bedingungen anstelle von sechs<br>• Nicht eingerückt<br>• Trennt keine Absätze<br>• Probleme mit der APA-Formatierung |

*Tabelle 50: Zwei Arten von Fehlermerkmalen, die Studierende bei der Revision einer fremden Zusammenfassung erhielten (Quelle: eigene Darstellung basierend auf Gadgil & Nokes-Malach, 2012, S. 420)*

Ein weiteres Beispiel ist eine Studie, in der es um das physikalische Konzept Kraft ging, welche in einer virtuellen Lernumgebung mit virtuellen Experimenten behandelt wurde (van der Meij & Jong, 2011, S. 414). Hierbei erhielt die eine Gruppe allgemeine Hinweise wie »Erkläre deine Antwort« (die zu den offenen Selbsterklärungen zählen würde), während eine andere spezifischere Hinweise erhielt wie »Sie werden sehen, dass sich in der Gleichung der Wert für das Moment ändert, wenn Sie den Winkel der Kraft ändern. Warum ist das so?«. Diese letztgenannte Gruppe zeigte nach der Förderung bessere Werte in einem Wissenstest.

### *9.6.2.2 Offene Selbsterklärungen*

#### Allgemeine metakognitive Hinweise

Die offenen Selbsterklärungen mit keinen bzw. nur illustrierenden weiteren Angaben zum Vorgehen zeichnen sich durch eine insgesamt große Bandbreite und Offenheit in der Gestaltung und Anwendung aus. Um einen Überblick zu geben, versammelt die Tabelle 51 einige Beispiele aus Studien, in denen die Selbsterklärungen nachweislich zu verbesserten Lernleistungen geführt haben. Die Beispiele differieren in der Zahl der offenen Hinweise, dem Nutzen von Beispielen und in den Bezugspunkten, die von zu lösenden Problemen über mündliche Präsentationen und einzelne Texte bis hin zu multiplen Dokumenten reichen. Die Beispiele stammen ausnahmslos aus dem Kontext der Hochschule, was sich mit dem hohen kognitiven Anspruchsgrad dieser offenen Hinweise erklären lässt. Eine Gemeinsamkeit der Beispiele aus der Tabelle 51 ist, dass sie vor dem eigentlichen Lesen und Bearbeiten von Texten platziert wurden.

| Kurzbeschreibung | Hinweis im Wortlaut |
|---|---|
| **Hinweise – Bezug: mündliche Präsentationen** | • Erklären Sie, warum/wie … (Analyse von Prozessen und Konzepten)<br>• Was ist die Hauptidee von …? (Identifikation von Hauptideen)<br>• Wie würden Sie … nutzen, um …? (Transferanwendung)<br>• Was ist ein neues Beispiel für …? (Generieren von neuen Inhalten, Verknüpfen)<br>• Was, denken Sie, würde passieren, wenn …? (Vorhersagen)<br>• Was ist der Unterschied von … und …? (Analyse, Vergleich)<br>• Wie sind … und … sich ähnlich? (Analyse, Vergleich)<br>• Was sind mögliche Schlussfolgerungen zu …? (Inferieren, Generalisieren)<br>• Wie betrifft … …? (Beziehungen zwischen Konzepten erkennen)<br>• Was sind die Stärken und Schwächen von …? (Analyse)<br>• Was ist die/der/das beste … und warum? (Evaluieren und Begründen)<br>• Wie ist … mit … verbunden, was Sie von früher kennen? (Vorwissensaktivierung und Verknüpfen)<br><br>(Quelle: King, 1992, S. 309, leichte Adaptionen; Klammern nach den Fragen bzw. Hinweisen geben an, welche kognitiven Prozesse jeweils fokussiert werden) |

| Kurzbeschreibung | Hinweis im Wortlaut |
|---|---|
| **Hinweise und ein Beispiel für Selbsterklärungen – Bezug: einzelne Sachtexte aus Lehrbüchern, hierbei Selbsterklärungen auf Satz- und Absatzebene** | Wenn Sie jeden Text lesen, sollten Sie versuchen, sich die Bedeutung und Relevanz jedes Satzes oder Absatzes für den Gesamtzusammenhang des Textes zu erklären. Stellen Sie sich Fragen wie:<br>• Welche neuen Informationen werden in diesem Absatz ergänzt?<br>• In welcher Beziehung stehen sie zu früheren Absätzen?<br>• Bieten sie wichtige Einblicke in das Hauptthema des Textes?<br>• Wirft der Absatz neue Fragen in Ihrem Kopf auf?<br><br>Nehmen Sie zum Beispiel diesen Absatz über Hagel und Schneeregen. Einige mögliche Kommentare, die Sie sich stellen könnten, sind in Anführungszeichen:<br><br>Schneeregen sind Regentropfen, die auf dem Weg nach unten gefrieren. Hagelkörner gefrieren in der Wolke und beginnen zu fallen.<br>*»Ich frage mich, welchen Unterschied das machen könnte?«*<br>Da Eisklümpchen leichter als Regentropfen sind, kann der Wind Hagelkörner in die Wolken blasen.<br>*»Was passiert, wenn Hagel in die Wolken zurückkehrt?«*<br>In den Wolken gefriert immer wieder Wasser um Hagelkörner, bis sie schwer genug sind, um zum Boden zu gelangen.<br>*»Das würde bedeuten, dass Hagelkörner normalerweise größer als Schneeregen sind.«*<br>Wenn Sie sich Schneeregen und Hagel ansehen, hat Hagel viel mehr Eisschichten.<br>*»Das wirkt sinnvoll, wenn sie mehr als einmal einfrieren.«*<br><br>Versuchen Sie nach besten Kräften, über diese Themen nachzudenken, und stellen Sie sich diese Fragen zu jedem Text, den Sie lesen. Wenn Sie jeden Absatz beendet haben, erklären Sie sich selbst, was dieser Absatz bedeutet, ehe Sie mit dem nächsten Absatz fortfahren.<br><br>(Quelle: Wiley et al., 2016, S. 398; kursiv gesetzt und rechtsbündig sind mögliche Selbsterklärungen) |
| **Hinweis – Bezug: drei einzelne Sachtexte, hierbei Selbsterklärungen auf Ebene multipler Dokumente** | Versuchen Sie beim Lesen der folgenden Texte für sich selbst zu erklären, wie Schaltkreise funktionieren. Stellen Sie sich zum Beispiel vor, Sie müssten möglicherweise einer Gruppe von Schülern in einem naturwissenschaftlichen Kurs das Konzept der Funktionsweise von Schaltkreisen erklären.<br><br>(Quelle: Linderholm, Therriault & Kwon, 2014, S. 346) |
| **Hinweis – Bezug: drei einzelne Sachtexte, hierbei Selbsterklärungen auf Ebene multipler Dokumente** | Selbsterklären ist der Prozess, bei dem jeder Satz eines Textes anhand vorheriger *Textinformationen* oder Ihres *Hintergrundwissens* erklärt wird, um den Text besser zu verstehen. Das heißt, indem Sie jeden Satz selbst erklären, werden Sie ihn in einer für Sie sinnvolleren Weise umformulieren oder versuchen, den Text zu verstehen, indem Sie den *»Grund«* für die Aussage suchen, indem Sie die vorherigen Textinformationen oder Ihr eigenes Hintergrundwissens verwenden.<br><br>(Quelle: Linderholm, Kwon & Therriault, 2014, S. 18; Hervorh. im Original) |

| Kurzbeschreibung | Hinweis im Wortlaut |
|---|---|
| **Hinweis – Bezug: Problemlösung selbstständig entwickeln** | Während der Problemlösung werden Sie gebeten, sich laut zu erklären, was Sie denken oder tun.<br>(Quelle: Neuman & Schwarz, 1998, S. 17 f.) |

*Tabelle 51: Beispiele für vor dem Lernen platzierte Hinweise, anhand derer Lernerinnen und Lerner Selbsterklärungen vornehmen sollten*

### Vermittlung von Selbsterklärungen als Teil von aktiver (teils digital unterstützter) Strategievermittlung: das Beispiel SERT

Eines der wenigen mit wenigen Lektionen auskommenden Strategieprogramme, in denen die Selbsterklärungen einen deutlichen Fokus bildeten, ist **SERT** (*S*elf-*E*xplanation *R*eading *T*raining) und dessen digitale Nachfolger iSTART (*I*nteractive *S*trategy *T*rainer for *A*ctive *R*eading and *T*hinking; McNamara, O'Reilly, Rowe, Boonthum & Levinstein, 2007) sowie die gamifizierte Variante iSTART-2 (Snow, Jacovina, Jackson & McNamara, 2016). Kennzeichnend für das im Folgenden fokussierte SERT ist eine Sequenz von insgesamt fünf Lesestrategien, von denen nicht alle den Selbsterklärungen zuzurechnen sind, die aber aufeinander aufbauen und im Gesamt bezüglich ihrer Wirksamkeit in Interventionsstudien evaluiert wurden: a) Verstehensüberwachung, b) Inhalte paraphrasieren, c) Inhalte inferenzbasiert anreichern, d) Inhalte vorhersagen, e) Inhalte textübergreifend verbinden. Die letzten drei Strategien können im engeren Sinne zum Selbsterklären genutzt werden, da Texteinhalte auf lokaler (c) oder globaler Textebene (e) über Selbsterklärungen verbunden werden müssen bzw. noch zu lesende Textteile begründet prädiziert werden müssen (d). Die Verstehensüberwachung (a) dient dazu, Fehlvorstellungen und falsche mentale Modelle zu reparieren.

Diese Strategien wurden in der beschriebenen Sequenz eingeführt, mit kurzen Videos in der Anwendung den Lernenden demonstriert und an Sachtexten geübt, indem die Lernenden in Tandems im Wechsel absatzweise Selbsterklärungen gaben und danach Absätze mündlich zusammenfassten (McNamara et al., 2007, S. 400–402). Die Befunde sprechen insgesamt für eine Wirksamkeit über diverse Studien hinweg (SERT: McNamara, 2004; McNamara, 2017; Magliano et al., 2005; O'Reilly, Best & McNamara, 2004 bzw. iSTART: Kurby et al., 2012; Magliano et al., 2005; McNamara, Levinstein & Boonthum, 2004; McNamara et al., 2006).

### 9.6.3 Selbsterklären und Lösungsbeispiele (didaktisches Design-Prinzip 14)

Im Teilkapitel 9.4.3 sind für das didaktische Design-Prinzip 14 einige Subprinzipien für die lernförderliche Gestaltung von Lösungsbeispielen behandelt worden, die ihrerseits bereits eine Auswahl darstellten. An dieser Stelle wird eine erneute Engführung vorgenommen, da sich ein großer Teil der zuvor dargestellten Subprinzipien zu Lösungsbeispielen auf eine günstige Auswahl und Gestaltung der Lösungsbeispiele als solche bezog. Aus prozessualer Sicht erscheinen aber zwei Subprinzipien relativ zentral, nämlich dasjenige, welches durch die Analyse von verschiedenen Beispielen das generative Lernen in der Aneignungsphase erleichtert (s. Teilkap. 9.6.3.1), und dasjenige, bei dem die Transferleistungen in Anwendungssituationen erleichtert werden sollen (9.6.3.2). Deshalb werden im Folgenden nur diese beide Subprinzipien behandelt.

#### *9.6.3.1 Selbsterklärungs- und Vergleichssubprinzip*

Ein für den Erwerb von Wissen über allgemeine Prinzipien innerhalb einer Wissensdomäne zentrales Subprinzip beim Selbsterklären betrifft die Arbeit mit mehreren Lösungsbeispielen. Den Hintergrund bildet dabei die grundsätzliche Überlegung, dass über die Arbeit mit mehreren prototypischen Fällen das Bilden abstrakter Inferenzen erleichtert wird (Gentner, 2010), die ihrerseits den Wesenskern von den zu erlernenden allgemeinen Prinzipien, Gesetzmäßigkeiten, aber auch von Heuristiken ausmachen. Entsprechend ist diese Art, Kognitionen beim Umgang mit mehreren Beispielen zu fördern, schon recht häufig Gegenstand der Bildungsforschung geworden (Rittle-Johnson & Star, 2011), die bereits allgemeine metaanalytische Befunde zur allgemeinen Wirksamkeit und zu günstigen Bedingungen ermittelt hat (Alfieri et al., 2013).

Im Zentrum dieses Subprinzips steht, dass mit mehreren Beispielen die zugrundeliegende Ähnlichkeit oder Unterschiedlichkeit – vor allem aber: der Bezug zu einem übergeordneten Prinzip bzw. Schema – von den Lernenden erkannt und über die Selbsterklärungen verbalisiert wird. In der Forschung haben sich verschiedene Bezugspunkte von Vergleichen (und den darauf aufbauenden Selbsterklärungen) etabliert. Einen Überblick darüber gibt Tabelle 52. Die darin versammelten fünf Typen von dominant in der Forschung untersuchten Vergleichen werden im Folgenden exemplarisch illustriert.

| Merkmal | Typus des Vergleichs | | | | |
|---|---|---|---|---|---|
| | **Problem** | **Problemkategorie** | **Korrekte Methode** | **Inkorrekte Methode** | **Konzepte** |
| Ziel | Anwendung: Wann kann ich es nutzen? | Unterscheidung: Wie differieren diese Probleme? | Eignungsbeurteilung: Welches Vorgehen ist günstiger? | Korrektheitsurteil: Welche Methode ist korrekt? | Übereinstimmungsurteil: Welche Gemeinsamkeit besteht? |
| Fokus beim Vergleich | Einsatzmöglichkeit in verschiedenen Kontexten auf der Basis von Ähnlichkeiten | Differenz der Probleme | Gründe für die bessere Eignung | Gründe für die Eignung bzw. Nichteignung | Gemeinsamkeiten aller Beispiele in Bezug auf eine Kernidee/ ein Konzept |
| Wichtige Merkmale des Beispiels | Verschiedene Probleme, die mit der gleichen Methode erfolgreich bearbeitet wurden | Probleme aus verschiedenen Kategorien, die mit unterschiedlichen Methoden gelöst werden | Identisches Problem, gelöst mit (mind.) zwei verschiedenen Methoden | Identisches Problem, gelöst mit zwei Methoden: einer korrekten und einer inkorrekten | Verschiedene Beispiele eines übergeordneten Konzepts |
| Lerneffekt | Transfer: neue Probleme mit der Zielmethode | Unterscheidbarkeit zuvor verwirrender Problemkategorien | Kenntnis mehrerer Methoden und Nutzen der am günstigsten wirkenden | Reduktion von Fehlanwendungen und Verstärkung korrekter Methoden | Schlüsselkonzepte kennen |
| Beispielhinweis | »Beschreiben Sie so klar wie möglich, wie sich die Situationen in den beiden Geschichten ähnlich zu sein scheinen.« (Catrambone & Holyoak, 1989, S. 1149) | »Was ist das Unterscheidungsmerkmal zwischen der Kombinations- und Permutationsformel?« (analog zu VanderStoep & Seifert, 1994) | »Wie ähnlich ist Allies Weg im Vergleich zu Claires Lösungsweg?« (Star & Rittle-Johnson, 2009, S. 413) | »1) Welcher Lösungsschritt ist nicht korrekt und warum? 2) Was wäre die richtige Lösung? 3) Können Sie eine Problemformulierung angeben, für die die vorgestellte Lösung korrekt wäre?« (Große & Renkl, 2007, S. 617) | »Denken Sie an die Ähnlichkeiten zwischen diesen beiden Fällen. Was sind die wichtigsten Parallelen in den beiden Verhandlungen?« (Gentner et al., 2009, S. 1348) |

*Tabelle 52: Fünf bislang untersuchte Varianten des Vergleichens von (Lösungs-)Beispielen (Quelle: Rittle-Johnson & Star, 2011, S. 202, teils modifiziert)*

### 1) Vergleich ähnlicher Methoden für unterschiedliche Probleme

Bei diesen Vergleichen zielen die Analyse und die Extraktion verschiedener Merkmale von Lösungsprozeduren darauf ab, die Eignung eines Vorgehens in verschiedenen Kontexten zu prüfen und zu erkennen. Hierbei spielt eine Rolle, dass die Analyse des Problems dazu führt, dass Personen die Parameter eines Problems erkennen, um dann die Eignung der Prozedur zu verstehen. Mithin geht es um einen anzubahnenden Transfer.

Ein Beispiel hierfür ist eine Untersuchung mit Studierenden, die zwei Geschichten lasen und aufgefordert wurden, so klar wie möglich zu beschreiben, auf welche Arten sich die beiden Situationen in den beiden Geschichten ähnelten (Catrambone & Holyoak, 1989, S. 1149). Zwei solcher Beispieltexte waren »Der Feuerwehrchef« (Beispieltext 18) und »Der General« (Beispieltext 19). Danach, als die Beispielgeschichten und die Notizen entfernt worden waren, bearbeiteten die Personen ein Transferproblem (s. Beispieltext 20) und erhielten auch noch den Hinweis, sich explizit daran zu erinnern, welche Lösung für das Strahlenproblem die zuvor gelesenen Geschichten vorgeschlagen hatten. Dieses Vorgehen wurde in mehreren Experimenten getestet und führte insgesamt zu besseren Transferleistungen zur Nutzung der beschriebenen Problemlösung auf neue Kontexte (Alfieri et al., 2013, S. 95).

**Der Feuerwehrchef**

Eines Nachts brach in einem Holzschuppen voller Holz bei Mr. Johnson ein Feuer aus. Sobald er Flammen sah, gab er Alarm, und innerhalb weniger Minuten waren Dutzende Nachbarn mit Eimern bewaffnet vor Ort. Der Schuppen brannte bereits heftig, und alle hatten Angst, dass das Haus als Nächstes in Flammen aufgehen würde, wenn es nicht schnell kontrolliert würde. Glücklicherweise befand sich der Schuppen direkt neben einem See, sodass genügend Wasser zur Verfügung stand. Wenn eine große Menge Wasser gleichzeitig das Feuer treffen könnte, würde es gelöscht. Aber mit nur kleinen Eimern war es schwierig, Fortschritte zu erzielen. Das Feuer schien jeden Eimer Wasser zu verdampfen, ehe es das Holz traf. Es sah so aus, als wäre das Haus verdammt.
In diesem Moment traf der Feuerwehrchef ein. Er übernahm sofort das Kommando und organisierte alle. Er ließ alle ihren Eimer füllen und dann in einem Kreis um den brennenden Schuppen warten. Sobald der letzte Mann vorbereitet war, rief der Chef, und alle schütteten ihren Wassereimer auf das Feuer aus. Die Kraft des gesamten Wassers zusammen dämpfte das Feuer, und es wurde schnell unter Kontrolle gebracht. Herr Johnson war erleichtert, dass sein Haus gerettet wurde, und der Dorfrat bestimmte eine Gehaltserhöhung für den Feuerwehrchef.

*Beispieltext 18: Der Feuerwehrchef (Quelle: Gick & Holyoak, 1983, S. 37)*

**Der General**

Ein kleines Land wurde von einem Diktator von einer starken Festung aus regiert. Die Festung lag mitten im Land, umgeben von Bauernhöfen und Dörfern. Viele Wege führten durch die Landschaft zur Festung. Ein Rebellengeneral gelobte, die Festung zu erobern. Der General wusste, dass ein Angriff seiner gesamten Armee die Festung erobern würde. Er versammelte seine Armee an der Spitze einer der Straßen und war bereit, einen direkten Angriff in vollem Umfang zu starten. Der General erfuhr dann jedoch, dass der Diktator auf jeder Straße Minen gepflanzt hatte. Die Minen waren so eingestellt, dass kleine Männer sicher über sie hinwegfahren konnten, da der Diktator seine Truppen und Arbeiter zur und von der Festung bringen musste. Jede große Kraft würde jedoch die Minen zur Detonation bringen. Dies würde nicht nur die Straße sprengen, sondern auch viele Nachbardörfer zerstören. Es schien daher unmöglich, die Festung zu erobern.
Der General entwarf jedoch einen einfachen Plan. Er teilte seine Armee in kleine Gruppen auf und schickte jede Gruppe an den Kopf einer anderen Straße. Als alles fertig war, gab er das Signal und jede Gruppe marschierte eine andere Straße entlang. Jede Gruppe setzte ihren Weg zur Festung fort, sodass die gesamte Armee gleichzeitig zur Festung kam. Auf diese Weise eroberte der General die Festung und stürzte den Diktator.

*Beispieltext 19: Der General (Quelle: Gick & Holyoak, 1983, S. 35 f.)*

**Transferaufgabe: Tumorbehandlung**

Angenommen, Sie sind ein Arzt, der mit dem folgenden Problem konfrontiert ist. Bei einem Ihrer Patienten hat sich im Magen ein bösartiger Tumor entwickelt. Wenn der Tumor nicht bald behandelt wird, breitet sich der Krebs im gesamten Körper des Patienten aus und führt zum Tod. Aufgrund einiger medizinischer Komplikationen ist es unmöglich, eine Operation durchzuführen, um den Tumor zu entfernen oder seine Blutversorgung einzuschränken. Es gibt daher keine einfache Möglichkeit, den Zustand des Patienten zu behandeln. Sie haben jedoch eine Art Strahl zur Verfügung, mit dem der Tumor zerstört werden kann. Eine anhaltend große Dosis der Strahlen zerstört den Tumor effektiv. Leider zerstören die Strahlen bei dieser Dosierung auch das gesunde Gewebe, das sie auf dem Weg zum Tumor durchlaufen. Bei einer geringeren Dosierung würden die Strahlen das gesunde Gewebe nicht schädigen, aber sie würden auch den Tumor nicht zerstören.
Welche Art von Verfahren könnte verwendet werden, um den Tumor mit den Strahlen zu zerstören und gleichzeitig die Zerstörung des gesunden Gewebes zu vermeiden? Schlagen Sie so viele mögliche Lösungen wie möglich vor. Schreiben Sie alle Möglichkeiten auf, die Sie sich vorstellen können, auch solche, die möglicherweise nicht wirklich praktisch sind. Machen Sie sich keine Sorgen, dass Sie nicht genug medizinisches Wissen haben. Verwenden Sie alle Informationen, die Sie sich vorstellen können, um das Problem zu lösen.

*Beispieltext 20: Transferaufgabe nach dem Lesen von einander ähnelnden Methoden zur Lösung eines Problems (Quelle: Catrambone & Holyoak, 1989, S. 1155)*

### 2) Vergleich unterschiedlicher Probleme mit zugehörigen Methoden

Bei dieser Art von Vergleich geht es darum, dass Personen durch das Vergleichen für die verschiedenen Merkmale von Problemen sensibilisiert werden, um die dann dazu passenden Methoden auszuwählen. Ein Beispiel hierfür ist eine Studie mit Studierenden, die in der Domäne Mathematik durchgeführt wurde (allerdings ohne Selbsterklärungen; VanderStoep & Seifert, 1994). In dieser Studie erhielten die Teilnehmerinnen und Teilnehmer Lernmaterialien, in denen die Anwendungsgrenzen von zwei Formeln aus der Wahrscheinlichkeitsrechnung entweder nur beschrieben oder aber erläutert und miteinander verglichen wurden. Es zeigte sich hier eine Überlegenheit für jene Personen, welche die Materialen genauer studierten, die die beiden Formeln und ihre Einsatzgebiete explizit miteinander verglichen.

### 3) Vergleich mehrerer korrekter Methoden

Bei diesem Typus von Vergleichen geht es darum, dass ein gegebenes Problem auf unterschiedliche Art gelöst werden kann. Hierfür werden (mindestens) zwei solcher Problemlöseverfahren genauer miteinander verglichen, sodass die Grenzen und Einsatzmöglichkeiten für die Lernerinnen und Lerner deutlicher werden. Dadurch wird neben dem prozeduralen Wissen auch das konditionale metakognitive Wissen geschult.

Ein Beispiel für den Vergleich von mehreren korrekten Prozeduren stammt aus einer Studie mit Fünft- und Sechstklässlern in der Mathematik (Star & Rittle-Johnson, 2009, S. 412). Zentral waren Booklets mit insgesamt 32 Beispielen (13 Paare und zwei Dreiergruppen). In diesen Beispielen waren Fragen enthalten, welche für die Selbsterklärungen zentral waren (s. Beispieltext 21). Die Bearbeitung der Beispiele nebst den zugehörigen Fragen erfolgte über drei Tage mit jeweils unterschiedlichen Schwerpunkten. Am ersten Tag dominierten noch recht einfache Multiplikationen, und die Fragen waren entsprechend solche wie diese: »Wessen Weg ist am einfachsten? Warum?« und »Wenn das Zahlenproblem von 13 × 88 auf 47 × 88 geändert würde, wäre der Weg dieses Schülers immer noch am einfachsten? Warum oder warum nicht?«. An Tag zwei und drei der Förderung wurde eher die Genauigkeit der Ergebnisse fokussiert. Hierzu dienten Fragen wie »Ohne den genauen Wert zu kennen, wessen Schätzung liegt näher am genauen Wert des Zahlenproblems?« oder »Sieh dir die beiden oben gezeigten Möglichkeiten an. Denkst du, dass ein Weg bei Multiplikationsproblemen immer eine genauere Schätzung liefert als der andere? Warum oder warum nicht?«.

**Ein Vergleich von zwei Vorgehensweisen beim Abschätzen von Multiplikationen**
Wieviel ist 27 × 43 ungefähr?

| *Allies Weg* | *Claires Weg* |
|---|---|
| 27 × 43 | 27 × 43 |
| Meine Schätzung ist 800. | Meine Schätzung ist 1200. |
| Ich habe die Einerstellen abgedeckt und denn die Zehnerstellen miteinander multipliziert, ungefähr so: | Ich habe beide Zahlen gerundet. |
| 2■ × 4■ = 8 | Ich habe 27 zu **30** aufgerundet. Ich habe 43 zu **40** abgerundet. |
| Dann habe ich zwei Nullen ergänzt, weil ich die Einerstellen abgedeckt hab, und erhielt 800. | Dann habe ich **30 × 40** multipliziert und erhielt 1200. |

1) Wie ähnlich ist Allies Weg im Vergleich zu Claires Lösungsweg?
2a) Nutze Allies Weg, um 21 × 43 zu schätzen.
2b) Würde Claires Weg eine andere Schätzung für 21 × 43 im Vergleich zu Allies Weg ergeben?

*Beispieltext 21: Beispiel für einen Vergleich von Lösungsbeispielen mit Selbsterklärungen (Quelle: Star & Rittle-Johnson, 2009, S. 413)*

Aus der Sicht des Selbsterklärens sind die Fragen am Ende des Blocks aus dem Beispieltext 21 entscheidend, da hier durch die metakognitive Steuerung der Vergleich und Nachvollzug der Lösungen stimuliert wird, außerdem wird durch die letzte Frage (2b) auch konditionales Wissen tangiert, wenn es darum geht, welchen Effekt die Zahlen für die gewählte Prozedur haben.

### 4) Vergleich korrekter und inkorrekter Methoden

Die Arbeit mit korrekten bzw. inkorrekten Anwendungen von Methoden dient dazu, Lernerinnen und Lerner für die richtige Anwendung zu schulen. Dafür wird ein Problem genutzt, und die Lösungen variieren in der Korrektheit. Hierdurch soll das richtige Vorgehen erkannt und verstärkt werden. Ein Beispiel dafür stammt aus einer Studie mit Studierenden, die Lösungsbeispiele aus dem Bereich der Wahrscheinlichkeitsrechnung analysierten und dabei Selbsterklärungen vornehmen sollten. Es gab hierfür drei Hinweise, und diese Hinweise für die Selbsterklärungen zielten darauf ab, die Richtigkeit zu beurteilen, sie zu begründen und Bedingungen für die Richtigkeit der Methode zu benennen (Große & Renkl, 2007, S. 612). Diejenigen, die Selbsterklärungen vornahmen und dabei sowohl falsche als auch richtige Lösungsbeispiele bearbeiteten, hatten einen engeren Zusammenhang von

Testleistungen und der Qualität ihrer Selbsterklärungen als jene Personen, die auf nur korrekte Beispiele im Experiment stießen (Große & Renkl, 2007, S. 621).

### 5) Vergleich analoger Beispiele als Stellvertreter für abstrakte Kernkonzepte

Bei Vergleichen dieser Art geht es darum, dass die jeweiligen Beispiele stellvertretende Konkretisierungen von übergeordneten Kernkonzepten darstellen. Diese zu erkennen, bildet die Funktion des Vergleichs. Ein Beispiel für die Anwendung eines solchen Vorgehens bildet eine Reihe von Experimenten, in denen es um wirtschaftliche Verhandlungen ging (Gentner, Loewenstein, Thompson & Forbus, 2009). Hierfür erhielten Personen zwei Fälle (s. Beispieltexte 22 und 23). Sie lasen sie und erhielten folgenden Hinweis, der zwar nicht für eine Selbsterklärung intendiert war, aber große Parallelen zu ihr aufweist: »Was geschieht in diesen Verhandlungen? Denken Sie an die Ähnlichkeiten zwischen diesen beiden Fällen. Was sind die wichtigsten Parallelen in den beiden Verhandlungen? Bitte beschreiben Sie die Lösung und sagen Sie, wie erfolgreich Sie sie finden.« (Gentner et al., 2009, S. 1347 f.) Den Personen, die zwei analoge Fälle statt nur einzeln fokussierten Beispielen zu lesen bekamen, gelang es besser, das Prinzip der Kontingenz in der Vertragsgestaltung zu erkennen (Gentner et al., 2009, S. 1349, s. zu ähnlichen Befunden Gentner, Loewenstein & Thompson, 2003).

**Der Fall mit dem asiatischen Händler**

Syd, eine kürzlich beförderte Haupteinkäuferin einer kleinen Einzelhandelskleidungskette in den USA, hatte einige Stiefel von einem großen asiatischen Hersteller gekauft. Bis auf den Versand der Stiefel waren alle Aspekte des Geschäfts erfolgreich ausgehandelt worden. Obwohl Syd glaubte, dass es potenzielle Schwierigkeiten beim Umgang mit einem großen multinationalen Konglomerat geben könnte, hatte sie sich aufgrund ihrer aggressiven Preisgestaltung entschieden, Stiefel von dieser Firma zu kaufen – und nicht von mehreren kleineren verfügbaren Herstellern. Der Handelsvertreter der asiatischen Firma teilte Syd mit, dass sie für den Versand der Stiefel per Boot bezahlen würden. Syd war besorgt, weil die Vereinigten Staaten angekündigt haben, dass in naher Zukunft wahrscheinlich ein Handelsembargo für alle Waren aus diesem Land verhängt wird. Der asiatische Handelsvertreter sagte Syd, sie solle sich keine Sorgen machen, da das Boot vor dem Embargo am US-Dock ankommen würde. Syd glaubte jedoch, dass das Boot zu spät kommen würde und dass die Politik des multinationalen Konglomerats, Waren zu versenden, nicht den Bedürfnissen kleiner Unternehmen entsprach. Syd wollte, dass der Händler für den Versand der Stiefel per Luftfracht bezahlt (was wesentlich teurer war). Der asiatische Handelsvertreter lehnte wegen der höheren Kosten ab. Sie stritten sich darüber, wann das Boot ankommen würde. Syd überlegte, den Handel abzubrechen und die Stiefel von ihrer nächstbesten Option, einem kleinen Hersteller, zu kaufen. Ihre Produktlinie gefiel ihr jedoch nicht, und sie wollte auch versuchen, eine Beziehung zu dem großen multinationalen Konglomerat aufzubauen.

Nach einer langen Diskussion, in der die Verhandlungen möglicherweise erfolglos abgebrochen worden wären, unterbreitete Syd dem Handelsvertreter des asiatischen Herstellers einen neuen Vorschlag. Sie würden die Stiefel per Luftfracht schicken, aber beide Seiten würden beobachten, wann das Boot tatsächlich in den Vereinigten Staaten anlegt. Wenn das Boot pünktlich ankam (wie der Handelsvertreter glaubte), würde Syd die zusätzlichen Kosten für Luftfracht bezahlen. Sollte das Boot jedoch zu spät ankommen (wie Syd glaubte), würde der asiatische Hersteller die Luftfrachtrechnung bezahlen. Syd und der asiatische Hersteller waren mit diesem Vorschlag zufrieden und jede Partei bekam das Arrangement, das sie wollte.

*Beispieltext 22: Fallbeispiel für einen Handel – der asiatische Händler (Quelle: Gentner et al., 2009, S. 1380 f.)*

**Der Fall zweier armer Brüder**

Zwei ziemlich arme Brüder, Ben und Jerry, hatten gerade eine bewirtschaftete Farm geerbt, deren Hauptkultur einen volatilen Preis hat. Ben wollte Rechte an der Produktion der Farm im Rahmen eines langfristigen Vertrags für einen festen Betrag verkaufen, anstatt von Anteilen einer ungewissen Einnahmequelle abhängig zu sein. Kurz gesagt, Ben war risikoscheu. Jerry hingegen war zuversichtlich, dass die nächste Saison spektakulär und die Einnahmen hoch sein würden. Kurz gesagt war Jerry auf der Suche nach Risiken. Die beiden stritten sich Tag und Nacht. Ben wollte sofort verkaufen, weil er glaubte, dass der Preis für die Ernte fallen würde; Jerry wollte die Farm behalten, weil er glaubte, dass der Preis für die Ernte steigen würde. Jerry konnte es sich zu dem Zeitpunkt nicht leisten, Bens Anteile aufzukaufen, aber die Belastung ihrer familiären Beziehung aufgrund ihrer Meinungsverschiedenheiten wurde zu groß. Ben hatte in der Vergangenheit immer Jerrys Instinkten vertraut, aber diesmal war Jerry zu optimistisch.
Um die Angelegenheit zu klären und die wachsende Kluft zwischen ihnen zu schließen, einigten sich die beiden Brüder auf ein Treffen mit einem Berater für Familienunternehmen. Nach der Konsultation schlug Jerry seinem Bruder eine mögliche Vereinbarung vor: Sie würden die Farm für eine weitere Saison behalten. Wenn der Preis der Ernte unter einen bestimmten Preis fallen würde (wie Ben es erwartet hatte), würden sie die Farm verkaufen und Ben würde 50 Prozent des aktuellen Wertes der Farm erhalten, angepasst an die Inflation. Jerry würde den Rest bekommen. Wenn jedoch der Preis für die Ernte steigen würde (wie Jerry es erwartet hatte), würde Jerry Bens Anteile für 50 Prozent des aktuellen inflationsbereinigten Wertes der Farm aufkaufen und alle zusätzlichen Gewinne für sich behalten. Jerry war erfreut, als sein Bruder ihm sagte, er könne dieser Vereinbarung zustimmen und so weitere Konflikte vermeiden.

*Beispieltext 23: Fallbeispiel für den Umgang mit einer geerbten Farm (Quelle: Gentner et al., 2009, S. 1381)*

#### *9.6.3.2 Subprinzip der sukzessive zunehmenden Problemlöseschritte*

Dieses Subprinzip geht davon aus, dass die Einbindung von Lösungsbeispielen mit Selbsterklärungen bei dem Erwerb von kognitiven Fähigkeiten einer Drei-Phasen-Logik unterliegt (Renkl & Atkinson, 2003; VanLehn, 1996). Dabei geht es in der ersten Phase um ein grundsätzliches Verständnis von Prinzipien innerhalb einer Domäne. In der zweiten Phase steht das allmähliche Problemlösen im Vordergrund, während die dritte Phase auf Automatisierung und Transfer abzielt. Das analysierende Studieren und Selbsterklären von Lösungsbeispielen, um sie gezielt mit den Prinzipien innerhalb einer Wissensdomäne zu verknüpfen und die Prototypik der Beispiele zu erkennen, steht vor allem in der zweiten Phase der Wissensaneignung im Vordergrund. Um dies an ein einem Beispiel zu erläutern, soll zunächst der Beispieltext 24 aus der Domäne Mathematik (und hier genauer: der Wahrscheinlichkeitsrechnung) als Ausgangspunkt dienen. Er enthält die vollständige Problemlösung, und entscheidend ist hierbei, dass die drei Lösungsschritte ausformuliert sind.

**Dreischrittige Beispiellösung aus der Wahrscheinlichkeitslösung**

In einer Fabrik, die T-Shirts herstellt, können zwei Fehler unabhängig voneinander passieren: In 10 Prozent der Fälle ($p = 1/10$) passiert ein Fehler beim Nähen, und in 20 Prozent der Fälle ($p = 1/5$) passiert ein Fehler beim Färben der Kleidung. Wenn du ein zufälliges T-Shirt aus der Säule der Produkte herausziehst, mit welcher Wahrscheinlichkeit ist es dann fehlerfrei hergestellt?

1) *Wahrscheinlichkeit, dass beide Fehler beim Nähen und Färben passieren:*
   $1/10 \times 1/5 = 1/50 = 0{,}02$

2) *Wahrscheinlichkeit, dass einer der Fehler beim Nähen und Färben passiert:*
   $= 1/10 + 1/5 - 1/50$
   $= 5/50 + 10/50 - 1/50$
   $= 14/50$
   $= 7/25 = 0{,}28$

3) *Wahrscheinlichkeit, beim zufälligen Ziehen ein korrekt hergestelltes T-Shirt zu erhalten:*
   $= 1 - 7/25 = 18/25 = 0{,}72$

*Antwort:* Wenn man zufällig eines der T-Shirts aus dem Stapel in der Fabrik hergestellter T-Shirts zieht, ist die Wahrscheinlichkeit, dass es korrekt hergestellt wurde, $18/25$ bzw. 0,72.

*Beispieltext 24: Beispiel für eine vollständiges Lösungsbeispiel ohne Selbsterklärung als Ausgangspunkt für Phasen mit unterschiedlichen Scaffolds (Quelle: Renkl & Atkinson, 2010, S. 92)*

Doch wie gelangt man nun dazu, die Problemlösung allmählich stärker einzufordern? Um dieses Problemlösen innerhalb definierter Scaffolds zu ermöglichen, wird ein systematisches Zurückfahren von Unterstützungsleistungen vom Ende des Lösungsprozesses aus vorgeschlagen, das sich in einer Reihe von Studien bewährt hat (Atkinson et al., 2003; Renkl, Atkinson & Große, 2004; Renkl, Atkinson, Maier & Staley, 2002; Schwonke et al., 2009). Dieses Zurückfahren der Unterstützungsleistungen ist exemplarisch für die dreischrittige Problemlösung aus dem Beispieltext 24 in Tabelle 53 dargestellt. Die Logik dahinter ist, dass die Lernerinnen und Lerner selbstständig Lösungen bei einem Set aufeinander folgender, vergleichbarer Aufgaben erstellen müssen, und dass sie dies sukzessive früher im Problemlöseprozess tun müssen. Dabei lässt sich dieses Einfordern der Anwendung von Prinzipien damit kombinieren, dass die Lernerinnen und Lerner die Prinzipien bzw. deren Anwendung bei jedem Schritt erklären. Hierbei stehen wiederum die Freiheitsgrade offen, die sich aus den didaktischen Design-Prinzipien 12 und 13 ergeben (s. Teilkap. 9.4.2). Renkl und Atkinson (2010, S. 98) führen z. B. in einer computerbasierten Variante für den Lösungsschritt 1 in der Phase e aus Tabelle 53 die Möglichkeit an, mittels menübasierten Selbsterklärungen das Prinzip für den Lösungsschritt 1 auszuwählen, indem sich die Lernerinnen und Lerner für die genutzte Regel/das genutzte Prinzip der Wahrscheinlichkeitsrechnung entscheiden müssen (etwa 1) Wahrscheinlichkeit eines Ereignisses, 2) Prinzip der Komplementarität, 3) Multiplikationsprinzip 4) Additionsprinzip).

| | Phase a | Phase b | Phase c | Phase d | Phase e |
|---|---|---|---|---|---|
| Vollständiges Lösungsbeispiel | ○ | ○ | ○ | ○ | ○ |
| Lösungsschritt 1 | ○ | ○ | ○ | ○ | ● |
| Lösungsschritt 2 | ○ | ○ | ○ | ● | ● |
| Lösungsschritt 3 | ○ | ○ | ● | ● | ● |
| Problemlösung | ○ | ● | ● | ● | ● |

*Tabelle 53: Mehrphasiges Schema zur Nutzung von Lösungsbeispielen mit Abbau des Scaffolds und Einfordern der zunehmend eigenständigen Problemlösung durch die Lernerinnen und Lernen (Legende: ○ = von Lehrenden ausformuliert bereitgestellt, ● = von Lernenden selbst zu leisten; Darstellung inhaltlich analog zu Renkl & Atkinson, 2010, S. 99)*

## 9.7 Bedingungen und Grenzen der Strategie

Die Qualität des Lernens steht und fällt bei den Selbsterklärungen mit den Qualitäten der Selbsterklärungen. Es ist deren Wesenskern, dass Lernerinnen und Lerner auf der Basis von mehr oder minder expliziten – externalen – Scaffoldings und auf der Grundlage ihres individuellen – also internalen – Vorwissens mit den Lernmaterialien so umgehen, dass sie sinnvolle Selbsterklärungen erstellen. Damit ist der Bereich der Bedingungen und Grenzen des Selbsterklärens bereits grob kartiert. Eine aktuelle und systematische Sichtung dessen, was Begrenzungen – und damit auch Einsatzmöglichkeiten – ausmacht, haben Rittle-Johnson und Loehr (2017a) vorgenommen. Die Essenz enthält Tabelle 54, die insgesamt vier Begrenzungen versammelt.

| Begrenzung | Kurzcharakterisierung |
|---|---|
| Domäne | Verstehen und Transfer in Wissensdomänen und Disziplinen mit klarer Orientierung an Prinzipien, Regeln oder zumindest doch Heuristiken |
| Gegenstand | Zu erklärender Inhalt ist eindeutig bekannt als richtig oder falsch, um so potenzielle Fehlvorstellungen der erklärenden Personen zu umgehen |
| Erklärungshinweise | Aufmerksamkeitslenkung auf wichtige Inhalte, Reduktion der lernirrelevanten kognitiven Belastung, aber auch zum Teil dessen, was in den Selbsterklärungen fokussiert und was daraus gelernt wird |
| Effektivität ggü. anderen Lernstrategien | Andere Lernstrategien (und ihre didaktischen Umsetzungen) sind teils ähnlich effektiv oder sogar effektiver, sodass diesen Maßnahmen dann der Vortritt zu geben ist |

*Tabelle 54: Begrenzungen des Einsatzes von (angeleiteten) Selbsterklärungen (Quelle: Rittle-Johnson & Loehr, 2017a, S. 1503)*

Eine wichtige Bedingung und ein sich daraus ergebendes Einsatzgebiet der Selbsterklärungen – zumal jene zu den Lösungsbeispielen mit dem Bezugspunkt der allgemeinen abstrakten Schemata – bildet das **systematische Vorhandensein von Regelhaftigkeiten in den Wissensdomänen,** darunter mathematische Prozeduren, Gesetzmäßigkeiten, aber auch Heuristiken. Dadurch wird der abstrahierende Nutzen von allgemeinen Inferenzen gesteigert, aber – und das kann eine unerwünschte Nebenwirkung sein – zulasten von Details. Wenn es jedoch darum geht, sich Details einzuprägen, sind generalisierende Selbsterklärungen nicht das Mittel der Wahl, etwa bei Regeln mit vielen Ausnahmen (Renkl & Eitel, 2019, S. 532; Rittle-Johnson & Loehr, 2017a, S. 1503f.).

Eine zweite Bedingung betrifft den zu klärenden Gegenstand in Abhängigkeit mit dem Vorwissen. Da individuelle Wissensbestände nicht zwingend korrekt sein müssen, empfiehlt sich eine Fokussierung auf **eindeutig korrekte oder auch inkorrekte Lernmaterialien,** die als Ausgangspunkt für die induzierten Selbsterklärungen fungieren. Das Erklären, warum etwas korrekt bzw. inkorrekt ist, ist günstig, wenn es um Transferanwendungen geht (Rittle-Johnson & Loehr, 2017a, S. 1504f.). Weniger auf Korrektheit bzw. Inkorrektheit denn auf Eindeutigkeit bezieht sich eine wichtige Einschränkung aus der Arbeit mit Fallbeispielen. Denn hier ist relativierend anzumerken, dass es wenig lernförderlich ist, wenn die Beispiele Unterschiede aufweisen, die die Lernerinnen und Lerner finden müssen, da dies auf Kosten der Tiefendurchdringung und damit zulasten des Erwerbs abstrakter Schemata gehen kann (Alfieri et al., 2013, S. 108).

Ein weiterer eingrenzender Faktor sind die **metakognitiven Hinweise, worauf die Lernerinnen und Lerner beim Selbsterklären fokussieren.** Hierin liegt einerseits die Chance, dass die Aufmerksamkeit gezielt gelenkt und die kognitive lernbezogene kognitive Belastung reduziert wird (Fiorella & Mayer, 2015, S. 145). So ist es beispielsweise auffällig in Studien, dass Erklärungen von einzelnen

Konzepten zwar das Verständnis dieser Konzepte erleichtern, aber einen Transfer zu erschweren scheinen. Auch die Aufforderung, etwas zu begründen statt etwas zu erklären, geht mit Unterschieden in Leistungen einher, sodass es hier zu erwünschten Fokussierungen, aber auch zu möglicherweise unerwünschten Nebenwirkungen kommen kann (Rittle-Johnson & Loehr, 2017a, S. 1505). Dies wird auch auf breiterer empirischer Basis unterstützt, weil sich bei der Art, welchen Inhalt Selbsterklärungen haben, Unterschiede ergeben (Bisra et al., 2018, S. 713, s. drittes Ergebnis von Moderatoranalysen im Teilkap. 9.5). Dies betrifft also nicht nur Lenkungsgrade der Selbsterklärungen, wie sie die didaktischen Design-Prinzipien 12 und 13 aus diesem Kapitel behandeln, sondern auch grundsätzlich die Frage nach den jeweils spezifischen Inhalten der Selbsterklärungen.

Der vierte und an dieser Stelle letzte einschränkende Faktor betrifft **alternative Lernstrategien, die im Vergleich zu Null-Treatment-Konditionen ebenfalls deutliche Effekte hatten.** Bereits die Metaanalyse von Bisra et al. (2018, S. 711, s. erstes Ergebnis von Moderatoranalysen im Teilkap. 9.5) demonstrierte, dass die Lerneffekte erheblich geringer ausfielen, wenn entweder die Lernenden aus der Kontrollgruppe eine andere Lernstrategie nutzen oder wenn dort Erklärungen gegeben worden waren. Das bedeutet, dass in dieser Metaanalyse zwar immer noch Vorsprünge des Selbsterklärens bestanden, diese aber praktisch nur noch halb so groß waren. Dies wirft die Frage auf – gerade vor dem Hintergrund der häufig beobachteten Schwierigkeiten von Lernenden, selbst qualitativ hochwertige Selbsterklärungen zu generieren –, ob Selbsterklärungen das Mittel der Wahl sind – auch und gerade unter der Perspektive, dass echte Trainings zum Selbsterklären immer noch eine Mangelware darstellen (Rittle-Johnson & Loehr, 2017a, S. 1505f.).

## 9.8 Zusammenfassung und Schluss

Selbsterklärungen sind eine anspruchsvolle Lernstrategie des generativen Lernens. Ihrem Wesenskern zufolge **nutzen Personen ihre Vorwissensbestände dazu, spezifisch ausgewählte Informationen aus Lernmaterialien mittels erklärender Äußerungen so zu verknüpfen, dass sie sich kohärent organisieren lassen.** Das tun die Lernerinnen und Lerner, um eine möglichst adäquate Vorstellung über die in den Lernmaterialien behandelten Inhalte zu erzielen. Für die Selbsterklärungen ist damit zum einen typisch, dass diese elaborativen Anreicherungen dazu da sind, vorderhand *das eigene Verstehen zu optimieren,* also mit den namensgebenden, an sich selbst adressierten Äußerungen die unvollständigen Inhalte so anzureichern, dass die entstehende mentale Vorstellung korrekt ist. Zum anderen dienen die Selbsterklärungen auch dazu, *dass eigene Verstehen metakognitiv zu überwachen* und unvollständige oder inkorrekte Vorstellungen zu erkennen und zu reparieren. Im ersten Fall werden unvollständige Lernmaterialien gleichsam mit Vorwissen aufgefüllt, im zweiten Fall werden fehlerhafte Vorstellungen mit der Konsultation der Lernmaterialien optimiert.

Die beiden didaktischen Design-Prinzipien, die an diesen Funktionen ansetzen, lassen sich als prototypisch komplementär beschreiben. Zum einen gibt es **Fördermaßnahmen,** die dazu dienen, mittels **starker Grade an Vorstrukturierung eine Form der gelenkten Selbsterklärungen hervorzurufen** (didaktisches Design-Prinzip 12). Hierbei haben spezifizierende metakognitive Hinweise eine sichernde Funktion. Selbiges gilt für bereits vorgegebene Lösungsbestandteile, welche die Lernerinnen und Lerner dann korrekt auswählen und einfügen müssen. Demgegenüber sind **andere Fördermaßnahmen** dafür konzipiert, **variable Lösungen beim Selbsterklären zu ermöglichen,** indem hier nur minimale Hinweise gegeben werden bzw. die Lernenden Strategien des Selbsterklärens direkt vermittelt bekommen (didaktisches Design-Prinzip 13). Hier müssen die Lernenden vollkommen selbstständig die Selbsterklärungen generieren. Solche Selbsterklärungen sind anspruchsvoll, weshalb sich die beiden genannten Design-Prinzipien als ein Korridor von Lernsettings mit hohen Scaffolding-Anteilen hin zu solchen mit erhöhten Anforderungen an den Lerner und die Lernerin begreifen und nutzen lassen. Dies geht mit hohen Ansprüchen an die Nutzung des kohärenzstiftenden Vorwissens und dem Umgang mit der kognitiven Belastung einher.

Unter dem Stichwort der kognitiven Belastung ist schließlich ein Sonderfall der Selbsterklärungen anzuführen: jenen, die beim Umgang mit *Lösungsbeispielen* zum Einsatz gelangen. Hier geht es vor allem darum, abstrakte regelgeleitete Bearbeitungsschritte, Problemlösevorgänge oder Heuristiken mit konkreten Beispielen zu verknüpfen, um so schematisch repräsentiertes Wissen zu erwerben, dass handlungsleitend werden soll. In diesem Fall kommt Selbsterklärungen die Funktion zu, die kognitive Belastung möglichst gering zu halten. Die hierfür genutzten Fördermaßnahmen eint – aufgeteilt in fünf ausgewählte Subprinzipien des didaktischen Design-Prinzips 14 – das Bemühen, **die Lösungsbeispiele und Prinzipien auf möglichst kognitiv günstige Weise auszubalancieren, sodass Lernende zu erfolgreichen Selbsterklärungen befähigt werden.** Damit haben Selbsterklärungen einen Platz in der frühen Phase des Erwerbs abstrakten Wissens, sie fungieren als transitorische Bestandteile auf dem Weg zu einer Anwendung des abstrakten Wissens, um mit konkreten Anforderungen – vor allem in naturwissenschaftlich-mathematischen Domänen – erfolgreich umzugehen.

# 10 Literatur

Adesope, O. O., Trevisan, D. A. & Sundararajan, N. (2017). Rethinking the Use of Tests. A Meta-Analysis of Practice Testing. *Review of Educational Research, 87* (3), 659–701.

Ainsworth, S. & Burcham, S. (2007). The Impact of Text Coherence on Learning by Self-Explanation. *Learning and Instruction, 17* (3), 286–303.

Ainsworth, S. & Loizou, A. T. (2003). The Effects of Self-Explaining when Learning with Text or Diagrams. *Cognitive Science, 27* (4), 669–681.

Ainsworth, S., Prain, V. & Tytler, R. (2011). Drawing to Learn in Science. *Science, 333* (6046), 1096–1097.

Akay, S. O., Kaya, B. & Kilic, S. (2012). The Effects of Concept Maps on the Academic Success and Attitudes of 11th Graders while Teaching Urinary System. *International Online Journal of Primary Education, 1* (1), 23–30.

Alamargot, D. & Chanquoy, L. (2001). *Through the Models of Writing.* Dordrecht: Kluwer Academic Publishers.

Alesandrini, K. L. (1981). Pictorial–Verbal and Analytic–Holistic Learning Strategies in Science Learning. *Journal of Educational Psychology, 73* (3), 358–368.

Aleven, V. & Koedinger, K. R. (2002). An Effective Metacognitive Strategy. Learning by Doing and Explaining with a Computer-Based Cognitive Tutor. *Cognitive Science, 26* (2), 147–179.

Alexander, P. A., Schallert, D. L. & Reynolds, R. E. (2009). What Is Learning Anyway? A Topographical Perspective Considered. *Educational Psychologist, 44* (3), 176–192.

Alfieri, L., Nokes-Malach, T. J. & Schunn, C. D. (2013). Learning through Case Comparisons. A Meta-Analytic Review. *Educational Psychologist, 48* (2), 87–113.

Amadieu, F., Salmerón, L., Cegarra, J., Paubel, P.-V., Lemarié, J. & Chevalier, A. (2015). Learning from Concept Mapping and Hypertext. An Eye Tracking Study. *Journal of Educational Technology & Society, 18* (4), 100–112.

Amer, A. A. (1994). The Effect of Knowledge-Map and Underlining Training on the Reading Comprehension of Scientific Texts. *English for Specific Purposes, 13* (1), 35–45.

Anderson, M. C. M. & Thiede, K. W. (2008). Why Do Delayed Summaries Improve Metacomprehension Accuracy? *Acta Psychologica, 128* (1), 110–118.

Anderson, R. C. & Hidde, J. L. (1971). Imagery and Sentence Learning. *Journal of Educational Psychology, 62* (6), 526–530.

Anderson, R. C. & Kulhavy, R. W. (1972). Imagery and Prose Learning. *Journal of Educational Psychology, 63* (3), 242–243.

Annis, L. F. (1985). Student-Generated Paragraph Summaries and the Information-Processing Theory of Prose Learning. *Journal of Experimental Education, 54* (1), 4–10.

Armbruster, B. B. (2009). Notetaking from Lectures. In R. F. Flippo & D. C. Caverly (Eds.), *Handbook of College Reading and Study Strategy Research* (2nd ed., pp. 220–248). New York: Routledge.

Armbruster, B. B., Anderson, T. H. & Meyer, J. L. (1991). Improving Content-Area Reading Using Instructional Graphics. *Reading Research Quarterly, 26* (4), 393–416.

Armbruster, B. B., Anderson, T. H. & Ostertag, J. (1987). Does Text Structure/Summarization Instruction Facilitate Learning from Expository Text? *Reading Research Quarterly, 22* (3), 331–346.

Asan, A. (2007). Concept Mapping in Science Class. A Case Study of Fifth Grade Students. *Journal of Educational Technology & Society, 10* (1), 186–195.

Asaro-Saddler, K., Muir-Knox, H. & Meredith, H. (2018). The Effects of a Summary Writing Strategy on the Literacy Skills of Adolescents with Disabilities. *Exceptionality, 26* (2), 106–118.

Atkinson, R. K., Derry, S. J., Renkl, A. & Wortham, D. (2000). Learning from Examples. Instructional Principles from the Worked Examples Research. *Review of Educational Research, 70* (2), 181–214.

Atkinson, R. K., Renkl, A. & Merrill, M. M. (2003). Transitioning from Studying Examples to Solving Problems. Effects of Self-Explanation Prompts and Fading Worked-Out Steps. *Journal of Educational Psychology, 95* (4), 774–783.

Ault, C. R. (1985). Concept Mapping as a Study Strategy in Earth Science. *Journal of College Science Teaching, 15* (1), 38–44.

Austin, J. L., Lee, M. & Carr, J. P. (2004). The Effects of Guided Notes on Undergraduate Students' Recording of Lecture Content. *Journal of Instructional Psychology, 31* (4), 314–320.

Austin, J. L., Lee, M. G., Thibeault, M. D., Carr, J. E. & Bailey, J. S. (2002). Effects of Guided Notes on University Students' Responding and Recall of Information. *Journal of Behavioral Education, 11* (4), 243–254.

Baars, M., Leopold, C. & Paas, F. (2018). Self-Explaining Steps in Problem-Solving Tasks to Improve Self-Regulation in Secondary Education. *Journal of Educational Psychology, 110* (4), 578–595.

Baker, L. & Lombardi, B. R. (1985). Students' Lecture Notes and Their Relation to Test Performance. *Teaching of Psychology, 12* (1), 28–32.

Baker, S. K., Gersten, R. & Grossen, B. (2002). Interventions for Students with Reading Comprehension Problems. In M. R. Shinn, H. M. Walker & G. D. Stoner (Eds.), *Interventions for Academic and Behavior Problems II. Preventive and Remedial Approaches* (pp. 731–754). Bethesda: National Association of School Psychologists.

Bangert-Drowns, R. L., Hurley, M. M. & Wilkinson, B. (2004). The Effects of School-Based Writing-to-Learn Interventions on Academic Achievement. A Meta-Analysis. *Review of Educational Research, 74* (1), 29–58.

Bannert, M. (2009). Promoting Self-Regulated Learning through Prompts. *Zeitschrift für Pädagogische Psychologie, 23* (2), 139–145.

Bannert, M. & Schnotz, W. (2006). Vorstellungsbilder und Imagery-Strategien. In H. Mandl & H. F. Friedrich (Hrsg.), *Handbuch Lernstrategien* (S. 72–88). Göttingen: Hogrefe.

Barenholz, H. & Tamir, P. (1992). A Comprehensive Use of Concept Mapping in Design Instruction and Assessment. *Research in Science & Technological Education, 10* (1), 37–52.

Barzilai, S. & Ka'adan, I. (2017). Learning to Integrate Divergent Information Sources. The Interplay of Epistemic Cognition and Epistemic Metacognition. *Metacognition and Learning, 12* (2), 193–232.

Barzilai, S., Zohar, A. R. & Mor-Hagani, S. (2018). Promoting Integration of Multiple Texts. A Review of Instructional Approaches and Practices. *Educational Psychology Review, 30* (3), 973–999.

Baumann, J. F. (1984). The Effectiveness of a Direct Instruction Paradigm for Teaching Main Idea Comprehension. *Reading Research Quarterly, 20* (1), 93–115.

Baumann, J. F. (1986). The Direct Instruction of Main Idea Comprehension Ability. In J. F. Baumann (Ed.), *Teaching Main Idea Comprehension* (pp. 133–178). Newark: International Reading Association.

Baumann, J. F. & Bergeron, B. S. (1993). Story Map Instruction Using Children's Literature. Effects on First Graders' Comprehension of Central Narrative Elements. *Journal of Reading Behavior, 25* (4), 407–437.

Bean, T. W. & Steenwyk, F. L. (1984). The Effect of Three Forms of Summarization Instruction on Sixth Graders' Summary Writing and Comprehension. *Journal of Reading Behavior, 16* (4), 297–306.

Bednall, T. C. & Kehoe, J. E. (2011). Effects of Self-Regulatory Instructional Aids on Self-Directed Study. *Instructional Science, 39* (2), 205–226.

Beker, K., Jolles, D. & van den Broek, P. (2017). Meaningful Learning from Texts. The Construction of Knowledge. In J. A. León & I. Escudero (Eds.), *Reading Comprehension in Educational Settings* (pp. 29–62). Amsterdam/Philadelphia: John Benjamins.

Beni, R. & Moè, A. (2003). Presentation Modality Effects in Studying Passages. Are Mental Images Always Effective? *Applied Cognitive Psychology, 17* (3), 309–324.

Berkowitz, S. J. (1986). Effects of Instruction in Text Organization on Sixth-Grade Students' Memory for Expository Reading. *Reading Research Quarterly, 21* (2), 161–178.

Berthold, K., Eysink, T. H. S. & Renkl, A. (2009). Assisting Self-Explanation Prompts Are More Effective than Open Prompts when Learning with Multiple Representations. *Instructional Science, 37* (4), 345–363.

Berthold, K. & Renkl, A. (2009). Instructional Aids to Support a Conceptual Understanding of Multiple Representations. *Journal of Educational Psychology, 101* (1), 70–87.

Berthold, K., Röder, H., Knörzer, D., Kessler, W. & Renkl, A. (2011). The Double-Edged Effects of Explanation Prompts. *Computers in Human Behavior, 27* (1), 69–75.

Bisra, K., Liu, Q., Nesbit, J. C., Salimi, F. & Winne, P. H. (2018). Inducing Self-Explanation. A Meta-Analysis. *Educational Psychology Review, 30* (3), 703–725.

Bobek, E. & Tversky, B. (2016). Creating Visual Explanations Improves Learning. *Cognitive Research: Principles and Implications, 1* (1), Article 27.

Bollen, L., Gijlers, H. & van Joolingen, W. (2015). Drawings in Computer-Supported Collaborative Learning. Empirical and Technical Results. *Computing and Informatics, 34* (3), 559–587.

Boon, R. T., Paal, M., Hintz, A.-M. & Cornelius-Freyre, M. (2015). A Review of Story Mapping Instruction for Secondary Students with LD. *Learning Disabilities: A Contemporary Journal, 13* (2), 117–140.

BouJaoude, S. & Attieh, M. (2008). The Effect of Using Concept Maps as Study Tools on Achievement in Chemistry. *Eurasia Journal of Mathematics, Science and Technology Education, 4* (3), 233–246.

Boulineau, T., Fore, C., Hagan-Burke, S. & Burke, M. D. (2004). Use of Story-Mapping to Increase the Story-Grammar Text Comprehension of Elementary Students with Learning Disabilities. *Learning Disability Quarterly, 27* (2), 105–121.

Bouwer, R. & de Smedt, F. (2018). Introduction Special Issue: Considerations and Recommendations for Reporting Writing Interventions in Research Publications. *Journal of Writing Research, 10* (2), 115–137.

Boyle, J. R. (1996). The Effects of a Cognitive Mapping Strategy on the Literal and Inferential Comprehension of Students with Mild Disabilities. *Learning Disability Quarterly, 19* (2), 86–98.

Boyle, J. R. (2000). The Effects of a Venn Diagram Strategy on the Literal, Inferential, and Relational Comprehension of Students with Mild Disabilities. *Learning Disabilities: A Multidisciplinary Journal, 10* (1), 5–13.

Boyle, J. R. (2010a). Note-Taking Skills of Middle School Students with and without Learning Disabilities. *Journal of Learning Disabilities, 43* (6), 530–540.

Boyle, J. R. (2010b). Strategic Note-Taking for Middle-School Students with Learning Disabilities in Science Classes. *Learning Disability Quarterly, 33* (2), 93–109.

Boyle, J. R. (2013). Strategic Note-Taking for Inclusive Middle School Science Classrooms. *Remedial and Special Education, 34* (2), 78–90.

Boyle, J. R. & Forchelli, G. A. (2014). Differences in the Note-Taking Skills of Students with High Achievement, Average Achievement, and Learning Disabilities. *Learning and Individual Differences, 35*, 9–14.

Boyle, J. R., Forchelli, G. A. & Cariss, K. (2015). Note-Taking Interventions to Assist Students with Disabilities in Content Area Classes. *Preventing School Failure, 59* (3), 186–195.

Boyle, J. R. & Rivera, T. Z. (2012). Note-Taking Techniques for Students with Disabilities. A Systematic Review of the Research. *Learning Disability Quarterly, 35* (3), 131–143.

Boyle, J. R., Rosen, S. M. & Forchelli, G. (2016). Exploring Metacognitive Strategy Use during Note-Taking for Students with Learning Disabilities. *Education 3–13, 44* (2), 161–180.

Boyle, J. R. & Weishaar, M. (1997). The Effects of Expert-Generated versus Student-Generated Cognitive Organizers on the Reading Comprehension of Students with Learning Disabilities. *Learning Disabilities Research and Practice, 12* (4), 228–235.

Boyle, J. R. & Weishaar, M. (2001). The Effects of Strategic Notetaking on the Recall and Comprehension of Lecture Information for High School Students with Learning Disabilities. *Learning Disabilities Research & Practice, 16* (3), 133–141.

Brandstädter, K., Harms, U. & Großschedl, J. (2012). Assessing System Thinking through Different Concept-Mapping Practices. *International Journal of Science Education, 34* (14), 2147–2170.

Bretzing, B. H. & Kulhavy, R. W. (1979). Notetaking and Depth of Processing. *Contemporary Educational Psychology, 4* (2), 145–153.

Britt, M. A. & Rouet, J.-F. (2012). Learning with Multiple Documents. Component Skills and Their Acquisition. In J. R. Kirby & M. J. Lawson (Eds.), *Enhancing the Quality of Learning. Dispositions, Instruction, and Learning Processes* (pp. 276–314). Cambridge: Cambridge University Press.

Brown, A. L. & Day, J. D. (1983). Macrorules for Summarizing Texts: The Development of Expertise. *Journal of Verbal Learning and Verbal Behavior, 22* (1), 1–14.

Brown, A. L., Day, J. D. & Jones, R. S. (1983). The Development of Plans for Summarizing Texts. *Child Development, 54* (4), 968–979.

Brown, A. L. & Smiley, S. S. (1978). The Development of Strategies for Studying Texts. *Child Development, 49* (4), 1076–1088.

Burkett, C. & Goldman, S. R. (2016). »Getting the Point« of Literature. Relations between Processing and Interpretation. *Discourse Processes, 53* (5-6), 457–487.

Butcher, K. R. & Aleven, V. (2008). Diagram Interaction During Intelligent Tutoring in Geometry. Support for Knowledge Retention and Deep Understanding. In C. Schunn (Ed.), *Proceedings of the Annual Meeting of the Cognitive Science Society, CogSci 2008* (pp. 1736–1741). New York: Erlbaum.

Butler, S., Gross, J. & Hayne, H. (1995). The Effect of Drawing on Memory Performance in Young Children. *Developmental Psychology, 31* (4), 597–608.

Carriedo, N. & Alonso-Tapia, J. (1996). Main Idea Comprehension: Training Teachers and Effects on Students. *Journal of Research in Reading, 19* (2), 128–153.

Catrambone, R. & Holyoak, K. (1989). Overcoming Contextual Limitations on Problem-Solving Transfer. *Journal of Experimental Psychology: Learning, Memory, and Cognition, 15,* 1147–1156.

Center, Y., Freeman, L., Robertson, G. & Outhred, L. (1999). The Effect of Visual Imagery Training on the Reading and Listening Comprehension of Low Listening Comprehenders in Year 2. *Journal of Research in Reading, 22* (3), 241–256.

Cervetti, G. N., Jaynes, C. A. & Hiebert, E. H. (2009). Increasing Opportunities to Acquire Knowledge through Reading. In E. H. Hiebert (Ed.), *Reading More, Reading Better* (pp. 79–100). New York: Guilford Press.

Chang, K.-E., Sung, Y.-T. & Chen, S. F. (2001). Learning through Computer-Based Concept Mapping with Scaffolding Aid. *Journal of Computer Assisted Learning, 17* (1), 21–33.

Chang, K.-E., Sung, Y.-T. & Chen, I.-D. (2002). The Effect of Concept Mapping to Enhance Text Comprehension and Summarization. *Journal of Experimental Education, 71* (1), 5–23.

Cheng, L. & Beal, C. R. (2020). Effects of Student-Generated Drawing and Imagination on Science Text Reading in a Computer-Based Learning Environment. *Educational Technology Research and Development, 68* (1), 225–247.

Chi, M. T. H. (2000). Self-Explaining Expository Texts: The Dual Processes of Generating Inferences and Repairing Mental Models. In R. Glaser (Ed.), *Advances in Instructional Psychology* (pp. 161–238). Mahwah: Lawrence Erlbaum Associates.

Chi, M. T. H. (2009). Active-Constructive-Interactive: A Conceptual Framework for Differentiating Learning Activities. *Topics in Cognitive Science, 1* (1), 73–105.

Chi, M. T. H., Bassok, M., Lewis, M. W., Reimann, P. & Glaser, R. (1989). Self-Explanations. How Students Study and Use Examples in Learning to Solve Problems. *Cognitive Science, 13* (2), 145–182.

Chi, M. T. H., Leeuw, N., Chiu, M.-H. & Lavancher, C. (1994). Eliciting Self-Explanations Improves Understanding. *Cognitive Science, 18* (3), 439–477.

Chi, M. T. H. & VanLehn, K. A. (1991). The Content of Physics Self-Explanations. *Journal of the Learning Sciences, 1* (1), 69–105.

Chi, M. T. H. & Wylie, R. (2014). The ICAP Framework. Linking Cognitive Engagement to Active Learning Outcomes. *Educational Psychologist, 49* (4), 219–243.

Chien, Y.-T., Chang, Y.-H. & Chang, C.-Y. (2016). Do We Click in the Right Way? A Meta-Analytic Review of Clicker-Integrated Instruction. *Educational Research Review, 17,* 1–18.

Chularut, P. & DeBacker, T. K. (2004). The Influence of Concept Mapping on Achievement, Self-Regulation, and Self-Efficacy in Students of English as a Second Language. *Contemporary Educational Psychology, 29* (3), 248–263.

Clark, F. L., Deshler, D. D., Schumaker, J. B., Alley, G. R. & Warner, M. M. (1984). Visual Imagery and Self-Questioning. Strategies to Improve Comprehension of Written Material. *Journal of Learning Disabilities, 17* (3), 145–149.

Clark, K. F. & Graves, M. F. (2005). Scaffolding Students' Comprehension of Text. *The Reading Teacher, 58* (6), 570–580.

Cohn, E., Cohn, S. & Bradley, J. (1995). Notetaking, Working Memory, and Learning in Principles of Economics. *The Journal of Economic Education, 26* (4), 291–307.

Conlon, T. (2009). Towards Sustainable Text Concept Mapping. *Literacy, 43* (1), 20–28.

Conradty, C. & Bogner, F. X. (2012). Knowledge Presented in Concept Maps. Correlations with Conventional Cognitive Knowledge Tests. *Educational Studies, 38* (3), 341–354.

Cook, L. K. & Mayer, R. E. (1988). Teaching Readers about the Structure of Scientific Text. *Journal of Educational Psychology, 80* (4), 448–456.

Cordero-Ponce, W. L. (2000). Summarization Instruction. Effects on Foreign Language Comprehension and Summarization of Expository Texts. *Reading Research and Instruction, 39* (4), 329–350.

Cromley, J. G. & Azevedo, R. (2007). Testing and Refining the Direct and Inferential Mediation Model of Reading Comprehension. *Journal of Educational Psychology, 99* (2), 311–325.

Cromley, J. G., Du, Y. & Dane, A. P. (2020). Drawing-to-Learn. Does Meta-Analysis Show Differences between Technology-Based Drawing and Paper-and-Pencil Drawing? *Journal of Science Education and Technology, 29* (2), 216–229.

Cromley, J. G., Snyder-Hogan, L. E. & Luciw-Dubas, U. A. (2010). Reading Comprehension of Scientific Text. A Domain-Specific Test of the Direct and Inferential Mediation Model of Reading Comprehension. *Journal of Educational Psychology, 102* (3), 687–700.

Cunningham, J. W. & Moore, D. W. (1986). The Confused World of Main Idea. In J. F. Baumann (Ed.), *Teaching Main Idea Comprehension* (pp. 1–17). Newark: International Reading Association.

Czerniak, C. M. & Haney, J. J. (1998). The Effect of Collaborative Concept Mapping on Elementary Preservice Teachers' Anxiety, Efficacy, and Achievement in Physical Science. *Journal of Science Teacher Education, 9* (4), 303–320.

Daher, T. A. & Kiewra, K. A. (2016). An Investigation of SOAR Study Strategies for Learning from Multiple Online Resources. *Contemporary Educational Psychology, 46,* 10–21.

Darowski, E. S., Patson, N. D. & Helder, E. (2016). Implementing a Synthesis Tutorial to Improve Student Literature Reviews. *Behavioral & Social Sciences Librarian, 35* (3), 94–108.

Davies, M. (2011). Concept Mapping, Mind Mapping and Argument Mapping. What Are the Differences and Do They Matter? *Higher Education, 62* (3), 279–301.

Day, J. D. (1986). Teaching Summarization Skills: Influences of Student Ability Level and Strategy Difficulty. *Cognition and Instruction, 3* (3), 193–210.

De Smedt, F. & van Keer, H. (2018). An Analytic Description of an Instructional Writing Program Combining Explicit Writing Instruction and Peer-Assisted Writing. *Journal of Writing Research, 10* (2), 225–277.

Decker, L. & Hensel, S. (2019). Zum Stellenwert des Schreibens im Fachunterricht der gymnasialen Oberstufe – empirische Befunde und schreibdidaktische Konsequenzen. In L. Decker & K. Schindler (Hrsg.), *Von (Erst- und Zweit-)Spracherwerb bis zu (ein- und mehrsprachigen) Textkompetenzen* (S. 49–62). Duisburg: Gilles & Francke.

Denis, M. (1982). Imaging while Reading Text. A Study of Individual Differences. *Memory & Cognition, 10* (6), 540–545.

Dent, A. L. & Koenka, A. C. (2016). The Relation between Self-Regulated Learning and Academic Achievement across Childhood and Adolescence. A Meta-Analysis. *Educational Psychology Review, 28* (3), 425–474.

Denton, C. A., York, M. J., Francis, D. J., Haring, C., Ahmed, Y. & Bidulescu, A. (2017). An Investigation of an Intervention to Promote Inference Generation by Adolescent Poor Comprehenders. *Learning Disabilities Research & Practice, 32* (2), 85–98.

Dexter, D. D. & Hughes, C. A. (2013). Graphic Organizers as Aids for Students with Learning Disabilities. In D. R. Robinson, G. J. Schraw & M. T. McCrudden (Eds.), *Learning through Visual Displays* (pp. 281–302). Charlotte: Information Age.

Di Vesta, F. J. & Gray, G. S. (1972). Listening and Note Taking. *Journal of Educational Psychology, 63* (1), 8–14.

Dimino, J. A., Taylor, R. M. & Gersten, R. M. (1995). Synthesis of the Research of Story Grammar as a Mean to Increase Comprehension. *Reading & Writing Quarterly, 11* (1), 53–72.

Dochy, F., Segers, M. & Buehl, M. M. (1999). The Relation between Assessment Practices and Outcomes of Studies. The Case of Research on Prior Knowledge. *Review of Educational Research, 69* (2), 145–186.

Doctorow, M., Wittrock, M. C. & Marks, C. (1978). Generative Processes in Reading Comprehension. *Journal of Educational Psychology, 70* (2), 109–118.

Donker, A. S., Boer, H. de, Kostons, D., Dignath-van Ewijk, C. & van der Werf, M. P. C. (2014). Effectiveness of Learning Strategy Instruction on Academic Performance. A Meta-Analysis. *Educational Research Review, 11,* 1–26.

Drew, S. V., Olinghouse, N. G., Faggella-Luby, M. N. & Welsh, M. E. (2017). Framework for Disciplinary Writing in Science Grades 6–12. A National Survey. *Journal of Educational Psychology, 109* (7), 935–955.

Drew, S. V. & Thomas, J. (2018). Secondary Science Teachers' Implementation of CCSS and NGSS Literacy Practices. A Survey Study. *Reading and Writing, 31* (2), 267–291.

Dunlosky, J., Rawson, K. A., Marsh, E. J., Nathan, M. J. & Willingham, D. T. (2013). Improving Students' Learning with Effective Learning Techniques. Promising Directions from Cognitive and Educational Psychology. *Psychological Science in the Public Interest, 14* (1), 4–58.

Dyer, J. W., Riley, J. & Yekovich, F. R. (1979). An Analysis of Three Study Skills. Notetaking, Summarizing, and Rereading. *The Journal of Educational Research, 73* (1), 3–7.

Einstein, G. O., Morris, J. & Smith, S. (1985). Note-Taking, Individual Differences, and Memory for Lecture Information. *Journal of Educational Psychology, 77* (5), 522–532.

Elleman, A. M. (2017). Examining the Impact of Inference Instruction on the Literal and Inferential Comprehension of Skilled and Less Skilled Readers. A Meta-Analytic Review. *Journal of Educational Psychology, 109* (6), 761–781.

Ellis, E. S. & Graves, A. W. (1990). Teaching Rural Students with Learning Disabilities. A Paraphrasing Strategy to Increase Comprehension of Main Ideas. *Rural Special Education Quarterly, 10* (2), 2–10.

Englert, C. S. & Mariage, T. V. (1991). Making Students Partners in the Comprehension Process: Organizing the Reading «POSSE». *Learning Disability Quarterly, 14* (2), 123–138.

Ennis, R. P. (2016). Using Self-Regulated Strategy Development to Help High School Students with EBD Summarize Informational Text in Social Studies. *Education & Treatment of Children, 39* (4), 545–568.

Esiobu, G. O. & Soyibo, K. (1995). Effects of Concept and Vee Mappings under Three Learning Modes on Students' Cognitive Achievement in Ecology and Genetics. *Journal of Research in Science Teaching, 32* (9), 971–995.

Fechner, S. & Sumfleth, E. (2008). Collaborative Concept Mapping in Context-Oriented Chemistry Learning. In A. J. Cañas, P. Reiska, M. K. Åhlberg & J. D. Novak (Eds.), *Concept Mapping – Connecting Educators. Proceedings of the 3rd International Conference on Concept Mapping* (pp. 152–156). Volume 1. Tallinn, Helsinki: Tallinn University, University of Helsinki.

Feilke, H. & Tophinke, D. (2017). Materialgestütztes Argumentieren. *Praxis Deutsch, 44* (262), 5–13.

Ferguson-Hessler, M. G. M. & Jong, T. (1990). Studying Physics Texts. Differences in Study Processes between Good and Poor Performers. *Cognition and Instruction, 7* (1), 41–54.

Fiorella, L. & Mayer, R. E. (2015). *Learning as a Generative Activity. Eight Learning Strategies That Promote Understanding*. New York: Cambridge University Press.

Fiorella, L. & Mayer, R. E. (2017). Spontaneous Spatial Strategy Use in Learning from Scientific Text. *Contemporary Educational Psychology, 49*, 66–79.

Fiorella, L., Stull, A., Kuhlmann, S. & Mayer, R. (in press). Fostering Generative Learning from Video Lessons. Benefits of Instructor-Generated Drawings and Learner-Generated Explanations. *Journal of Educational Psychology*.

Fiorella, L. & Zhang, Q. (2018). Drawing Boundary Conditions for Learning by Drawing. *Educational Psychology Review, 30* (3), 1115–1137.

Fisher, J. L. & Harris, M. B. (1973). Effect of Note Taking and Review on Recall. *Journal of Educational Psychology, 65* (3), 321–325.

Fuchs, D., Fuchs, L. S., Mathes, P. G. & Simmons, D. C. (1997). Peer-Assisted Learning Strategies. Making Classrooms More Responsive to Diversity. *American Educational Research Journal, 34* (1), 174–206.

Gadgil, S. & Nokes-Malach, T. J. (2012). Overcoming Collaborative Inhibition through Error Correction. A Classroom Experiment. *Applied Cognitive Psychology, 26* (3), 410–420.

Gagné, E. D. & Memory, D. (1978). Instructional Events and Comprehension. Generalization across Passages. *Journal of Reading Behavior, 10* (4), 321–335.

Gajria, M. & Salvia, J. (1992). The Effects of Summarization Instruction on Text Comprehension of Students with Learning Disabilities. *Exceptional Children, 58* (6), 508–516.

Gallini, J. K. & Spires, H. (1995). Macro-Based, Micro-Based, and Combined Strategies in Text Processing. *Reading Psychology, 16* (1), 21–41.

Gallini, J. K., Spires, H. A., Terry, S. & Gleaton, J. (1993). The Influence of Macro and Micro-Level Cognitive Strategies Training on Text Learning. *Journal of Research and Development in Education, 26* (3), 164–178.

Gambrell, L. B. (1982). Induced Mental Imagery and the Text Prediction Performance of First and Third Graders. In J. A. Niles & L. A. Harris (Eds.), *New Inquiries in Reading Research and Instruction* (pp. 131–135). Rochester: National Reading Conference.

Gambrell, L. B. & Bales, R. J. (1986). Mental Imagery and the Comprehension-Monitoring Performance of Fourth- and Fifth-Grade Poor Readers. *Reading Research Quarterly, 21* (4), 454–464.

Gambrell, L. B. & Jawitz, P. B. (1993). Mental Imagery, Text Illustrations, and Children's Story Comprehension and Recall. *Reading Research Quarterly, 28* (3), 265–276.

Garner, R. (1982). Efficient Text Summarization. Costs and Benefits. *The Journal of Educational Research, 75* (5), 275–279.

Garner, R. (1985). Text Summarization Deficiencies among Older Students. Awareness or Production Ability? *American Educational Research Journal, 22* (4), 549–560.

Garner, R. (1987). Strategies for Reading and Studying Expository Text. *Educational Psychologist, 22* (3/4), 299–312.

Garner, R., Belcher, V., Winfield, E. & Smith, T. (1985). Multiple Measures of Text Summarization Proficiency: What Can Fifth-Grade Students Do? *Research in the Teaching of English, 19* (2), 140–153.

Gentner, D. (2010). Bootstrapping the Mind. Analogical Processes and Symbol Systems. *Cognitive Science, 34* (5), 752–775.

Gentner, D., Loewenstein, J. & Thompson, L. (2003). Learning and Transfer. A General Role for Analogical Encoding. *Journal of Educational Psychology, 95* (2), 393–408.

Gentner, D., Loewenstein, J., Thompson, L. & Forbus, K. D. (2009). Reviving Inert Knowledge. Analogical Abstraction Supports Relational Retrieval of Past Events. *Cognitive Science, 33* (8), 1343–1382.

Gerjets, P., Scheiter, K. & Catrambone, R. (2006). Can Learning from Molar and Modular Worked Examples Be Enhanced by Providing Instructional Explanations and Prompting Self-Explanations? *Learning and Instruction, 16* (2), 104–121.

Gick, M. L. & Holyoak, K. J. (1983). Schema Induction and Analogical Transfer. *Cognitive Psychology, 15* (1), 1–38.

Giesen, C. & Peeck, J. (1984). Effects of lmagery lnstruction on Reading and Retaining a Literary Text. *Journal of Mental Imagery, 8* (2), 79–90.

Gijlers, H., Weinberger, A., van Dijk, A. M., Bollen, L. & van Joolingen, W. (2013). Collaborative Drawing on a Shared Digital Canvas in Elementary Science Education. The Effects of Script and Task Awareness Support. *International Journal of Computer-Supported Collaborative Learning, 8* (4), 427–453.

Gillespie, A., Graham, S., Kiuhara, S. & Hebert, M. (2014). High School Teachers Use of Writing to Support Students' Learning. A National Survey. *Reading and Writing, 27* (6), 1043–1072.

Gobert, J. D. & Clement, J. J. (1999). Effects of Student-Generated Diagrams versus Student-Generated Summaries on Conceptual Understanding of Causal and Dynamic Knowledge in Plate Tectonics. *Journal of Research in Science Teaching, 36* (1), 39–53.

Goldman, S. R., Braasch, J. L. G., Wiley, J., Graesser, A. C. & Brodowinska, K. (2012). Comprehending and Learning from Internet Sources. Processing Patterns of Better and Poorer Learners. *Reading Research Quarterly, 47* (4), 356–381.

Goldman, S. R. & Brand-Gruwel, S. (2018). Learning from Multiple Sources in a Digital Society. In F. Fischer, C. E. Hmelo-Silver, S. R. Goldman & P. Reimann (Eds.), *International Handbook of the Learning Sciences* (pp. 86–95). New York: Routledge.

Goldman, S. R., Lawless, K. A. & Manning, F. H. (2013). Research and Development of Multiple Source Comprehension Assessment. In M. A. Britt, S. R. Goldman & J.-F. Rouet (Eds.), *Reading. From Words to Multiple Texts* (pp. 180–199). New York: Routledge.

Goldman, S. R. & Rakestraw, J. A. (2000). Structural Aspects of Constructing Meaning from Text. In P. D. Pearson, R. Barr & M. L. Kamil (Eds.), *Handbook of Reading Research. Volume III* (pp. 311–335). New York: Erlbaum.

González, H. L., Palencia, A. P., Umaña, L. A., Galindo, L. & Villafrade, M. L. A. (2008). Mediated Learning Experience and Concept Maps. A Pedagogical Tool for Achieving Meaningful Learning in Medical Physiology Students. *Advances in Physiology Education, 32* (4), 312–316.

Graham, S. & Harris, K. R. (2018). Evidence-Based Writing Practices. A Meta-Analysis of Existing Meta-Analyses. In R. Fidalgo, K. R. Harris & M. A. Braaksma (Eds.), *Design Principles for Teaching Effective Writing. Theoretical and Empirical Grounded Principles* (pp. 13–37). Leiden: Brill.

Graham, S., Harris, K. R. & McKeown, D. (2013). The Writing of Students with Learning Disabilities, Meta-Analysis of Self-Regulated Strategy Development Writing Intervention Studies, and Future Directions: Redux. In H. L. Swanson, K. R. Harris & S. Graham (Eds.), *Handbook of Learning Disabilities* (2nd ed., pp. 405–438). New York: Guilford Press.

Graham, S. & Hebert, M. (2011). Writing to Read. A Meta-Analysis of the Impact of Writing and Writing Instruction on Reading. *Harvard Educational Review, 81* (4), 710–744.

Graham, S., Kiuhara, S. A. & MacKay, M. (2020). The Effects of Writing on Learning in Science, Social Studies, and Mathematics. A Meta-Analysis. *Review of Educational Research, 90* (2), 179–226.

Graham, S. & Perin, D. (2007a). A Meta-Analysis of Writing Instruction for Adolescent Students. *Journal of Educational Psychology, 99* (3), 445–476.

Graham, S. & Perin, D. (2007b). *Writing Next: Effective Strategies to Improve Writing of Adolescents in Middle and High School.* Washington: Alliance for Excellent Education.

Granado-Peinado, M., Mateos, M., Martín, E. & Cuevas, I. (2019). Teaching to Write Collaborative Argumentative Syntheses in Higher Education. *Reading and Writing, 32* (8), 2037–2058.

Greene, T. R. (1989). Children's Understanding of Class Inclusion Hierarchies. The Relationship between External Representation and Task Performance. *Journal of Experimental Child Psychology, 48* (1), 62–89.

Griffin, T. D., Wiley, J. & Thiede, K. W. (2008). Individual Differences, Rereading, and Self-Explanation. Concurrent Processing and Cue Validity as Constraints on Metacomprehension Accuracy. *Memory & Cognition, 36* (1), 93–103.

Große, C. S. & Renkl, A. (2007). Finding and Fixing Errors in Worked Examples. Can This Foster Learning Outcomes? *Learning and Instruction, 17* (6), 612–634.

Gurlitt, J. & Renkl, A. (2008). Are High-Coherent Concept Maps Better for Prior Knowledge Activation? Differential Effects of Concept Mapping Tasks on High School vs. University Students. *Journal of Computer Assisted Learning, 24* (5), 407–419.

Gurlitt, J. & Renkl, A. (2010). Prior Knowledge Activation. How Different Concept Mapping Tasks Lead to Substantial Differences in Cognitive Processes, Learning Outcomes, and Perceived Self-Efficacy. *Instructional Science, 38* (4), 417–433.

Gyselinck, V., Beni, R. de, Pazzaglia, F., Meneghetti, C. & Mondoloni, A. (2007). Working Memory Components and Imagery Instructions in the Elaboration of a Spatial Mental Model. *Psychological Research, 71* (3), 373–382.

Gyselinck, V., Meneghetti, C., Beni, R. de & Pazzaglia, F. (2009). The Role of Working Memory in Spatial Text Processing. What Benefit of Imagery Strategy and Visuospatial Abilities? *Learning and Individual Differences, 19* (1), 12–20.

Hadwin, A. F., Kirby, J. R. & Woodhouse, R. A. (1999). Individual Differences in Notetaking, Summarization, and Learning from Lectures. *Alberta Journal of Educational Research, 45* (1), 1–17.

Hagaman, J. L., Casey, K. J. & Reid, R. (2012). The Effects of the Paraphrasing Strategy on the Reading Comprehension of Young Students. *Remedial and Special Education, 33* (2), 110–123.

Hagaman, J. L., Luschen, K. & Reid, R. (2010). The «RAP» on Reading Comprehension. *Teaching Exceptional Children, 43* (1), 22–29.

Hagaman, J. L. & Reid, R. (2008). The Effects of the Paraphrasing Strategy on the Reading Comprehension of Middle School Students at Risk for Failure in Reading. *Remedial and Special Education, 29* (4), 222–234.

Hall, K. M., Sabey, B. L. & McClellan, M. (2005). Expository Text Comprehension. Helping Primary-Grade Teachers Use Expository Texts to Full Advantage. *Reading Psychology, 26* (3), 211–234.

Hall, V., Bailey, J. & Tillman, C. (1997). Can Student-Generated Illustrations Be Worth Ten Thousand Words? *Journal of Educational Psychology, 89* (4), 677–681.

Hamilton, S. L., Seibert, M. A., Gardner, R. & Talbert-Johnson, C. (2000). Using Guided Notes to Improve the Academic Achievement of Incarcerated Adolescents with Learning and Behavior Problems. *Remedial and Special Education, 21* (3), 133–170.

Hammann, L. A. & Stevens, R. J. (2003). Instructional Approaches to Improving Students' Writing of Compare-Contrast Essays. An Experimental Study. *Journal of Literacy Research, 35* (2), 731–756.

Hardy, I. & Stadelhofer, B. (2006). Concept Maps wirkungsvoll als Strukturierungshilfen einsetzen. *Zeitschrift für Pädagogische Psychologie, 20* (3), 175–187.

Hare, V. C. & Borchardt, K. M. (1984). Direct Instruction of Summarization Skills. *Reading Research Quarterly, 20* (1), 62–78.

Hare, V. C., Rabinowitz, M. & Schieble, K. M. (1989). Text Effects on Main Idea Comprehension. *Reading Research Quarterly, 24* (1), 72–88.

Hattie, J., Biggs, J. & Purdie, N. (1996). Effects of Learning Skills Interventions on Student Learning. A Meta-Analysis. *Review of Educational Research, 66* (2), 99–136.

Hattie, J. A. C. & Donoghue, G. M. (2016). Learning Strategies. A Synthesis and Conceptual Model. *NPJ Science of Learning, 1* (1), 1–13.

Haugwitz, M., Nesbit, J. C. & Sandmann, A. (2010). Cognitive Ability and the Instructional Efficacy of Collaborative Concept Mapping. *Learning and Individual Differences, 20* (5), 536–543.

Hauser, S., Nückles, M. & Renkl, A. (2006). Supporting Concept Mapping for Learning from Text. In D. Hickey, S. A. Barab & K. Hay (Eds.), *Proceedings of the 7th International Conference on Learning Sciences* (pp. 243–249). Bloomington: International Society of the Learning Sciences.

Hayati, A. M. & Shariatifar, S. (2009). Mapping Strategies. *Journal of College Reading and Learning, 39* (2), 53–67.

Haydon, T., Mancil, G. R., Kroeger, S. D., McLeskey, J. & Lin, W.-Y. J. (2011). A Review of the Effectiveness of Guided Notes for Students Who Struggle Learning Academic Content. *Preventing School Failure: Alternative Education for Children and Youth, 55* (4), 226–231.

Head, M. H., Readence, J. E. & Buss, R. R. (1989). An Examination of Summary Writing as a Measure of Reading Comprehension. *Reading Research and Instruction, 28* (4), 1–11.

Hebert, M. A., Bohaty, J., Nelson, J. R. & Brown, J. (2016). The Effects of Text Structure Instruction on Expository Reading Comprehension. A Meta-Analysis. *Journal of Educational Psychology, 108* (5), 609–629.

Heinemann, W. (2000). Textsorte – Textmuster – Texttyp. In K. Brinker, G. Antos, W. Heinemann & S. F. Sager (Hrsg.), *Text- und Gesprächslinguistik. Ein internationales Handbuch zeitgenössischer Forschung* (S. 507–523). 1. Halbband. Berlin: de Gruyter.

Hellenbrand, J., Mayer, R. E., Opfermann, M., Schmeck, A. & Leutner, D. (2019). How Generative Drawing Affects the Learning Process. An Eye-Tracking Analysis. *Applied Cognitive Psychology, 33* (6), 1147–1164.

Hemmerich, J. A. & Wiley, J. (2002). Do Argumentation Tasks Promote Conceptual Change about Volcanoes? *Proceedings of the Annual Meeting of the Cognitive Science Society, 24,* 453–458.

Hidi, S. & Anderson, V. (1986). Producing Written Summaries. Task Demands, Cognitive Operations, and Implications for Instruction. *Review of Educational Research, 56* (4), 473–493.

Hilbert, T. S., Nückles, M. & Matzel, S. (2008). Concept Mapping for Learning from Text. Evidence for a Worked-Out-Map-Effect. In International Society of the Learning Sciences (Ed.), *Proceedings of the 8th International Conference on Learning Sciences – Volume 1* (pp. 358–365). Utrecht: International Society of the Learning Sciences.

Hilbert, T. S., Nückles, M., Renkl, A., Minarik, C., Reich, A. & Ruhe, K. (2008). Concept Mapping zum Lernen aus Texten. *Zeitschrift für Pädagogische Psychologie, 22* (2), 119–125.

Hilbert, T. S. & Renkl, A. (2008). Concept Mapping as a Follow-Up Strategy to Learning from Texts. What Characterizes Good and Poor Mappers? *Instructional Science, 36* (1), 53–73.

Horton, S. V., Lovitt, T. C. & Bergerud, D. (1990). The Effectiveness of Graphic Organizers for Three Classifications of Secondary Students in Content Area Classes. *Journal of Learning Disabilities, 23* (1), 12–29.

Hsu, C.-Y. & Tsai, C.-C. (2011). Investigating the Impact of Integrating Self-Explanation into an Educational Game. A Pilot Study. In M. Chang, W.-Y. Hwang, M.-P. Chen & W. Müller (Eds.), *Edutainment Technologies. Educational Games and Virtual Reality/Augmented Reality Applications* (pp. 250–254). Berlin: Springer.

Hwang, G.-J., Kuo, F.-R., Chen, N.-S. & Ho, H.-J. (2014). Effects of an Integrated Concept Mapping and Web-Based Problem-Solving Approach on Students' Learning Achievements, Perceptions and Cognitive Loads. *Computers & Education, 71,* 77–86.

Idol, L. (1987). Group Story Mapping. A Comprehension Strategy for Both Skilled and Unskilled Readers. *Journal of Learning Disabilities, 20* (4), 196–205.

Jairam, D. & Kiewra, K. A. (2009). An Investigation of the SOAR Study Method. *Journal of Advanced Academics, 20* (4), 602–629.

Jairam, D., Kiewra, K. A. & Ganson, K. (2012). The SOAR Study System: Theory, Research, and Implications. In M. Edwards & S. O. Adams (Eds.), *Learning Strategies, Expectations and Challenges* (pp. 71–92). Hauppauge: Nova Science.

Jairam, D., Kiewra, K. A., Rogers-Kasson, S., Patterson-Hazley, M. & Marxhausen, K. (2014). SOAR versus SQ3R. A Test of Two Study Systems. *Instructional Science, 42* (3), 409–420.

Jairam, D. & Kiewra, K. A. (2010). Helping Students Soar to Success on Computers. An Investigation of the SOAR Study Method for Computer-Based Learning. *Journal of Educational Psychology, 102* (3), 601–614.

Jairam, D., Kiewra, K. A., Kauffman, D. F. & Zhao, R. (2012). How to Study a Matrix. *Contemporary Educational Psychology, 37* (2), 128–135.

Jegede, O. J., Alaiyemola, F. F. & Okebukola, P. A. O. (1990). The Effect of Concept Mapping on Students' Anxiety and Achievement in Biology. *Journal of Research in Science Teaching, 27* (10), 951–960.

Jenkins, J. R., Heliotis, J. D., Stein, M. L. & Haynes, M. C. (1987). Improving Reading Comprehension by Using Paragraph Restatements. *Exceptional Children, 54* (1), 54–59.

Jitendra, A. & Gajria, M. (2011). Main Idea and Summarization Instruction to Improve Reading Comprehension. In R. E. O'Connor & P. F. Vadasy (Eds.), *Handbook of Reading Interventions* (pp. 198–219). New York: Guilford.

Joffe, V. L., Cain, K. & Marić, N. (2007). Comprehension Problems in Children with Specific Language Impairment. Does Mental Imagery Training Help? *International Journal of Language & Communication Disorders, 42* (6), 648–664.

Johnson, C. I. & Mayer, R. E. (2010). Applying the Self-Explanation Principle to Multimedia Learning in a Computer-Based Game-Like Environment. *Computers in Human Behavior, 26* (6), 1246–1252.

Johnson-Glenberg, M. C. (2000). Training Reading Comprehension in Adequate Decoders/Poor Comprehenders. Verbal versus Visual Strategies. *Journal of Educational Psychology, 92* (4), 772–782.

Kaldenberg, E. R., Watt, S. J. & Therrien, W. J. (2015). Reading Instruction in Science for Students with Learning Disabilities. A Meta-Analysis. *Learning Disability Quarterly, 38* (3), 160–173.

Kalhor, M. & Shakibaei, G. (2012). Teaching Reading Comprehension through Concept Map. *Life Science Journal, 9* (4), 725–731.

Kalyuga, S. (2007). Expertise Reversal Effect and Its Implications for Learner-Tailored Instruction. *Educational Psychology Review, 19* (4), 509–539.

Katims, D. S. & Harris, S. (1997). Improving the Reading Comprehension of Middle School Students in Inclusive Classrooms. *Journal of Adolescent & Adult Literacy, 41* (2), 116–123.

Kauffman, D. F. & Kiewra, K. A. (2010). What Makes a Matrix So Effective? An Empirical Test of the Relative Benefits of Signaling, Extraction, and Localization. *Instructional Science, 38* (6), 679–705.

Kendeou, P., McMaster, K. L. & Christ, T. J. (2016). Reading Comprehension. Core Components and Processes. *Policy Insights from the Behavioral and Brain Sciences, 3* (1), 62–69.

Khajavi, Y. & Ketabi, S. (2012). Influencing EFL Learners' Reading Comprehension and Self-Efficacy Beliefs. The Effect of Concept Mapping Strategy. *Porta Linguarum, 17*, 9–27.

Kiewra, K. A. (1985). Investigating Notetaking and Review. A Depth of Processing Alternative. *Educational Psychologist, 20* (1), 23–32.

Kiewra, K. A. (1988). Cognitive Aspects of Autonomous Note Taking. Control Processes, Learning Strategies, and Prior Knowledge. *Educational Psychologist, 23* (1), 39–56.

Kiewra, K. A. (1989). A Review of Note-Taking. The Encoding-Storage Paradigm and Beyond. *Educational Psychology Review, 1* (2), 147–172.

Kiewra, K. A. (1991). Aids to Lecture Learning. *Educational Psychologist, 26* (1), 37–53.

Kiewra, K. A. (2009). *Teaching How to Learn. The Teacher's Guide to Student Success*. Thousand Oaks: Corwin Press.

Kiewra, K. A. (2016). Note Taking on Trial. A Legal Application of Note-Taking Research. *Educational Psychology Review, 28* (2), 377–384.

Kiewra, K. A. & Benton, S. L. (1988). The Relationship between Information-Processing Ability and Note Taking. *Contemporary Educational Psychology, 13* (1), 33–44.

Kiewra, K. A., Benton, S. L. & Lewis, L. B. (1987). Qualitative Aspects of Notetaking and Their Relationship with Information-Processing Ability and Academic Achievement. *Journal of Instructional Psychology, 14* (3), 110–117.

Kiewra, K. A., Dubois, N. F., Christian, D., McShane, A., Meyerhoffer, M. & Roskelley, D. (1991). Note-Taking Functions and Techniques. *Journal of Educational Psychology, 83* (2), 240–245.

Kiewra, K. A. & Fletcher, H. J. (1984). The Relationship between Levels of Note-Taking and Achievement. *Human Learning: Journal of Practical Research & Applications, 3* (4), 373–280.

Kinchin, I. M. (2001). If Concept Mapping Is So Helpful to Learning Biology, Why Aren't We All Doing It? *International Journal of Science Education, 23* (12), 1257–1269.

King, A. (1992). Comparison of Self-Questioning, Summarizing, and Notetaking-Review as Strategies for Learning from Lectures. *American Educational Research Journal, 29* (2), 303–323.

King, J. R., Biggs, S. & Lipsky, S. (1984). Students' Self-Questioning and Summarizing as Reading Study Strategies. *Journal of Reading Behavior, 16* (3), 205–218.

Kintsch, E. (1990). Macroprocesses and Microprocesses in the Development of Summarization Skill. *Cognition and Instruction, 7* (3), 161–195.

Kintsch, W. (2018). Revisiting the Construction—Integration Model of Text Comprehension and Its Implications for Instruction. In D. E. Alvermann, N. J. Unrau, M. Sailors & R. B. Ruddell (Eds.), *Theoretical Models and Processes of Literacy* (7th ed., pp. 178–203). Milton: Routledge.

Kintsch, W. & van Dijk, T. A. (1978). Toward a Model of Text Comprehension and Production. *Psychological Review, 85* (5), 363–394.

Kirkpatrick, L. C. & Klein, P. D. (2009). Planning Text Structure as a Way to Improve Students' Writing from Sources in the Compare–Contrast Genre. *Learning and Instruction, 19* (4), 309–321.

Klein, P. D. (1999). Reopening Inquiry into Cognitive Processes in Writing-to-Learn. *Educational Psychology Review, 11* (3), 203–270.

Klein, P. D. & van Dijk, A. (2019). Writing as a Learning Activity. In J. Dunlosky & K. A. Rawson (Eds.), *The Cambridge Handbook of Cognition and Education* (pp. 266–291). Cambridge: Cambridge University Press.

Kobayashi, K. (2005). What Limits the Encoding Effect of Note-Taking? A Meta-Analytic Examination. *Contemporary Educational Psychology, 30* (2), 242–262.

Kobayashi, K. (2006). Combined Effects of Note-Taking/-Reviewing on Learning and the Enhancement through Interventions. A Meta-Analytic Review. *Educational Psychology, 26* (3), 459–477.

Kobayashi, K. (2009). The Influence of Topic Knowledge, External Strategy Use, and College Experience on Students' Comprehension of Controversial Texts. *Learning and Individual Differences, 19* (1), 130–134.

Koning, B. B., Bos, L. T., Wassenburg, S. I. & van der Schoot, M. (2017). Effects of a Reading Strategy Training Aimed at Improving Mental Simulation in Primary School Children. *Educational Psychology Review, 29* (4), 869–889.

Koning, B. B., Tabbers, H. K., Rikers, R. M. J. P. & Paas, F. (2009). Towards a Framework for Attention Cueing in Instructional Animations. Guidelines for Research and Design. *Educational Psychology Review, 21* (2), 113–140.

Koning, B. B., Tabbers, H. K., Rikers, R. M. J. P. & Paas, F. (2011). Improved Effectiveness of Cueing by Self-Explanations When Learning from a Complex Animation. *Applied Cognitive Psychology, 25* (2), 183–194.

Koning, B. B. & van der Schoot, M. (2013). Becoming Part of the Story! Refueling the Interest in Visualization Strategies for Reading Comprehension. *Educational Psychology Review, 25* (2), 261–287.

Konrad, M., Joseph, L. M. & Eveleigh, E. (2009). A Meta-Analytic Review of Guided Notes. *Education and Treatment of Children, 32* (3), 421–444.

Konrad, M., Joseph, L. M. & Itoi, M. (2011). Using Guided Notes to Enhance Instruction for All Students. *Intervention in School and Clinic, 46* (3), 131–140.

Koster, M. & Bouwer, R. (2018). Describing Multifaceted Writing Interventions. From Design Principles for the Focus and Mode of Instruction to Student and Teacher Activities. *Journal of Writing Research, 10* (2), 189–224.

Kostons, D. & Koning, B. B. (2017). Does Visualization Affect Monitoring Accuracy, Restudy Choice, and Comprehension Scores of Students in Primary Education? *Contemporary Educational Psychology, 51,* 1–10.

Kozminsky, E. & Kozminsky, L. (2001). How Do General Knowledge and Reading Strategies Ability Relate to Reading Comprehension of High School Students at Different Educational Levels? *Journal of Research in Reading, 24* (2), 187–204.

Kreiner, D. S. (1997). Guided Notes and Interactive Methods for Teaching with Videotapes. *Teaching of Psychology, 24* (3), 183–185.

Kulhavy, R. W. & Swenson, I. (1975). Imagery Instructions and the Comprehension of Text. *British Journal of Educational Psychology, 45* (1), 47–51.

Kurby, C. A., Magliano, J. P., Dandotkar, S., Woehrle, J., Gilliam, S. & McNamara, D. S. (2012). Changing How Students Process and Comprehend Texts with Computer-Based Self-Explanation Training. *Journal of Educational Computing Research, 47* (4), 429–459.

Kwon, K., Kumalasari, C. & Howland, J. (2011). Self-Explanation Prompts on Problem-Solving Performance in an Interactive Learning Environment. *Journal of Interactive Online Learning, 10* (2), 96–112.

Lahtinen, V., Lonka, K. & Lindblom-Ylänne, S. (1997). Spontaneous Study Strategies and the Quality of Knowledge Construction. *British Journal of Educational Psychology, 67* (1), 13–24.

Larwin, K. H. & Larwin, D. A. (2013). The Impact of Guided Notes on Post-Secondary Student Achievement. A Meta-Analysis. *International Journal of Teaching and Learning in Higher Education, 25* (1), 47–58.

Lauterbach, S. L. & Bender, W. N. (1995). Cognitive Strategy Instruction for Reading Comprehension. A Success for High School Freshmen. *High School Journal, 79* (1), 58–64.

Lawson, T. J., Bodle, J. H., Houlette, M. A. & Haubner, R. R. (2006). Guiding Questions Enhance Student Learning from Educational Videos. *Teaching of Psychology, 33* (1), 31–33.

Lawson, T. J., Bodle, J. H. & McDonough, T. A. (2007). Techniques for Increasing Student Learning from Educational Videos. Notes Versus Guiding Questions. *Teaching of Psychology, 34* (2), 90–93.

Lee, H. W., Lim, K. Y. & Grabowski, B. L. (2007). Generative Learning: Principles and Implications for Making Meaning. In J. M. Spector, M. D. Merrill, J. J. G. van Merriënboer & M. P. Driscoll (Eds.), *Handbook of Research on Educational Communications and Technology* (3rd ed., pp. 111–124). New York: Routledge.

Lee, P.-L., Lan, W., Hamman, D. & Hendricks, B. (2008). The Effects of Teaching Notetaking Strategies on Elementary Students' Science Learning. *Instructional Science, 36* (3), 191–201.

Lenhard, W. (2019). *Leseverständnis und Lesekompetenz. Grundlagen – Diagnostik – Förderung* (2., aktualisierte Auflage). Stuttgart: Verlag W. Kohlhammer.

Leopold, C. (2009). *Lernstrategien und Textverstehen. Spontaner Einsatz und Förderung von Lernstrategien.* Münster: Waxmann.

Leopold, C., Brückner, A. & Dutke, S. (2019). Summarizing as a Strategy for Science Text Comprehension. Text-Based Versus Content-Based Processing. *Discourse Processes, 56* (8), 728–747.

Leopold, C. & Leutner, D. (2002). Der Einsatz von Lernstrategien in einer konkreten Lernsituation bei Schülern unterschiedlicher Jahrgangsstufen. In M. Prenzel & J. Döll (Hrsg.), *Bildungsqualität von Schule: Schulische und außerschulische Bedingungen mathematischer, naturwissenschaftlicher und überfachlicher Kompetenzen* (Zeitschrift für Pädagogik, Beiheft, S. 240–258). Weinheim: Beltz.

Leopold, C. & Leutner, D. (2012). Science Text Comprehension. Drawing, Main Idea Selection, and Summarizing as Learning Strategies. *Learning and Instruction, 22* (1), 16–26.

Leopold, C. & Mayer, R. E. (2015). An Imagination Effect in Learning from Scientific Text. *Journal of Educational Psychology, 107* (1), 47–63.

Leopold, C., Mayer, R. E. & Dutke, S. (2019). The Power of Imagination and Perspective in Learning from Science Text. *Journal of Educational Psychology, 111* (5), 793–808.

Leopold, C., Sumfleth, E. & Leutner, D. (2013). Learning with Summaries. Effects of Representation Mode and Type of Learning Activity on Comprehension and Transfer. *Learning and Instruction, 27*, 40–49.

Lesgold, A. M., Good, H. & Levin, J. R. (1977). Pictures and Young Children's Prose Learning. A Supplementary Report. *Journal of Reading Behavior, 9* (4), 353–360.

Lesgold, A. M., Levin, J. R., Shimron, J. & Guttmann, J. (1975). Pictures and Young Children's Learning from Oral Prose. *Journal of Educational Psychology, 67* (5), 636–642.

Leu, D. J., Kinzer, C. K., Coiro, J., Castek, J. & Henry, L. A. (2017). New Literacies. A Dual-Level Theory of the Changing Nature of Literacy, Instruction, and Assessment. *Journal of Education, 197* (2), 1–18.

Leutner, D., Leopold, C. & Sumfleth, E. (2009). Cognitive Load and Science Text Comprehension. Effects of Drawing and Mentally Imagining Text Content. *Computers in Human Behavior, 25* (2), 284–289.

Leutner, D. & Schmeck, A. (2014). The Generative Drawing Principle in Multimedia Learning. In R. E. Mayer (Ed.), *The Cambridge Handbook of Multimedia Learning* (2nd ed., pp. 433–448). New York: Cambridge University Press.

Levin, J. R. (1973). Inducing Comprehension in Poor Readers. A Test of a Recent Model. *Journal of Educational Psychology, 65* (1), 19–24.

Levin, J. R. & Divine-Hawkins, P. (1974). Visual Imagery as a Prose-Learning Process. *Journal of Reading Behavior, 6* (1), 23–30.

Linderholm, T., Kwon, H. & Therriault, D. J. (2014). Instructions That Enhance Multiple-Text Comprehension for College Readers. *Journal of College Reading and Learning, 45* (1), 3–19.

Linderholm, T., Therriault, D. J. & Kwon, H. (2014). Multiple Science Text Processing. Building Comprehension Skills for College Student Readers. *Reading Psychology, 35* (4), 332–356.

Ling, Y. & Boo, H. K. (2007). Concept Mapping and Pupils' Learning in Primary Science in Singapore. *Asia-Pacific Forum on Science Learning and Teaching, 8* (2), 1–28.

List, A. (2019). Drawing Is Integrating. An Examination of Students' Graphic Representations of Multiple Texts. *Reading Psychology, 40* (6), 491–524.

List, A. & Alexander, P. A. (2019). Toward an Integrated Framework of Multiple Text Use. *Educational Psychologist, 54* (1), 20–39.

Llewellyn, D. (2007). Making the Most of Concept Maps. *Science Scope, 30* (5), 74–77.

Locke, E. A. (1977). An Empirical Study of Lecture Note Taking among College Students. *The Journal of Educational Research, 71* (2), 93–99.

Lorch, R. F. (2015). What about Expository Text? In E. J. O'Brien, A. E. Cook & R. F. Lorch (Eds.), *Inferences during Reading* (pp. 348–361). Cambridge: Cambridge University Press.

Lorek, J., Centifanti, L. C. M., Lyons, M. & Thorley, C. (2019). The Impact of Individual Differences on Jurors' Note Taking during Trials and Recall of Trial Evidence, and the Association between the Type of Evidence Recalled and Verdicts. *PLoS ONE, 14* (2), 1–25.

Lundstrom, K., Diekema, A. R., Leary, H., Haderlie, S. & Holliday, W. (2015). Teaching and Learning Information Synthesis. An Intervention and Rubric Based Assessment. *Communications in Information Literacy, 9* (1), 60–82.

Luo, L. (2018). *Helping Students Soar to Success on Synthesis Writing.* Unpublished Dissertation. Lincoln: University of Nebraska.

Luo, L. & Kiewra, K. (2019). Soaring to Successful Synthesis Writing. *Journal of Writing Research, 11* (1), 163–209.

MacArthur, C. A. (2018). Thoughts on What Makes Strategy Instruction Work and How It Can Be Enhanced and Extended. In R. Fidalgo, K. R. Harris & M. A. Braaksma (Eds.), *Design Principles for Teaching Effective Writing. Theoretical and Empirical Grounded Principles* (pp. 235–252). Leiden: Brill.

Magliano, J. P., Todaro, S., Millis, K., Wiemer-Hastings, K., Kim, H. J. & McNamara, D. S. (2005). Changes in Reading Strategies as a Function of Reading Training. A Comparison of Live and Computerized Training. *Journal of Educational Computing Research, 32* (2), 185–208.

Maher, J. H. & Sullivan, H. (1982). Effects of Mental Imagery and Oral and Print Stimuli on Prose Learning of Intermediate Grade Children. *Educational Technology Research and Development, 30* (3), 175–183.

Malone, L. D. & Mastropieri, M. A. (1992). Reading Comprehension Instruction. Summarization and Self-Monitoring Training for Students with Learning Disabilities. *Exceptional Children, 58* (3), 270–279.

Marée, T. J., van Bruggen, J. M. & Jochems, W. M.G. (2013). Effective Self-Regulated Science Learning through Multimedia-Enriched Skeleton Concept Maps. *Research in Science & Technological Education, 31* (1), 16–30.

Mason, L., Snyder, K., Sukhram, D. & Kedem, Y. (2006). TWA + PLANS Strategies for Expository Reading and Writing: Effects for Nine Fourth-Grade Students. *Exceptional Children, 73* (1), 69–89.

Mason, L. H. (2018). An Instructional Approach for Improving Reading and Writing to Learn. In R. Fidalgo, K. R. Harris & M. A. Braaksma (Eds.), *Design Principles for Teaching Effective Writing. Theoretical and Empirical Grounded Principles* (pp. 155–178). Leiden: Brill.

Mason, L. H., Davison, M. D., Hammer, C. S., Miller, C. A. & Glutting, J. J. (2013). Knowledge, Writing, and Language Outcomes for a Reading Comprehension and Writing Intervention. *Reading and Writing, 26* (7), 1133–1158.

Mason, L. & Florit, E. (2018). Complementary Methods for Assessing Online Processing of Multiple Sources. In J. L. G. Braasch, I. Bråten & M. T. McCrudden (Eds.), *Handbook of Multiple Source Use* (pp. 425–446). New York: Routledge.

Mastropieri, M. A., Scruggs, T. E., Spencer, V. & Fontana, J. (2003). Promoting Success in High School World History. Peer Tutoring versus Guided Notes. *Learning Disabilities Research & Practice, 18* (1), 52–65.

Mateos, M., Martín, E., Cuevas, I., Villalón, R., Martínez, I. & González-Lamas, J. (2018). Improving Written Argumentative Synthesis by Teaching the Integration of Conflicting Information from Multiple Sources. *Cognition and Instruction, 36* (2), 119–138.

Mateos, M., Martín, E., Villalón, R. & Luna, M. (2008). Reading and Writing to Learn in Secondary Education: Online Processing Activity and Written Products in Summarizing and Synthesizing Tasks. *Reading and Writing, 21* (7), 675–697.

Mateos, M., Rijlaarsdam, G., Martín, E., Cuevas, I., van den Bergh, H. & Solari, M. (2020). Learning Paths in Synthesis Writing. Which Learning Path Contributes Most to Which Learning Outcome? *Instructional Science, 48* (2), 137–157.

Mateos, M. & Solé, I. (2009). Synthesising Information from Various Texts: A Study of Procedures and Products at Different Educational Levels. *European Journal of Psychology of Education, 24* (4), 435–451.

Mathes, P. G., Fuchs, D. & Fuchs, L. S. (1997). Cooperative Story Mapping. *Remedial and Special Education, 18* (1), 20–27.

Matthews, P. & Rittle-Johnson, B. (2009). In Pursuit of Knowledge. Comparing Self-Explanations, Concepts, and Procedures as Pedagogical Tools. *Journal of Experimental Child Psychology, 104* (1), 1–21.

Mayer, R. E. (1984). Aids to Text Comprehension. *Educational Psychologist, 19* (1), 30–42.

Mayer, R. E. (1996). Learning Strategies for Making Sense Out of Expository Text. The SOI Model for Guiding Three Cognitive Processes in Knowledge Construction. *Educational Psychology Review, 8* (4), 357–371.

Mayer, R. E. (1997). Multimedia Learning. Are We Asking the Right Questions? *Educational Psychologist, 32* (1), 1–19.

Mayer, R. E. (2009). *Multimedia Learning* (2nd ed.). Cambridge: Cambridge University Press.

Mayer, R. E. & Fiorella, L. (2014). Principles for Reducing Extraneous Processing in Multimedia Learning: Coherence, Signaling, Redundancy, Spatial Contiguity, and Temporal Contiguity Principles. In R. E. Mayer (Ed.), *The Cambridge Handbook of Multimedia Learning* (2nd ed., pp. 279–314). New York: Cambridge University Press.

Mayer, R. E. & Johnson, C. I. (2010). Adding Instructional Features That Promote Learning in a Game-Like Environment. *Journal of Educational Computing Research, 42* (3), 241–265.

Mayer, R. E. & Moreno, R. (2003). Nine Ways to Reduce Cognitive Load in Multimedia Learning. *Educational Psychologist, 38* (1), 43–52.

Mccallum, R. D. & Moore, S. (1999). Not All Imagery Is Created Equal. The Role of Imagery in the Comprehension of Main Ideas in Exposition. *Reading Psychology, 20* (1), 21–60.

McCrudden, M. T. & Schraw, G. (2007). Relevance and Goal-Focusing in Text Processing. *Educational Psychology Review, 19* (2), 113–139.

McEldoon, K. L., Durkin, K. L. & Rittle-Johnson, B. (2013). Is Self-Explanation Worth the Time? A Comparison to Additional Practice. *British Journal of Educational Psychology, 83* (4), 615–632.

McNamara, D. S. (2004). SERT. Self-Explanation Reading Training. *Discourse Processes, 38* (1), 1–30.

McNamara, D. S. (2017). Self-Explanation and Reading Strategy Training (SERT) Improves Low-Knowledge Students' Science Course Performance. *Discourse Processes, 54* (7), 479–492.

McNamara, D. S. & Kintsch, W. (1996). Learning from Texts: Effects of Prior Knowledge and Text Coherence. *Discourse Processes, 22* (3), 247–288.

McNamara, D. S., Kintsch, E., Songer, N. B. & Kintsch, W. (1996). Are Good Texts Always Better? Interactions of Text Coherence, Background Knowledge, and Levels of Understanding in Learning from Text. *Cognition and Instruction, 14* (1), 1–43.

McNamara, D. S., Levinstein, I. B. & Boonthum, C. (2004). iSTART. Interactive Strategy Training for Active Reading and Thinking. *Behavior Research Methods, Instruments, & Computers, 36* (2), 222–233.

McNamara, D. S. & Magliano, J. P. (2009a). Self-Explanation and Metacognition: The Dynamics of Reading. In D. J. Hacker, J. Dunlosky & A. C. Graesser (Eds.), *Handbook of Metacognition in Education* (pp. 60–81). New York: Routledge.

McNamara, D. S. & Magliano, J. P. (2009b). Toward a Comprehensive Model of Comprehension. In B. H. Ross (Ed.), *The Psychology of Learning and Motivation. Volume 51* (pp. 297–384). Amsterdam: Elsevier.

McNamara, D. S., O'Reilly, T. P., Best, R. M. & Ozuru, Y. (2006). Improving Adolescent Students' Reading Comprehension with iSTART. *Journal of Educational Computing Research, 34* (2), 147–171.

McNamara, D. S., O'Reilly, T., Rowe, M., Boonthum, C. & Levinstein, I. B. (2007). iSTART: A Web-Based Tutor That Teaches Self-Explanation and Metacognitive Reading Strategies. In D. S. McNamara (Ed.), *Reading Comprehension Strategies. Theories, Interventions, and Technologies* (pp. 397–420). New York: Erlbaum.

McNeil, J. D. & Donant, L. (1982). Summarization Stategy for Improving Reading Comprehension. In J. A. Niles & L. A. Harris (Eds.), *New Inquiries in Reading Research and Instruction* (pp. 215–219). Rochester: National Reading Conference.

Merchie, E. & van Keer, H. (2012). Spontaneous Mind Map Use and Learning from Texts. The Role of Instruction and Student Characteristics. *Procedia – Social and Behavioral Sciences, 69,* 1387–1394.

Merchie, E. & van Keer, H. (2013). Schematizing and Processing Informational Texts with Mind Maps in Fifth and Sixth Grade. *Middle Grades Research Journal, 8* (3), 61–81.

Merchie, E. & van Keer, H. (2014). Using On-Line and Off-Line Measures to Explore Fifth and Sixth Graders' Text-Learning Strategies and Schematizing Skills. *Learning and Individual Differences, 32,* 193–203.

Merchie, E. & van Keer, H. (2016a). From Text to Graphical Summary. A Product- and Process Oriented Assessment to Explore the Development in Fifth and Sixth Graders' Dynamic Construction. *Learning and Individual Differences, 49,* 348–360.

Merchie, E. & van Keer, H. (2016b). Mind Mapping as a Meta-Learning Strategy: Stimulating Pre-Adolescents' Text-Learning Strategies and Performance? *Contemporary Educational Psychology, 46,* 128–147.

Merchie, E. & van Keer, H. (2016c). Stimulating Graphical Summarization in Late Elementary Education. The Relationship between Two Instructional Mind-Map Approaches and Student Characteristics. *The Elementary School Journal, 116* (3), 487–522.

Merrill, M. D. (2002). First Principles of Instruction. *Educational Technology Research and Development, 50* (3), 43–59.

Meyer, B. J. F. (1987). Following the Author's Top-Level Organization. An Important Skill for Reading Comprehension. In R. J. Tierney, P. L. Anders & J. N. Mitchell (Eds.), *Understanding Readers' Understanding. Theory and Practice* (pp. 59–76). Hillsdale: Lawrence Erlbaum.

Meyer, B. J. F. (1999). Importance of Text Structure in Everyday Reading. In A. Ram & K. Moorman (Eds.), *Understanding Language Understanding. Computational Models of Reading* (pp. 227–252). Cambridge: MIT Press.

Meyer, B. J. F., Middlemiss, W., Theodorou, E., Brezinski, K. L., McDougall, J. & Bartlett, B. J. (2002). Effects of Structure Strategy Instruction Delivered to Fifth-Grade Children Using the Internet with and without the Aid of Older Adult Tutors. *Journal of Educational Psychology, 94* (3), 486–519.

Meyer, B. J. F. & Poon, L. W. (2001). Effects of Structure Strategy Training and Signaling on Recall of Text. *Journal of Educational Psychology, 93* (1), 141–159.

Miyatsu, T., Nguyen, K. & McDaniel, M. A. (2018). Five Popular Study Strategies. Their Pitfalls and Optimal Implementations. *Perspectives on Psychological Science, 13* (3), 390–407.

Morehead, K., Dunlosky, J. & Rawson, K. A. (2019). How Much Mightier Is the Pen than the Keyboard for Note-Taking? A Replication and Extension of Mueller and Oppenheimer (2014). *Educational Psychology Review, 31* (3), 753–780.

Narjaikaew, P., Emarat, N. & Cowie, B. (2009). The Effect of Guided Note Taking during Lectures on Thai University Students' Understanding of Electromagnetism. *Research in Science & Technological Education, 27* (1), 75–94.

Nelson, J. R., Smith, D. J. & Dodd, J. M. (1992). The Effects of Teaching a Summary Skills Strategy to Students Identified as Learning Disabled on Their Comprehension of Science Text. *Education & Treatment of Children, 15* (3), 228–243.

Nelson, N. (2001). Discourse Synthesis. The Process and the Product. In R. G. McInnis (Ed.), *Discourse Synthesis. Studies in Historical and Contemporary Social Epistemology* (pp. 379–396). Westport: Praeger.

Nesbit, J. C. & Adesope, O. O. (2006). Learning with Concept and Knowledge Maps. A Meta-Analysis. *Review of Educational Research, 76* (3), 413–448.

Nesbit, J. C. & Adesope, O. O. (2013). Concept Maps for Learning. Theory, Research, and Design. In D. R. Robinson, G. J. Schraw & M. T. McCrudden (Eds.), *Learning through Visual Displays* (pp. 303–328). Charlotte: Information Age.

Neuman, Y., Leibowitz, L. & Schwarz, B. (2000). Patterns of Verbal Mediation during Problem Solving. A Sequential Analysis of Self-Explanation. *Journal of Experimental Education, 68* (3), 197–213.

Neuman, Y. & Schwarz, B. (1998). Is Self-Explanation While Solving Problems Helpful? The Case of Analogical Problem-Solving. *British Journal of Educational Psychology, 68* (1), 15–24.

Newell, G. E. & MacAdam, P. (1989). Examining the Source of Writing Problems. An Instrument for Measuring Writers' Topic-Specific Knowledge. *Written Communication, 4* (2), 156–174.

Novak, J. D., Gowin, D. B. & Johansen, G. T. (1983). The Use of Concept Mapping and Knowledge Vee Mapping with Junior High School Science Students. *Science Education, 67* (5), 625–645.

Nye, P. A. (1978). Student Variables in Relation to Note-Taking during a Lecture. *Programmed Learning and Educational Technology, 15* (3), 196–200.

Oakhill, J. & Patel, S. (1991). Can Imagery Training Help Children Who Have Comprehension Problems? *Journal of Research in Reading, 14* (2), 106–115.

O'Donnell, A. M., Dansereau, D. F. & Hall, R. H. (2002). Knowledge Maps as Scaffolds for Cognitive Processing. *Educational Psychology Review, 14* (1), 71–86.

Oefinger, L. M. & Peverly, S. T. (in press). The Lecture Note-Taking Skills of Adolescents with and without Learning Disabilities. *Journal of Learning Disabilities.*

Ohtani, K. & Hisasaka, T. (2018). Beyond Intelligence. A Meta-Analytic Review of the Relationship among Metacognition, Intelligence, and Academic Performance. *Metacognition and Learning, 13* (2), 179–212.

Okebukola, P. A. (1990). Attaining Meaningful Learning of Concepts in Genetics and Ecology. An Examination of the Potency of the Concept-Mapping Technique. *Journal of Research in Science Teaching, 27* (5), 493–504.

Okebukola, P. A. (1992). Concept Mapping with a Cooperative Learning Flavor. *American Biology Teacher, 54* (4), 218–221.

Okebukola, P. A. & Jegede, O. J. (1988). Cognitive Preference and Learning Mode as Determinants of Meaningful Learning through Concept Mapping. *Science Education, 72* (4), 489–500.

Olinghouse, N. G. & Graham, S. (2009). The Relationship between the Discourse Knowledge and the Writing Performance of Elementary-Grade Students. *Journal of Educational Psychology, 101* (1), 37–50.

Olinghouse, N. G., Graham, S. & Gillespie, A. (2015). The Relationship of Discourse and Topic Knowledge to Fifth Graders' Writing Performance. *Journal of Educational Psychology, 107* (2), 391–406.

Oliver, K. (2009). An Investigation of Concept Mapping to Improve the Reading Comprehension of Science Texts. *Journal of Science Education and Technology, 18* (5), 402–414.

O'Reilly, T. P., Best, R. & McNamara, D. S. (2004). Self-Explanation Reading Training. Effects for Low-Knowledge Readers. *Proceedings of the Annual Meeting of the Cognitive Science Society, 26,* 1053–1058.

Oyzon, V. L. & Olmos, O. L. (2009). Students' Notes and Their Relation to Comprehension and Recall of Lecture Information. *Alipato: A Journal of Basic Education, 3* (3), 7–18.

Ozuru, Y., Briner, S., Best, R. & McNamara, D. S. (2010). Contributions of Self-Explanation to Comprehension of High- and Low-Cohesion Texts. *Discourse Processes, 47* (8), 641–667.

Paas, F. G. W. C. & Sweller, J. (2014). Implications of Cognitive Load Theory for Multimedia Learning. In R. E. Mayer (Ed.), *The Cambridge Handbook of Multimedia Learning* (2nd ed., pp. 27–42). New York: Cambridge University Press.

Paivio, A. (1991). Dual Coding Theory. Retrospect and Current Status. *Canadian Journal of Psychology, 45* (3), 255–287.

Patterson, K. B. (2005). Increasing Positive Outcomes for African American Males in Special Education with the Use of Guided Notes. *The Journal of Negro Education, 74* (4), 311–320.

Pearson, P. D., McVee, M. B. & Shanahan, L. E. (2019). In the Beginning. The Historical and Conceptual Genesis of the Gradual Release of Responsibility. In M. B. McVee, E. Ortlieb, J. Reichenberg & P. D. Pearson (Eds.), *The Gradual Release of Responsibility in Literacy Research and Practice* (pp. 1–21). Bingley: Emerald.

Pečjak, S. & Pirc, T. (2018). Developing Summarizing Skills in 4th Grade Students. Intervention Programme Effects. *International Electronic Journal of Elementary Education, 10* (5), 571–581.

Pečjak, S., Podlesek, A. & Pirc, T. (2011). Model of Reading Comprehension for 5th Grade Students. *Studiy Psychologica, 53* (1), 53–67.

Perfetti, C. A., Rouet, J.-F. & Britt, M. A. (1999). Toward a Theory of Documents Representation. In H. van Oostendorp & S. R. Goldman (Eds.), *The Construction of Mental Representations during Reading* (pp. 99–122). Mahwah: Lawrence Erlbaum.

Perin, D., Bork, R. H., Peverly, S. T. & Mason, L. H. (2013). A Contextualized Curricular Supplement for Developmental Reading and Writing. *Journal of College Reading and Learning, 43* (2), 8–38.

Perin, D., Keselman, A. & Monopoli, M. (2003). The Academic Writing of Community College Remedial Students. Text and Learner Variables. *Higher Education, 45* (1), 19–42.

Perin, D., Lauterbach, M., Raufman, J. & Kalamkarian, H. S. (2017). Text-Based Writing of Low-Skilled Postsecondary Students. Relation to Comprehension, Self-Efficacy and Teacher Judgments. *Reading and Writing, 30* (4), 887–915.

Peters, E. E. & Levin, J. R. (1986). Effects of a Mnemonic Imagery Strategy on Good and Poor Readers' Prose Recall. *Reading Research Quarterly, 21* (2), 179–192.

Peverly, S. T., Brobst, K. E., Graham, M. & Shaw, R. (2003). College Adults Are Not Good at Self-Regulation. A Study on the Relationship of Self-Regulation, Note Taking, and Test Taking. *Journal of Educational Psychology, 95* (2), 335–346.

Peverly, S. T., Garner, J. K. & Vekaria, P. C. (2014). Both Handwriting Speed and Selective Attention Are Important to Lecture Note-Taking. *Reading and Writing, 27* (1), 1–30.

Peverly, S. T., Ramaswamy, V., Brown, C., Sumowski, J., Alidoost, M. & Garner, J. (2007). What Predicts Skill in Lecture Note Taking? *Journal of Educational Psychology, 99* (1), 167–180.

Peverly, S. T. & Sumowski, J. F. (2012). What Variables Predict Quality of Text Notes and Are Text Notes Related to Performance on Different Types of Tests? *Applied Cognitive Psychology, 26* (1), 104–117.

Peverly, S. T., Vekaria, P. C., Reddington, L. A., Sumowski, J. F., Johnson, K. R. & Ramsay, C. M. (2013). The Relationship of Handwriting Speed, Working Memory, Language Comprehension and Outlines to Lecture Note-Taking and Test-Taking among College Students. *Applied Cognitive Psychology, 27* (1), 115–126.

Peverly, S. T. & Wolf, A. D. (2019). Note-Taking. In J. Dunlosky & K. A. Rawson (Eds.), *The Cambridge Handbook of Cognition and Education* (pp. 320–355). Cambridge: Cambridge University Press.

Philipp, M. (2014). *Selbstreguliertes Schreiben. Schreibstrategien erfolgreich vermitteln.* Weinheim: Beltz.

Philipp, M. (2015). *Lesestrategien. Bedeutung, Formen und Vermittlung.* Weinheim: Beltz Juventa.

Philipp, M. (2019a). *Grundlagen der effektiven Schreibdidaktik und der systematischen schulischen Schreibförderung* (7., erw. Auflage). Baltmannsweiler: Schneider Hohengehren.

Philipp, M. (2019b). Liest du noch oder strategierst du schon? Mit Lesestrategien gezielt Informationen in Texten finden, strukturieren und nutzen. *Grundschulmagazin, 87* (1), 7–10.

Philipp, M. (2019c). *Multiple Dokumente verstehen. Theoretische und empirische Perspektiven auf Prozesse und Produkte des Lesens mehrerer Dokumente.* Weinheim: Beltz Juventa.

Philipp, M. (2019d). *Multiple Wege führen nach Rom. Ergebnisse einer quantitativen Sekundäranalyse effektiver Fördermaßnahmen zur Verbesserung der Sourcing- und Integrationsprozesse in der Nutzung multipler Texte.* Verfügbar unter https://www.leseforum.ch/sysModules/obxLeseforum/Artikel/665/2019_1_de_philipp.pdf.

Philipp, M., Brändli, M. & Kirchhofer, K. C. (2014). *Kooperatives Lesen. Lesefluss, Textverstehen und Lesestrategien verbessern.* Seelze: Klett/Kallmeyer.

Piolat, A., Olive, T. & Kellogg, R. T. (2005). Cognitive Effort during Note Taking. *Applied Cognitive Psychology, 19* (3), 291–312.

Pirolli, P. & Recker, M. (1994). Learning Strategies and Transfer in the Domain of Programming. *Cognition and Instruction, 12* (3), 235–275.

Prain, V. & Hand, B. (2016). Coming to Know More through and from Writing. *Educational Researcher, 45* (7), 430–434.

Pressley, G. M. (1976). Mental Imagery Helps Eight-Year-Olds Remember What They Read. *Journal of Educational Psychology, 68* (3), 355–359.

Pressley, M., Johnson, C. J., Symons, S., McGoldrick, J. A. & Kurita, J. A. (1989). Strategies That Improve Children's Memory and Comprehension of Text. *The Elementary School Journal, 90* (1), 3–32.

Pressley, M., Symons, S., McDaniel, M. A., Snyder, B. L. & Turnure, J. E. (1988). Elaborative Interrogation Facilitates Acquisition of Confusing Facts. *Journal of Educational Psychology, 80* (3), 268–278.

Primor, L. & Katzir, T. (2018). Measuring Multiple Text Integration. A Review. *Frontiers in Psychology, 9* (Article 2294), 1–16.

Purdie, N. & Hattie, J. (1999). The Relationship between Study Skills and Learning Outcomes. A Meta-Analysis. *Australian Journal of Education, 43* (1), 72–86.

Purkel, W. & Bornstein, M. H. (1980). Pictures and Imagery Both Enhance Children's Short-Term and Long-Term Recall. *Developmental Psychology, 16* (2), 153–154.

Pyle, N., Vasquez, A. C., LignugarisKraft, B., Gillam, S. L., Reutzel, D. R., Olszewski, A., Segura, H., Hartzheim, D, Laing, W. & Pyle, D. (2017). Effects of Expository Text Structure Interventions on Comprehension. A Meta-Analysis. *Reading Research Quarterly, 52* (4), 469–501.

Quillin, K. & Thomas, S. (2015). Drawing-to-Learn. A Framework for Using Drawings to Promote Model-Based Reasoning in Biology. *CBE Life Sciences Education, 14* (1), 1–16.

Rahmani, M. & Sadeghi, K. (2011). Effects of Note-Taking Training on Reading Comprehension and Recall. *Reading Matrix: An International Online Journal, 11* (2), 116–128.

Raphael, T. E. & Kirschner, B. W. (1985). *The Effects of Instruction in Compare/Contrast Text Structure on Sixth-Grade Students' Reading Comprehension and Writing Products*. Research Series No. 161. East Lansing: Institute for Research on Teaching, College of Education, Michigan State University.

Rapp, D. N. & Kurby, C. A. (2008). The 'Ins' and 'Outs' of Learning. Internal Representations and External Visualizations. In J. K. Gilbert, M. Reiner & M. Nakhleh (Eds.), *Visualization. Theory and Practice in Science Education* (pp. 29–52). Dordrecht: Springer Netherlands.

Rasco, R. W., Tennyson, R. D. & Boutwell, R. C. (1975). Imagery Instructions and Drawings in Learning Prose. *Journal of Educational Psychology, 67* (2), 188–192.

Ray, A. B., Graham, S., Houston, J. D. & Harris, K. R. (2016). Teachers Use of Writing to Support Students' Learning in Middle School. A National Survey in the United States. *Reading and Writing, 29* (5), 1039–1068.

Reddington, L. A., Peverly, S. T. & Block, C. J. (2015). An Examination of Some of the Cognitive and Motivation Variables Related to Gender Differences in Lecture Note-Taking. *Reading and Writing, 28* (8), 1155–1185.

Reed, D. K., Rimel, H. & Hallett, A. (2016). Note-Taking Interventions for College Students. A Synthesis and Meta-Analysis of the Literature. *Journal of Research on Educational Effectiveness, 9* (6), 307–333.

Reigeluth, C. M. (1999). What Is Instructional-Design Theory and How Is It Changing? In C. M. Reigeluth (Ed.), *Instructional-Design Theories and Models. A New Paradigm of Instructional Theory, Volume II* (pp. 5–29). Hoboken: Taylor & Francis.

Rellensmann, J., Schukajlow, S. & Leopold, C. (2017). Make a Drawing. Effects of Strategic Knowledge, Drawing Accuracy, and Type of Drawing on Students' Mathematical Modelling Performance. *Educational Studies in Mathematics, 95* (1), 53–78.

Renkl, A. (1997). Learning from Worked-Out Examples. A Study on Individual Differences. *Cognitive Science, 21* (1), 1–29.

Renkl, A. (2002). Worked-Out Examples. Instructional Explanations Support Learning by Self-Explanations. *Learning and Instruction, 12* (5), 529–556.

Renkl, A. (2014a). The Worked Examples Principle in Multimedia Learning. In R. E. Mayer (Ed.), *The Cambridge Handbook of Multimedia Learning* (2nd ed., pp. 391–412). New York: Cambridge University Press.

Renkl, A. (2014b). Toward an Instructionally Oriented Theory of Example-Based Learning. *Cognitive Science, 38* (1), 1–37.

Renkl, A. (2017a). Instruction Based on Examples. In R. E. Mayer & P. A. Alexander (Eds.), *Handbook of Research on Learning and Instruction* (2nd ed., pp. 325–348). New York: Routledge.

Renkl, A. (2017b). Learning from Worked-Examples in Mathematics. Students Relate Procedures to Principles. *ZDM, 49* (4), 571–584.

Renkl, A. & Atkinson, R. K. (2003). Structuring the Transition From Example Study to Problem Solving in Cognitive Skill Acquisition. A Cognitive Load Perspective. *Educational Psychologist, 38* (1), 15–22.

Renkl, A. & Atkinson, R. K. (2010). Learning from Worked-Out Examples and Problem Solving. In J. L. Plass, R. Moreno & R. Brünken (Eds.), *Cognitive Load Theory* (pp. 91–108). Cambridge: Cambridge University Press.

Renkl, A., Atkinson, R. K. & Große, C. S. (2004). How Fading Worked Solution Steps Works – A Cognitive Load Perspective. *Instructional Science, 32* (1), 59–82.

Renkl, A., Atkinson, R. K., Maier, U. H. & Staley, R. (2002). From Example Study to Problem Solving. Smooth Transitions Help Learning. *The Journal of Experimental Education, 70* (4), 293–315.

Renkl, A. & Eitel, A. (2019). Self-Explaining. Learning about Principles and Their Application. In J. Dunlosky & K. A. Rawson (Eds.), *The Cambridge Handbook of Cognition and Education* (pp. 528–549). Cambridge: Cambridge University Press.

Reynolds, G. A. & Perin, D. (2009). A Comparison of Text Structure and Self-Regulated Writing Strategies for Composing from Sources by Middle School Students. *Reading Psychology, 30* (3), 265–300.

Rice, D. C., Ryan, J. M. & Samson, S. M. (1998). Using Concept Maps to Assess Student Learning in the Science Classroom. Must Different Methods Compete? *Journal of Research in Science Teaching, 35* (10), 1103–1127.

Rijlaarsdam, G., Janssen, T., Rietdijk, S. & van Weijen, D. (2018). Reporting Design Principles for Effective Instruction of Writing. Interventions as Constructs. In R. Fidalgo, K. R. Harris & M. A. Braaksma (Eds.), *Design Principles for Teaching Effective Writing. Theoretical and Empirical Grounded Principles* (pp. 280–313). Leiden: Brill.

Riley, N. R. & Åhlberg, M. (2004). Investigating the Use of ICT-Based Concept Mapping Techniques on Creativity in Literacy Tasks. *Journal of Computer Assisted Learning, 20* (4), 244–256.

Rinehart, S. D., Stahl, S. A. & Erickson, L. G. (1986). Some Effects of Summarization Training on Reading and Studying. *Reading Research Quarterly, 21* (4), 422–438.

Rinehart, S. D. & Thomas, K. F. (1993). Summarization Ability and Text Recall by Novice Studiers. *Reading Research and Instruction, 32* (4), 24–32.

Risemberg, R. (1996). Reading to Write. Self-Regulated Learning Strategies when Writing Essays from Sources. *Reading Research and Instruction, 35* (4), 365–383.

Rittle-Johnson, B. & Loehr, A. M. (2017a). Eliciting Explanations. Constraints on when Self-Explanation Aids Learning. *Psychonomic Bulletin & Review, 24* (5), 1501–1510.

Rittle-Johnson, B. & Loehr, A. M. (2017b). Instruction Based on Self-Explanation. In R. E. Mayer & P. A. Alexander (Eds.), *Handbook of Research on Learning and Instruction* (2nd ed., pp. 349–364). New York: Routledge.

Rittle-Johnson, B., Loehr, A. M. & Durkin, K. (2017). Promoting Self-Explanation to Improve Mathematics Learning. A Meta-Analysis and Instructional Design Principles. *ZDM, 49* (4), 599–611.

Rittle-Johnson, B. & Star, J. R. (2011). The Power of Comparison in Learning and Instruction. Learning Outcomes Supported by Different Types of Comparisons. In J. P. Mestre & B. H. Ross (Eds.), *Psychology of Learning and Motivation* (Vol. 55, pp. 199–226). San Diego: Academic Press.

Rivard, L. P. (2001). Summary Writing. A Multi-Grade Study of French-Immersion and Francophone Secondary Students. *Language, Culture and Curriculum, 14* (2), 171–186.

Robinson, D. H., Katayama, A. D., Beth, A., Odom, S., Hsieh, Y.-P. & Vanderveen, A. (2006). Increasing Text Comprehension and Graphic Note Taking Using a Partial Graphic Organizer. *Journal of Educational Research, 100* (2), 103–111.

Rogevich, M. E. & Perin, D. (2008). Effects on Science Summarization of a Reading Comprehension Intervention for Adolescents with Behavior and Attention Disorders. *Exceptional Children, 74* (2), 135–154.

Rölle, J., Hiller, S., Berthold, K. & Rumann, S. (2017). Example-Based Learning. The Benefits of Prompting Organization Before Providing Examples. *Learning and Instruction, 49*, 1–12.

Rölle, J. & Nückles, M. (2019). Generative Learning versus Retrieval Practice in Learning from Text. The Cohesion and Elaboration of the Text Matters. *Journal of Educational Psychology, 111* (8), 1341–1361.

Rosenhan, D. L., Eisner, S. L. & Robinson, R. J. (1994). Notetaking Can Aid Juror Recall. *Law and Human Behavior, 18* (1), 53–61.

Rott, S. & Gavin, B. (2015). Comprehending and Learning from Internet Sources. A Conceptual Replication Study of Goldman, Braasch, Wiley, Greasser and Brodowinska (2012). *CALICO Journal, 32* (2), 323–354.

Rowland, C. A. (2014). The Effect of Testing versus Restudy on Retention. A Meta-Analytic Review of the Testing Effect. *Psychological Bulletin, 140* (6), 1432–1463.

Ruiz-Primo, M. A. (2004). Examining Concept Maps as an Assessment Tool. In A. J. Cañas, J. D. Novak & F. M. González García (Eds.), *Concept Maps. Theory, Methodology, Technology* (pp. 555–562). Pamplona: Dirección de Publicaciones de la Universidad Pública de Navarra.

Ruiz-Primo, M. A., Schultz, S. E., Li, M. & Shavelson, R. J. (2001). Comparison of the Reliability and Validity of Scores from Two Concept-Mapping Techniques. *Journal of Research in Science Teaching, 38* (2), 260–278.

Ruiz-Primo, M. A. & Shavelson, R. J. (1996). Problems and Issues in the Use of Concept Maps in Science Assessment. *Journal of Research in Science Teaching, 33* (6), 569–600.

Ruiz-Primo, M. A., Shavelson, R. J., Li, M. & Schultz, S. E. (2001). On the Validity of Cognitive Interpretations of Scores from Alternative Concept-Mapping Techniques. *Educational Assessment, 7* (2), 99–141.

Saddler, B., Asaro-Saddler, K., Moeyaert, M. & Ellis-Robinson, T. (2017). Effects of a Summarizing Strategy on Written Summaries of Children with Emotional and Behavioral Disorders. *Remedial and Special Education, 38* (2), 87–97.

Saddler, B., Asaro-Saddler, K., Moeyaert, M. & Cuccio-Slichko, J. (2019). Teaching Summary Writing to Students with Learning Disabilities via Strategy Instruction. *Reading & Writing Quarterly, 35* (6), 572–586.

Sadoski, M. (1983). An Exploratory Study of the Relationships between Reported Imagery and the Comprehension and Recall of a Story. *Reading Research Quarterly, 19* (1), 110–123.

Sadoski, M. (1985). The Natural Use of Imagery in Story Comprehension and Recall. Replication and Extension. *Reading Research Quarterly, 20* (5), 658–667.

Sadoski, M., Goetz, E. T. & Fritz, J. B. (1993). A Causal Model of Sentence Recall. Effects of Familiarity, Concreteness, Comprehensibility, and Interestingness. *Journal of Reading Behavior, 25* (1), 5–16.

Sadoski, M., Goetz, E. T., Olivarez, A., Lee, S. & Roberts, N. M. (1990). Imagination in Story Reading. The Role of Imagery, Verbal Recall, Story Analysis, and Processing Levels. *Journal of Reading Behavior, 22* (1), 55–70.

Sadoski, M., Goetz, E. T. & Rodriguez, M. (2000). Engaging Texts. Effects of Concreteness on Comprehensibility, Interest, and Recall in Four Text Types. *Journal of Educational Psychology, 92* (1), 85–95.

Sadoski, M. & Paivio, A. (2007). Toward a Unified Theory of Reading. *Scientific Studies of Reading, 11* (4), 337–356.

Sadoski, M. & Paivio, A. (2013). *Imagery and Text. A Dual Coding Theory of Reading and Writing* (2nd ed.). New York: Routledge.

Sadoski, M. & Quast, Z. (1990). Reader Response and Long-Term Recall for Journalistic Text. The Roles of Imagery, Affect, and Importance. *Reading Research Quarterly, 25* (4), 256–272.

Sanchiz, M., Chevalier, A., Paubel, P.-V., Salmerón, L. & Amadieu, F. (2019). Investigating Multimedia Effects on Concept Map Building. Impact on Map Quality, Information Processing and Learning Outcome. *Education and Information Technologies, 24* (6), 3645–3667.

Schau, C. & Mattern, N. (1997). Use of Map Techniques in Teaching Applied Statistics Courses. *The American Statistician, 51* (2), 171–175.

Schau, C., Mattern, N., Zeilik, M., Teague, K. W. & Weber, R. J. (2001). Select-and-Fill-in Concept Map Scores as a Measure of Students' Connected Understanding of Science. *Educational and Psychological Measurement, 61* (1), 136–158.

Scheiter, K., Schleinschok, K. & Ainsworth, S. (2017). Why Sketching May Aid Learning From Science Texts. Contrasting Sketching with Written Explanations. *Topics in Cognitive Science, 9* (4), 866–882.

Schleinschok, K., Eitel, A. & Scheiter, K. (2017). Do Drawing Tasks Improve Monitoring and Control during Learning from Text? *Learning and Instruction, 51*, 10–25.

Schmeck, A., Mayer, R. E., Opfermann, M., Pfeiffer, V. & Leutner, D. (2014). Drawing Pictures during Learning from Scientific Text. Testing the Generative Drawing Effect and the Prognostic Drawing Effect. *Contemporary Educational Psychology, 39* (4), 275–286.

Schmidgall, S. P., Eitel, A. & Scheiter, K. (2019). Why Do Learners Who Draw Perform Well? Investigating the Role of Visualization, Generation and Externalization in Learner-Generated Drawing. *Learning and Instruction, 60,* 138–153.

Schneider, M. & Preckel, F. (2017). Variables Associated with Achievement in Higher Education. A Systematic Review of Meta-Analyses. *Psychological Bulletin, 143* (6), 565–600.

Schneider, S., Beege, M., Nebel, S. & Rey, G. D. (2018). A Meta-Analysis of How Signaling Affects Learning with Media. *Educational Research Review, 23,* 1–24.

Schnotz, W. (2014). Integrated Model of Text and Picture Comprehension. In R. E. Mayer (Ed.), *The Cambridge Handbook of Multimedia Learning* (2nd ed., pp. 72–103). New York: Cambridge University Press.

Schnotz, W. & Bannert, M. (1999). Einflüsse der Visualisierungsform auf die Konstruktion mentaler Modelle beim Text- und Bildverstehen. *Zeitschrift für experimentelle Psychologie, 46* (3), 217–236.

Schnotz, W. & Bannert, M. (2018). Visuelles Lernen. In D. H. Rost, J. R. Sparfeldt & S. R. Buch (Hrsg.), *Handwörterbuch Pädagogische Psychologie* (5., überarb. und erw. Aufl., S. 886–893). Weinheim: Beltz.

Schraw, G. & Paik, E. (2013). Toward a Typology of Instructional Visual Displays. In D. R. Robinson, G. J. Schraw & M. T. McCrudden (Eds.), *Learning through Visual Displays* (pp. 97–129). Charlotte: Information Age.

Schroeder, N. L., Nesbit, J. C., Anguiano, C. J. & Adesope, O. O. (2018). Studying and Constructing Concept Maps. A Meta-Analysis. *Educational Psychology Review, 30* (2), 431–455.

Schüler, L. (2018). Wissenschaftlich argumentieren lernen durch materialgestütztes Schreiben. In S. Schmölzer-Eibinger, B. Bushati, C. Ebner & L. Niederdorfer (Hrsg.), *Wissenschaftliches Schreiben lehren und lernen. Diagnose und Förderung wissenschaftlicher Textkompetenz in Schule und Universität* (S. 147–169). Münster: Waxmann.

Schunk, D. H. & Rice, J. M. (1986). Extended Attributional Feedback. Sequence Effects during Remedial Reading Instruction. *The Journal of Early Adolescence, 6* (1), 55–66.

Schunk, D. H. & Rice, J. M. (1987). Enhancing Comprehension Skill and Self-Efficacy with Strategy Value Information. *Journal of Reading Behavior, 19* (3), 285–302.

Schunk, D. H. & Rice, J. M. (1992). Influence of Reading-Comprehension Strategy Information on Children's Achievement Outcomes. *Learning Disability Quarterly, 15* (1), 51–64.

Schwamborn, A., Mayer, R. E., Thillmann, H., Leopold, C. & Leutner, D. (2010). Drawing as a Generative Activity and Drawing as a Prognostic Activity. *Journal of Educational Psychology, 102* (4), 872–879.

Schwamborn, A., Thillmann, H., Leopold, C., Sumfleth, E. & Leutner, D. (2010). Der Einsatz von vorgegebenen und selbst generierten Bildern als Textverstehenshilfe beim Lernen aus einem naturwissenschaftlichen Sachtext. *Zeitschrift für Pädagogische Psychologie, 24* (3–4), 221–233.

Schwamborn, A., Thillmann, H., Opfermann, M. & Leutner, D. (2011). Cognitive Load and Instructionally Supported Learning with Provided and Learner-Generated Visualizations. *Computers in Human Behavior, 27* (1), 89–93.

Schwieren, J., Barenberg, J. & Dutke, S. (2017). The Testing Effect in the Psychology Classroom. A Meta-Analytic Perspective. *Psychology Learning & Teaching, 16* (2), 179–196.

Schwonke, R., Renkl, A., Krieg, C., Wittwer, J., Aleven, V. & Salden, R. (2009). The Worked-Example Effect. Not an Artefact of Lousy Control Conditions. *Computers in Human Behavior, 25* (2), 258–266.

Schworm, S. & Renkl, A. (2006). Computer-Supported Example-Based Learning. When Instructional Explanations Reduce Self-Explanations. *Computers & Education, 46* (4), 426–445.

Segev-Miller, R. (2007). Cognitive Processes in Discourse Synthesis. The Case of Intertextual Processing Strategies. In M. Torrance, L. van Waes & D. Galbraith (Eds.), *Writing and Cognition. Research and Applications* (pp. 231–250). Amsterdam: Elsevier.

Seufert, T. (2018). The Interplay between Self-Regulation in Learning and Cognitive Load. *Educational Research Review, 24,* 116–129.

Seufert, T., Zander, S. & Brünken, R. (2007). Das Generieren von Bildern als Verstehenshilfe beim Lernen aus Texten. *Zeitschrift für Entwicklungspsychologie und Pädagogische Psychologie, 39* (1), 33–42.

Sherrard, C. (1986). Summary Writing. A Topographical Study. *Written Communication, 3* (3), 324–343.

Shriberg, L. K., Levin, J. R., McCormick, C. B. & Pressley, M. (1982). Learning about «Famous» People via the Keyword Method. *Journal of Educational Psychology, 74* (2), 238–247.

Shute, V. J. (2008). Focus on Formative Feedback. *Review of Educational Research, 78* (1), 153–189.

Siddaway, A. P., Wood, A. M. & Hedges, L. V. (2019). How to Do a Systematic Review. A Best Practice Guide for Conducting and Reporting Narrative Reviews, Meta-Analyses, and Meta-Syntheses. *Annual Review of Psychology, 70,* 747–770.

Siegler, R. S. (2002). Microgenetic Studies of Self-Explanation. In J. Parziale & N. Granott (Eds.), *Microdevelopment. Transition Processes in Development and Learning* (pp. 31–58). Cambridge: Cambridge University Press.

Simonsmeier, B., Flaig, M., Deiglmayr, A., Schalk, L. & Schneider, M. (2019). *Domain-Specific Prior Knowledge and Learning. A Meta-Analysis.* Trier: Leibniz-Zentrum für Psychologische Information und Dokumentation.

Sjostrom, C. L. & Hare, V. C. (1984). Teaching High School Students to Identify Main Ideas in Expository Text. *Journal of Educational Research, 78* (2), 114–118.

Slater, W. H. (1985). Teaching Expository Text Structure with Structural Organizers. *Journal of Reading, 28* (8), 712–718.

Slater, W. H., Graves, M. F. & Piche, G. L. (1985). Effects of Structural Organizers on Ninth-Grade Students' Comprehension and Recall of Four Patterns of Expository Text. *Reading Research Quarterly, 20* (2), 189–202.

Slotte, V. & Lonka, K. (1999). Review and Process Effects of Spontaneous Note-Taking on Text Comprehension. *Contemporary Educational Psychology, 24* (1), 1–20.

Slotte, V., Lonka, K. & Lindblom-Ylänne, S. (2001). Study-Strategy Use in Learning from Text. Does Gender Make Any Difference? *Instructional Science, 29* (3), 255–272.

Snow, E. L., Jacovina, M., Jackson, G. T. & McNamara, D. S. (2016). iSTART-2. A Reading Comprehension and Strategy Instruction Tutor. In S. A. Crossley & D. S. McNamara (Eds.), *Adaptive Educational Technologies for Literacy Instruction* (pp. 104–121). New York: Routledge.

Spivey, N. N. (1990). Transforming Texts: Constructive Processes in Reading and Writing. *Written Communication, 7* (2), 256–287.

Spörer, N. & Brunstein, J. C. (2009). Fostering the Reading Comprehension of Secondary School Students Through Peer-Assisted Learning. Effects on Strategy Knowledge, Strategy Use, and Task Performance. *Contemporary Educational Psychology, 34* (4), 289–297.

Spurlin, J. E., Dansereau, D. F., O'Donnell, A. & Brooks, L. W. (1988). Text Processing. Effects of Summarization Frequency on Text Recall. *Journal of Experimental Education, 56* (4), 199–202.

Stadtler, M. & Bromme, R. (2014). The Content–Source Integration Model. A Taxonomic Description of How Readers Comprehend Conflicting Scientific Information. In D. N. Rapp & J. L. G. Braasch (Eds.), *Processing Inaccurate Information. Theoretical and Applied Perspectives from Cognitive Science and the Educational Sciences* (pp. 379–402). Cambridge: MIT Press.

Stadtler, M., Scharrer, L. & Bromme, R. (in press). How Relevance Affects Understanding of Conflicts between Multiple Documents. An Eye-Tracking Study. *Reading Research Quarterly.*

Stanisavljevic, J. & Djuric, D. (2013). The Application of Programmed Instruction in Fulfilling the Physiology Course Requirements. *Journal of Biological Education, 47* (1), 29–38.

Star, J. R. & Rittle-Johnson, B. (2009). It Pays to Compare. An Experimental Study on Computational Estimation. *Journal of Experimental Child Psychology, 102* (4), 408–426.

Stark, R., Mandl, H., Gruber, H. & Renkl, A. (2002). Conditions and Effects of Example Elaboration. *Learning and Instruction, 12* (1), 39–60.

Staub, F. C. (2006). Notizenmachen. Funktionen, Formen und Werkzeugcharakter von Notizen. In H. Mandl & H. F. Friedrich (Hrsg.), *Handbuch Lernstrategien* (S. 59–71). Göttingen: Hogrefe.

Steingart, S. K. & Glock, M. D. (1979). Imagery and the Recall of Connected Discourse. *Reading Research Quarterly, 15* (1), 66–83.

Stevens, E. A., Park, S. & Vaughn, S. (2019). A Review of Summarizing and Main Idea Interventions for Struggling Readers in Grades 3 through 12. 1978–2016. *Remedial and Special Education, 40* (3), 131–149.

Stevenson, M. P., Hartmeyer, R. & Bentsen, P. (2017). Systematically Reviewing the Potential of Concept Mapping Technologies to Promote Self-Regulated Learning in Primary and Secondary Science Education. *Educational Research Review, 21,* 1–16.

Stockard, J., Wood, T. W., Coughlin, C. & Khoury, C. R. (2018). The Effectiveness of Direct Instruction Curricula. A Meta-Analysis of a Half Century of Research. *Review of Educational Research, 88* (4), 479 -507.

Stull, A. T. & Mayer, R. E. (2007). Learning by Doing Versus Learning by Viewing. Three Experimental Comparisons of Learner-Generated Versus Author-Provided Graphic Organizers. *Journal of Educational Psychology, 99* (4), 808–820.

Sumfleth, E., Neuroth, J. & Leutner, D. (2010). Concept Mapping – eine Lernstrategie muss man lernen. *CHEMKON, 17* (2), 66–70.

Swanson, E., Hairrell, A., Kent, S., Ciullo, S., Wanzek, J. A. & Vaughn, S. (2014). A Synthesis and Meta-Analysis of Reading Interventions Using Social Studies Content for Students with Learning Disabilities. *Journal of Learning Disabilities, 47* (2), 178–195.

Sweller, J. (2010). Element Interactivity and Intrinsic, Extraneous, and Germane Cognitive Load. *Educational Psychology Review, 22* (2), 123–138.

Sweller, J. (2011). Cognitive Load Theory. In J. P. Mestre & B. H. Ross (Eds.), *Psychology of Learning and Motivation* (Vol. 55, pp. 37–76). San Diego: Academic Press.

Tastan, I., Dikmenli, M. & Cardak, O. (2008). Effectiveness of the Conceptual Change Texts Accompanied by Concept Maps about Students' Understanding. *Asia-Pacific Forum on Science Learning and Teaching, 9* (1), 1–13.

Taylor, B. M. (1982a). A Summarizing Strategy to Improve Middle Grade Students' Reading and Writing Skills. *The Reading Teacher, 36* (2), 202–205.

Taylor, B. M. (1982b). Text Structure and Children's Comprehension and Memory for Expository Material. *Journal of Educational Psychology, 74* (3), 323–340.

Taylor, B. M. (1985). Improving Middle-Grade Students' Reading and Writing of Expository Text. *The Journal of Educational Research, 79* (2), 119–125.

Taylor, B. M. & Beach, R. W. (1984). The Effects of Text Structure Instruction on Middle-Grade Students' Comprehension and Production of Expository Text. *Reading Research Quarterly, 19* (2), 134–146.

Teng, F. (2019). A Comparison of Text Structure and Self-Regulated Strategy Instruction for Elementary School Students' Writing. *English Teaching: Practice & Critique, 18* (3), 281–297.

Thiede, K. W. & Anderson, M. C. M. (2003). Summarizing Can Improve Metacomprehension Accuracy. *Contemporary Educational Psychology, 28* (2), 129–160.

Thiede, K. W., Griffin, T. D., Wiley, J. & Anderson, M. C. M. (2010). Poor Metacomprehension Accuracy as a Result of Inappropriate Cue Use. *Discourse Processes, 47* (4), 331–362.

Thomas, S. & Bridge, C. (1980). A Comparison of Subjects' Cloze Scores and Their Ability to Employ Macrostructure Operations in the Generation of Summaries. In M. L. Kamil & A. J. Moe (Eds.), *Perspectives on Reading Research and Instruction. Twenty-Ninth Yearbook of The National Reading Conference* (pp. 69–77). Washington: National Reading Conference.

Titsworth, B. S. & Kiewra, K. A. (2004). Spoken Organizational Lecture Cues and Student Notetaking as Facilitators of Student Learning. *Contemporary Educational Psychology, 29* (4), 447–461.

Ulper, H. & Akkok, E. A. (2010). The Effect of Using Expository Text Structures as a Strategy on Summarization Skills. In L. E. Kattington (Ed.), *Handbook of Curriculum Development* (pp. 303–327). New York: Nova Science.

Uzuntiryaki, E. & Geban, Ö. (2005). Effect of Conceptual Change Approach Accompanied with Concept Mapping on Understanding of Solution Concepts. *Instructional Science, 33* (4), 311–339.

Van den Akker, J. (1999). Principles and Methods of Development Research. In J. van den Akker, R. M. Branch, K. Gustafson, N. Nieveen & T. Plomp (Eds.), *Design Approaches and Tools in Education and Training* (pp. 1–14). Dordrecht: Springer Netherlands.

Van der Meij, J. & Jong, T. (2011). The Effects of Directive Self-Explanation Prompts to Support Active Processing of Multiple Representations in a Simulation-Based Learning Environment. *Journal of Computer Assisted Learning, 27* (5), 411–423.

Van Dijk, T. A. (1980). *Macrostructures. An Interdisciplinary Study of Global Structures in Discourse, Interaction, and Cognition*. Hillsdale: Erlbaum.

Van Dijk, T. A. & Kintsch, W. (1983). *Strategies of Discourse Comprehension*. New York: Academic Press.

Van Meter, P. (2001). Drawing Construction as a Strategy for Learning from Text. *Journal of Educational Psychology, 93* (1), 129–140.

Van Meter, P., Aleksic, M., Schwartz, A. & Garner, J. (2006). Learner-Generated Drawing as a Strategy for Learning from Content Area Text. *Contemporary Educational Psychology, 31* (2), 142–166.

Van Meter, P. & Garner, J. (2005). The Promise and Practice of Learner-Generated Drawing. Literature Review and Synthesis. *Educational Psychology Review, 17* (4), 285–325.

Van Meter, P. N. & Firetto, C. M. (2013). Cognitive Model of Drawing Construction. Learning through the Construction of Drawings. In D. R. Robinson, G. J. Schraw & M. T. McCrudden (Eds.), *Learning through Visual Displays* (pp. 247–280). Charlotte: Information Age.

Van Ockenburg, L., van Weijen, D. & Rijlaarsdam, G. (2019). Learning to Write Synthesis Texts. A Review of Intervention Studies. *Journal of Writing Research, 10* (3), 401–428.

Van Peppen, L. M., Verkoeijen, P. P. J. L., Heijltjes, A. E. G., Janssen, E. M., Koopmans, D. & van Gog, T. (2018). Effects of Self-Explaining on Learning and Transfer of Critical Thinking Skills. *Frontiers in Education, 3* (Article 100), 1–11.

VanderStoep, S. W. & Seifert, C. M. (1994). Learning ›How‹ Versus Learning ›When‹. Improving Transfer of Problem-Solving Principles. *Journal of the Learning Sciences, 3* (1), 93–111.

VanLehn, K. (1996). Cognitive Akill Acquisition. *Annual Review of Psychology, 47* (1), 513–539.

VanLehn, K. & Jones, R. M. (1993). What Mediates the Self-Explanation Effect? Knowledge Gaps, Schemas or Analogies? In M. Polson (Ed.), *Proceedings of the Fifteenth Annual Conference of the Cognitive Science Society* (pp. 1034–1039). Hillsdale: Erlbaum.

Vekiri, I. (2002). What Is the Value of Graphical Displays in Learning? *Educational Psychology Review, 14* (3), 261–312.

Wang, D. (2009). Factors Affecting the Comprehension of Global and Local Main Idea. *Journal of College Reading and Learning, 39* (2), 34–52.

Weisberg, R. & Balajthy, E. (1989). Transfer Effects of Instructing Poor Readers to Recognize Expository Text Structure. In S. McCormick & J. Zutell (Eds.), *Cognitive and Social Perspectives for Literacy Research and Instruction. Thirty-Eighth Yearbook of the National Reading Conference* (pp. 279–286). Chicago: National Reading Conference.

Weisberg, R. & Balajthy, E. (1990). Development of Disabled Readers' Metacomprehension Ability through Summarization Training Using Expository Text. Results of Three Studies. *Reading & Writing Quarterly, 6* (2), 117–136.

Westby, C., Culatta, B., Lawrence, B. & Hall-Kenyon, K. (2010). Summarizing Expository Texts. *Topics in Language Disorders, 30* (4), 275–287.

Wijekumar, K., Graham, S., Harris, K. R., Lei, P.-W., Barkel, A., Aitken, A., Ray, A. & Houston, J. (2019). The Roles of Writing Knowledge, Motivation, Strategic Behaviors, and Skills in Predicting Elementary Students' Persuasive Writing from Source Material. *Reading and Writing, 32* (6), 1431–1457.

Wiley, J., Goldman, S. R., Graesser, A. C., Sanchez, C. A., Ash, I. K. & Hemmerich, J. A. (2009). Source Evaluation, Comprehension, and Learning in Internet Science Inquiry Tasks. *American Educational Research Journal, 46* (4), 1060–1106.

Wiley, J., Griffin, T. D., Jaeger, A. J., Jarosz, A. F., Cushen, P. J. & Thiede, K. W. (2016). Improving Metacomprehension Accuracy in an Undergraduate Course Context. *Journal of Experimental Psychology: Applied, 22* (4), 393–405.

Williams, J. P. (1984). Categorization, Macrostructure, and Finding the Main Idea. *Journal of Educational Psychology, 76* (5), 874–879.

Williams, J. P., Hall, K. M., Lauer, K. D., Stafford, K. B., DeSisto, L. A. & deCani, J. S. (2005). Expository Text Comprehension in the Primary Grade Classroom. *Journal of Educational Psychology, 97* (4), 538–550.

Williams, J. P., Nubla-Kung, A. M., Pollini, S., Stafford, K. B., Garcia, A. & Snyder, A. E. (2007). Teaching Cause—Effect Text Structure Through Social Studies Content to At-Risk Second Graders. *Journal of Learning Disabilities, 40* (2), 111–120.

Williams, J. P., Pollini, S., Nubla-Kung, A. M., Snyder, A. E., Garcia, A., Ordynans, J. G. & Atkins, J. G. (2014). An Intervention to Improve Comprehension of Cause/Effect through Expository Text Structure instruction. *Journal of Educational Psychology, 106* (1), 1–17.

Williams, J. P., Stafford, K. B., Lauer, K. D., Hall, K. M. & Pollini, S. (2009). Embedding Reading Comprehension Training in Content-Area Instruction. *Journal of Educational Psychology, 101* (1), 1–20.

Williams, J. P., Taylor, M. B. & de Cani, J. S. (1984). Constructing Macrostructure for Expository Text. *Journal of Educational Psychology, 76* (6), 1065–1075.

Williams, R. L. & Eggert, A. (2002). Notetaking Predictors of Test Performance. *Teaching of Psychology, 29* (3), 234–237.

Winograd, P. N. (1984). Strategic Difficulties in Summarizing Texts. *Reading Research Quarterly, 19* (4), 404–425.

Winograd, P. N. & Bridge, C. A. (1986). The Comprehension of Important Information in Written Prose. In J. F. Baumann (Ed.), *Teaching Main Idea Comprehension* (pp. 18–48). Newark: International Reading Association.

Wittrock, M. C. (1974). Learning as a Generative Process. *Educational Psychologist, 11* (2), 87–95.

Wittrock, M. C. (1989). Generative Processes of Comprehension. *Educational Psychologist, 24* (4), 345–376.

Wittrock, M. C. (1992). Generative Learning Processes of the Brain. *Educational Psychologist, 27* (4), 531–541.

Wittrock, M. C. & Alesandrini, K. (1990). Generation of Summaries and Analogies and Analytic and Holistic Abilities. *American Educational Research Journal, 27* (3), 489–502.

Wittwer, J. & Renkl, A. (2010). How Effective are Instructional Explanations in Example-Based Learning? A Meta-Analytic Review. *Educational Psychology Review, 22* (4), 393–409.

Wolfe, M. B. W. & Goldman, S. R. (2005). Relations between Adolescents' Text Processing and Reasoning. *Cognition and Instruction, 23* (4), 467–502.

Wong, R. M., Adesope, O. O. & Carbonneau, K. J. (2019). Process- and Product-Oriented Worked Examples and Self-Explanations to Improve Learning Performance. *Journal of STEM Education, 20* (2), 24–31.

Wong, R. M. F., Lawson, M. J. & Keeves, J. (2002). The Effects of Self-Explanation Training on Students' Problem Solving in High-School Mathematics. *Learning and Instruction, 12* (2), 233–262.

Wood, E., Pressley, M. & Winne, P. H. (1990). Elaborative Interrogation Effects on Children's Learning of Factual Content. *Journal of Educational Psychology, 82* (4), 741–748.

Wood, E., Winne, P. H. & Carney, P. A. (1995). Evaluating the Effects of Training High School Students to use Summarization When Training Includes Analogically Similar Information. *Journal of Reading Behavior, 27* (4), 605–626.

Wu, S. P. W. & Rau, M. A. (2018). Effectiveness and Efficiency of Adding Drawing Prompts to an Interactive Educational Technology when Learning with Visual Representations. *Learning and Instruction, 55*, 93–104.

Wu, S. P. W. & Rau, M. A. (2019). How Students Learn Content in Science, Technology, Engineering, and Mathematics (STEM) through Drawing Activities. *Educational Psychology Review, 31* (1), 87–120.

Wylie, R. & Chi, M. T. H. (2014). The Self-Explanation Principle in Multimedia Learning. In R. E. Mayer (Ed.), *The Cambridge Handbook of Multimedia Learning* (2nd ed., pp. 413–432). New York: Cambridge University Press.

Xie, H., Wang, F., Hao, Y., Chen, J., An, J., Wang, Y. & Liu, H. (2017). The More Total Cognitive Load Is Reduced by Cues, the Better Retention and Transfer of Multimedia Learning. A Meta-Analysis and Two Meta-Regression Analyses. *PLoS ONE, 12* (8, Article e0183884), 1–20.

Yin, Y., Vanides, J., Ruiz-Primo, M. A., Ayala, C. C. & Shavelson, R. J. (2005). Comparison of Two Concept-Mapping Techniques. Implications for Scoring, Interpretation, and Use. *Journal of Research in Science Teaching, 42* (2), 166–184.

Yuruk, N., Beeth, M. E. & Andersen, C. (2009). Analyzing the Effect of Metaconceptual Teaching Practices on Students' Understanding of Force and Motion Concepts. *Research in Science Education, 39* (4), 449–475.

Zhang, Q. & Fiorella, L. (2019). Role of Generated and Provided Visuals in Supporting Learning from Scientific Text. *Contemporary Educational Psychology, 59* (Article 101808), 1–14.